普通高等教育卓越数学教师教育丛书
浙江省普通高校“十三五”新形态教材 · 浙江省高等教育重点教材

初等数学研究

叶立军 主编

科 学 出 版 社
北 京

内 容 简 介

本书是在系统研究初等数学的内容、体系、方法的基础上，将初等代数、初等几何两部分内容进行有机整合而成的，共九章，包括数系、式与不等式、方程与函数、排列与组合、数列、平面几何问题与证明、初等几何变换、几何轨迹、几何作图. 通过学习可以了解初等数学的理论体系和结构，以及初等数学中的重要的思想方法；学会运用高等数学的理论和观点分析研究初等数学，熟练地运用重要的思想方法解决初等数学中的问题.

本书可作为高等师范院校的全日制本科生、研究生以及教育硕士的教材或参考书，也可作为数学教师培训的教材，还可供中小学数学教师、教研员、中小学数学爱好者阅读.

图书在版编目（CIP）数据

初等数学研究／叶立军主编. —北京：科学出版社，2020.10

（普通高等教育卓越数学教师教育丛书）

浙江省普通高校“十三五”新形态教材　浙江省高等教育重点教材

ISBN 978-7-03-066334-4

Ⅰ. ①初…　Ⅱ. ①叶…　Ⅲ. ①初等数学-研究　Ⅳ. ①O12

中国版本图书馆 CIP 数据核字（2020）第 197471 号

责任编辑：乔宇尚　李　萍／责任校对：杨聪敏

责任印制：赵　博／封面设计：华路天然工作室

科学出版社出版

北京东黄城根北街 16 号

邮政编码：100717

http://www.sciencep.com

保定市中画美凯印刷有限公司印刷

科学出版社发行　各地新华书店经销

*

2020 年 10 月第　一　版　开本：787 × 1092　1/16

2025 年 7 月第十七次印刷　印张：15

字数：374 000

定价：69.00 元

(如有印装质量问题，我社负责调换)

本书编委会

主　　编　叶立军

编　　委　叶立军　石赛英　林永伟　夏卫锋
斯海霞　曹建军　刘春江　王思凯

丛 书 序

高质量的教育取决于高质量的教师，教师是创造未来的关键. 随着基础教育改革的深入，迫切需要更多能胜任基础教育教学工作的师资队伍，加强师资队伍建设、保证教育质量是基础教育改革成功的关键. 党的二十大报告明确提出“加快建设教育强国”，“培养高素质教师队伍”. 教师是立教之本、兴教之源，加强教师队伍建设以提升教育教学质量，是教育强国建设背景下办好人民满意的教育的重要保障.

基础教育改革的不断深化迫切需要一大批卓越教师，如何培养卓越教师以适应新时代课程改革的需要，已经成为社会各界的关切热点. 2010 年 6 月，教育部联合有关部门和行业协会共同启动 “卓越工程师教育培养计划”. 2012 年 11 月，《教育部国家发展改革委财政部关于深化教师教育改革的意见》提出 “实施卓越教师培养计划，推进教师培养模式改革，建立高等学校与地方政府、中小学(幼儿园、中等职业学校)联合培养教师的新机制”，高等师范院校相继申报 “卓越教师培养体制改革试点”项目. 2014 年 8 月，教育部颁布《教育部关于实施卓越教师培养计划的意见》. 同年 12 月，《教育部办公厅关于公布卓越教师培养计划改革项目的通知》随之颁布. 2018 年 9 月，教育部发布了《教育部关于实施卓越教师培养计划 2.0 的意见》，进一步深化推动卓越教师培养.

然而，随着高等教育改革的深入，普通高校逐渐朝着应用型和综合性大学的目标发展，师范院校争相脱去师范帽子，不少高等师范院校纷纷向综合性大学转型. 地方师范院校转型后，教师教育专业被淡化或者被削弱，许多师范院校的教师教育远离中小学实践，致使其师范性弱化，教师培养质量降低.

针对这一现象，杭州师范大学、湖州师范学院、温州大学、绍兴文理学院、台州学院、赣南师范大学等 12 所地方高等师范院校以提高中学数学教师素质为目的，联合开展了数学教育核心课程建设和教学改革研究. 十多年来，建成国家级精品资源共享课 2 门、省级精品课程 3 门，出版各类教材 20 多部，其中，国家级规划教材 1 部、浙江省高等教育重点教材 3 部、浙江省普通高校 “十二五” 优秀教材 2 部.

同时，12 所高校积极开展了以提高数学教师培养质量的教学改革，先后开展省级教学改革项目 10 多项，构建了以高校教授、基础教育专家、一线教师协同育人的 PET(Professor Expert Teacher)模式，实现了高校、基础教育共赢，每年受益学生达上万人，产生了良好的示范和辐射作用. 2016 年，杭州师范大学、湖州师范学院等高校联合申报的项目 “课程改革背景下地方高师院校数学教育课程群建设及教学改革的实践探索” 获得浙江省高等教育教学成果一等奖.

教材作为人类知识及精神产品的精华，既是学校教育目标的重要载体，也是教学的重要资源. 党中央、国务院历来重视教材建设工作，党的二十大报告强调“深化教育领域综合改革，加强教材建设和管理”. 高校教材是课程体系和教学内容改革的落脚点，只有将编、选、用三者有机结合，才能充分发挥教材在培养人才中的重要作用.

十多年的实践表明，以高校优质教学资源共享为途径，构建高等师范院校数学专业 “3+X” 课程体系，依托高质量课程、高水平教材、高层次项目，着力推进数学教育课程群建设及教学改革，实施校地共育、多校联动，开展合作研究、协同育人，培养卓越中学数学教师，为基础教育提供强有力的人才支撑，显得尤为有效.

为此，在广泛调研并征求广大专家、一线教师意见的基础上，我们编写了本套丛书，旨在探讨教师教育新的培养模式，大力推进教师教育改革，提高师范生的学习能力、实践能力和创新能力，建立一套具有开拓性和探索性的创新教材体系，培养乐教适教的高素质专业化教师，从而为中学培养一批卓越数学教师.

本套丛书以《教师教育课程标准(试行)》和《中小学和幼儿园教师资格考试标准及大纲(试行)》为依据，侧重对师范生学习能力、实践能力和创新能力的培养，提倡案例教学、项目教学等新的教学模式，形成“开放、研究、探索、创新”的教学机制，并结合各高校“教师教育培养计划”的教学方案来建设对应课程的教材. 在编写过程中，努力形成了如下特色：①在教材中融入优秀中学教育教学案例；②满足相关专业规范及专业标准；③将学科前沿知识、课程改革和教育研究最新成果充实到教学内容中，编写内容注重强化学生的教学实践能力.

丛书由杭州师范大学叶立军教授担任主编，负责策划，湖州师范学院、台州学院、赣南师范大学等高校教师参与编写工作. 本套丛书在编撰的过程中，吸收了许多专家学者的著作和研究成果，在此深表衷心的感谢，也感谢科学出版社编辑为本套丛书付出的辛勤劳动.

同时，由于作者学识有限、时间仓促，书中难免有不当之处，恳请各位专家、广大师生批评指正.

叶立军

2023 年 5 月于杭州师范大学

前　言

步入 21 世纪，义务教育阶段的数学课程已经全面实施，《普通高中数学课程标准(2017 年版)》也于 2018 年秋季开始执行，在全国范围内开始使用. 在这场史无前例的课程改革中，数学教师是实施数学课程标准的主体，是推行数学课程改革的关键. 新的数学课程需要新型的数学教师. 教师教育要为基础教育课程改革与发展提供良好的师资保证. 2018 年 2 月，教育部等五部门印发《教师教育振兴行动计划(2018—2022 年)》，更加明确了师范院校在教师教育改革中的主体作用. 师范院校应根据基础教育课程改革的目标与内容，调整培养目标、课程结构，改革教学方法. 因此，师范院校对于数学教育专业的课程设置的改革和定位值得考虑和深究.

"初等数学研究"是数学与应用数学专业的专业课. 它是在学生掌握了一定的高等数学理论知识的基础上，继心理学、教育学之后而开设的一门课程. 本课程从中学数学教学的需要出发，把基本问题分成若干专题进行研究，在内容上适当加深和拓展，在理论、观点、思想、方法上予以总结提高，并着重解决理论方面的问题. 通过本课程的学习，广大数学教师和师范生能够把这些基本精神和理念创造性地落实到今后的教育教学实际中去，能够从时代所赋予的历史使命出发，切实理解基础教育课程改革的精神，努力学习新课程的内容，为开创基础教育课程改革和教师教育改革发展的新局面做出自己应有的贡献.

随着高等教育改革的不断深入，大多师范院校把初等代数与初等几何合并成"初等数学研究"一门课程来教授，而当前大多教材仍把初等代数和初等几何分开编写，为此，我们在系统研究初等数学的内容、体系、方法的基础上，将初等代数、初等几何这两部分内容进行有机整合，以便于在"初等数学研究"教学中合理安排课时. 同时，本书将"式与不等式"编成一章，还把"方程与函数"编成一章，以便于利用数学思想处理初等数学问题.

本书内容可分为初等代数研究和初等几何研究两大块，共九章，其中前五章属于初等代数研究内容，后四章属于初等几何研究内容. 通过本书的学习，读者可以了解初等数学的研究对象，明确初等数学在数学学科中的地位、作用以及本课程与中学数学的联系；理解初等数学中的概念、原理、法则、方法等；掌握初等数学的理论体系和结构，以及初等数学中的重要思想方法；学会运用高等数学的理论和观点分析研究初等数学，熟练地运用重要的思想方法解决初等数学中的问题.

本书是立体化教材，配有讲课视频(扫章名处二维码，即可观看对应章节的视频内容)，并被列入浙江省普通高校"十三五"首批新形态教材建设项目. 本书在框架设计、内容安排、呈现方式及陈述方式上均体现数学新课程标准的理念，在内容上反映数学理论前沿. 同时，本书定位明确、内容丰富、选材合理、结构严谨、叙述通俗，具有科学性、实用性、时代性、学术性等特点.

本书由杭州师范大学叶立军主编，第一章、 第二章、第八章由杭州师范大学石赛英执笔，绪论、第三章由叶立军执笔，第四章、第五章由湖州师范学院夏卫锋执笔，第六章、第七章、第九章由杭州师范大学林永伟执笔. 2018 年，湖州市教育科学研究中心王勇强、杭州市江干区教育发展研究院曹建军、杭州文海实验学校刘春江对本书进行了修订. 全书由叶立军统稿.

本书在编写过程中得到了杭州师范大学理学院领导的支持和帮助，在此表示衷心的感谢.

本书在编写的过程中吸收了许多专家学者的研究成果，在此表示衷心的感谢.

由于本书作者学识有限，时间仓促，书中难免有不当之处，恳请各位专家、广大师生批评指正.

叶立军

2019 年 11 月于杭州西子湖畔

目　　录

绪论讲课视频

绪　论

第一节　初等数学研究的教学内容与方法

一、教学内容方面

“初等数学研究”是高等师范院校重要的教师教育课程之一，旨在通过将高等数学与初等数学结合，引导学生全面认识与理解初等数学及其本质，提高数学师范生对中小学数学教材的理解与研究能力，为今后从事数学教学工作打下必要的基础. 初等数学研究从中学教学需要出发，立足中学教材，把初等数学的一些基本问题集中归纳和系统化，组成若干专题，在中学数学的基础上，注意纵向与横向发展，在观点、理论和方法上适当提高，在知识面上适当延伸、充实和补充，挖掘中学数学教材中各章节有关培养学生思维方法的内容，归纳总结典型思维模式. “初等数学研究”的教学内容主要来自三部分. 一是中学数学教材中每章的重难点及相应习题，如数系中的加法单调性、利用综合除法进行因式分解. 学生通过慕课平台课前预习和课后巩固，节省课堂重复讲解的时间. 二是课程中非重点，但应用性又较强的定理证明，其证明过程通常较为繁琐，如实数的开方定理证明、几个著名不等式的证明. 学生通过慕课平台学习这些定理证明，节省课堂证明的时间. 三是初等数学研究中，高等数学与初等数学结合的内容，综合性强，且是当前中学数学教学的典型问题，如零点问题. 通过绪论课，学生可以了解本课程的一些特点及其重要性，形成“初等≠浅显”“初等≠容易”“研究≠复习”的观念，这对学生的学习态度、学习兴趣、学习热情、学习效果会产生重要影响.

二、教学方法方面

1. 精选教学内容，突出课程的研究性

学生对初等数学不是一无所知，而是理解不深刻. 为使学生学有所得，必须突出课程的研究性. 初等数学虽然抽象的深度不如高等数学，但综合性强，题型繁多，其灵活性和综合性是高等数学所不能比拟的，且方法、策略、技巧层出不穷，这些都为我们提供了丰富的研究课题. 教师在教学中可以充分利用这个特点，引导学生深入思考、讨论、研究，培养其分析问题、解决问题的能力和创新思维意识.

2. 改变教学模式，变接受性学习为探究性学习

“初等数学研究”中高等数学与初等数学结合的内容综合性强，对中小学基本概念给出了精确定义，其解题方法、策略又具有较高灵活性，这为我们提供了丰富的研究课题，有助于提高学生对中学数学教材及教学的理解与研究能力，如对不等式本质的理解，对函数零点问题的研究，对初、高中函数不同定义的理解，特征根法在求解递归数列通项公式中的应用等.

第二节 高观点下的初等数学研究

一、问题的提出

问题是数学的心脏. 学数学, 就是要解数学题, 数学解题的学习对学生巩固知识、培养素质、发展能力和促进个性心理发展具有极其重要的作用. 高等数学知识是在解决实际问题的过程中逐步产生和发展起来的, 它充满丰富的数学思想方法, 如极限思想、变换思想、模型思想等. 只有将初等数学与高等数学有机结合起来, 才能为利用高等数学解决初等数学问题提供有力工具. 因此高等师范院校数学教育专业开设诸多高等数学课程的重要性是不容置疑的, 它对培养师范生的智力、提高数学修养、培养分析和处理中学数学教学内容和解决初等数学问题的能力都有重要的作用.

然而, 初等数学与高等数学在内容与结构上往往呈阶梯式上升, 螺旋式上升的内容与结构较少. 许多师范生片面地认为, 学习高等数学与将来所从事的教师职业没有多大关系, 缺乏自觉学习高等数学的原动力. 高等师范院校的数学教育应使师范生掌握学科知识的教育形态, 领会高等数学的教育价值. 而高等数学课程采用的教材大多是综合性大学数学专业的教材, 使得教师在课堂教学中注重学术形态的研究和教育, 在培养师范生的数学修养和技能上花功夫, 不太重视师范性. 另外, 高等数学与初等数学脱节的现象, 造成高等师范院校教育资源的浪费和损失.

随着社会进入知识化、信息化的时代, 数学教师专业化已成为世界潮流. 数学教师不能仅仅就初等论初等, 应自觉利用现代数学的思想、观点和方法俯瞰中学数学的教学体系, 深刻领会中学数学的教学内容, 充分把握初等数学问题的实质与背景. 这需要数学教师拥有广博的高等数学知识和坚实的初等数学基础, 并形成一定的教学能力、科研能力和解题能力. 因此, 在高等师范院校的课堂教学中, 教师应该有意识地加强高等数学与初等数学的联系和渗透, 充分利用高等数学知识对初等数学解题的指导作用, 提高学生的数学解题能力.

二、高等数学在初等数学中的体现

1. 在中学数学理论基础方面

中学数学教材中的知识, 由于充分考虑到数学的社会性原则和学生的可接受性原则, 往往是以教育形态而不是学术形态呈现的, 因此, 中学数学教材中的一些知识不可能严谨透彻, 一些重要的数学基本定理, 根据其在中学数学中的地位与作用, 大都以“公理”的形式直接加以肯定, 并予以直观的描述, 严格的证明则需要通过高等数学的知识给出.

例 1 根据 $\mathrm{e}^x=\sum\limits_{n=0}^{\infty}\dfrac{x^n}{n!}$ 绝对收敛级数的运算, 由 $\mathrm{e}^x\cdot\mathrm{e}^y=\sum\limits_{n=0}^{\infty}\dfrac{x^n}{n!}\cdot\sum\limits_{n=0}^{\infty}\dfrac{y^n}{n!}=\sum\limits_{n=0}^{\infty}\dfrac{(x+y)^n}{n!}$ 验证初等数学中的指数运算法则 $\mathrm{e}^x\cdot\mathrm{e}^y=\mathrm{e}^{x+y}$.

这样的例子不胜枚举, 运用高等数学的知识能将中学数学中不能或很难彻底解决的基本理论加以严格证明. 反过来, 中学数学中的问题也为高等数学的理论提供可靠的背景和模型. 因此, 通过高等数学与初等数学的结合, 运用高观点指导初等数学的教学是培养学生数学思维能力的良好手段, 在学习和运用高等数学知识中加深理解中学数学教学内容的安排意图, 有利于师范生教学能力的提高, 使师范生经“高初结合”的思维启迪而收到事半功倍的效果,从而掌握坚实的初等数学基础理论.

2. 初等数学问题背景及解决

许多初等数学问题都有极强的高等数学知识背景，特别是数学竞赛中的一些命题.

例 2　$F(x)=\left|\cos^2 x+2\sin x\cos x-\sin^2 x+Ax+B\right|$ 在 $\left[0,\dfrac{3\pi}{2}\right]$ 上的最大值 M 与参数 A,B 有关，试问 A,B 取何值时 M 最小?

这是 1983 年全国高中数学联赛试题. 它是一个函数极值问题，其背景就是函数逼近论中的最佳逼近问题.

由此可见，利用高等数学解题时，如果我们能够找到初等数学问题的背景，就可以做到居高临下，对数学问题举一反三，利用高等数学的背景编制有新意的试题或者对旧题推陈出新. 尤其是从事数学竞赛的辅导与研究，就更加依赖于高等数学的观点. 同时，在解决高等数学问题时，随时联系初等数学的题型，可消除"高等数学无用论"的观点，激发学生的学习兴趣，提高他们解决初等数学问题的能力.

3. 初等数学问题的一般化解决

一些初等数学问题，按照中学数学的解题方法，往往比较困难. 但利用高等数学知识解题，特别是利用现代数学的观点指导教学，可以做到高屋建瓴，将命题转化为一般性的问题进行解决，问题反而变得简单.

例 3 (1983 年全国高考理科试题)　当 $0<b<a<\mathrm{e}$ 时，证明：$a^b>b^a$.

证明　两边取自然对数，待证不等式变形为 $\dfrac{\ln a}{a}>\dfrac{\ln b}{b}$，进而改证一般性命题：

当 $0<b<a<\mathrm{e}$ 时，函数 $y=\dfrac{\ln x}{x}$ 为递增函数.

当 $x\in(0,\mathrm{e})$ 时，$y'=\dfrac{1-\ln x}{x^2}>0$.

故 $y=\dfrac{\ln x}{x}$ 在区间 $(0,\mathrm{e})$ 上递增，从而证明了原命题.

因此，运用高等数学的观点，可以对中学数学问题中的疑难问题进行直观的描述，既体现教学的量力性和直观性，又不违背教材的科学性.

4. 初等数学问题的推广

大量的初等数学问题，其本质都是高等数学中相关知识的特殊情形. 因此，在教学中运用高等数学的观点和方法，指导初等数学问题的解决，有助于提升师范生的思维品质，不囿于常规，培养创造性思维和解题能力.

例 4　设 $a\geqslant 0$，$b\geqslant 0$，x_1,x_2 均为正数，且 $a+b=1$. 若 $y_1=ax_1+bx_2$，$y_2=bx_1+ax_2$，求证：$y_1y_2\geqslant x_1x_2$.

证法 1　$y_1y_2=(ax_1+bx_2)(bx_1+ax_2)=(x_1^2+x_2^2)ab+(a^2+b^2)x_1x_2$

$$\geqslant(a^2+b^2)x_1x_2+2abx_1x_2=(a^2+2ab+b^2)x_1x_2=(a+b)^2x_1x_2=x_1x_2.$$

证法 2　因为

$$\lg y_1=\lg(ax_1+bx_2)\geqslant a\lg x_1+b\lg x_2,$$
$$\lg y_2=\lg(bx_1+ax_2)\geqslant b\lg x_1+a\lg x_2,$$

两式相加，得

$$\lg y_1 + \lg y_2 \geqslant (a+b)(\lg x_1 + \lg x_2) = \lg x_1 + \lg x_2,$$

即 $\lg y_1 y_2 \geqslant \lg x_1 x_2$. 所以 $y_1 y_2 \geqslant x_1 x_2$.

证法 1 是初等数学问题证明中常用的放缩法. 证法 2 是高等数学中凸函数思想方法的具体运用，其证法更具一般性，能把问题推广到一般的情形.

设 $a_1, a_2, \cdots, a_n$ 是非负实数，$a_1 + a_2 + \cdots + a_n = 1$，$x_i > 0 (i = 1, 2, \cdots, n)$. 若 $y_1 = a_1 x_1 + a_2 x_2 + \cdots + a_n x_n$，$y_2 = a_2 x_1 + a_3 x_2 + \cdots + a_1 x_n, \cdots$，$y_n = a_n x_1 + a_1 x_2 + \cdots + a_{n-1} x_n$，则

$$y_1 y_2 \cdots y_n \geqslant x_1 x_2 \cdots x_n.$$

上述几个问题说明，运用高等数学的知识、观点和方法来处理和解决初等数学教材中的疑难问题及初等数学问题，有着重要的教学价值.

第一，教师在课堂教学中，有意识地加强高等数学与初等数学知识的联系，使初等数学的知识理论体系与内容同化于更一般、更概括的新领域内，并为新的、更抽象的高等数学的学习提供上位观念. 此外，将初等数学的理论、知识体系与相应的高等数学材料进行分析与比较，发现彼此的共同点和分化点，不但能从一般到特殊进行纵向分化和构建数学认知结构，也能注重横向上的融会贯通，形成数学学习的正迁移，加深对高等数学及初等数学知识结构的理解，使学生在头脑中形成一个层次分明的数学结构.

第二，加强高等数学与初等数学的联系，有利于师范生数学学习能力的发展. 高等数学与初等数学有机结合的过程，本质上也是对数学材料的感知、记忆和思考的过程，能从所给的初等数学材料的形式和结构中，正确、迅速地辨认出或分离出某些对解决初等数学问题有效的成分和有一定高等数学意义的结构，能对初等数学的知识体系进行思维加工，简缩、概括出相关的信息，并提炼出初等数学的核心成分，分层次组成一个知识系统，便于保持与运用. 而这都需要逻辑思维、形象思维、直觉思维等多种思维类型的相互配合.

第三，加强高等数学与初等数学的联系，有利于师范生元认知能力的培养. 高等数学与初等数学有机结合的过程，不仅是对数学材料的感知、记忆和思维等的认知过程，同时也是师范生对该认知过程进行积极控制和调节的元认知过程，这能使师范生明确学习高等数学对指导中学数学教学的现实意义，提高学习高等数学的自觉性和兴趣.

三、几点对策

高等数学与初等数学结合在数学教学中的作用是毋庸置疑的. 为此，我们在高等师范院校的数学教学课堂中有意识地加强高等数学与初等数学的结合，提高师范生的数学教学能力、解题能力和制题能力，进而全面提高数学教师的素质.

1. 加强高初结合的专题研究，充分认识高初结合的重要性

为了更好地解决长期以来，高等师范院校数学专业教学中的高等数学课程与初等数学课程严重脱节的现象，加强“高初结合”问题的研究与实践是十分必要的. 为此，开展高等数学与初等数学结合的专题研究，让广大师生充分了解高等数学与初等数学结合的意义，自觉加强高等数学与初等数学之间的知识联系、课程联系以及教学联系等研究，对“高初结合”有一个正确、全面的理解：高等数学与初等数学结合，不掌握“高”不行，不熟悉“初”不行，不在两者“结合”上下功夫研究也不行，只有经过有意识、充分的训练才能获得对“高初结合”

正确而全面的理解. 同时, 通过研究充分挖掘高等数学与初等数学结合的内在联系, 自觉从理论观点上予以提高和加深.

2. *在教学中积极探索具体实施高初结合的途径和方法*

一方面, 教师在高等数学课程的教学中, 从课程的特点出发, 明确和抓住一些"结合点", 采用多种形式渗透到整个教学过程中. 高等数学是一门基础课, 应用性很强, 我们应当努力把握其特点, 寻找高等数学与初等数学结合的切入点, 既让学生掌握高等数学知识, 又培养学生"居高临下"的能力. 另一方面, 学生在有关初等数学课程中, 应用高观点分析、研究问题, 使高等数学与初等数学结合落到实处. 通过初等数学课程的学习, 会用高观点分析、研究、整理中学数学教材, 熟悉深研就业后的执教内容. 例如, 在"初等数学研究"课程中, 注重初等数学与高等数学思想方法的结合, 不要只顾单纯地解题. 只有让学生从观点上把握知识的深度, 才能使他们从更高的角度俯瞰中学数学及其教学; 在"数学竞赛研究"课程中, 寻找竞赛题的高等数学背景以实现高等数学与初等数学结合.

同时, 在高等师范院校数学系开设"高初结合专题研究"是行之有效的途径之一. 开设的专题应包括: ①与中学数学紧密相关的某些没有很好解决的理论或方法, 通过高初结合予以解决的新成果; ②高等数学已经解决而初等化为与中学数学紧密相关的问题; ③高等数学中的知识具体化和特殊化为中学数学中的一般概念、方法; ④初等数学问题的高等数学背景和实质; ⑤将高等数学与初等数学结合来完善初等数学的重要概念. 通过对高等数学与初等数学结合的研究, 我们可以编写如何用高等数学知识、思想和方法去联系、分析和解决初等数学中的某些内容的专题, 通过这些专题的教学, 培养和提高学生高等数学与初等数学结合的能力, 使之不但学会应用所学的高等数学去深入理解中学数学, 还能具有提出、研究和解决中学数学问题的能力.

3. *塑造学生探索创新意识, 培养自觉运用高初结合研究问题的能力*

首先, 引导学生从教材中发掘小题材, 自己寻找高等数学与初等数学结合的途径解决问题. 教师可以提出问题, 尤其是系统地介绍并探讨研究高等数学与初等数学结合的方法与途径, 提出高等数学与初等数学结合的一些问题与课题, 并适时地启发, 尽可能地让学生自己摸索, 以激发学生的学习兴趣, 引导学生对高等数学与初等数学结合问题的探讨, 培养他们将高等数学与初等数学结合起来研究问题的能力. 同时, 为了加强高等数学与初等数学结合, 尽可能地吸收高等数学新的研究成果. 其次, 组织高等数学或初等数学的学习兴趣小组, 在教师的指导下, 从事一些力所能及的研究工作, 撰写研究报告或小论文, 使学生具有初步的创新研究意识, 从而具备独立、自觉地研究数学问题的能力.

四、结束语

突出高等师范院校师范教育的特点, 加强高等数学与初等数学结合是高等师范院校数学课程改革的重要课题之一, 是提高中学数学教师素质的一条有效途径. 同时, 高等数学与初等数学结合是一个很值得研究的课题. 我们应根据数学教育改革发展的需要, 有机地进行高等数学与初等数学结合的研究, 大量搜集高等数学与初等数学有机结合的实例, 以此切实提高学生的数学修养, 使学生能够居高临下, 全面提高中学数学的教学质量和水平.

第一章讲课
视频

第一章　数　　系

第一节　数的概念的扩展

初等代数研究的基本对象是数，数的概念的历史几乎和人类历史一样久远，人们最早认识的数是自然数，自然数的产生，起源于人类在生产和生活中计数的需要，那么怎样由它逐步扩充为整数、有理数、实数、复数？在这一章里，我们将从数学结构的角度，系统精确地从理论上概括数的形成过程.

在现行的中小学数学教材中，数的扩张过程一般如下:

$$\mathbf{N}\xrightarrow{\text{添}0}\mathbf{N}_0\xrightarrow{\text{添正分数}}\mathbf{Q}_0^+\xrightarrow{\text{添负分数}}\mathbf{Q}\xrightarrow{\text{添无理数}}\mathbf{R}\xrightarrow{\text{添虚数}}\mathbf{C}.$$

每次扩张都是从测量某种量的实际需要来说明扩充的必要性的. 从数学学科本身发展的需要来看，扩充的必要性常用以下两个方面来说明:

(1) 某一运算的逆运算在原有数集中不能完全实施;

(2) 某一方程在原有数集中无解(例: $x^2=-1$ 在 $\mathbf{R}$ 中无解).

数系扩张的方式一般有以下两种:

(1) 添加元素法: 把新元素添加到已建立的数系中去，形成新的数系，中小学数学教科书也是采用这种方式实现数系扩张的.

(2) 构造法: 这是按照代数结构的观点和比较严格的公理系统扩张数系的方法. 一般做法是先从理论上构造一个集合，然后指出这个集合的某个真子集与已知数系是同构的.

数系扩张的原则　设数系 A 扩张后得到新的数系 B，不论采用哪种扩张方法，都应遵循以下原则:

(1) $A\subset B$ (A 是 B 的真子集);

(2) 集 A 中所定义的元素间的一些运算和基本关系，在集 B 中也有相应的定义，并且集 B 中的定义，对于 B 的子集 A 中的元素来说，与原来集 A 中的定义完全一致;

(3) 在集 A 中不是总能施行的某种运算或无解的某类方程，在集 B 中总能施行或有解;

(4) 在同构的意义下，集 B 应当是集 A 满足上述三条原则的最小扩张.

第二节　自然数的序数理论

自然数是最简单的，因而也是最早发现并使用的数，自然数是其他数系逐步扩充并得以实现的基础. 人类对数系的研究，直到 19 世纪末 20 世纪初才有了严格的基础. 19 世纪，在公理法的影响下，许多数学家为了给自然数加以严格的定义做了许多工作，其中著名的数学家康托尔(Cantor)提出了自然数基数理论，佩亚诺(Peano)提出了自然数序数理论. 这里我们仅介绍佩亚诺提出的自然数序数理论.

什么是公理法呢？在数学上，总要求每出现一个新概念，都必须加以严格的定义，以使人明白所指的是什么. 每一个定律, 无论它多么明显, 都必须加以严格的证明, 追究它成立的理由. 但是新概念都要用以前明确的旧概念来解释, 旧概念又必须有它自己的定义, 如此下去是不可能的. 同样, 新定理成立必须追究它的前提, 而此前提又须追究它之所以成立的原因, 如此往上追究, 何时终止呢? 因此我们不得不事先选定一组基本概念, 不加定义, 作为解释其余一切概念的本源, 同时, 事先选定一套基本命题, 不加证明, 作为其他一切定理的基础. 有了这些以后, 我们就可以借助纯粹的逻辑推理推演出一系列定理, 建立起整个系统. 这就是所谓的公理法思想. 它的要求如下.

(1) 完备性: 有了这些定义、公理, 可推出所有其他性质.

(2) 纯粹性: 不容许渗透直观、默契.

(3) 独立性: 相互之间不能推出, 足够少.

(4) 和谐性: 相互不矛盾.

基数理论是以集合作为基本概念的, 它过多地依赖于集合论的原理, 佩亚诺为了克服这些缺陷, 在 1889 年提出了自然数的公理, 建立了自然数的序数理论.

序数理论采用公理化结构, 对自然数的一些最基本的性质作为不加定义的公理, 把"后继"作为不加定义的关系, 用一组公理来刻画它.

定义 1.2.1 集合 **N** 中的元素称为自然数, 如果 **N** 的元素之间有一个基本关系"后继"(用"+"来表示), 并满足下列公理:

(1) $1\in\mathbf{N}$;

(2) 对 $\forall a\in\mathbf{N}$, 有唯一的 $a^{+}\in\mathbf{N}$;

(3) 对 $\forall a\in\mathbf{N}$, a^{+} 不是 1;

(4) 对 $\forall a,\ b\in\mathbf{N}$, 若 a^{+} 与 b^{+} 相同, 则 a 等于 b, 记为 $a=b$;

(5) 归纳公理 如果 $M\subseteq\mathbf{N}$, 且

① $1\in M$;

② 对 $\forall a\in M$, 有 $a^{+}\in M$, 则 $M=\mathbf{N}$.

注: 这个公理系统称为佩亚诺公理系统. 公理(1)说明 1 是自然数, 而且是最前面的数. 公理(2)~(4)说明 **N** 中任何数都有唯一的后继数, 而且不同数的后继数也不同. 公理(5)是第一条数学归纳法原理的理论依据.

注: (1) 由公理(2)可知, 若 $a=b$, 则 $a^{+}=b^{+}$, 再由公理(4)可知, 若 $a^{+}=b^{+}$, 则 $a=b$, 故

$$a=b\Leftrightarrow a^{+}=b^{+};$$

(2) 由 $1\in\mathbf{N}$, 得 $1^{+}\in\mathbf{N}$, 记 1^{+} 为 2, 又由公理(2)可知 $2^{+}\in\mathbf{N}$, 记为 3, $\cdots$, 得 $\mathbf{N}=\{1,2,\cdots\}$.

有了上面的五条公理, 我们就可以用纯粹的逻辑推理得到自然数的其他性质.

定义 1.2.2 自然数的加法是一种对应关系"+", 由于它对 $\forall a,\ b\in\mathbf{N}$, 有唯一确定的 $a+b\in\mathbf{N}$, 且满足

(1) $a+1=a^{+}$;

(2) $a+b^{+}=(a+b)^{+}$.

这样的关系是否唯一, 是否存在? 我们有以下定理.

定理 1.2.1 自然数的加法是唯一存在的.

证明 1° 唯一性.

假设存在两种对应关系“+”与“⊕”都满足定义 1.2.2, 即对 $\forall a$, $b \in \mathbf{N}$, 都有唯一确定的 $a+b \in \mathbf{N}$ 及 $a \oplus b \in \mathbf{N}$, 且分别满足

(1) $a+1=a^{+}$, $a \oplus 1=a^{+}$;

(2) $a+b^{+}=(a+b)^{+}$, $a \oplus b^{+}=(a \oplus b)^{+}$.

下证关系“+”与“⊕”是一致的, 即证对 $\forall a$, $b \in \mathbf{N}$, $a+b=a \oplus b$.

下面用归纳公理证之.

固定 a, 设使 $a+b=a \oplus b$ 成立的所有 b 组成的集合为 M, $M \subseteq \mathbf{N}$.

由(1)可知, $a+1=a \oplus 1$, 所以 $1 \in M$. 假设 $b \in M$, 即 $a+b=a \oplus b$, 下证 $b^{+} \in M$, 即证 $a+b^{+}=a \oplus b^{+}$.

由公理(2)知 $(a+b)^{+}=(a \oplus b)^{+}$, 又由(2)知 $(a+b)^{+}=a+b^{+}$, $(a \oplus b)^{+}=a \oplus b^{+}$, 所以 $a+b^{+}=a \oplus b^{+}$, 于是 $b^{+} \in M$.

由归纳公理得 $M=\mathbf{N}$, 即对 $\forall b \in \mathbf{N}$, $a+b=a \oplus b$, 由 a 的任意性知, 对 $\forall a$, $b \in \mathbf{N}$, 有 $a+b=a \oplus b$.

2° 存在性.

我们规定对 $\forall a \in \mathbf{N}$, $a+1 \triangleq a^{+}$, 显然结果唯一. 假设 $a+b$ 已唯一规定, 则令 $a+b^{+} \triangleq (a+b)^{+}$.

注: 这种定义称为递归定义. 根据归纳公理, 我们对所有 $b \in \mathbf{N}$ 都已定义, 由 a 的任意性, 对 $\forall a$, $b \in \mathbf{N}$, $a+b$ 都已定义.

显然如此定义的关系“+”满足定义 1.2.2 的所有条件.

例 1.2.1　证明 $2+3=5$.

证明略.

定理 1.2.2 (加法结合律)　对 $\forall a$, b, $c \in \mathbf{N}$, 总有 $a+(b+c)=(a+b)+c$.

证明　固定 a, b, 设使上式成立的所有 c 组成的集合为 M, $M \subseteq \mathbf{N}$.

因为 $a+(b+1)=a+b^{+}=(a+b)^{+}=(a+b)+1$, 所以 $1 \in M$. 假设 $c \in M$, 即 $a+(b+c)=(a+b)+c$, 下证 $c^{+} \in M$, 即证 $a+(b+c^{+})=(a+b)+c^{+}$.

因为 $a+(b+c^{+})=a+(b+c)^{+}=[a+(b+c)]^{+}=[(a+b)+c]^{+}=(a+b)+c^{+}$, 所以 $c^{+} \in M$. 故 $M=\mathbf{N}$, 即对 $\forall c \in \mathbf{N}$, 有 $a+(b+c)=(a+b)+c$, 又由 a, b 的任意性知, 对 $\forall a, b, c \in \mathbf{N}$, 有 $a+(b+c)=(a+b)+c$.

定理 1.2.3 (加法交换律)　$\forall a, b \in \mathbf{N}$, 总有 $a+b=b+a$.

定义 1.2.3　自然数的乘法是一种对应关系“·”, 由于它对于 $\forall a$, $b \in \mathbf{N}$, 有唯一确定的 $a \cdot b \in \mathbf{N}$, 并且

(1) $a \cdot 1=a$;

(2) $a \cdot b^{+}=ab+a$.

定理 1.2.4　自然数的乘法是唯一存在的.

例 1.2.2　证明 $2 \cdot 3=6$.

证明略.

定理 1.2.5 (右分配律)　对 $\forall a, b, c \in \mathbf{N}$, 总有 $(a+b) \cdot c=ac+bc$.

证明　取定 a, b, 设使上式成立的所有 c 组成的集合为 $M, M \subseteq \mathbf{N}$. 因为 $(a+b) \cdot 1=a+$

$b=a\cdot1+b\cdot1$，所以$1\in M$．假设$c\in M$，即$(a+b)c=ac+bc$，则

$$(a+b)\cdot c^{+}=(a+b)c+(a+b)=(ac+bc)+(a+b)=(ac+a)+(bc+b)=ac^{+}+bc^{+},$$

所以$c^{+}\in M$，由归纳公理知$M=\mathbf{N}$．又由a,b的任意性知，对$\forall a,b,c\in\mathbf{N}$，有$(a+b)\cdot c=ac+bc$．

定理 1.2.6 (乘法交换律) 对$\forall a$，$b\in\mathbf{N}$，总有$ab=ba$．

证明 固定b，设使上式成立的所有a组成的集合为M，$M\subseteq\mathbf{N}$．下证$1\in M$，即证

$$1\cdot b=b\cdot1. \tag{1.2.1}$$

设使式(1.2.1)成立的所有b组成的集合为M'，$M'\subseteq\mathbf{N}$，因为 $1\cdot1=1\cdot1$，$1\in M'$．

假设$b\in M'$，即 $1\cdot b=b\cdot1$，下证$b^{+}\in M'$，因为 $1\cdot b^{+}=1\cdot b+1=b\cdot1+1=b+1=b^{+}=b^{+}\cdot1$，所以$b^{+}\in M'$，所以 $M'=\mathbf{N}$，即对$\forall b\in\mathbf{N}$，有$1\cdot b=b\cdot1$，即$1\in M$．

假设$a\in M$，即$ab=ba$，下证$a^{+}\in M$，即证$a^{+}b=ba^{+}$．

因为$a^{+}b=(a+1)b=ab+b=ba+b=b\cdot a^{+}$，所以$a^{+}\in M$，即$M=\mathbf{N}$，即对$\forall a\in\mathbf{N}$，有$ab=ba$．由$b$的任意性知，对$\forall a$，$b\in\mathbf{N}$，有$ab=ba$．

定理 1.2.7 自然数的乘法满足结合律.

自然数公理中的“后继”已经指出了a与a^{+}的顺序，我们可以对任意两个自然数规定它们的顺序，使之与两个相邻数已有的顺序一致.

定义 1.2.4 设$a,b\in\mathbf{N}$，若存在$k\in\mathbf{N}$，使得$a=b+k$，则称a大于b，记为$a>b$，也说b小于a，记为$b<a$．

定理 1.2.8 自然数的顺序关系具有对逆性、传递性和全序性.

(1) 对逆性：对$\forall a$，$b\in\mathbf{N}$，当且仅当$a<b$时，$b>a$；

(2) 传递性：对$\forall a$，$b\in\mathbf{N}$，若$a<b$，$b<c$，则$a<c$；

(3) 全序性：对$\forall a$，$b\in\mathbf{N}$，在$a<b$，$a=b$，$a>b$中有且只有一个成立.

证明 (仅证(3))先证对$\forall a$，$b\in\mathbf{N}$，在$a<b$，$a=b$，$a>b$中有且只有一个成立.

假设$a<b$，$a=b$同时成立，由定义 1.2.4 知，若$a<b$，则存在$k\in\mathbf{N}$，使$b=a+k$，而$a=b$，所以得$a=a+k$，这是不可能的．同理可证$a=b$与$a>b$及$a<b$与$a>b$也都不能同时成立.

再证在$a<b$，$a=b$，$a>b$中总有一个成立．取定a，设使它们中总有一个成立的所有b组成的集合为M，$M\subseteq\mathbf{N}$．当$b=1$时，若$a=1$，则$a=b$成立；若$a\neq1$，则$a=n^{+}=n+1=n+b$，$n\in\mathbf{N}$，即$a>b$成立，所以$1\in M$．

假设$b\in\mathbf{N}$，即在$a<b$，$a=b$，$a>b$中总有一个成立，下证$b^{+}\in M$．

(1) 若$a<b$成立，因为$b<b^{+}$，所以$a<b^{+}$成立.

(2) 若$a=b$成立，则$a^{+}=b^{+}$，即$a+1=b^{+}$，所以$a<b^{+}$成立.

(3) 若$a>b$成立，即存在$k\in\mathbf{N}$，使$a=b+k$．

若$k=1$，则$a=b^{+}$成立；

若$k\neq1$，则$k=m^{+}=m+1$，所以$a=b+m+1=m+b^{+}$，所以$a>b^{+}$成立.

由(1)~(3)知$b^{+}\in M$，所以$M=\mathbf{N}$．

定理 1.2.9 (加法单调性) 若$a,b,c\in\mathbf{N}$，则

(1) $a=b\Leftrightarrow a+c=b+c$；

(2) $a<b\Leftrightarrow a+c<b+c$；

(3) $a>b \Leftrightarrow a+c>b+c$.

上述命题为分断式命题，它的条件是分成若干个互不相容的部分，对于结论也分成互不相容的部分，证分断式的命题只要证充分性即可，证略.

定理 1.2.10　设 $a,b,c\in\mathbf{N}$，则

(1) 当且仅当 $a=b$ 时，$ac=bc$；

(2) 当且仅当 $a<b$ 时，$ac<bc$；

(3) 当且仅当 $a>b$ 时，$ac>bc$.

证明略.

下面我们来看自然数的三条性质.

定理 1.2.11 (自然数列的离散性)　任意两个相邻自然数 a 与 a^+ 之间不存在自然数 b，使 $a<b<a^+$.

证明　假设存在 $b\in\mathbf{N}$，有 $a<b<a^+$，由 $a<b$ 知，存在 $k\in\mathbf{N}$，使 $b=a+k\geqslant a+1=a^+$，因此与 $b<a^+$ 矛盾.

定理 1.2.12 (阿基米德性质)　对 $\forall a,b\in\mathbf{N}$，必有 $n\in\mathbf{N}$，使 $na>b$.

证明　事实上，取 $n=b^+$ 即可. 因为 $na=b^+a=ba+a>ba\geqslant b$.

定理 1.2.13 (最小数定理)　$\mathbf{N}$ 的任何一个非空子集 A 中必有最小数.

证明　假设非空集合 $A\subseteq\mathbf{N}$，但在 A 中没有最小数，令所有小于 A 中任何一个数的自然数组成的集合为 M，$M\subseteq\mathbf{N}$，因为 $1\notin A$，所以 $1\in M$.

假设 $m\in M$，现证 $m^+\in M$. 若 $m^+\notin M$，则在 A 中必有 a_1，$m^+\geqslant a_1$，但因 A 中无最小数，所以必有 $a_2\in A$，使 $a_1>a_2$，即 $m^+>a_2$，由此得 $m\geqslant a_2$，这与 $m\in M$ 矛盾，所以 $m^+\in M$，因此 $M=\mathbf{N}$.

由 A 非空知，存在自然数 $t\in A$，又因为 $t\in\mathbf{N}=M$，于是 $t<t$，这是不可能的. 最小数原理得证.

定理 1.2.14　最小数原理与归纳公理是等价命题.

最后，我们看自然数的减法与除法.

定义 1.2.5　设 a，$b\in\mathbf{N}$，若 $\exists x\in\mathbf{N}$，使 $b+x=a$，则称 x 为 a 减去 b 的差，记作 $a-b$. 这里 a 称为被减数，b 称为减数. 求两数差的运算称为减法.

由定义知 $b+(a-b)=a$.

由定义 1.2.4 和定义 1.2.5，得以下定理.

定理 1.2.15　对 $\forall a$，$b\in\mathbf{N}$，当且仅当 $a>b$ 时，$a-b\in\mathbf{N}$. 如果 $a-b$ 存在，那么它是唯一的.

证明　若差 $a-b$ 存在，则 $b+x=a$ 有解，且 $x\in\mathbf{N}$，由定义 1.2.4 知 $a>b$. 若 $a>b$，则 $\exists k\in\mathbf{N}$，使 $a=b+k$，即 k 是 $b+x=a$ 的解，由定义 1.2.5 知 $a-b$ 存在.

下证唯一性：若 $b+x=a$ 有两个解 x',x''，即

$$b+x'=a,\quad b+x''=a,$$

所以 $b+x'=b+x''$，因此 $x'=x''$ (由加法单调性).

定义 1.2.6　设 a，$b\in\mathbf{N}$，若 $\exists x\in\mathbf{N}$，使 $bx=a$，则称 x 为 a 除以 b 的商，记作 $\dfrac{a}{b}$，这里 a 称

为被除数，b 称为除数，求两数的运算称为除法，由定义可知 $b\cdot\frac{a}{b}=a$.

定理 1.2.16　设 a，$b\in\mathbf{N}$，则 $\frac{a}{b}\in\mathbf{N}$ 的必要条件是 $a\geqslant b$. 如果 $\frac{a}{b}$ 存在，那么它是唯一的.

第三节　整　数　环

上一节我们用公理化体系严格地建立了自然数系统 $(\mathbf{N},+,\cdot)$，并展开了自然数的一些代数性质，但是自然数还有许多缺陷，最容易看出的是它对加法与乘法的逆运算——减法与除法是不封闭的，也就是说对 $\forall a,b\in\mathbf{N}$，$a-b$，$\frac{a}{b}$ 未必存在，在这一节里，我们准备用构造法把自然数集 $\mathbf{N}$ 扩张到整数 $\mathbf{Z}$，使得加法的逆运算减法在整数集中永远可行.

为了认识扩张数集的意义与方法，我们首先来明确近代数学中的几个观点.

(1) 代数系统：设 S 是一个非空集合，如果存在一个法则“$*$”，使得对 S 中的任意两个元素 a，b，有 S 中唯一确定的元素与 $a*b$ 对应，就说$*$是 S 的代数运算，S 对$*$构成代数系统，记为 $(S,*)$.

(2) 同构：设 $(A,*)$ 与 $(S,\circ)$ 是两个代数系统，若存在 A 到 S 上的一一映射 f，对 $\forall a,b\in A$，有 $f(a*b)=f(a)\circ f(b)$，则称 A 与 S 同构，并说 f 是 A 到 S 的同构映射.

在代数上两个同构的代数系统往往看作一样的，因为在代数上，我们仅仅关心的是代数性质，如果它们同构，则必然具有相同的性质. 当 A，S 各具有两种代数运算时，同样可规定它们的同构意义.

设 $(A,+,*)$ 与 $(S,\oplus,\circ)$ 是两个代数系统，若存在 A 到 S 上的一一映射 f，对 $\forall a$，$b\subset A$，有 $f(a+b)=f(a)\oplus f(b)$，$f(a*b)=f(a)\circ f(b)$，则称 A 与 S 同构，并说 f 是 A 到 S 的同构映射.

例 1.3.1　设自然数系统 $(\mathbf{N},+,\cdot)$ 及另一个代数系统 $(S,\oplus,\circ)$，其中

$$S=\left\{\left.\begin{pmatrix} n & 0 & \cdots & 0 \\ 0 & n & \cdots & 0 \\ \vdots & \vdots & & \vdots \\ 0 & 0 & \cdots & n \end{pmatrix}_{t\times t}\right| n\in\mathbf{N}\right\},$$

t 为固定的自然数，S 的代数运算加法与乘法是普通的矩阵加法与乘法.

映射 f：$n\to\begin{pmatrix} n & 0 & \cdots & 0 \\ 0 & n & \cdots & 0 \\ \vdots & \vdots & & \vdots \\ 0 & 0 & \cdots & n \end{pmatrix}_{t\times t}$，容易证明 f 是 $\mathbf{N}$ 到 S 的一一映射，且

$$f(n+m)=\begin{pmatrix} n+m & 0 & \cdots & 0 \\ 0 & n+m & \cdots & 0 \\ \vdots & \vdots & & \vdots \\ 0 & 0 & \cdots & n+m \end{pmatrix}=\begin{pmatrix} n & 0 & \cdots & 0 \\ 0 & n & \cdots & 0 \\ \vdots & \vdots & & \vdots \\ 0 & 0 & \cdots & n \end{pmatrix}\oplus\begin{pmatrix} m & 0 & \cdots & 0 \\ 0 & m & \cdots & 0 \\ \vdots & \vdots & & \vdots \\ 0 & 0 & \cdots & m \end{pmatrix}=f(n)\oplus f(m),$$

$$f(n\cdot m)=\begin{pmatrix} nm & 0 & \cdots & 0 \\ 0 & nm & \cdots & 0 \\ \vdots & \vdots & & \vdots \\ 0 & 0 & \cdots & nm \end{pmatrix}=\begin{pmatrix} n & 0 & \cdots & 0 \\ 0 & n & \cdots & 0 \\ \vdots & \vdots & & \vdots \\ 0 & 0 & \cdots & n \end{pmatrix}\circ\begin{pmatrix} m & 0 & \cdots & 0 \\ 0 & m & \cdots & 0 \\ \vdots & \vdots & & \vdots \\ 0 & 0 & \cdots & m \end{pmatrix}=f(n)\circ f(m),$$

所以$(\mathbf{N}, +, \cdot)$与$(S, \oplus, \circ)$同构.

(3) 扩张: 如果代数系统A与代数系统S的一个真子集同构, 就说S是A的扩张.

图 1-1 就是A的一个扩张的示意图, 因为在同构的意义下, 我们可以从S中挖去S', 而由A嵌入, 从而得到A的一个真正的扩张.

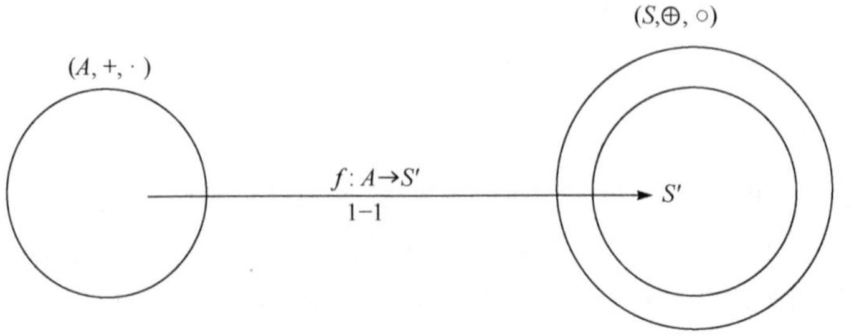

图 1-1

注: ① $A\cap(S/S')=\varnothing$;

② 这在近世代数中称为挖补定理.

如果把A改成$\mathbf{N}$, 把S改成$\mathbf{Z}$, 把S'改成$\mathbf{Z}^+$, 就得到了自然数系统的一个扩张. 我们希望在$\mathbf{Z}$中对减法运算永远可行.

现在我们面临着以下几个问题:

(1) 首先要构造一个代数系统$\mathbf{Z}$, 也就是找到一个集合, 它有两个代数运算: 加法$\oplus$与乘法$\circ$, 且$\oplus$的逆运算永远可以进行.

(2) 上面构造的$\mathbf{Z}$有一个真子集$\mathbf{Z}^+$, 它与$\mathbf{N}$是同构的.

按照这些要求, 我们首先来构造$\mathbf{Z}$, 根据第(2)个问题, $\mathbf{Z}$中的加法必须与$\mathbf{N}$中的加法同构, 因此定义时要参考$\mathbf{N}$中的加法. 又在$\mathbf{N}$中对$\forall a,b\in\mathbf{N}$, 差$a-b$未必存在, 即满足$b+x=a$的自然数x未必存在, 但在设想的$\mathbf{Z}$中应该存在. 因为x与a, b有关, 所以我们暂时把x记为(a, b), 把$\mathbf{Z}$写作$\mathbf{Z}'=\{(a,b)|a\in\mathbf{N}, b\in\mathbf{N}\}=\mathbf{N}\times\mathbf{N}$.

因为在$\mathbf{N}$中, $2+x=5$与$3+x=6$的解x是同一个数 3, 所以出现虽(a,b)不同, 但结果相同的局面, 如上述$(5,2)=(6,3)$. 因此为了改变这种数与自然数序偶不是一对一的局面, 必须划分集合$\mathbf{Z}'=\{(a,b)|a,b\in\mathbf{N}\}$, 将$\mathbf{Z}'$分类.

定义 1.3.1 设(a,b), $(c,d)\in\mathbf{Z}'$, 如果$a+d=b+c$, 则称(a,b)等价于(c,d), 记为

$$(a,b)\sim(c,d),$$

即$(a,b)\sim(c,d)\Leftrightarrow a+d=b+c$.

易证关系"$\sim$"具有反身性、对称性、传递性, 从而它是一个等价关系. 我们把$\mathbf{Z}'$中与(a,b)等价的一切元素组成的集合称为(a,b)的等价类, 记作$[a,b]$.

这样得到的分类具有下列性质.

(1) $\forall(a,b)\in\mathbf{Z}'$必属于且仅属于某一个等价类;

(2) $[a,b]=[c,d]\Leftrightarrow(a,b)\sim(c,d)\Leftrightarrow a+d=b+c$;

(3) $[a+m, b+m]=[a, b]$.

定义 1.3.2　$\mathbf{Z}'$ 中序偶的等价类称为整数, 一切整数组成的集合称为整数集, 记为 $\mathbf{Z}$, 即

$$\mathbf{Z}=\{[a,b] \mid [a,b]\text{是}\mathbf{Z}'\text{的等价类}\}.$$

定义 1.3.3　若 $[a,b],[c,d]\in\mathbf{Z}$, 则称 $[a+c,b+d]$ 为 $[a,b]$ 加上 $[c,d]$ 的和, 记为 $[a,b]+[c,d]$, 即 $[a,b]+[c,d]=[a+c,b+d]$.

现在我们来说明这样的加法与等价类中的代表元素选择无关, 即证:

若 $[a',b']=[a,b]$, $[c',d']=[c,d]$, 则 $[a',b']+[c',d']=[a,b]+[c,d]$.

证明　由定义 1.3.3, $[a',b']+[c',d']=[a'+c',b'+d']$, $[a,b]+[c,d]=[a+c,b+d]$. 要证 $[a'+c',b'+d']=[a+c,b+d]$, 只需证 $(a'+c',b'+d')\sim(a+c,b+d)$, 即证

$$a'+c'+b+d=b'+d'+a+c. \tag{1.3.1}$$

而

$$[a',b']=[a,b]\Rightarrow a'+b=b'+a, \tag{1.3.2}$$

$$[c',d']=[c,d]\Rightarrow c'+d=d'+c, \tag{1.3.3}$$

由(1.3.2)与(1.3.3)即推出(1.3.1).

我们如此定义的加法满足结合律与交换律.

例 1.3.2　已知 $[a,b],[c,d]\in\mathbf{Z}$, 求证有且只有一个整数 $[x,y]$ 满足 $[c,d]+[x,y]=[a,b]$.

证明　存在性: 因为 $[a+d,b+c]\in\mathbf{Z}$, 而且

$$[c,d]+[a+d,b+c]=[c+a+d,d+b+c]=[a,b],$$

所以 $[c,d]+[x,y]=[a,b]$ 有解, 且 $[x,y]=[a+d,b+c]$.

唯一性: 若 $[x',y']$, $[x'',y'']$ 都是 $[c,d]+[x,y]=[a,b]$ 的解, 即

$$[c,d]+[x',y']=[a,b],\quad [c,d]+[x'',y'']=[a,b],$$

下证 $[x',y']=[x'',y'']$. $[c+x',d+y']=[c+x'',d+y'']\Rightarrow(c+x',d+y')\sim(c+x'',d+y'')\Rightarrow c+x'+d+y''=d+y'+c+x''\Rightarrow x'+y''=y'+x''\Rightarrow(x',y')\sim(x'',y'')\Rightarrow[x',y']=[x'',y'']$.

例 1.3.2 说明了减法在 $\mathbf{Z}$ 中永远可单值进行.

我们把 $[a+d,b+c]$ 称为 $[a,b]$ 减去 $[c,d]$ 的差, 记作 $[a,b]-[c,d]=[a+d,b+c]$.

由此, 对 $\forall[a,b]\in\mathbf{Z}$, 有

$$[a,b]-[a,b]=[a+b,b+a]=[1,1],\quad [a,b]+[1,1]=[a+1,b+1]=[a,b],$$

故 $[1,1]$ 为 $\mathbf{Z}$ 的零元.

另外,

$$[a,b]+[b,a]=[a+b,b+a]=[1,1],$$

故 $[b,a]$ 为 $[a,b]$ 的负元, 记为 $-[a,b]$, 即 $[b,a]=-[a,b]$.

定义 1.3.4　设 $[a,b]$, $[c,d]\in\mathbf{Z}$, 则称 $[ac+bd,ad+bc]$ 为 $[a,b]$ 乘以 $[c,d]$ 的积, 记为 $[a,b]\cdot[c,d]$, 即 $[a,b]\cdot[c,d]=[ac+bd,ad+bc]$.

可以证明这样定义的乘法运算与代表元素的选择无关.

定理 1.3.1　整数的乘法满足结合律与交换律.

定理 1.3.2　整数的乘法对加法的分配律成立.

下面我们设法找到 $\mathbf{Z}$ 中的一个真子集 $\mathbf{Z}^+$, 使它与 $\mathbf{N}$ 同构. 从而说明 $\mathbf{Z}$ 确是 $\mathbf{N}$ 的一个扩

张. 取 $\mathbf{Z}^+=\{[1+n,1]|n\in\mathbf{N}\}$，作 $\mathbf{N}$ 到 $\mathbf{Z}^+$ 的一个映射 f：$n\to[1+n,1]$，显然 f 是一一映射的，且对 $\forall m,n\in\mathbf{N}$，有 $f(m+n)=[1+m+n,1]$，$f(m)+f(n)=[1+m,1]+[1+n,1]=[2+m+n,2]=[1+m+n,1]$，所以 $f(m+n)=f(m)+f(n)$．$f(m\cdot n)=[1+mn,1]$，$f(m)\cdot f(n)=[1+m,1]\cdot[1+n,1]=[(1+m)(1+n)+1,(1+m)+(1+n)]=[2+m+n+mn,2+m+n]=[1+mn,1]$，因此 $f(m\cdot n)=f(m)\cdot f(n)$．所以 f 是 $\mathbf{N}$ 到 $\mathbf{Z}^+$ 的同构映射，$\mathbf{N}$ 与 $\mathbf{Z}^+$ 同构. 在同构的意义下，$\mathbf{N}$ 与 $\mathbf{Z}^+$ 可以不加区别，这样我们可以理解成 $\mathbf{Z}$ 是 $\mathbf{N}$ 的一个扩张. 可以规定

$$[1+n,1]=n,\quad [1,1]=0,\quad [1,1+n]=-n.$$

对 $\forall[a,b]\in\mathbf{Z}$ 总可表示成 $[1+n,1]$ 或 $[1,1]$ 或 $[1,1+n]$ 的形式，从而可知当 $a>b$ 时，$[a,b]$ 为正整数，当 $a<b$ 时，$[a,b]$ 为负整数. 当 $a=b$ 时，$[a,b]$ 为零.

$$\mathbf{Z}=\begin{cases}\mathbf{Z}^+=\{1,2,3,\cdots\},\\ \{0\},\\ \mathbf{Z}^-=\{-1,-2,-3,\cdots\}.\end{cases}$$

$$\mathbf{Z}=\mathbf{Z}^-\cup\mathbf{Z}^+\cup\{0\}=\mathbf{Z}_0\cup\{0\}\quad(\mathbf{Z}_0=\mathbf{Z}-\{0\}).$$

定理 1.3.3　若 $a,b\in\mathbf{N}$，则

(1) $[1+a,1]+[1+b,1]=a+b$；

(2) $[1,1+a]+[1,1+b]=-(a+b)$；

(3) $[1+a,1]+[1,1+b]=\begin{cases}a-b, & a>b,\\ 0, & a=b,\\ -(b-a), & a<b.\end{cases}$

证明　(1) $[1+a,\ 1]+[1+b,\ 1]=[2+a+b,\ 2]=a+b$；

(2) $[1,1+a]+[1,1+b]=[2,2+a+b]=-(a+b)$；

(3) $[1+a,1]+[1,1+b]=[2+a,2+b]=[1+a,1+b]$

$$=\begin{cases}[1+a-b,1]=a-b, & a>b,\\ [1,1]=0, & a=b,\\ [1,1+b-a]=-(b-a), & a<b.\end{cases}$$

定理 1.3.4　若 $a,b\in\mathbf{N}$，则

(1) $[1+a,1]\cdot[1+b,1]=ab$；

(2) $[1,1+a]\cdot[1,1+b]=ab$；

(3) $[1+a,1]\cdot[1,1+b]=-ab$．

证明略.

对于 $\beta\in\mathbf{Z}_0,\alpha\in\mathbf{Z}$，未必有 $\gamma\in\mathbf{Z}$，适合 $\beta\cdot\gamma=\alpha$．例如 $\beta=2,\alpha=1$．因此 $\mathbf{Z}$ 中乘法的逆运算不能普遍进行.

综上所述，$(\mathbf{Z},+)$ 是交换群，$(\mathbf{Z},\circ)$ 是半群，而且 $\mathbf{Z}$ 中乘法对加法的分配律成立，因此 $(\mathbf{Z},+,\circ)$ 是环.

定义 1.3.5　设 α，$\beta\in\mathbf{Z}$，若 $\alpha-\beta\in\mathbf{Z}^+$，则称 $\alpha>\beta$；若 $\alpha-\beta\in\mathbf{Z}^-$，则称 $\alpha<\beta$．

由此可知负整数小于零，零小于正整数. 整数的顺序关系具有和自然数类似的性质，但乘法单调性有下述定理.

定理 1.3.5 设$\alpha,\ \beta,\ \gamma\in \mathbf{Z},\ \alpha<\beta$，则$\begin{cases}\alpha\gamma<\beta\gamma, & \gamma>0,\\ \alpha\gamma=\beta\gamma, & \gamma=0,\\ \alpha\gamma>\beta\gamma, & \gamma<0.\end{cases}$

整数仍具有离散性，且$\mathbf{Z}$中无最大、最小数，但是$\mathbf{Z}$的任意一个有下界的非空子集必有最小数，$\mathbf{Z}$的任意一个有上界的非空子集必有最大数.

第四节 有 理 数 域

我们用构造法把自然数系统扩张到了整数系统，但在整数集中，对任意的$a,b\in\mathbf{Z},b\neq 0$，$bx=a$在$\mathbf{Z}$中不一定有解，为了进一步消除这一缺陷，我们利用上一节同样的方法，将整数集扩张到有理数集.

考虑集合$\mathbf{Q}^*=\{(a,b)\mid a,b\in\mathbf{Z},b\neq 0\}$，在$\mathbf{Q}^*$上定义等价关系如下.

设$(a,b),\ (c,d)\in\mathbf{Q}^*$，若$ad=bc$，则称$(a,b)$等价于$(c,d)$. 可证如上定义的关系满足等价关系的三个性质，即反身性、对称性、传递性，从而它是一个等价关系.

以$[a,b]$表示(a,b)所属的等价类，并称为有理数，所有有理数组成的集合称为有理数集，记为$\mathbf{Q}$，即$\mathbf{Q}=\{[a,b]\mid a,b\in\mathbf{Z},b\neq 0\}$.

我们在$\mathbf{Q}$上定义加法和乘法运算如下:

(1) $[a,b]+[c,d]=[ad+bc,bd]$;

(2) $[a,b]\cdot[c,d]=[ac,bd]$.

可以证明，上述运算与代表元素的选择无关.

例 1.4.1 已知$[a,b],\ [c,d]\in\mathbf{Q}$，求证有且只有一个$[x,\ y]\in\mathbf{Q}$，满足$[c,d]+[x,y]=[a,b]$.

证明略.

例 1.4.2 已知$[a,b],\ [c,d]\in\mathbf{Q},c\neq 0$，求证有且只有一个$[x,y]\in\mathbf{Q}$，满足

$$[c,d]\cdot[x,y]=[a,b].$$

证明 存在性：由于$[ad,bc]\in\mathbf{Q}$，且$[c,d]\cdot[ad,bc]=[cad,dbc]=[a,b]$，所以$[c,d]\cdot[x,y]=[a,b]$有解$[ad,bc]$.

唯一性：若$[c,d]\cdot[x,y]=[a,b],\ \ [c,d]\cdot[x',y']=[a,b]$，则$[cx',dy']=[cx,dy]$，所以$(cx',dy')$与$(cx,dy)$等价，所以$cx'dy=dy'cx$，所以$x'y=y'x$，所以$[x',y']=[x,y]$.

上例说明除法运算在$\mathbf{Q}$中永远可行.

因为对任意的$[c,d]\in\mathbf{Q},c\neq 0$，$\dfrac{[c,d]}{[c,d]}=[cd,dc]=[1,1]$，而对任意的$[a,b]\in\mathbf{Q}$，$[a,b]\cdot[1,1]=[1,1]\cdot[a,b]=[a,b]$，所以$[1,1]$是$\mathbf{Q}$的单位元. 对任意的$[c,d]\in\mathbf{Q},c\neq 0$，有$[c,d]\cdot[d,c]=[1,1]$，所以$[d,c]$是非零元$[c,d]$的逆元. 记$[c,d]^{-1}=[d,c]$.

因为整数的加法、乘法运算满足交换律、结合律和分配律这三条运算律，由此不难验证有理数的加法、乘法运算也满足这三条运算规律.

综上所述，$(\mathbf{Q},+)$与$(\mathbf{Q},\cdot)$都是交换群，且$\mathbf{Q}$中乘法对加法的分配律成立，所以$(\mathbf{Q},+,\cdot)$是域.

作$\mathbf{Q}'=\{[a,1]\mid a\in\mathbf{Z}\}\subset\mathbf{Q}$，作$f$：$a\mapsto[a,1]$，易证$f$是$\mathbf{Z}$到$\mathbf{Q}'$的一一映射，$\mathbf{Z}$与$\mathbf{Q}'$同构，

所以 $\mathbf{Q}$ 确定了 $\mathbf{Z}$ 的一个扩张.

在同构的意义下，$[a,1]$ 与 a 不加区别，可记 $[a,1]=a$，$[a,b]=\dfrac{[a,1]}{[b,1]}=\dfrac{a}{b}$ $(b\neq 0)$. 这样有理数可记为

$$\mathbf{Q}=\left\{\frac{a}{b}\middle|a,b\in\mathbf{Z},b\neq 0\right\}.$$

并记 $\mathbf{Q}^{+}=\left\{\dfrac{a}{b}\middle|ab\in\mathbf{Z}^{+}\right\}$，$\mathbf{Q}^{-}=\left\{\dfrac{a}{b}\middle|ab\in\mathbf{Z}^{-}\right\}$，$\{0\}=\left\{\dfrac{a}{b}\middle|a=0,b\neq 0\right\}$.

另外，我们在 $\mathbf{Q}$ 上定义：对任意的 $\dfrac{a}{b}$，$\dfrac{c}{d}$，若 $\dfrac{a}{b}-\dfrac{c}{d}\in\mathbf{Q}^{+}$，则 $\dfrac{a}{b}>\dfrac{c}{d}$；若 $\dfrac{a}{b}-\dfrac{c}{d}\in\mathbf{Q}^{-}$，则 $\dfrac{a}{b}<\dfrac{c}{d}$. 所以 $\mathbf{Q}$ 中的数可按大小排列，可以证明有理数的序关系具有传递性、全序性，因而有理数域为一有序域.

有理数有两个重要性质，即

(1) (稠密性) 若任何两个 $\dfrac{a}{b}$，$\dfrac{c}{d}\in\mathbf{Q}$，且 $\dfrac{a}{b}\neq\dfrac{c}{d}$，则必存在 $\dfrac{e}{f}\in\mathbf{Q}$，使它介于 $\dfrac{a}{b}$ 与 $\dfrac{c}{d}$ 之间；

(2) (阿基米德公理) 若 $\dfrac{a}{b}$，$\dfrac{c}{d}\in\mathbf{Q}^{+}$，$\dfrac{a}{b}<\dfrac{c}{d}$，则存在 $n\in\mathbf{N}$，使 $n\cdot\dfrac{a}{b}>\dfrac{c}{d}$.

上述命题说明了有理数集是一个稠密集，并且满足阿基米德公理. 因此有理数域是一个稠密的、满足阿基米德公理的有序域. 但是 $\mathbf{Q}$ 的任一个有下界的非空子集未必有最小数，$\mathbf{Q}$ 的任一个有上界的非空子集未必有最大数，有理数的这种“不完备性”，正是它的本质的缺陷.

第五节　实　数　域

前面我们把数从自然数集扩充到了有理数域，所谓域就是对加、减、乘、除四则运算封闭，并且具有交换律、结合律、分配律等运算性质，除此以外，它还具有全序性，换句话说，有理数域已具有良好的代数性质. 所以在数学的前期毕达哥拉斯学派认为任何量的度量结果都是一个有理数. 但同时，他们又发现正方形的对角线与其边长是不可公度的，也即方程 $x^2-2=0$ 的解 x 不是有理数. 这一点可用反证法证明.

设 $x=\dfrac{p}{q}$，$p,q\in\mathbf{Z}$，$(p,q)=1$，则有 $p=xq, p^2=x^2q^2=2q^2$，即 p 为偶数. 不妨设 $p=2r$，于是 $4r^2=2q^2$，即 $q^2=2r^2$. 于是 q 也是偶数. 所以 p,q 均为偶数，这与它们互素的最初假设矛盾.

也就是说，x 不能表示成两个整数的比，或者说 $\sqrt{2}$ 是不可公度的. 按照今天的说法，毕达哥拉斯学派发现 $\sqrt{2}$ 是无理数，但他们并没有指出无理数到底是什么.

又如，$\left\{\left(1+\dfrac{1}{n}\right)^n\right\}$ 当 $n\to\infty$ 时的极限值为 $\mathrm{e}=2.71828\cdots$，不是一个有理数，即有理数集不够完备，对极限运算不封闭.

事实上，像 $\sqrt{3}$，$\sqrt{5}$，$\sqrt[3]{2},\pi,\mathrm{e}$ 等都不是有理数，为了克服有理数集不能表示所有的度量结

果的缺陷，以及使极限运算畅通无阻，我们将有理数集进一步扩充，在新的数集中不再有上述缺陷. 这就是本节要讲的实数集.

在历史上构造实数集比较有影响的有戴德金分割、康托尔的基本序列、无穷小数、区间套等，它们都得到了完备的数域，并使得两千年来存在于算术与几何之间的鸿沟得以完全填平. 下面简单介绍戴德金分割、康托尔的基本序列，然后详细介绍利用无穷小数构造实数集的方法与过程.

1. 戴德金分割

戴德金的方法也称为戴德金分割. 他把有理数集 **Q** 划分为两个非空且不相交的子集 A_1 和 A_2，并使对 $\forall a_1 \in A_1$，$\forall a_2 \in A_2$，总有 $a_1 < a_2$.

一个实数 a 被定义成上述有理数的一个分割，即 $a=(A_1,\ A_2)$. 对这样的分割恰有三种可能，而且有且只有一种成立.

(1) A_1 中有最大元素：如 A_1 是所有小于等于 1 的有理数而 A_2 是所有大于 1 的有理数.

(2) A_2 中有最小元素：如 A_1 是所有小于 1 的有理数而 A_2 是所有大于等于 1 的有理数.

(3) A_1 中无最大元素，A_2 中无最小元素：如 A_1 是所有负有理数、零及平方小于 2 的正有理数，而 A_2 是平方大于 2 的正有理数.

称(3)这种分割 $(A_1,\ A_2)$ 定义了一个无理数. (3)中的例子即定义了一个无理数 $(A_1,\ A_2)=\sqrt{2}$.

戴德金对无理数的定义，在数轴上可以被粗略地解释为，每个有理数根据其大小和正负都唯一地对应于数轴上的一个点，而无理数被定义在有理数所形成的“空隙”中.

这样，戴德金就把实数集 **R** 定义为有理数集 **Q** 的一切分割.

2. 康托尔的基本序列

和戴德金的方式不同，康托尔把实数 a 定义为有理数的一个满足柯西收敛准则的基本序列 $\{a_n\}$.

定义 1.5.1　设 $\{a_n\}$ 是一个有理数组成的序列，如果对任意的 $\varepsilon>0$，存在 $N\in\mathbf{N}$，当 $n,\ m>N$ 时，总有 $|a_m-a_n|<\varepsilon$，则称 $\{a_n\}$ 是基本序列.

两个基本序列 $\{a_n\}$ 和 $\{b_n\}$ 如果满足 $\lim\limits_{n\to\infty}(a_n-b_n)=0$，则称它们是等价的. 把彼此等价的基本序列归为一类，每一类定义一个实数，对任何有理数 r，作常数基本序列 $\{r\}$ 与之对应，和这种常数基本序列等价的等价类是有理数，否则是无理数.

总之，康托尔实质上把实数集 **R** 定义为有理数的基本序列的所有等价类的集合.

在给出实数的定义之后，戴德金和康托尔都严格证明了实数的完备性. 这就表明，由实数构成的基本序列不需要任何更新类型的数来充当它的极限，从为基本序列提供极限的观点来说，实数是一个完备系.

3. 无穷小数

从中学的角度看，用无限小数表示实数似乎最方便、最容易接受，人们把有限小数和无限循环小数看作有理数，而把无限不循环小数看作无理数. 从度量方法上看，实数的度量结果也应表示成一个无穷小数.

定义 1.5.2　若 a_0 是整数，$a_1, a_2, \cdots, a_n, \cdots$ 都是小于 10 的非负整数，则称十进小数

$$\alpha=a_0.a_1a_2\cdots a_n\cdots \quad (\text{从某个 } a_i \text{ 开始全为 9 的情况不出现})$$

为实数. 当 α 是无限不循环小数时, 特别称它为无理数. 一切实数组成的集合, 称为实数集, 记为 $\mathbf{R}$.

定义 1.5.2 表明, 实数集 $\mathbf{R}$ 是有理数集与无理数集的并集.

定义 1.5.3 对于任意两个实数

$$\alpha = a_0.a_1a_2\cdots a_n\cdots, \quad \beta = b_0.b_1b_2\cdots b_n\cdots,$$

若 $a_i = b_i$, $i=0,1,2,\cdots,n,\cdots$, 则称 α 等于 β, 记作 $\alpha=\beta$; 若 $a_k=b_k$, $k=0,1,2,\cdots,n-1$ 且 $a_n>b_n$, 则称 α 大于 β (也称 β 小于 α), 记作 $\alpha>\beta$ ($\beta<\alpha$).

由定义 1.5.3 即可得到以下定理.

定理 1.5.1 (传递性) 若 $\alpha,\beta,\gamma\in\mathbf{R}$, 且 $\alpha>\beta$, $\beta>\gamma$, 则 $\alpha>\gamma$.

证明 设 $\alpha = a_0.a_1a_2\cdots a_n\cdots$, $\beta = b_0.b_1b_2\cdots b_n\cdots$, $\gamma = c_0.c_1c_2\cdots c_n\cdots$.

由 $\alpha>\beta$ 知, $a_k=b_k, k=0,1,2,\cdots,n-1$, $a_n>b_n$;

由 $\beta>\gamma$ 知, $b_i=c_i, i=0,1,2,\cdots,m-1$, $b_m>c_m$. 若 $n=m$, 则 $a_k=b_k=c_k$, $k=0,1,2,\cdots,n-1$, 而 $a_n>b_n=b_m>c_m=c_n$, 所以由定义 1.5.3 知 $\alpha>\gamma$.

若 $n>m$, 则 $a_k=b_k, k=0,1,2,\cdots,m-1$, 而 $a_m=b_m>c_m$, 所以 $\alpha>\gamma$.

若 $n<m$, 则 $a_k=b_k, k=0,1,2,\cdots,n-1$, 而 $a_n>b_n=c_n$, 所以 $\alpha>\gamma$.

定理 1.5.2 (全序性) 若 $\alpha,\beta\in\mathbf{R}$, 则在 $\alpha<\beta$, $\alpha=\beta$, $\alpha>\beta$ 中有且只有一个成立.

证明 设 $\alpha = a_0.a_1a_2\cdots a_n\cdots$, $\beta = b_0.b_1b_2\cdots b_n\cdots$, 由定义 1.5.3 知:

若 $a_i=b_i, i=0,1,2,\cdots,n,\cdots$, 则 $\alpha=\beta$;

若 $a_i=b_i$, $i=0,1,2,\cdots,n-1$, $a_n>b_n$, 则 $\alpha>\beta$;

若 $a_i=b_i$, $i=0,1,2,\cdots,n-1$, $a_n<b_n$, 则 $\alpha<\beta$.

因为在 $\mathbf{Z}$ 中, $a_n=b_n$, $a_n<b_n$, $a_n>b_n$ 有且只有一种成立, 所以在 $\mathbf{R}$ 中, $\alpha=\beta$, $\alpha>\beta$, $\alpha<\beta$ 有且只有一种成立.

定理 1.5.1 与定理 1.5.2 表明实数集是有序集. 当实数的大小关系限制在有理数上时, 与有理数的大小关系是一致的.

定理 1.5.3 (稠密性) 任意两个实数 $\alpha,\beta(\alpha<\beta)$ 之间有实数.

证明 设 $\alpha = a_0.a_1a_2\cdots a_n\cdots, \beta = b_0.b_1b_2\cdots b_n\cdots$, 且 $a_k=b_k$, $k=0,1,2,\cdots,n-1, a_n<b_n$, 由于从 a_n 以后全为 9 的情况不出现, 我们不妨设 $a_i<9(i>n)$, 取 $r=a_0.a_1a_2\cdots a_n\cdots a_{i-1}a_i'\cdots$, $a_i'=a_i+1$, 由定义 1.5.3 知 $\alpha<r<\beta$.

由定理 1.5.3 知任意两个实数之间有无穷多个实数, 实际上还可做到有无穷多个有理数, 也有无穷多个无理数.

下面几个定理刻画了实数的连续性.

定理 1.5.4 设 A 是实数的非空集合.

(1) 若 A 有上界, 则存在不小于 A 中任一个数的最小实数 β, β 称为 A 的最小上界(上确界), 记为 $\beta=\sup A$.

(2) 若 A 有下界, 则存在不大于 A 中任一个数的最大实数 γ, γ 称为 A 的最大下界(下确界), 记为 $\gamma=\inf A$.

证明 仅证(1), (2)是(1)的对偶命题.

把实数 $\mathbf{R}$ 分为 $\mathbf{R}=\bigcup\limits_{b\in\mathbf{Z}}[b,b+1)$. 由于 A 有上界, 必 $\exists b_0\in\mathbf{Z}$, 使 $[b_0,b_0+1)$ 中有 A 的元素,

而后面的所有区间都无 A 中的元素. 再把 $[b_0,b_0+1)$ 划分为 $[b_0,b_0.1),[b_0.1,b_0.2),\cdots,[b_0.9,b_0+1)$，则必存在某个 b_1，使 $[b_0.b_1,b_0.(b_1+1))$ 中有 A 中的元素，而后面的区间无 A 中的元素. 再把 $[b_0.b_1,b_0.(b_1+1))$ 划分为 $[b_0.b_1,b_0.b_11),[b_0.b_11,b_0.b_12),\cdots$，$[b_0.b_19,b_0.(b_1+1))$，则又必存在某个 b_2，使 $[b_0.b_1b_2,b_0.b_1(b_2+1))$ 中有 A 中的元素，而后面的区间无 A 中的元素. 这样无限制地作下去，我们得到一个序列

$$b_0,\ b_1,\ b_2,\ \cdots,\ b_n,\ \cdots,$$

使得对 $\forall n\geqslant 0$，在 $[b_0.b_1b_2b_3\cdots b_n,b_0.b_1b_2b_3\cdots(b_n+1))$ 中有 A 中的元素，而后面的区间无 A 中的元素. 作实数 $\beta=b_0.b_1b_2\cdots b_n\cdots$，下证 $\beta=\sup A$. 要证 β 是 A 的上确界，只需证明以下两点:

(1) β 是 A 的上界，即对 $\forall\alpha\in A$，$\alpha\leqslant\beta$；

(2) β 是 A 的最小上界，即若 β' 也是 A 的上界，则 $\beta\leqslant\beta'$.

证明 (1) 对 $\forall\alpha\in A$，记 $\alpha=a_0.a_1a_2\cdots a_n\cdots$. 若 $\alpha>\beta$，则由定义 1.5.3 知，$a_k=b_k$，$k=0,1,2,\cdots,n-1$，$a_n>b_n$. 考虑

$$[b_0.b_1b_2b_3\cdots b_n,b_0.b_1b_2b_3\cdots(b_n+1)),$$

由于 $a_n>b_n$，所以 $\alpha\geqslant b_0.b_1b_2\cdots(b_n+1)$，所以 α 在 $[b_0.b_1b_2b_3\cdots b_n,b_0.b_1b_2b_3\cdots(b_n+1))$ 后面的某一个区间中，矛盾. 所以对 $\forall\alpha\in A$，$\alpha\leqslant\beta$.

(2) 若 β' 也是 A 的上界，即对 $\forall\alpha\in A$，$\alpha\leqslant\beta'$. 下证 $\beta\leqslant\beta'$.

假设 $\beta'<\beta$，记 $\beta'=c_0.c_1c_2\cdots c_n\cdots$，$\beta=b_0.b_1b_2\cdots b_n\cdots$. 由定义 1.5.3 知 $c_k=b_k(k=0,1,2,\cdots,n-1)$，$c_n<b_n$，考虑

$$[b_0.b_1b_2b_3\cdots b_n,b_0.b_1b_2b_3\cdots(b_n+1)),$$

根据构造上面区间的过程知，必 $\exists\alpha\in A$，$\alpha\in[b_0.b_1b_2b_3\cdots b_n,b_0.b_1b_2b_3\cdots(b_n+1))$. 因为 $\beta'<b_0.b_1b_2b_3\cdots b_n\leqslant\alpha$ 与 β' 是 A 的上界矛盾，所以 $\beta'\geqslant\beta$.

定理 1.5.5 已知闭区间套:

$$[a_1,b_1]\supseteq[a_2,b_2]\supseteq\cdots\supseteq[a_n,b_n]\supseteq\cdots,$$

这里 $a_i,b_i\in\mathbf{Q}$，且当 n 充分大时，b_n-a_n 可任意小，则有且只有一个实数 α，使 $a_n\leqslant\alpha\leqslant b_n$，$n=1,2,3,\cdots$.

证明 唯一性: 若有 α_1，$\alpha_2\in[a_n,\ b_n]$，$n=1,2,\cdots$，且设 $\alpha_1<\alpha_2$，由实数的稠密性知，必有 β_1，$\beta_2\in\mathbf{Q}$，使 $a_n\leqslant\alpha_1<\beta_1<\beta_2<\alpha_2\leqslant b_n$，$n=1,2,3,\cdots$，即 $b_n-a_n>\beta_2-\beta_1$. 另一方面，由于 b_n-a_n 可任意小，所以存在 n，使 $b_n-a_n<\beta_2-\beta_1$，矛盾. 所以最多只有一个 $\alpha\in[a_n,b_n]$，$n=1,2,\cdots$.

存在性: 作实数集 $A=\{a_1,a_2,\cdots,a_n,\cdots\}$，$A$ 有上界 b_1，且非空，由定理 1.5.4 知 A 有最小上界 $\beta=\sup A$，下证 $\beta\in[a_n,\ b_n]$，$n=1,2,\cdots$. 显然 $a_n\leqslant\beta$，$n=1,2,\cdots$，下证 $\beta\leqslant b_n$，$n=1,2,\cdots$.

若不然，存在 n_0 使得 $\beta>b_{n_0}$，由 $a_n\leqslant b_{n_0}$，$n=1,2,\cdots$ 知，b_{n_0} 是 A 的上界，与 β 是 A 的最小上界矛盾，所以 $\beta\leqslant b_n$. 即对所有 $n\in\mathbf{N}$，有 $a_n\leqslant\beta\leqslant b_n$.

综合上述，有且只有一个实数 α，使 $a_n\leqslant\alpha\leqslant b_n,n=1,2,3,\cdots$.

4. 实数的运算

这一节我们着手定义实数的代数运算，首先引进下面的概念:

设 $\alpha=a_0a_1a_2\cdots a_n\cdots$，它精确到 $\dfrac{1}{10^n}(n\geqslant 0)$ 的不足近似值与过剩近似值，分别记作 $\alpha^-=$

$a_0a_1a_2\cdots a_n$，$\alpha^+=a_0a_1a_2\cdots a_n+\dfrac{1}{10^n}$，则$\alpha_n^-\leqslant\alpha\leqslant\alpha_n^+$，即$\alpha\in\left[a_n^-,a_n^+\right]$，$n=0,1,2,\cdots$.

我们先着手如何定义实数α,β的和.

令$\alpha_n^-+\beta_n^-=c_n$，$\alpha_n^++\beta_n^+=d_n$，则可知闭区间套$[c_0,d_0]\supseteq[c_1,d_1]\supseteq\cdots\supseteq[c_n,d_n]\supseteq\cdots$确定唯一一个实数$\gamma$，这个$\gamma$就是$\alpha+\beta$.

因为$d_n-c_n=\alpha_n^++\beta_n^+-(\alpha_n^-+\beta_n^-)=\alpha_n^+-\alpha_n^-+\beta_n^+-\beta_n^-=\dfrac{1}{10^n}+\dfrac{1}{10^n}=\dfrac{2}{10^n}\to0$（当$n\to\infty$），所以我们有如下定义.

定义 1.5.4 设$\alpha,\beta\in\mathbf{R}$，闭区间套$[c_0,d_0]\supseteq[c_1,d_1]\supseteq\cdots\supseteq[c_n,d_n]\supseteq\cdots$，其中$c_n=\alpha_n^-+\beta_n^-$，$d_n=\alpha_n^++\beta_n^+$，确定的唯一的实数$\gamma$称为$\alpha$加上$\beta$的和，记$\gamma=\alpha+\beta$.

由定义 1.5.4 可知以下定理.

定理 1.5.6 实数的加法满足结合律与交换律.

容易看出，若$\alpha,\beta\in\mathbf{Q}$，则以上定义的和$\alpha+\beta$与有理数加法一致.

由定义 1.5.4 及定理 1.5.6 可证得以下结论.

(1) 0 是实数加法的零元，即对$\forall\alpha\in\mathbf{R}$，有$\alpha+0=\alpha$.

(2) 对$\forall\alpha\in\mathbf{R}$，$\exists\beta\in\mathbf{R}$，使$\alpha+\beta=0$，$\beta$称为$\alpha$的负元，记$\beta=-\alpha$. 事实上，$\beta$是由$\left[-\alpha_n^+,-\alpha_n^-\right](n=0,1,2,\cdots)$所确定的唯一实数.

定义 1.5.5 设$\alpha,\beta\in\mathbf{R}$，若存在$x\in\mathbf{R}$，使$\beta+x=\alpha$，则称$x$为$\alpha$减去$\beta$的差，记为$\alpha-\beta$.

我们可以证明这样的x是唯一存在的. 即证对$\forall\alpha$，$\beta\in\mathbf{R}$，总有唯一的$x\in\mathbf{R}$，使得$\beta+x=\alpha$成立.

证明 存在性：设$x=\alpha+(-\beta)\in\mathbf{R}$，

$$\beta+x=\beta+[\alpha+(-\beta)]=\beta+[(-\beta)+\alpha]=[\beta+(-\beta)]+\alpha=0+\alpha=\alpha.$$

唯一性：$\beta+x=\alpha$，$\beta+x'=\alpha\Rightarrow\beta+x=\beta+x'\Rightarrow(-\beta)+\beta+x=(-\beta)+\beta+x'\Rightarrow x=x'$.

用同样的方法，我们可定义实数的乘法.

设$\alpha,\beta\in\mathbf{R}^+$，令$c_n=\alpha_n^-\cdot\beta_n^-$，$d_n=\alpha_n^+\cdot\beta_n^+$，$n=0,1,2,\cdots$，则可知闭区间套$[c_0,d_0]\supseteq[c_1,d_1]\supseteq\cdots\supseteq[c_n,d_n]\supseteq\cdots$确定唯一实数$\gamma$，这个$\gamma$就是$\alpha\beta$.

因为

$$\begin{aligned}d_n-c_n&=\alpha_n^+\beta_n^+-\alpha_n^-\beta_n^-=\alpha_n^+\beta_n^+-\alpha_n^-\beta_n^++\alpha_n^-\beta_n^+-\alpha_n^-\beta_n^-\\&=\beta_n^+(\alpha_n^+-\alpha_n^-)+\alpha_n^-(\beta_n^+-\beta_n^-)=\frac{1}{10^n}(\beta_n^++\alpha_n^-)\to0\quad(n\to\infty),\end{aligned}$$

于是我们有以下定义.

定义 1.5.6 设$\alpha,\beta\in\mathbf{R}^+$，闭区间套$[c_0,d_0]\supseteq[c_1,d_1]\supseteq\cdots\supseteq[c_n,d_n]\supseteq\cdots$，其中$c_n=\alpha_n^-\cdot\beta_n^-$，$d_n=\alpha_n^+\cdot\beta_n^+$，确定的唯一的实数$\gamma$称为$\alpha$乘以$\beta$的积，记为$\gamma=\alpha\beta$，而且

$$\begin{aligned}&\alpha\cdot0=0\cdot\alpha=0,\\&(-\alpha)\cdot\beta=\alpha\cdot(-\beta)=-(\alpha\beta),\\&(-\alpha)\cdot(-\beta)=\alpha\beta.\end{aligned}$$

由此可知，实数的乘法可以单值实现，并且有以下定理.

定理 1.5.7 实数的乘法满足结合律与交换律.

证明 (结合律)1° 设$\alpha,\beta,\gamma\in\mathbf{R}^+$，考虑$(\alpha\beta)\gamma=\delta\in\mathbf{R}^+$，由乘法定义知

$$\delta\in[(\alpha\beta)_n^-\gamma_n^-,\ (\alpha\beta)_n^+\gamma_n^+]\quad (n=0,1,2,3,\cdots),$$

容易证明对任意的$n\in\mathbf{N}$，有$\alpha_n^-\cdot\beta_n^-\leqslant(\alpha\beta)_n^-$，$\alpha_n^+\cdot\beta_n^+\geqslant(\alpha\beta)_n^+$. 于是

$$[\alpha_n^-\cdot\beta_n^-\cdot\lambda_n^-,\alpha_n^+\cdot\beta_n^+\cdot\lambda_n^+]\supseteq[(\alpha\beta)_n^-\cdot\lambda_n^-,(\alpha\beta)_n^+\cdot\lambda_n^+],$$

于是$\delta\in[\alpha_n^-\cdot\beta_n^-\cdot\lambda_n^-,\alpha_n^+\cdot\beta_n^+\cdot\lambda_n^+]$.

同理，记$\alpha(\beta\gamma)=\delta'\in\mathbf{R}^+$，$\delta'\in[\alpha_n^-\cdot\beta_n^-\cdot\lambda_n^-,\alpha_n^+\cdot\beta_n^+\cdot\lambda_n^+]$. 显然当$n\to\infty$时，

$$\alpha_n^+\cdot\beta_n^+\cdot\lambda_n^+-\alpha_n^-\cdot\beta_n^-\cdot\lambda_n^-\to 0,$$

即得$\delta=\delta'$，所以有$(\alpha\beta)\gamma=\alpha(\beta\gamma)$.

2° 当α,β,γ中有一个为零或两个为零或三个为零时，结合律显然成立.

3° 当α,β,γ中有一负两正时，不妨设$\alpha\in\mathbf{R}^-$，则$-\alpha\in\mathbf{R}^+$，因为$[(-\alpha)\beta]\cdot\gamma=(-\alpha)\cdot(\beta\gamma)$，所以$(-\alpha\beta)\cdot\gamma=-\alpha\cdot(\beta\gamma)$，所以$-(\alpha\beta)\cdot\gamma=-\alpha\cdot(\beta\gamma)$，所以$(\alpha\beta)\cdot\gamma=\alpha\cdot(\beta\gamma)$.

4° 当α,β,γ中有两负一正时，不妨设$\alpha\in\mathbf{R}^-$，则$-\alpha,\beta,\gamma$就为一负两正，由3°知$[(-\alpha)\beta]\cdot\gamma=(-\alpha)\cdot(\beta\gamma)$，同法可得$(\alpha\beta)\cdot\gamma=\alpha\cdot(\beta\gamma)$.

5° 当α,β,γ都为负数时，则$-\alpha,-\beta,-\gamma\in\mathbf{R}^+$，$[(-\alpha)(-\beta)]\cdot(-\gamma)=(-\alpha)\cdot[(-\beta)(-\gamma)]$，即$(\alpha\beta)\cdot(-\gamma)=(-\alpha)\cdot(\beta\gamma)$，即$-(\alpha\beta)\cdot\gamma=-\alpha\cdot(\beta\gamma)$，所以$(\alpha\beta)\cdot\gamma=\alpha\cdot(\beta\gamma)$.

容易看出$\alpha,\beta\in\mathbf{Q}$，则以上定义的积$\alpha\beta$与有理数乘法一致.

由定义 1.5.6 及定理 1.5.7 可证得以下结论.

(1) 1 是乘法的单位元，即对$\forall\alpha\in\mathbf{R}$，有$\alpha\cdot 1=\alpha$.

(2) 对$\forall\alpha\in\mathbf{R}_0$ ($\mathbf{R}_0=\mathbf{R}-\{0\}$)，存在$\beta\in R_0$，使$\alpha\beta=1$，这里$\beta$称为$\alpha$的逆元，记作$\beta=\alpha^{-1}$.

下面考虑实数的除法运算.

设$\alpha\in\mathbf{R}$，$\beta\in\mathbf{R}_0$，总有唯一的$x\in\mathbf{R}$，使得$\beta x=\alpha$成立.

证明 存在性: 设$x=\alpha\beta^{-1}\in\mathbf{R}$，$\beta\cdot(\alpha\beta^{-1})=(\beta\cdot\beta^{-1})\alpha=1\cdot\alpha=\alpha$.

唯一性: 若$\exists x,\ x'\in\mathbf{R}$，使得$\beta x=\alpha$，$\beta x'=\alpha$，则

$$\beta x=\beta x'\Rightarrow(\beta x)\cdot\beta^{-1}=(\beta x')\cdot\beta^{-1}\Rightarrow(\beta\cdot\beta^{-1})x=(\beta\cdot\beta^{-1})x'\Rightarrow x=x'.$$

定义 1.5.7 设$\alpha\in\mathbf{R},\beta\in\mathbf{R}_0$，则存在唯一的$x\in\mathbf{R}$，使$\beta x=\alpha$成立. 我们称$x$为$\alpha$除以$\beta$的商，记为$x=\dfrac{\alpha}{\beta}$.

定理 1.5.8 实数乘法对加法的分配律成立.

定理 1.5.9 若$\alpha,\beta,\gamma\in\mathbf{R}$，且$\alpha<\beta$，则$\alpha+\gamma<\beta+\gamma$.

证明 因为$\alpha<\beta$，所以$\exists\varepsilon>0$，当n充分大时，$\beta_n^--\alpha_n^+>\varepsilon$.

由加法定义得$\alpha+\gamma=\delta\in\left[\alpha_n^-+\gamma_n^-,\alpha_n^++\gamma_n^+\right]$，$n=1,2,\cdots$，$\beta+\gamma=\delta'\in\left[\beta_n^-+\gamma_n^-,\beta_n^++\gamma_n^+\right]$，$n=1,2,\cdots$，考虑$(\beta_n^-+\gamma_n^-)-(\alpha_n^++\gamma_n^+)=\beta_n^--\alpha_n^+-\dfrac{1}{10^n}>\varepsilon-\dfrac{1}{10^n}>0\ (n\to\infty)$，即$n$充分大时，两

区间 $\left[\alpha_n^-+\gamma_n^-,\alpha_n^++\gamma_n^+\right]$ 与 $\left[\beta_n^-+\gamma_n^-,\beta_n^++\gamma_n^+\right]$ 分离，所以 $\delta\leqslant\alpha_n^++\gamma_n^+<\beta_n^-+\gamma_n^-\leqslant\delta'$，所以 $\alpha+\gamma<\beta+\gamma$.

定理 1.5.10　若 $\alpha,\beta,\gamma\in\mathbf{R}$，$\alpha<\beta$，则当 $\gamma>0$ 时，$\alpha\gamma<\beta\gamma$；当 $\gamma=0$ 时，$\alpha\gamma=\beta\gamma$；当 $\gamma<0$ 时，$\alpha\gamma>\beta\gamma$.

实数绝对值定义：$|\alpha|=\begin{cases}\alpha, & \alpha>0,\\ 0, & \alpha=0,\\ -\alpha, & \alpha<0.\end{cases}$

由上定义可得到：$||\alpha|-|\beta||\leqslant|\alpha+\beta|\leqslant|\alpha|+|\beta|$，$|\alpha\beta|=|\alpha|\cdot|\beta|$.

实数的整数指数幂的定义 $\alpha^n=\begin{cases}\alpha, & n=1,\\ \alpha^{n-1}\alpha, & n>1,\\ 1, & n=0,\alpha\neq0,\\ \dfrac{1}{\alpha^{-n}}, & n<0,\alpha\neq0.\end{cases}$

由上定义可知，对 $\forall\alpha,\beta\in\mathbf{R}_0$，有 $\alpha^m\cdot\alpha^n=\alpha^{m+n}$，$(\alpha^m)^n=\alpha^{mn}$，$(\alpha\beta)^n=\alpha^n\cdot\beta^n$.

定理 1.5.11 (实数的完备性)　已知闭区间套 $[\alpha_1,\beta_1]\supseteq[\alpha_2,\beta_2]\supseteq\cdots\supseteq[\alpha_n,\beta_n]\supseteq\cdots$，这里 $\alpha_i,\beta_i\in\mathbf{R}$，$i=1,2,\cdots$，且当 n 充分大时，$\beta_n-\alpha_n$ 可任意小，则有且只有一实数 α，使 $\alpha_n\leqslant\alpha\leqslant\beta_n$，$i=1,2,\cdots$.

至此，我们看到 $(\mathbf{R},+)$，$(\mathbf{R}_0,\cdot)$ 都是交换群，又 $\mathbf{R}$ 中乘法对加法的分配律成立，而且 $\mathbf{R}$ 中的顺序关系具有加法、乘法单调性，我们还可证明 $\mathbf{R}$ 具有阿基米德性质，故 $\mathbf{R}$ 是一个阿基米德有序域.

5. 实数的开方

定义 1.5.8　若 $n\in\mathbf{N},n>1$，$\alpha\in\mathbf{R}$，则称适合 $x^n=\alpha$ 的实数 x 为 α 的 n 次方根，求方根的运算称为开方.

由于任何实数的偶次方都不是负数，所以负实数的偶次方根是不存在的.

定理 1.5.12　若 $\alpha\geqslant0$，$n\in\mathbf{N}$，$n>1$，则有且只有一个非负实数 x，使 $x^n=\alpha$.

证明　当 $\alpha=0$ 时，显然 $x=0$ 是 $x^n=\alpha$ 的唯一解.

当 $\alpha>0$ 时，作集合 $B=\left\{\beta\,\middle|\,\beta\in\mathbf{R}^+,\ \beta^n\geqslant\alpha\right\}$，则 B 非空，且有下界 0，故由定理 1.5.4 存在最大下界 $x=\inf B(x\geqslant0)$. 易证 $x^n=\alpha$.

(1) 若 $x^n>\alpha$，记 $x^n-\alpha=\varepsilon>0\ (x>0)$. 令 $M=\mathrm{C}_n^1x^{n-1}+\mathrm{C}_n^2x^{n-2}+\cdots+\mathrm{C}_n^{n-1}x+1>0$，由阿基米德性质知 $\exists m\in\mathbf{N}$，使 $m\varepsilon>M$，即 $\varepsilon>\dfrac{M}{m}$. 设 $\beta=x-\dfrac{1}{m}$，则由

$$\begin{aligned}\beta^n&=\left(x-\frac{1}{m}\right)^n\geqslant x^n-\left(\mathrm{C}_n^1x^{n-1}\frac{1}{m}+\mathrm{C}_n^2x^{n-2}\frac{1}{m^2}+\cdots+\frac{1}{m^n}\right)\\&=x^n-\frac{1}{m}M>x^n-\varepsilon=\alpha\end{aligned}$$

知 $\beta\in B$，由于 $\beta<x$，此与 x 为 B 的下界矛盾.

(2) 若 $x^n<\alpha$，记 $\alpha-x^n=\varepsilon>0$，设 $x'=x+\frac{1}{m}$，则由

$$
\begin{aligned}
(x')^n&=\left(x+\frac{1}{m}\right)^n=x^n+C_n^1x^{n-1}\cdot\frac{1}{m}+C_n^2x^{n-2}\cdot\frac{1}{m^2}+\cdots+\frac{1}{m^n}\\
&=x^n+\frac{1}{m}M<x^n+\varepsilon=\alpha
\end{aligned}
$$

知 x' 为 β 的下界，但 $x'>x$，与 x 为 B 的最大下界矛盾. 综合(i)与(ii)知 $x^n=\alpha$.

下证唯一性.

若还有 y 也满足 $y^n=\alpha$，但 $y\neq x$，不妨设 $y>x$，$\alpha=y^n>x^n=\alpha$，这是不可能的.

定义 1.5.9 若 $\alpha\geqslant 0$，整数 $n>1$，则称适合 $x^n=\alpha$ 的非负实数 x 为 α 的 n 次算数根，记作 $x=\sqrt[n]{\alpha}$.

当 n 是偶数时，由于 $x^n=(-x)^n$，所以 $-x$ 也适合 $x^n=\alpha(\alpha>0)$，故 α 的偶次方根有两个值 x 与 $-x$，用 $\pm\sqrt[n]{\alpha}$ 表示.

若 $\alpha<0$，n 为奇数，由于有且只有一个正实数 $x=\sqrt[n]{-\alpha}$ 适合 $x^n=-\alpha$，又 $(-x)^n=-x^n$，从而有 $(-x)^n=\alpha$，即 α 的奇次方根为 $-x$，它是唯一的.

通常当 $\alpha\leqslant 0$ 且 n 是奇数时，也用 $\sqrt[n]{\alpha}$ 表示 α 的 n 次方根，于是有 $\sqrt[n]{\alpha}=-\sqrt[n]{-\alpha}$.

当 n 是奇数时，$(\sqrt[n]{\alpha})^n=\sqrt[n]{\alpha^n}=\alpha(\alpha\in\mathbf{R})$.

当 n 是偶数时，$\sqrt[n]{\alpha^n}=|\alpha|(\alpha\in\mathbf{R})$，$(\sqrt[n]{\alpha})^n=\alpha(\alpha\geqslant 0)$.

6. 一些无理数的证明举例

例 1.5.1 证明 0.1010010001000010⋯ 是无理数.

证明 假设 0.1010010001000010⋯ 是有理数，则一定可写成 $0.a_1a_2\cdots a_s\dot{a}_{s+1}a_{s+2}\cdots\dot{a}_{s+t}$，于是从 0.1010010001000010⋯ 的充分多位后面会出现任意多个连续的零，而 t 为固定自然数，必有 $a_{s+1}a_{s+2}\cdots a_{s+t}$ 都为零，另一方面这个数 0.101001⋯ 的充分多位后面仍有 1 出现，即 $a_{s+1}a_{s+2}\cdots a_{s+t}$ 总会出现某一个 1，矛盾. 故 0.1010010001000010⋯ 是无理数.

例 1.5.2 设正整数 α 不是任何整数的 n 次方，求证 $\sqrt[n]{\alpha}$ 是无理数.

证明 设 $\sqrt[n]{\alpha}=\frac{p}{q},(p,q)=1$，且 $q\neq 1$. 于是 $\alpha=\frac{p^n}{q^n}\Rightarrow p^n=\alpha q^n\Rightarrow q^n\,\big|\,p^n$，因为 $(p,q)=1$，所以 $(p^n,q^n)=1$，所以 $q^n\,|\,1\Rightarrow q=1$，矛盾. 所以 $\sqrt[n]{\alpha}$ 是无理数.

由例 1.5.2 知 $\sqrt{2}$，$\sqrt{5}$，$\sqrt[4]{3}$ 等都是无理数.

例 1.5.3 设 a_1，a_2 为给定的两个 0～9 的数字，从 a_3 开始，a_n 等于 $a_{n-2}+a_{n-1}$ 的个位数. 试指出无穷小数 $\alpha=0.a_1a_2a_3\cdots a_n\cdots$ 是有理数还是无理数.

解 由 α 的定义知，a_n 及其后面的小数数字完全由"相邻数字对" $a_{n-2}a_{n-1}$ 确定. 易知，如果 α 的小数点后面出现两对完全相同的"相邻数字对"，那么 α 必定是一个循环小数，即 α 是有理数.

考虑 α 的小数点后面的所有"相邻数字对"

$$a_1a_2,a_2a_3,a_3a_4,\cdots,a_na_{n+1},\cdots,$$

因为 a_i 只能取 $0,1,2,\cdots,9$ 这十个数字，故不同的"相邻数字对"共有 100 对. 根据抽屉原理，α

的小数点后面必出现两对完全相同的“相邻数字对”.

所以，α 是有理数.

例 1.5.4 证明 $\mathrm{e}=1+\frac{1}{1!}+\frac{1}{2!}+\cdots+\frac{1}{n!}+\cdots$ 是无理数.

证明 设 $\mathrm{e}\in\mathbf{Q}$，即 $\sum_{n=0}^{\infty}\frac{1}{n!}=\frac{a}{b}(a,b\in\mathbf{N},b>1)$，两边乘以 $b!$，$b!\sum_{n=0}^{\infty}\frac{1}{n!}=a(b-1)!$，即

$$a(b-1)!-b!\sum_{n=0}^{b}\frac{1}{n!}=b!\sum_{n=b+1}^{\infty}\frac{1}{n!},$$

上式左边为一整数, 且大于 0, 而右边

$$\begin{aligned}0<b!\sum_{n=b+1}^{\infty}\frac{1}{n!}&=\frac{1}{b+1}+\frac{1}{(b+1)(b+2)}+\cdots\\&\leqslant\frac{1}{b+1}\left(1+\frac{1}{b+1}+\frac{1}{(b+1)^2}+\cdots\right)\\&=\frac{1}{b+1}\left(\frac{1}{1-\frac{1}{b+1}}\right)=\frac{1}{b+1}\cdot\frac{1}{\frac{b+1-1}{b+1}}=\frac{1}{b}<1,\end{aligned}$$

矛盾. 所以 e 不是有理数.

第六节 复 数 域

上一节我们从有理数集, 通过扩张得到了实数集, 可以说实数集具有相当好的代数性质, 它不仅保持了有理数集的序域的全部性质, 而且具有连续性与完备性. 唯一不足的是开方运算不能普遍进行. 即对 $\forall\alpha\in\mathbf{R}^-$，$x^n=\alpha$ 在 $\mathbf{R}$ 中不一定有解. 为了消除这一缺陷, 有必要对实数域进一步扩张. 我们仍采用构造法, 即

(1) 构造集 $\mathbf{C}$，在 $\mathbf{C}$ 中定义代数运算“+”“·”，且使 $\mathbf{C}$ 中 $z^n=\alpha$ 永远有解.

(2) 在 $\mathbf{C}$ 中找出 $\mathbf{C}'\subset\mathbf{C}$，使 $\mathbf{C}'$ 与 $\mathbf{R}$ 同构.

在历史上, 人们通过不断探索发现, 只要保证在 $\mathbf{C}$ 中 $z^2=-1$ 有解, 就必然可做到对 $\forall\alpha\in\mathbf{C}$，$n\in\mathbf{N}$，$z^n=\alpha$ 永远可行.

1. 复数域及其运算

定义 1.6.1 实数序偶构成的集合：$\mathbf{C}=\{(x,y)|x,y\in\mathbf{R}\}$ 称为复数集，$\mathbf{C}$ 中的元素称为复数.

x——复数 (x,y) 的实部，记 $x=\mathrm{Re}(x,y)$；

y——复数 (x,y) 的虚部，记 $x=\mathrm{Im}(x,y)$.

定义 1.6.2 $(x_1,y_1)=(x_2,y_2)$ 规定 $x_1=x_2$，$y_1=y_2$，即两复数相等，当且仅当实部与虚部分别相等.

定义 1.6.3 (复数加法) $(x_1,y_1)+(x_2,y_2)\triangleq(x_1+x_2,y_1+y_2)$.

由定义 1.6.3 易得

(1) 复数的加法满足结合律与交换律;

(2) 复数$(0,0)$是复数加法的零元, 即对$\forall(x,y)\in\mathbf{C}$, $(x,y)+(0,0)=(x+0,y+0)=(x,y)$;

(3) 对$\forall(x,y)\in\mathbf{C}$, 由$(x,y)+(-x,-y)=(0,0)$知, $(-x,-y)$是(x,y)的负元, 记作$(-x,-y)=-(x,y)$;

(4) 对$\forall(x_1,y_1),(x_2,y_2)\in\mathbf{C}$, 有且只有一个$(x,y)$满足$(x_2,y_2)+(x,y)=(x_1,y_1)$, 易证$(x,y)=(x_1-x_2,y_1-y_2)$. (x_1-x_2,y_1-y_2)称为(x_1,y_1)减去(x_2,y_2)的差, 记作

$$(x_1,y_1)-(x_2,y_2)\triangleq(x_1-x_2,y_1-y_2).$$

定义 1.6.4 (复数乘法) $(x_1,y_1)\cdot(x_2,y_2)\triangleq(x_1x_2-y_1y_2,x_1y_2+x_2y_1)$.

由定义 1.6.4 易得

(1) 复数的乘法满足结合律与交换律;

(2) 复数$(1,0)$是复数乘法的单位元, 即对$\forall(x,y)\in\mathbf{C}$, $(x,y)(1,0)=(x,y)$;

(3) 对$\forall(x,y)\in\mathbf{C}_0$ ($\mathbf{C}_0=\mathbf{C}-\{(0,0)\}$), 由

$$(x,y)\left(\frac{x}{x^2+y^2},\frac{-y}{x^2+y^2}\right)=(1,0)$$

知, $\left(\frac{x}{x^2+y^2},\frac{-y}{x^2+y^2}\right)$是$(x,y)$的逆元, 记$\left(\frac{x}{x^2+y^2},\frac{-y}{x^2+y^2}\right)=(x,y)^{-1}$;

(4) 对$\forall(x_1,y_1)\in\mathbf{C}$, $(x_2,y_2)\in\mathbf{C}_0$, 有且只有一个复数(x,y)满足: $(x_2,y_2)(x,y)=(x_1,y_1)$, 易证$(x,y)=\left(\frac{x_1x_2+y_1y_2}{x_2^2+y_2^2},\frac{x_2y_1-x_1y_2}{x_2^2+y_2^2}\right)$. $\left(\frac{x_1x_2+y_1y_2}{x_2^2+y_2^2},\frac{x_2y_1-x_1y_2}{x_2^2+y_2^2}\right)$称为$(x_1,y_1)$除以$(x_2,y_2)$的商, 记作$\frac{(x_1,y_1)}{(x_2,y_2)}=\left(\frac{x_1x_2+y_1y_2}{x_2^2+y_2^2},\frac{x_2y_1-x_1y_2}{x_2^2+y_2^2}\right)$.

另外可证以下定理.

定理 1.6.1 复数的乘法对加法的分配律成立, 所以$(\mathbf{C},+,\cdot)$是一个域.

例 1.6.1 由乘法定义知$(0,1)\cdot(0,1)=(-1,0)$, 这说明$\mathbf{C}$中的方程$(x,y)^2=(-1,0)$有解.

由开头的说明, 假如我们在条件(2)中, 同构映射f能使得: $f:-1\to(-1,0)$, 那么例 1.6.1 表明了在$\mathbf{C}$中, $z^2=-1$有解.

现在我们考察$\mathbf{C}$的真子集$\mathbf{C}'=\{(x,0)\mid x\in\mathbf{R}\}$, 并取$\mathbf{R}$到$\mathbf{C}'$的映射$f$: $x\to(x,0)$. 显然f是$\mathbf{R}$到$\mathbf{C}'$上的一一映射, 并且对$\forall x_1,x_2\in\mathbf{R}$, 有

$$f(x_1+x_2)=(x_1+x_2,0)=(x_1,0)+(x_2,0)=f(x_1)+f(x_2),$$
$$f(x_1x_2)=(x_1x_2,0)=(x_1,0)\cdot(x_2,0)=f(x_1)\cdot f(x_2),$$

所以$\mathbf{R}$与$\mathbf{C}'$同构.

这样我们只要在$\mathbf{C}$中挖去$\mathbf{C}'$, 嵌入$\mathbf{R}$, 就得到$\mathbf{R}$的扩张$\mathbf{C}$, 可以证明$\mathbf{C}$是$\mathbf{R}$的最小扩张, 而且在同构的意义下唯一.

定理 1.6.2 在同构意义下, $\mathbf{C}$是包含$\mathbf{R}$且满足$z^2=-1$有解的最小的域. 即在同构意义下如此的扩张是唯一的.

证明 设C^*是满足$\mathbf{R}\leqslant C^*\leqslant\mathbf{C}$的一个域, 且在$C^*$中$z^2=-1$有解. 又设$j\in C^*$, 且$j^2=-1$. 因为在$\mathbf{C}$中, $\mathrm{i}^2=-1$, $j,\mathrm{i}\in\mathbf{C}$, 而$\mathbf{C}$是域, 所以$j^2=\mathrm{i}^2$. 因为$j^2-\mathrm{i}^2=(j+\mathrm{i})(j-\mathrm{i})=0$, 所以$j=\mathrm{i}$或$j=-\mathrm{i}$, 即$\mathrm{i}\in C^*$或$-\mathrm{i}\in C^*$, 总之$\mathrm{i}\in C^*$. 因为$C^*$是一个域, 而且包含$\mathbf{R}$, 所以对

$\forall a, b \in \mathbf{R}$，$a+b\mathrm{i} \in C^*$，所以$\mathbf{C} \subseteq C^*$，所以$\mathbf{C} = C^*$．

2. 复数的代数形式

在同构的意义下，我们规定$(x, 0) = x$，另外

$$(x, y) = (x, 0) + (0, y) = (x, 0) + (y, 0)\cdot(0, 1),$$

再记$(0, 1) = \mathrm{i}$，所以对$\forall (x, y) \in \mathbf{C}$，$(x, y) = x + y\mathrm{i}$，$x + y\mathrm{i}$称为复数$(x, y)$的代数形式．虚部$y$为零的复数称为实数，不为零的复数称为虚数，实部$x$为零的虚数称为纯虚数．

下面讨论复数集上的顺序问题．

我们知道实数是一个序域，即满足

(1) 全序性：对$\forall a, b \in \mathbf{R}, a = b, a > b, a < b$有且只有一个成立；

(2) 传递性：$\forall a, b, c \in \mathbf{R}, a < b, b < c$，则$a < c$；

(3) 加法单调性：若$a < b$，则$a + c < b + c$；

(4) 乘法单调性：若$a < b, c > 0$，则$ac < bc$．

应当指出复数是一个域，但不是有序域，即$\mathbf{C}$中不存在同时满足(1)～(4)的顺序关系“$\prec$”．

例 1.6.2　设关系“$\prec$”是$\mathbf{C}$中的任一满足(1), (2)的顺序关系，求证“$\prec$”不能具有(3)与(4)．

证明　由于$0 \neq \mathrm{i}$，由(1)$0 \prec \mathrm{i}$或$\mathrm{i} \prec 0$，若具有(3)及(4)性质，则当$0 \prec \mathrm{i}$时，由(4)两边同乘以i不变号，得$0\cdot\mathrm{i} \prec \mathrm{i}^2 \Rightarrow 0 \prec -1 \xrightarrow{\times(-1)} 0 \prec 1 \xrightarrow{+(-1)} -1 \prec 0$，矛盾．当$\mathrm{i} \prec 0$时，$\mathrm{i} \prec 0 \xrightarrow{+(-i)} 0 \prec -\mathrm{i} \xrightarrow{\times(-i)} 0 \prec -1 \xrightarrow{\times(-1)} 0 \prec 1 \xrightarrow{+(-1)} -1 \prec 0$矛盾．所以i不具有(3)与(4)性质．

但是我们有以下关系．

例 1.6.3　在$\mathbf{C}$中规定关系“$\prec$”：

$$z_1 = x_1 + y_1\mathrm{i} \prec z_2 = x_2 + y_2\mathrm{i} \quad \Leftrightarrow \quad \text{(i)}\ x_1 < x_2 \text{ 或(ii) } x_1 = x_2, y_1 < y_2 .$$

可证顺序关系“$\prec$”具有(1), (2)两条性质，即$\mathbf{C}$可以成为全序集．

证明　对$\forall z_1, z_2 \in \mathbf{C}$，记$z_1 = x_1 + y_1\mathrm{i}, z_2 = x_2 + y_2\mathrm{i}$，因为

(i) 在$x_1 = x_2, x_1 < x_2, x_1 > x_2$中有且只有一个成立．

(ii) 若$x_1 = x_2$，则在$y_1 < y_2, y_1 = y_2, y_1 > y_2$中有且只有一个成立．所以$\mathbf{C}$具有性质(1)．

设$z_1 = x_1 + y_1\mathrm{i} \prec z_2 = x_2 + y_2\mathrm{i}$，$z_2 = x_2 + y_2\mathrm{i} \prec z_3 = x_3 + y_3\mathrm{i}$，则$x_1 < x_2$或$x_1 = x_2$，$y_1 < y_2$；$x_2 < x_3$或$x_2 = x_3$，$y_2 < y_3$，由实数的传递性$x_1 < x_3$或$x_1 = x_3$，$y_1 < y_3$，所以$z_1 < z_3$，所以$\mathbf{C}$具有性质(2)．

3. 复数的几何表示

我们知道实数可以与直线上的点建立一一对应，复数是实数的序偶，故复数可以与平面上的点建立一一对应，取定平面直角坐标系Oxy，使每个复数$z = x + y\mathrm{i}$与点(x, y)对应，这样建立起来的平面Oxy称为复平面，也称为高斯平面．又点$z(x, y)$由从原点出发的向量$\overrightarrow{Oz}$唯一确定，故复数$z = x + y\mathrm{i}$又与向量$\overrightarrow{Oz}$一一对应．

复数的模：$|z| = |\overrightarrow{Oz}| = \sqrt{x^2 + y^2} = \sqrt{z\bar{z}}$；

复数的辐角：$\mathrm{Arg}\, z$为$\overrightarrow{Ox}$到$\overrightarrow{Oz}$的有向角(有无穷多个值)；

辐角的主值：$0 \leqslant \mathrm{Arg}\, z < 2\pi$，$\mathrm{Arg}\, z = \arg z + 2k\pi (k \in \mathbf{Z})$．

注: 0 的辐角取任意实数.

常用的几个结果:

(1) $z=0 \Leftrightarrow |z|=0$;

(2) $z_1=z_2 \Rightarrow |z_1|=|z_2|$, $\text{Arg}\, z_1=\text{Arg}\, z_2$;

(3) $z_1=-z_2 \Rightarrow |z_1|=|z_2|$, $\text{Arg}\, z_1=\pi+\text{Arg}\, z_2$;

(4) $z_1=\overline{z_2} \Rightarrow |z_1|=|z_2|$, $\text{Arg}\, z_1=-\text{Arg}\, z_2$;

(5) $|z_1\cdot z_2|=|z_1|\cdot|z_2|$, $\left|\dfrac{z_1}{z_2}\right|=\dfrac{|z_1|}{|z_2|}(z_2\neq 0)$;

(6) $|z_1\pm z_2|^2=|z_1|^2+|z_2|^2\pm 2\text{Re}(z_1\overline{z_2})$;

(7) $||z_1|-|z_2||\leqslant|z_1+z_2|\leqslant|z_1|+|z_2|$.

复数加法的几何意义(四边形法则):

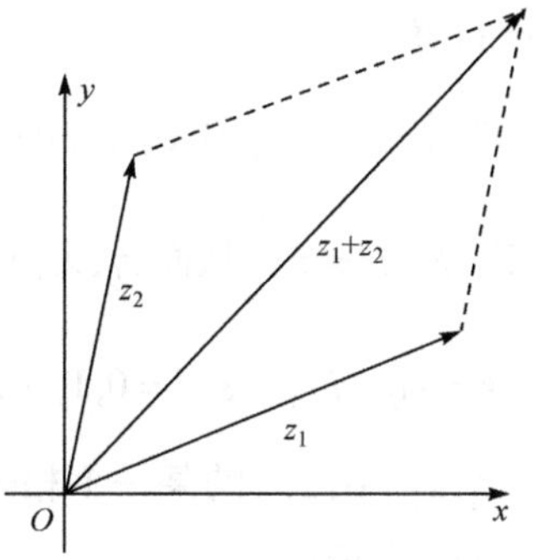

复数减法的几何意义(三角形法则): 将 $\overrightarrow{z_2 z_1}$ 看成 z_1-z_2 是方便的.

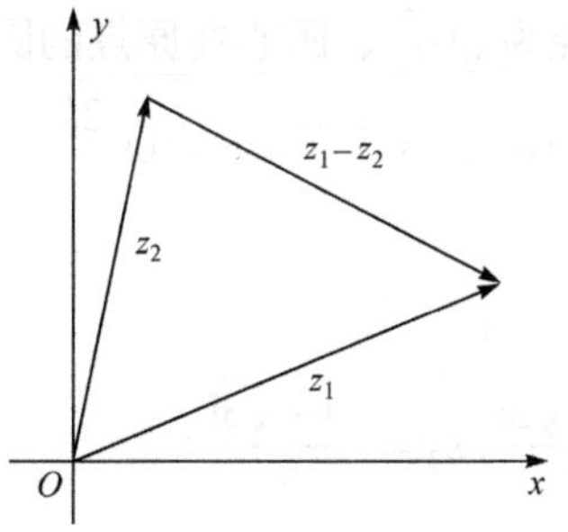

4. 复数的三角形式

令 θ 是复数 z 的某一辐角, 不难得到 $z=|z|(\cos\theta+\text{i}\sin\theta)$, 称为复数 z 的三角表示.

定理 1.6.3 设 z_i 的一个辐角为 $\theta_i, i=1,2$, 则

(1) $z_1\cdot z_2=|z_1|\cdot|z_2|[\cos(\theta_1+\theta_2)+\text{i}\sin(\theta_1+\theta_2)]$;

(2) $\dfrac{z_1}{z_2}=\dfrac{|z_1|}{|z_2|}[\cos(\theta_1-\theta_2)+\text{i}\sin(\theta_1-\theta_2)], z_2\neq 0$.

特别地, 当 $|z_2|=1$ 时, $z_1\cdot z_2$ 的结果可看成将 z_1 逆时针旋转 θ_2 角度所得到的.

推论 1.6.1 若 $n\in\mathbf{N}$, 则 $(\cos\theta+\text{i}\sin\theta)^n=\cos n\theta+\text{i}\sin n\theta$, 这个公式是著名的棣莫弗公式, n 可改为整数.

5. 复数的开方

定义 1.6.5　设$n>1$，$n\in\mathbf{N}$，且$z^n=\alpha$，则称z为α的n次方根. 求方根的运算称为开方.

定理 1.6.4　$\alpha\neq 0$，α的n次方根有且只有n个值:

$$\sqrt[n]{\alpha}=\sqrt[n]{|\alpha|}\left(\cos\frac{\theta+2k\pi}{n}+\mathrm{i}\sin\frac{\theta+2k\pi}{n}\right),\quad k=0,1,2,\cdots,n-1,$$

其中$\alpha=|\alpha|(\cos\theta+\mathrm{i}\sin\theta)$.

证明　设α的n次方根为$z=r(\cos\varphi+\mathrm{i}\sin\varphi)$，$r>0$，则

$$z^n=r^n(\cos n\varphi+\mathrm{i}\sin n\varphi)=\alpha=|\alpha|(\cos\theta+\mathrm{i}\sin\theta),$$

所以$r^n=|\alpha|$，$n\varphi=\theta+2k\pi,k\in\mathbf{Z}$，所以$z_k=\sqrt[n]{|\alpha|}\left(\cos\frac{\theta+2k\pi}{n}+\mathrm{i}\sin\frac{\theta+2k\pi}{n}\right),k\in\mathbf{Z}$，反之也有$z_k^n=|\alpha|(\cos\theta+\mathrm{i}\sin\theta)$.

下证在一切z_k中只有n个相异的值.

取$z_0,z_1,z_2,\cdots,z_{n-1}$中的任意两个值$z_s,z_t,0\leqslant s,t\leqslant n-1,s\neq t$，则$|s-t|\neq 0$，$\frac{\theta+2s\pi}{n}-\frac{\theta+2t\pi}{n}=\frac{(s-t)2\pi}{n}$不是$2\pi$的整数倍，故$z_s\neq z_t$. 从而$z_0,z_1,z_2,\cdots,z_{n-1}$互不相等.

另一方面，对任意的$k\in\mathbf{Z}$，$k=nq+l,q\in\mathbf{Z},l=0,1,\cdots,n-1$，$\frac{\theta+2k\pi}{n}-\frac{\theta+2l\pi}{n}=\frac{2nq\pi}{n}=2q\pi$，所以$z_k=z_l$，所以$z_k$必与$z_0,z_1,z_2,\cdots,z_{n-1}$的某一个相等.

注: (1) 记号$\sqrt[n]{\alpha}$在$\mathbf{C}$中表示它的n个值;

(2) 记号$\sqrt[n]{|\alpha|}$表示α的算术根.

$\sqrt[n]{\alpha}$的n个相异的值构成半径为$\sqrt[n]{|\alpha|}$、圆心在原点的圆周上的n等分点.

当$\alpha=1$时，$\sqrt[n]{1}\ (1=\cos 0+\mathrm{i}\sin 0)$的$n$个值$\varepsilon_k=\cos\frac{2k\pi}{n}+\mathrm{i}\sin\frac{2k\pi}{n},k=0,1,2,\cdots,n-1$，称为$n$次单位根.

例如，二次单位根: $\varepsilon_0=1,\varepsilon_1=-1$;

三次单位根: $\varepsilon_0=1,\varepsilon_1=\frac{-1+\sqrt{3}\mathrm{i}}{2},\varepsilon_2=\frac{-1-\sqrt{3}\mathrm{i}}{2}$;

四次单位根: $\varepsilon_0=1,\varepsilon_1=\mathrm{i},\varepsilon_2=-1,\varepsilon_3=-\mathrm{i}$.

定义 1.6.6 (n次单位原根)　n次单位根ε_k，若不是m次$(m<n)$单位根，则称ε_k为n次单位原根.

单位根有下列性质:

(1) $\varepsilon_0=1$;

(2) $\varepsilon_k=\varepsilon_1^k$，$\overline{\varepsilon_k}=\varepsilon_{n-k}$;

(3) ε_k是n次单位原根$\Leftrightarrow(k,n)=1$，故n次单位原根有$\varphi(n)$个，$\varphi(n)$是欧拉函数;

(4) 若ε_k是n次单位原根，则$\varepsilon_k^0,\varepsilon_k^1,\cdots,\varepsilon_k^{n-1}$就是所有的$n$次单位根;

(5) $\alpha\in\mathbf{C}$，η是$\sqrt[n]{\alpha}$的一个值，则$\sqrt[n]{\alpha}$的n个值可表示为$\varepsilon_0\eta,\varepsilon_1\eta,\cdots,\varepsilon_{n-1}\eta$；或$\varepsilon_k$是$n$次单位原根，则又可表示为$\varepsilon_k^0\eta,\varepsilon_k^1\eta,\cdots,\varepsilon_k^{n-1}\eta$.

证明 (2)
$$\varepsilon_1^k=\left(\cos\frac{2\pi}{n}+\mathrm{i}\sin\frac{2\pi}{n}\right)^k=\cos\frac{2k\pi}{n}+\mathrm{i}\sin\frac{2k\pi}{n}=\varepsilon_k,$$
$$\begin{aligned}\varepsilon_{n-k}&=\cos\frac{2(n-k)\pi}{n}+\mathrm{i}\sin\frac{2(n-k)\pi}{n}\\&=\cos\left(2\pi-\frac{2k\pi}{n}\right)+\mathrm{i}\sin\left(2\pi-\frac{2k\pi}{n}\right)\\&=\cos\frac{2k\pi}{n}-\mathrm{i}\sin\frac{2k\pi}{n}=\overline{\varepsilon_k}.\end{aligned}$$

(3) 设 ε_k 是 n 次单位根，$\varepsilon_k=\cos\frac{2k\pi}{n}+\mathrm{i}\sin\frac{2k\pi}{n}(0\leqslant k\leqslant n-1)$，若 $(n,k)=d>1$，即 $n=dn_1$ $(n_1<n), k=dk_1$，$\varepsilon_k=\cos\frac{2dk_1\pi}{dn_1}+\mathrm{i}\sin\frac{2dk_1\pi}{dn_1}=\cos\frac{2k_1\pi}{n_1}+\mathrm{i}\sin\frac{2k_1\pi}{n_1}$，知 ε_k 还是 n_1 次 $(n_1<n)$ 的单位根，矛盾. 故 $(k,n)=1$.

若 $(n,k)=1$，ε_k 还是 m 次 $(m<n)$ 的单位根，则 $\varepsilon_k=\cos\frac{2l\pi}{m}+\mathrm{i}\sin\frac{2l\pi}{m}, 0\leqslant l\leqslant m-1$，所以 $\frac{2k\pi}{n}=\frac{2l\pi}{m}$，所以 $km=nl$，所以 $n\mid km$，所以 $n\mid m$，这是不可能的，故 ε_k 是 n 次单位原根.

(4) 设 ε_k 是 n 次单位原根，因为 $(\varepsilon_k^i)^n=(\varepsilon_k^n)^i=1^i=1,\ i=0,1,\cdots,n-1$，所以 $\varepsilon_k^0,\varepsilon_k^1,\cdots,\varepsilon_k^{n-1}$ 都是 n 次单位根.

下证它们两两互不相等，若有 $0\leqslant i<j\leqslant n-1$，使 $\varepsilon_k^i=\varepsilon_k^j$，则 $\varepsilon_k^{j-i}=1$，由于 $0<j-i<n$，所以 ε_k 还是 $j-i$ 次单位根，这与 ε_k 是 n 次单位原根矛盾. 所以 $\varepsilon_k^0,\varepsilon_k^1,\cdots,\varepsilon_k^{n-1}$ 就是所有的 n 次单位根.

(5) 因为 $(\varepsilon_i\eta)^n=\varepsilon_i^n\eta^n=1\cdot\alpha=\alpha$，所以 $\varepsilon_0\eta,\varepsilon_1\eta,\cdots,\varepsilon_{n-1}\eta$ 都是 α 的 n 次方根. 设 $0\leqslant i<j\leqslant n-1$，若 $\varepsilon_i\eta=\varepsilon_j\eta$，则 $\varepsilon_i=\varepsilon_j$，矛盾. 故 $\varepsilon_i\eta\neq\varepsilon_j\eta$.

6. 复数应用举例

例 1.6.4 求集合 $|z-(2+2\mathrm{i})|\leqslant 1$ 中，使辐角主值最小和最大的值.

解 我们不妨将上述集合在复平面上表示出来，即图 1-2 中阴影部分，对于它上面的点 z，随着 z 的变动，观察 $\overrightarrow{Oz}$ 辐角的变化，不难观察到：要使 $\overrightarrow{Oz}$ 的辐角最大(或最小)，向量 $\overrightarrow{Oz}$ 必须与圆 $|z-(2+2\mathrm{i})|-1$ 相切，从而把原问题转化为求直线与圆相切时切线的倾斜角问题. 连接 OO'，则 $OO'=2\sqrt{2}$，又 $O'z_1=1$，所以 $\sin\theta=\frac{1}{2\sqrt{2}}=\frac{\sqrt{2}}{4}$，所以 $\theta=\arcsin\frac{\sqrt{2}}{4}$，所以

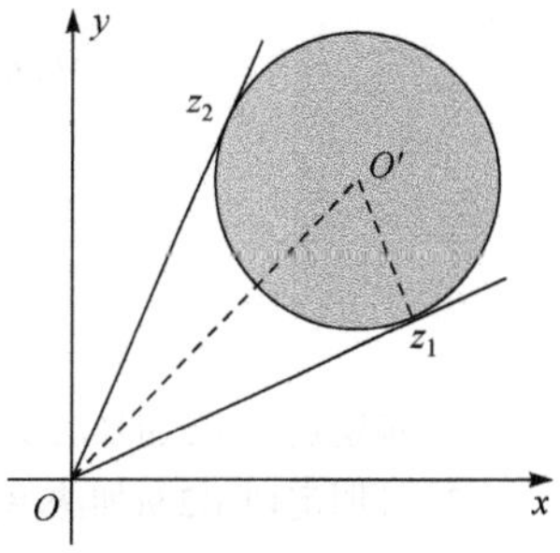

图 1-2

$$(\arg z)_{\min}=\frac{\pi}{4}-\arcsin\frac{\sqrt{2}}{4},\quad (\arg z)_{\max}=\frac{\pi}{4}+\arcsin\frac{\sqrt{2}}{4}.$$

例 1.6.5 已知复数 z 满足关系式 $|z+4-3\mathrm{i}|=2$，$z_1=-2$，$z_2=2$，求 $\mu=|z-z_1|^2+|z-z_2|^2$ 的最大值与最小值.

解 本题若从计算入手则显得较为麻烦，而从几何意义分析就非常简洁明了.

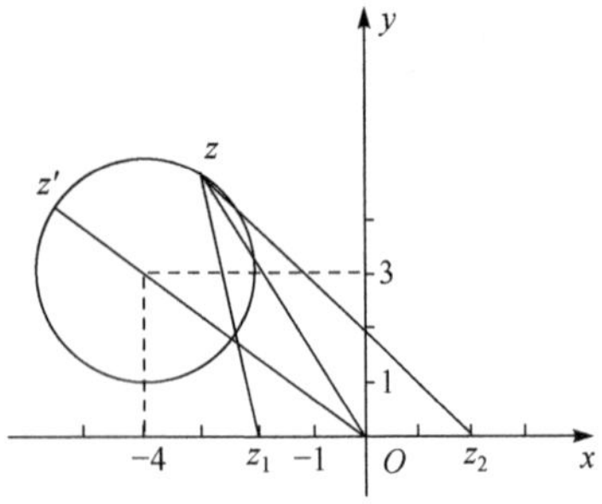

图 1-3

如图 1-3，z 点的集合在复平面上是以 $(-4,3)$ 为圆心，半径等于 2 的圆. 当 z 点在此圆上移动时，需求的 μ 的最值表现为 $\triangle z_1zz_2$ 两边 zz_1 与 zz_2 的长度的平方和. 由三角形的中线性质知，$\mu=2(|Oz|^2+|Oz_1|^2)$，而 $|Oz_1|=2$，

$$\mu_{\max}=2[(2+\sqrt{3^2+4^2})^2+2^2]=106,$$

$$\mu_{\min}=2\ [(\sqrt{3^2+4^2}-2)^2+2^2]=26.$$

例 1.6.6 任给平面上 n 个点 $P_1,P_2,\cdots,P_n$，求证：在单位圆上存在点 A，使 $|AP_1|\cdot|AP_2|\cdots|AP_n|\geqslant 1$.

证明 我们将单位圆的圆心设在复平面的原点，构造函数

$$f(z)=z(z-p_1)(z-p_2)\cdots(z-p_n)=z^{n+1}+a_nz^n+\cdots+a_1z.$$

设 ε_k 是 $n+1$ 次单位根，则 $\varepsilon_k=\cos\dfrac{2k\pi}{n+1}+\mathrm{i}\sin\dfrac{2k\pi}{n+1}, k=0,1,2,\cdots,n$.

取 $\varepsilon=\varepsilon_k,(k,n+1)=1$，$k$ 固定，并计算

$$f(1)=1+a_n+a_{n-1}+\cdots+a_1,$$

$$f(\varepsilon)=1+a_n\varepsilon^n+a_{n-1}\varepsilon^{n-1}+\cdots+a_1\varepsilon,$$

$$f(\varepsilon^2)=1+a_n\varepsilon^{2n}+a_{n-1}\varepsilon^{2(n-1)}+\cdots+a_1\varepsilon^2,$$

$$\cdots\cdots$$

$$f(\varepsilon^n)=1+a_n\varepsilon^{nn}+a_{n-1}\varepsilon^{n(n-1)}+\cdots+a_1\varepsilon^n,$$

则可得 $f(1)+f(\varepsilon)+\cdots+f(\varepsilon^n)=n+1$. 所以必存在 ε^{n_0}，使 $|f(\varepsilon^{n_0})|\geqslant 1$. 否则

$$n+1=|f(1)+f(\varepsilon)+\cdots+f(\varepsilon^n)|\leqslant|f(1)|+|f(\varepsilon)|+\cdots+|f(\varepsilon^n)|<n+1，矛盾.$$

取 $A=\varepsilon^{n_0}$ 即可，即有

$$\begin{aligned}&|AP_1|\cdot|AP_2|\cdot\cdots\cdot|AP_n|\\=&|AP_1\cdot AP_2\cdot\cdots\cdot AP_n|\\=&|(\varepsilon^{n_0}-p_1)(\varepsilon^{n_0}-p_2)\cdots(\varepsilon^{n_0}-p_n)|\cdot|\varepsilon^{n_0}|\\=&|\varepsilon^{n_0}(\varepsilon^{n_0}-p_1)(\varepsilon^{n_0}-p_2)\cdots(\varepsilon^{n_0}-p_n)|=|f(\varepsilon^{n_0})|\geqslant 1.\end{aligned}$$

习 题 一

1. 证明定理 1.2.3(加法交换律). $\forall a,b\in\mathbf{N}$，总有 $a+b=b+a$.

2. 证明定理 1.2.9(加法单调性). 若 $a,b,c\in\mathbf{N}$，则

(1) $a=b\Leftrightarrow a+c=b+c$；

(2) $a<b\Leftrightarrow a+c<b+c$；

(3) $a>b\Leftrightarrow a+c>b+c$.

3. 证明定理 1.2.10. 设 $a,b,c\in\mathbf{N}$，则

(1) 当且仅当 $a=b$ 时，$ac=bc$；

(2) 当且仅当 $a<b$ 时，$ac<bc$；

(3) 当且仅当 $a>b$ 时，$ac>bc$.

4. 已知 $a, b \in \mathbf{N}$，求证:

(1) $[1+a, 1] \cdot [1+b, 1] = ab$；

(2) $[1, 1+a] \cdot [1, 1+b] = ab$；

(3) $[1+a, 1] \cdot [1, 1+b] = -ab$.

5. 已知 $[a, b], [c, d] \in \mathbf{Z}$，求证: $-([a, b]-[c, d]) = -[a, b]+[c, d]$.

6. 证明: 任两个实数之间必有一个无理数.

7. 问: $\sqrt{\dfrac{1}{\underbrace{111\cdots11}_{n-1\text{个}1}\underbrace{222\cdots22}_{n\text{个}2}5}}$ 是有理数还是无理数?

8. 设 a, b, c 都是有理数, 满足 $\sqrt{a}+\sqrt{b}=c$，证明: $\sqrt{a}$，$\sqrt{b}$ 也都是有理数.

9. 证明: 存在两个正无理数 a 和 b, 使得 a^b 是有理数.

10. 将自然数 $1, 2, 3, \cdots$ 依次连写构成一个无穷小数 $\beta = 0.1234567891011121314\cdots$，试指出 β 是有理数还是无理数.

11. 设 a, b 是两个不相等的有理数, 试判断 $\dfrac{a+\sqrt{3}}{b+\sqrt{3}}$ 是有理数还是无理数.

12. 已知 a, b, c, d 是有理数, 且 $cd \neq 0$，x 是无理数, 设 $y=\dfrac{ax+b}{cx+d}$，求 y 是有理数的条件.

13. 已知 a, b, c, d, p 都是有理数, $a \neq 0$，$\sqrt{p}$ 是无理数, 试求等式 $\dfrac{a+c\sqrt{p}}{a+b\sqrt{p}}=\dfrac{a+d\sqrt{p}}{a+c\sqrt{p}}$ 成立的条件.

14. 设 $|a|=|b|=1$，$a+b+1=0$，求证: a, b 都是三次单位根.

15. 用复数的乘法求证 $\arctan\dfrac{1}{3}+\arctan\dfrac{1}{5}+\arctan\dfrac{1}{7}+\arctan\dfrac{1}{8}=\dfrac{\pi}{4}$.

16. 解方程 $(z+1)^n=(z-1)^n$ $(n>1, n\in\mathbf{N})$.

17. 设复数 z 满足 $z\bar{z}+z+\bar{z}=3$，求复平面中 z 所对应的点的轨迹.

18. 设复数 z 满足 $|z-2+\sqrt{3}\mathrm{i}|+|z-2-\sqrt{3}\mathrm{i}|=4$，问 z 为多少时, $|z|$ 取到最大值, 最大值为多少?

19. 设 P 是边长为 1 的正方形 $ABCD$ 所在平面内任一点, 求 $f(P)=PA+PB+PC+PD$ 的最小值.

20. 设 $p_1, p_2, \cdots, p_n$ 为实数, $x=\cos\alpha+\mathrm{i}\sin\alpha$ 为方程

$$x^n+p_1x^{n-1}+p_2x^{n-2}+\cdots+p_{n-1}x+p_n=0$$

的一根, 求证: $p_1\sin\alpha+p_2\sin2\alpha+\cdots+p_n\sin n\alpha=0$.

第二章　式与不等式

第二章讲课
视频

第一节　解析式的基本概念

用字母表示数，数学研究的对象便从数扩张到了式，式本身不仅是代表数的符号，也是表明数和字母按怎样的次序进行什么运算的符号. 为了表达这样的意义，将起到这样二重作用的符号称为解析式. 由于构成解析式的运算不同，所以形成了解析式的不同类别. 解析式分为代数式和超越式两大类.

代数式就是以字母的有限次的加、减、乘、除这四种算术运算和指数为有理数的乘方运算(包括开方运算)构成的解析式.

超越式是以字母的有限次初等超越运算构成的解析式.

定义 2.1.1　如果两个解析式 f 与 g，对于它们公共定义域的某个子集内的一切值都有相等的值，则说这两个解析式在此集内是恒等的，记作 $f \equiv g$.

定义 2.1.2　一个解析式转换成另一个与它恒等的解析式，这种变换称为恒等变换.

第二节　多　项　式

一、基本概念

最简单的代数式是多项式，多项式的定义是形式的定义，即将多项式定义为一个形式表达式.

定义 2.2.1　F 是一个数域，

$$\sum_{k_1k_2\cdots k_n} a_{k_1k_2\cdots k_n} x_1^{k_1} x_2^{k_2} \cdots x_n^{k_n}$$

称为数域 F 上的 n 元多项式.

$$a_{k_1k_2\cdots k_n}\ x_1^{k_1} x_2^{k_2} \cdots x_n^{k_n}$$

称为多项式的项(k_i 为非负整数)，$a_{k_1k_2\cdots k_n} \in F$ 称为项的系数，$x_1, x_2, \cdots, x_n$ 称为多项式的不定元，所取的值都属于数域 F ，所有 $k_1 + k_2 + \cdots + k_n$ 中的最大者称为这个多项式的次数.

不定元只有一个的多项式 $f(x) = a_n x^n + a_{n-1} x^{n-1} + \cdots + a_1 x + a_0$ 称为一元多项式.

零次多项式指的是数域 F 中任意一个非零元素. 零多项式指的是所有系数全为零的多项式. 零多项式不给予次数的定义.

多项式相等：$f_1 = f_2$，规定 f_1 与 f_2 所有对应项的系数相等.

二、多项式的恒等、待定系数法

定理 2.2.1　如果对于变数字母的任意取值，以标准形式给出的多项式的值恒等于零，那么这个多项式是零多项式.

证明　对变数字母的个数进行归纳.

(1) 先对一元多项式进行归纳证明, 设 $f(x)=a_nx^n+a_{n-1}x^{n-1}+\cdots+a_1x+a_0$.

当 $n=0$ 时, $f(x)=a_0$, 因为 $f(x)$ 的值恒为零, 所以 $a_0=0$.

当 $n=1$ 时, $f(x)=a_1x+a_0$, 取 $x=0$, 得 $f(0)=a_0=0$, 所以 $f(x)=a_1x$, 再取 $x=1$, 得 $f(1)=a_1=0$. 所以当 $n=0, 1$ 时, 命题成立.

假设命题对于 $n-1$ 次多项式成立. 设对于 x 的一切取值有

$$f(x)=a_nx^n+a_{n-1}x^{n-1}+\cdots+a_1x+a_0\equiv 0, \tag{2.2.1}$$

则

$$f(2x)=a_n2^nx^n+a_{n-1}2^{n-1}x^{n-1}+\cdots+a_12x+a_0\equiv 0, \tag{2.2.2}$$

$(2.2.1)\times 2^n-(2.2.2)$, 得

$$2^{n-1}(2-1)a_{n-1}x^{n-1}+\cdots+2(2^{n-1}-1)a_1x+(2^n-1)a_0\equiv 0, \tag{2.2.3}$$

由归纳假设可知(2.2.3)的所有系数全为零, 即

$$2^{n-1}(2-1)a_{n-1}=\cdots=2(2^{n-1}-1)a_1=(2^n-1)a_0=0.$$

从而 $a_{n-1}=\cdots=a_1=a_0=0$, 于是 $f(x)=a_nx^n$, 再取 $x=1$, 得 $f(1)=a_n=0$. 所以当 $f(x)$ 的次数为 n 时, 命题也成立. 所以命题对一元多项式成立.

(2) 假设命题对变数字母少于 m 个的多项式成立, 设 $f(x,y,\cdots,z)$ 的变数字母为 m 个, 将它按字母 x 进行降幂排列, 得

$$f(x,y,\cdots,z)=p_n(y,\cdots,z)x^n+p_{n-1}(y,\cdots,z)x^{n-1}+\cdots+p_1(y,\cdots,z)x+p_0(y,\cdots,z),$$

此时 $f(x,y,\cdots,z)$ 可看成 x 的多项式, 如果 $f(x,y,\cdots,z)\equiv 0$, 则由上知

$$p_i(y,\cdots,z)\equiv 0\quad (i=0,1,2,\cdots,n),$$

又因为 $p_i(y,\cdots,z)$ 的变数字母的个数少于 m 个, 由归纳假定知 $p_i(y,\cdots,z)$ 必为零多项式, 因此 $f(x,y,\cdots,z)$ 的系数全为零, $f(x,y,\cdots,z)$ 为零多项式.

综合, 命题对任何多项式都成立.

定理 2.2.2　以标准形式给出的两个多项式恒等的充要条件是这两个多项式相等.

证明　这个定理条件的充分性是显然的. 下证这个定理条件的必要性. 设

$$\begin{aligned}f(x,y,\cdots,z)&=p_n(y,\cdots,z)x^n+p_{n-1}(y,\cdots,z)x^{n-1}+\cdots\\&\quad+p_1(y,\cdots,z)x+p_0(y,\cdots,z),\\g(x,y,\cdots,z)&=q_m(y,\cdots,z)x^m+q_{m-1}(y,\cdots,z)x^{m-1}+\cdots\\&\quad+q_1(y,\cdots,z)x+q_0(y,\cdots,z)\quad(n\geqslant m),\\h(x,y,\cdots,z)&=f(x,y,\cdots,z)-g(x,y,\cdots,z)\\&=p_n(y,\cdots,z)x^n+p_{n-1}(y,\cdots,z)x^{n-1}+\cdots\\&\quad+[p_m(y,\cdots,z)-q_m(y,\cdots,z)]x^m+\cdots\\&\quad+[p_1(y,\cdots,z)-q_1(y,\cdots,z)]x+[p_0(y,\cdots,z)-q_0(y,\cdots,z)].\end{aligned}$$

因为 $f(x,y,\cdots,z)$ 与 $g(x,y,\cdots,z)$ 恒等, 由定理 2.2.1 知, $h(x,y,\cdots,z)$ 是零多项式, 即 $n=m$, $p_i(y,\cdots,z)\equiv q_i(y,\cdots,z)$ $(i=1,2,\cdots,m)$, 由于 $p_i(y,\cdots,z), q_i(y,\cdots,z)$ 的变数字母比 $f(x,y,\cdots,z)$

与 $g(x,y,\cdots,z)$ 的变数字母少一个，故可以用数学归纳法完成本定理的证明.

定理 2.2.2 是多项式问题运用待定系数法求解的理论依据.

例 2.2.1 将多项式 $5x^3-6x^2+10$ 表示为 $x-1$ 的方幂的形式.

解一 (用待定系数法) 设

$$5x^3-6x^2+10=a(x-1)^3+b(x-1)^2+c(x-1)+d,$$

又

$$a(x-1)^3+b(x-1)^2+c(x-1)+d=ax^3+(b-3a)x^2+(3a-2b+c)x+(-a+b-c+d),$$

即

$$5x^3-6x^2+10=ax^3+(b-3a)x^2+(3a-2b+c)x+(-a+b-c+d),$$

比较对应项系数，得 $\begin{cases}a=5,\\ b-3a=-6,\\ 3a-2b+c=0,\\ -a+b-c+d=10,\end{cases}$ 解之得 $a=5$，$b=9$，$c=3$，$d=9$.

所以，$5x^3-6x^2+10=5(x-1)^3+9(x-1)^2+3(x-1)+9$.

注：也可以利用 $5x^3-6x^2+10\equiv a(x-1)^3+b(x-1)^2+c(x-1)+d$，通过赋值解得 a,b,c,d.

解二 (用换元法) 令 $y=x-1$，即 $x=y+1$，代入原式得

$$\begin{aligned}5x^3-6x^2+10&=5(y+1)^3-6(y+1)^2+10\\&=(5y^3+15y^2+15y+5)+(-6y^2-12y-6)+10\\&=5y^3+9y^2+3y+9\\&=5(x-1)^3+9(x-1)^2+3(x-1)+9.\end{aligned}$$

所以，$5x^3-6x^2+10=5(x-1)^3+9(x-1)^2+3(x-1)+9$.

解三 (用综合除法)

1	5	−6	0		10
		5	−1		−1
1	5	−1	−1	⋮	9
		5	4		
1	5	4	⋮ 3		
		5			
	5	⋮ 9			

所以，$5x^3-6x^2+10=5(x-1)^3+9(x-1)^2+3(x-1)+9$.

例 2.2.2 求 $f(x)=x^{1001}-1$ 除以 $p(x)=x^4+x^3+2x^2+x+1$ 的余式.

解 $p(x)=x^4+x^3+2x^2+x+1=x^4+x^3+x^2+x^2+x+1=(x^2+1)(x^2+x+1)$，所以可设

$$f(x)=x^{1001}-1=(x^2+1)(x^2+x+1)q(x)+r(x),\quad r(x)=ax^3+bx^2+cx+d.$$

令 $x=\mathrm{i}$，得 $\mathrm{i}-1=(c-a)\mathrm{i}+d-b$，令 $x=-\dfrac{1}{2}-\dfrac{\sqrt{3}}{2}\mathrm{i}$，得 $-\dfrac{3}{2}+\dfrac{\sqrt{3}}{2}\mathrm{i}=a+d-\dfrac{b}{2}-\dfrac{c}{2}+\dfrac{\sqrt{3}}{2}(b-c)\mathrm{i}$，

由此得

$$\begin{cases} c-a=1, \\ b-d=1, \\ a+d-\dfrac{b}{2}-\dfrac{c}{2}=-\dfrac{3}{2}, \\ b-c=1, \end{cases}$$

解之得 $a=-1$, $b=1$, $c=d=0$，所以 $r(x)=-x^3+x^2$.

例 2.2.3　已知多项式 x^3+bx^2+cx+d 的系数都是整数. 若 $bd+cd$ 是奇数, 证明这个多项式不能分解为两个整系数多项式的乘积.

证明　设

$$x^3+bx^2+cx+d=(x+m)(x^2+nx+r), \tag{2.2.4}$$

即 $x^3+bx^2+cx+d=x^3+(m+n)x^2+(r+mn)x+mr$ (m,n,r 都是整数), 比较系数, 得 $d=mr$.

因为 $bd+cd=d(b+c)$ 是奇数, 则 d 与 $b+c$ 都为奇数, 所以 mr 也是奇数, 所以 m,r 也都是奇数.

在(2.2.4)式中令 $x=1$，得 $1+b+c+d=(1+m)(1+n+r)$，因为等式左边是奇数, 而等式右边是偶数, 这是不可能的, 所以多项式 x^3+bx^2+cx+d 不能分解为两个整系数多项式的乘积.

例 2.2.4　将代数式 $[(x+y-2xy)(x+y-2)+(xy-1)^2]^5$ 展开再合并同类项后, 共有多少项?

分析　直接将原式展开后, 再合并同类项来计算其项数显然是不现实的, 故考虑是否可以通过化简 $(xy-1)^2+(x+y-2xy)(x+y-2)$ 来达到目的.

解　设 $xy=A, x+y=B$，则

$$\begin{aligned}(xy-1)^2+(x+y-2xy)(x+y-2)&=(A-1)^2+(B-2A)(B-2)\\&=A^2-2AB+B^2+2A-2B+1\\&=(A-B)^2+2(A-B)+1=(A-B+1)^2\\&=(xy-x-y+1)^2=(x-1)^2(y-1)^2,\end{aligned}$$

于是 $[(x+y-2xy)(x+y-2)+(xy-1)^2]^5=(x-1)^{10}(y-1)^{10}$，由于 $(x-1)^{10}$ 的展开式有 11 项, 它的每一项都是 x 的次数不同的幂, $(y-1)^{10}$ 的展开式有 11 项, 它的每一项都是 y 的次数不同的幂, 所以 $[(x+y-2xy)(x+y-2)+(xy-1)^2]^5=(x-1)^{10}(y-1)^{10}$ 的展开式有 $11^2=121$ 项, 均无法合并.

三、对称多项式与轮换对称多项式

多元多项式一般可以分为齐次多项式和非齐次多项式两大类, 下面介绍两类特殊的多元多项式.

定义 2.2.2 (对称多项式)　若 $f(x_1,x_2,\cdots,x_n)$ 对于 $\forall i,j\ (1\leqslant i,j\leqslant n)$，都有

$$f(x_1,x_2,\cdots,x_i,\cdots,x_j,\cdots,x_n)=f(x_1,x_2,\cdots,x_j,\cdots,x_i,\cdots,x_n),$$

则称 $f(x_1,x_2,\cdots,x_n)$ 为一个 n 元对称多项式.

例 2.2.5　$f(x_1,x_2,\cdots,x_n)=x_1^2+x_2^2+\cdots+x_n^2$ 是一个 n 元对称多项式, $f(x,y,z)=x^3+y^3+z^3-3(x+y+z)$ 是一个三元对称多项式. 由此可见, 对称多项式可以是齐次的, 也可以是非齐次的.

定义 2.2.3 (轮换对称多项式)　若对 n 元多项式 $f(x_1, x_2, \cdots, x_n)$ 的变数字母按照某种次序施行一次轮换，得到与原来相同的多项式，则称 $f(x_1, x_2, \cdots, x_n)$ 为一个 n 元轮换对称多项式.

例 2.2.6　$f(x, y, z) = x^2y + y^2z + z^2x \xrightarrow{x\to y,\, y\to z,\, z\to x} y^2z + z^2x + x^2y$，所以 $f(x,y,z) = x^2y + y^2z + z^2x$ 是轮换对称多项式.

轮换对称多项式不一定是对称多项式，例如 $x^2y + y^2z + z^2x$ 不是对称多项式. 但由定义可知，对称多项式一定是轮换对称多项式.

定理 2.2.3　两个对称多项式(轮换对称多项式)的和、差、积仍是对称多项式(轮换对称多项式)，在整除的情况下，商也是对称多项式(轮换对称多项式).

四、多项式的因式分解方法

在给定的数域 F 上，将一个多项式分解成几个不可约多项式的乘积形式，称为多项式的因式分解. 多项式的因式分解与多项式相乘是相反的恒等变形过程. 在不同的数集上，同一个多项式因式分解的结果不同. 例如，多项式 $x^4 - 4$

在有理数集上因式分解的结果是 $x^4 - 4 = (x^2 - 2)(x^2 + 2)$；

在实数集上因式分解的结果是 $x^4 - 4 = (x - \sqrt{2})(x + \sqrt{2})(x^2 + 2)$；

在复数集上因式分解的结果是 $x^4 - 4 = (x - \sqrt{2})(x + \sqrt{2})(x - \sqrt{2}\mathrm{i})(x + \sqrt{2}\mathrm{i})$.

我们约定：如果没有特别指出，这里的因式分解均在有理数范围内进行.

数域 F 上的多项式是一个整环，在高等代数中已证明了 $n\,(n > 0)$ 次多项式可以唯一(除了因式的次序及零次因式的差异外)分解成这个多项式环内的不可约多项式的乘积. 这就从理论上保证了因式分解的可行性.

因式分解的最基本的方法有以下几种.

1. 提取公因式法

如果多项式的各项含有公因式，应先提取公因式作为此多项式的一个因式. 提取的公因式可以是系数、单项式或多项式.

例 2.2.7　分解因式：$40m^3n - 25m^2n^2 + 5mn^3$.

解　$40m^3n - 25m^2n^2 + 5mn^3 = 5mn(8m^2 - 5mn + n^2)$.

2. 逆用乘法公式法

如果多项式的若干项符合某个乘法公式的形式，可逆用乘法公式将这些项写成多项式的乘积形式，由此直接或间接得到此多项式的因式.

例 2.2.8　分解因式：$8a^6 - 27$.

解　$8a^6 - 27 = (2a^2)^3 - 3^3 = (2a^2 - 3)(4a^4 + 6a^2 + 9)$.

3. 分组分解法

将一个多项式通过适当分组使得每一组都能进行因式分解，或通过将多项式的某一项(几项)拆成两个(几个)同类项或添上两个符号相反的项再分组分解.

例 2.2.9　分解因式：$x^3 + 3x^2 + 3x + 2$.

解　$x^3+3x^2+3x+2=(x^3+2x^2)+(x^2+2x)+(x+2)$

$$=x^2(x+2)+x(x+2)+(x+2)=(x+2)(x^2+x+1).$$

例 2.2.10　分解因式：$x^4+(x+y)^4+y^4$.

解　$x^4+(x+y)^4+y^4=(x^4+y^4+2x^2y^2)-2x^2y^2+(x+y)^4$

$$=(x^2+y^2)^2-2x^2y^2+(x+y)^4$$
$$=[(x+y)^2-2xy]^2-2x^2y^2+(x+y)^4$$
$$=2(x+y)^4-4xy(x+y)^2+2x^2y^2$$
$$=2[(x+y)^4-2xy(x+y)^2+x^2y^2]$$
$$=2[(x+y)^2-xy]^2=2(x^2+y^2+xy)^2.$$

4. 十字相乘法

针对一元二次多项式$ax^2+bx+c(a\neq 0)$的因式分解方法.

如果多项式的系数满足$a=a_1\cdot a_2, c=c_1\cdot c_2$，使得$a_1c_2+a_2c_1=b$成立，将$a_1,a_2,c_1,c_2$依照下图排列

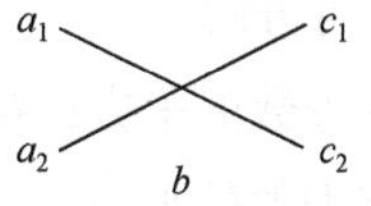

于是$ax^2+bx+c=(a_1x+c_1)(a_2x+c_2)$.

例 2.2.11　分解因式：$4x^2-14x+6$.

解　采用十字相乘法：

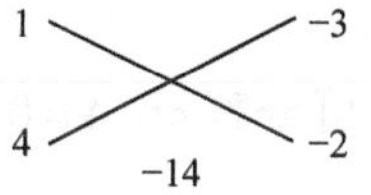

所以$4x^2-14x+6=(x-3)(4x-2)=2(x-3)(2x-1)$.

5. 大十字相乘法

针对二元二次多项式$ax^2+bxy+cy^2+dx+ey+f$(或三元二次齐次多项式$ax^2+bxy+cy^2+dxz+eyz+fz^2$)的因式分解的一种特殊方法.

如果多项式的系数满足$a=a_1\cdot a_2$，$c=c_1\cdot c_2$，$f=f_1\cdot f_2$，使得$a_1c_2+a_2c_1=b$，$c_1f_2+c_2f_1=e$，$a_1f_2+a_2f_1=d$成立，将$a_1, a_2, c_1, c_2, f_1, f_2$依照下图办法排列

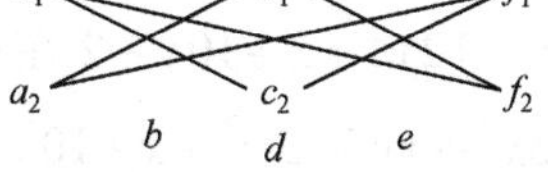

于是得

$$ax^2+bxy+cy^2+dx+ey+f=(a_1x+c_1y+f_1)(a_2x+c_2y+f_2)$$

或

$$ax^2+bxy+cy^2+dxz+eyz+fz^2=(a_1x+c_1y+f_1z)(a_2x+c_2y+f_2z).$$

例 2.2.12　分解因式：$x^2-3xy-10y^2+zx+9yz-2z^2$.

解　采用大十字相乘法:

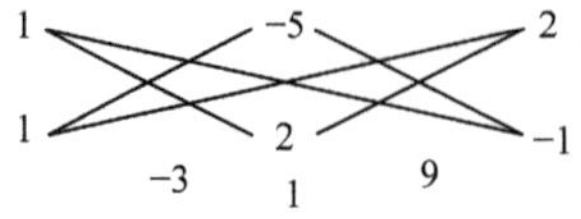

所以 $x^2-3xy-10y^2+zx+9yz-2z^2=(x-5y+2z)(x+2y-z)$.

6. 二元二次多项式因式分解的判定方法

大十字相乘法是针对二元二次多项式 $ax^2+bxy+cy^2+dx+ey+f$ (或三元二次齐次多项式 $ax^2+bxy+cy^2+dxz+eyz+fz^2$)因式分解的一种分解方法. 下面给出直接从多项式的系数来判断多项式是否能在指定数域上进行因式分解的方法.

二元二次多项式的一般形式为 $ax^2+bxy+cy^2+dx+ey+f$，若能分解，则必为两个一次因式的乘积，即 $ax^2+bxy+cy^2+dx+ey+f=(a_1x+c_1y+f_1)(a_2x+c_2y+f_2)$.

从几何角度讲，二次曲线退化成两条直线，由解析几何知识，可以得到以下结果:

在 $\mathbf{Q}$ 上 $ax^2+bxy+cy^2+dx+ey+f$ 可分解 $\Leftrightarrow$

(1) $\varDelta=0, b^2-4ac=0, d^2-4af$ 为有理数的平方；或

(2) $\varDelta=0, b^2-4ac>0, b^2-4ac$ 为有理数的平方.

在 $\mathbf{R}$ 上 $ax^2+bxy+cy^2+dx+ey+f$ 可分解 $\Leftrightarrow$

(1) $\varDelta=0, b^2-4ac=0, d^2-4af\geqslant 0$；或

(2) $\varDelta=0, b^2-4ac>0$.

在 $\mathbf{C}$ 上 $ax^2+bxy+cy^2+dx+ey+f$ 可分解 $\Leftrightarrow \varDelta=0$，其中 $\varDelta=\begin{vmatrix}2a & b & d\\ b & 2c & e\\ d & e & 2f\end{vmatrix}$.

利用上述结果可以判断 $ax^2+bxy+cy^2+dx+ey+f$ 是否可分解，若可分解，一般用待定系数法或大十字相乘法将它分解.

例 2.2.13　将 $6x^2+xy-12y^2+x+10y-2$ 在 $\mathbf{Q}$ 上分解因式.

解　$\varDelta=\begin{vmatrix}12 & 1 & 1\\ 1 & -24 & 10\\ 1 & 10 & -4\end{vmatrix}$

$$=12\times(-24)\times(-4)+1\times10\times1+1\times10\times1-1\times(-24)\times1-10\times10\times12-(-4)\times1\times1=0,$$

且 $b^2-4ac=289=17^2$，所以 $6x^2+xy-12y^2+x+10y-2$ 在 $\mathbf{Q}$ 上可分解为两个一次因式的乘积.

利用大十字相乘法容易得到：$6x^2+xy-12y^2+x+10y-2=(3x-4y+2)(2x+3y-1)$.

7. 根据因式定理，利用综合除法因式分解

(1) 有理根定理：如果 $x=\dfrac{p}{q}$ (p, q 是整数，$q>0$)是整系数多项式

$$f(x)=a_nx^n+a_{n-1}x^{n-1}+\cdots+a_1x+a_0$$

的有理根，那么，分母 q 是首项 a_n 的约数，分子 p 是常数项 a_0 的约数，即 $q\mid a_n$，$p\mid a_0$.

(2) 因式定理：如果有理数 $x=\dfrac{p}{q}$ (p, q 是整数，$q>0$)使得 $f\left(\dfrac{p}{q}\right)=0$，那么，$f(x)$ 有一次因式 $x-\dfrac{p}{q}$.

注：当 $a_n=1$ 时，$f(x)$ 的有理根必定是整数根 $x=p$，即 $f(x)$ 的一次因式必定是 $x-p$ 形式.

例 2.2.14 分解因式：$f(x)=5x^6-7x^5-8x^4-x^3+7x^2+8x-4$.

解 这里 $a_n=5$，$a_0=-4$. 根据有理根定理知 $f(x)$ 的可能有理根为 ±1，±2，±4，$\pm\dfrac{1}{5}$，$\pm\dfrac{2}{5}$，$\pm\dfrac{4}{5}$. 利用综合除法得

1	5	−7	−8	−1	7	8	−4	
		5	−2	−10	−11	−4	4	
−1	5	−2	−10	−11	−4	4	0	
		−5	7	3	8	−4		
2	5	−7	−3	−8	4	0		
		10	6	6	−4			
$\frac{2}{5}$	5	3	3	−2	0			
		2	2	2				
	5	5	5	0				

知 $f(1)=0$，$f(-1)=0$，$f(2)=0$，$f\left(\dfrac{2}{5}\right)=0$，故 $f(x)$ 有因式 $x-1$，$x+1$，$x-2$，$x-\dfrac{2}{5}$. 所以

$$
\begin{aligned}
f(x)&=5x^6-7x^5-8x^4-x^3+7x^2+8x-4\\
&=(x-1)(x+1)(x-2)\left(x-\frac{2}{5}\right)(5x^2+5x+5)\\
&=(x-1)(x+1)(x-2)(5x-2)(x^2+x+1).
\end{aligned}
$$

8. 待定系数法

对于一个有理系数多项式 $f(x)$，利用待定系数法来分解因式，首先应根据题设条件，判断它分解后因式乘积的可能形式，再列方程(组)确定待定系数的值. 具体解法为先假设欲因式分解的多项式为几个因式的积(系数待定)，然后将乘积展开，比较两边的系数，列出关于未知系数的方程(组)，解方程(组)得到未知系数，从而得到分解结果.

例 2.2.15 分解因式 $x^4-x^3+4x^2+3x+5$.

解 本题是关于 x 的四次多项式，经验证它没有有理根，如果可约，可考虑用待定系数法将它分解为两个二次式的乘积. 设

$$
\begin{aligned}
x^4-x^3+4x^2+3x+5&=(x^2+ax+b)(x^2+cx+d)\\
&=x^4+(a+c)x^3+(b+ac+d)x^2+(ad+bc)x+bd,
\end{aligned}
$$

比较等式两端对应项的系数，得 $\begin{cases}a+c=-1,\\ b+ac+d=4,\\ ad+bc=3,\\ bd=5,\end{cases}$ 解此方程组一般采用假定的方法，使变元减少，

从而求得方程组的解. 此题可用 $b=1$, $d=5$ 试解, 这时 $\begin{cases}a+c=-1,\\ b+ac+d=4,\\ ad+bc=3,\\ bd=5\end{cases}$ 变为 $\begin{cases}a+c=-1,\\ ac=-2,\\ 5a+c=3,\\ b=1,\\ d=5,\end{cases}$ 解之得 $a=1, c=-2$, 所以 $x^4-x^3+4x^2+3x+5=(x^2+x+1)(x^2-2x+5)$.

9. 对称多项式、轮换对称多项式的因式分解法

对称多项式一定是轮换对称多项式. 在这里我们只要对轮换对称多项式的因式分解进行研究即可.

轮换对称多项式是多元多项式中一种常见的特殊多项式, 它有一个重要性质, 即两个变数相同的轮换对称多项式和、差、积、商(可整除)仍是一个轮换对称多项式. 由这个性质不难得出, 轮换对称多项式的因式一定也是轮换对称多项式. 因此, 若知道轮换对称多项式的一个一次因式, 则必可经过轮换得到它的其他一个或几个一次因式. 这个结论在轮换对称多项式因式分解中常常用到.

以三个变数 x, y, z 为例, 关于 x, y, z 的一次齐次轮换对称多项式的一般形式为 $K(x+y+z)$; 二次齐次轮换对称多项式的一般形式为 $L(x^2+y^2+z^2)+M(xy+yz+zx)$; 三次齐次轮换对称多项式的一般形式为 $L(x^3+y^3+z^3)+M(x^2y+y^2z+z^2x)+N(xy^2+yz^2+zx^2)+Pxyz$.

轮换对称多项式的因式分解法的一般步骤:

(1) 认定多项式为哪些字母的几次齐次或非齐次轮换对称多项式;

(2) 根据余数定理检验多项式是否具有一次因式. 关于 x, y, z 的轮换对称多项式最常见的一次因式有 x, y, z; $x+y, y+z, z+x$; $x-y, y-z, z-x$; $x+y+z$; $x+y-z, y+z-x, z+x-y$; 等等.

(3) 如果有一个一次因式, 则经轮换找出另外一些一次因式;

(4) 利用待定系数法求出该多项式的分解结果.

例 2.2.16 分解因式: $f(x,y,z)=(x+y+z)^3-(x+y-z)^3-(y+z-x)^3-(z+x-y)^3$.

解 $f(x,y,z)$ 是三次齐次轮换对称多项式. 认为 $f(x,y,z)$ 是关于 x 的一元多项式 $F(x)$. 当 $x=0$ 时, 原式 $=0$, 故原式有一次因式 x. 由轮换性, 原式还有一次因式 y, z. 设

$$f(x,y,z)=(x+y+z)^3-(x+y-z)^3-(y+z-x)^3-(z+x-y)^3=kxyz.$$

在上式中令 $x=1$, $y=1$, $z=1$ 得 $24=k$, 即 $k=24$, 所以

$$f(x,y,z)=(x+y+z)^3-(x+y-z)^3-(y+z-x)^3-(z+x-y)^3=24xyz.$$

例 2.2.17 分解因式: $f(x,y,z)=x^4+y^4+z^4-2x^2y^2-2y^2z^2-2z^2x^2$.

解 $f(x,y,z)$ 是四次齐次轮换对称多项式. 认为 $f(x,y,z)$ 是关于 x 的一元多项式 $F(x)$. 当 $x=-(y+z)$ 时, 原式 $=0$, 故原式有一次因式 $x+y+z$. 当 $x=y+z$ 时, 原式 $=0$, 故原式有一次因式 $x-y-z$, 由轮换性, 原式还有一次因式 $y-z-x$, $z-x-y$. 设

$$\begin{aligned}f(x,y,z)&=x^4+y^4+z^4-2x^2y^2-2y^2z^2-2z^2x^2\\ &=k(x+y+z)(x-y-z)(y-z-x)(z-x-y),\end{aligned}$$

比较上式两边 x^4 的系数得 $1=k$，即 $k=1$. 所以

$$f(x,y,z)=x^4+y^4+z^4-2x^2y^2-2y^2z^2-2z^2x^2$$
$$=(x+y+z)(x-y-z)(y-z-x)(z-x-y).$$

第三节　分　　式

一、基本概念及性质

定义 2.3.1　两个多项式的比 $\dfrac{f(x_1,x_2,\cdots,x_n)}{g(x_1,x_2,\cdots,x_n)}$ $(g(x_1,x_2,\cdots,x_n)\neq 0)$ 称为有理分式，简称分式. 比的前项称为分子，比的后项称为分母.

类似于分数，分式也有真分式和假分式之分. 分子多项式的次数小于分母多项式的次数的分式称为真分式，分子多项式的次数不小于分母多项式的次数的分式称为假分式. 多项式又称为整式，它可以看作分母为 1 的分式.

定义 2.3.2　任何一组使分式 $\dfrac{f(x_1,x_2,\cdots,x_n)}{g(x_1,x_2,\cdots,x_n)}$ 的分母不为零的自变数值组的集合称为这个分式的定义域.

定义 2.3.3　如果两个分式 $\dfrac{f_1(x_1,x_2,\cdots,x_n)}{g_1(x_1,x_2,\cdots,x_n)}$ 与 $\dfrac{f_2(x_1,x_2,\cdots,x_n)}{g_2(x_1,x_2,\cdots,x_n)}$ 对于它们的公共定义域上的任何取值都有相等的值，则称这两个分式在此集内恒等，记为

$$\frac{f_1(x_1,x_2,\cdots,x_n)}{g_1(x_1,x_2,\cdots,x_n)}\equiv\frac{f_2(x_1,x_2,\cdots,x_n)}{g_2(x_1,x_2,\cdots,x_n)}.$$

定理 2.3.1　在 $\dfrac{f_1(x_1,x_2,\cdots,x_n)}{g_1(x_1,x_2,\cdots,x_n)}$ 与 $\dfrac{f_2(x_1,x_2,\cdots,x_n)}{g_2(x_1,x_2,\cdots,x_n)}$ 的公共定义域内，

$$\frac{f_1(x_1,x_2,\cdots,x_n)}{g_1(x_1,x_2,\cdots,x_n)}\equiv\frac{f_2(x_1,x_2,\cdots,x_n)}{g_2(x_1,x_2,\cdots,x_n)}$$

的充要条件是 $f_1(x_1,x_2,\cdots,x_n)g_2(x_1,x_2,\cdots,x_n)\equiv f_2(x_1,x_2,\cdots,x_n)g_1(x_1,x_2,\cdots,x_n)$.

定理 2.3.2 (分式的基本性质)　分式的分子和分母都乘以同一个不等于零的多项式，分式的值不变. 即若 $k(x_1,x_2,\cdots,x_n)$ 在 $\dfrac{f(x_1,x_2,\cdots,x_n)}{g(x_1,x_2,\cdots,x_n)}$ 的定义域内非零，则

$$\frac{f(x_1,x_2,\cdots,x_n)}{g(x_1,x_2,\cdots,x_n)}=\frac{k(x_1,x_2,\cdots,x_n)f(x_1,x_2,\cdots,x_n)}{k(x_1,x_2,\cdots,x_n)g(x_1,x_2,\cdots,x_n)}.$$

定理 2.3.3 (分式可约分)　若 $(f(x_1,x_2,\cdots,x_n),g(x_1,x_2,\cdots,x_n))=h(x_1,x_2,\cdots,x_n)$，且 $h(x_1,x_2,\cdots,x_n)\neq 1$，则

$$f(x_1,x_2,\cdots,x_n)=h(x_1,x_2,\cdots,x_n)f_1(x_1,x_2,\cdots,x_n),$$
$$g(x_1,x_2,\cdots,x_n)=h(x_1,x_2,\cdots,x_n)g_1(x_1,x_2,\cdots,x_n),$$
$$(f_1(x_1,x_2,\cdots,x_n),g_1(x_1,x_2,\cdots,x_n))=1,$$

所以有

$$\frac{f(x_1,x_2,\cdots,x_n)}{g(x_1,x_2,\cdots,x_n)}=\frac{f_1(x_1,x_2,\cdots,x_n)}{g_1(x_1,x_2,\cdots,x_n)},$$

$\dfrac{f_1(x_1,x_2,\cdots,x_n)}{g_1(x_1,x_2,\cdots,x_n)}$称为既约分式.

定义 2.3.4 (代数延拓原理) 如果分式$\dfrac{f(x_1,x_2,\cdots,x_n)}{g(x_1,x_2,\cdots,x_n)}$与$\dfrac{f_1(x_1,x_2,\cdots,x_n)}{g_1(x_1,x_2,\cdots,x_n)}$恒等，但$g(x_1^0,x_2^0,\cdots,x_n^0)=0$，$g_1(x_1^0,x_2^0,\cdots,x_n^0)\neq 0$，那么在约定的意义下，认为

$$\frac{f(x_1^0,x_2^0,\cdots,x_n^0)}{g(x_1^0,x_2^0,\cdots,x_n^0)}=\frac{f_1(x_1^0,x_2^0,\cdots,x_n^0)}{g_1(x_1^0,x_2^0,\cdots,x_n^0)}.$$

这个定义扩展了分式的定义域，这样，便对所有彼此恒等的分式给出了同一个定义域，即与各已知分式恒等的既约分式的定义域，由此便可以把形式不同，但彼此恒等的有理分式看作同一个有理分式. 从而，正如分数的约分一样，可以把分式的分子、分母的公因式约去.

例如，$\dfrac{x^3-8}{x^2-4}$与$\dfrac{x^2+2x+4}{x+2}$原是在$\{x\mid x\in\mathbf{R},x\neq -2,\ 2\}$上的恒等分式，经代数延拓后，$\dfrac{x^3-8}{x^2-4}$与$\dfrac{x^2+2x+4}{x+2}$是在$\{x\mid x\in\mathbf{R},x\neq -2\}$上的恒等分式.

二、分式恒等变形举例

例 2.3.1 化简：$\dfrac{(y-z)^2}{(x-y)(x-z)}+\dfrac{(z-x)^2}{(y-z)(y-x)}+\dfrac{(x-y)^2}{(z-x)(z-y)}$.

解 令$x-y=u,\ y-z=v,\ z-x=w$，则$u+v+w=0$，此时$u^3+v^3+w^3=3uvw$，于是

$$\text{原式}=\frac{v^2}{-wu}+\frac{w^2}{-uv}+\frac{u^2}{-vw}=\frac{u^3+v^3+w^3}{-uvw}=\frac{3uvw}{-uvw}=-3.$$

例 2.3.2 已知：$\dfrac{x}{x^2+x+1}=a\left(a\neq 0\text{ 且 }a\neq\dfrac{1}{2}\right)$，求$\dfrac{x^2}{x^4+x^2+1}$的值.

解 取倒数进行变形，由$a\neq 0$，得

$$\frac{x}{x^2+x+1}=a\Rightarrow\frac{x^2+x+1}{x}=\frac{1}{a}\Rightarrow x+\frac{1}{x}=\frac{1}{a}-1,$$

故

$$\frac{x^4+x^2+1}{x^2}=x^2+\frac{1}{x^2}+1=\left(x+\frac{1}{x}\right)^2-1=\left(\frac{1}{a}-1\right)^2-1=\frac{1-2a}{a^2},$$

再由 $a\neq\dfrac{1}{2}$得

$$\frac{x^2}{x^4+x^2+1}=\frac{a^2}{1-2a}.$$

例 2.3.3 已知$abcd=1$，求

$$\frac{a}{abc+ab+a+1}+\frac{b}{bcd+bc+b+1}+\frac{c}{cda+cd+c+1}+\frac{d}{dab+da+d+1}$$

的值.

解　将原式的第二个分式的分子、分母同乘以 a，第三个分式的分子、分母同乘以 ab，第四个分式的分子、分母同乘以 abc，利用条件 $abcd=1$，将原式的四个分式变形为同分母，得

$$
\begin{aligned}
\text{原式}&=\frac{a}{abc+ab+a+1}+\frac{ab}{abcd+abc+ab+a}+\frac{abc}{abcda+abcd+abc+ab}+\frac{abcd}{abcdab+abcda+abcd+abc}\\
&=\frac{a}{abc+ab+a+1}+\frac{ab}{1+abc+ab+a}+\frac{abc}{a+1+abc+ab}+\frac{1}{ab+a+1+abc}\\
&=\frac{a+ab+abc+1}{abc+ab+a+1}=1.
\end{aligned}
$$

例 2.3.4　设三个数 a, b, c 满足 $\frac{1}{a}+\frac{1}{b}+\frac{1}{c}=\frac{1}{a+b+c}$，证明：

$$\frac{1}{a^{2n+1}}+\frac{1}{b^{2n+1}}+\frac{1}{c^{2n+1}}=\frac{1}{a^{2n+1}+b^{2n+1}+c^{2n+1}}=\frac{1}{(a+b+c)^{2n+1}}.$$

证明　将已知等式变形为

$$\frac{ab+bc+ca}{abc}=\frac{1}{a+b+c},$$

即

$$(a+b+c)(ab+bc+ca)-abc=0,$$

左边的

$$f(a,b,c)=(a+b+c)(ab+bc+ca)-abc$$

是关于 a, b, c 的三次齐次轮换对称多项式. 分解因式可得

$$f(a,b,c)=(a+b)(b+c)(c+a).$$

由 $(a+b)(b+c)(c+a)=0$ 推出 $a+b=0$ 或 $b+c=0$ 或 $c+a=0$，即 a, b, c 中至少有两个数互为相反数，所以命题得证.

三、部分分式

经过约分，任何有理式总能化为既约分式. 如果这个既约分式是只含有一个自变数的真分式，那么还可以进一步化为若干个既约真分式之和，这几个分式称为原既约真分式的部分分式. 例如

$$\frac{5x-11}{(x+2)(2x-3)}=\frac{3}{x+2}-\frac{1}{2x-3}.$$

定理 2.3.4　两个真分式的和或差还是真分式(或为零).

证明　设 $\frac{f_1(x)}{g_1(x)}$，$\frac{f_2(x)}{g_2(x)}$ 都是真分式，则 $\frac{f_1(x)}{g_1(x)}\pm\frac{f_2(x)}{g_2(x)}=\frac{f_1(x)g_2(x)\pm f_2(x)g_1(x)}{g_1(x)g_2(x)}$，因为

$$\partial(f_1(x)g_2(x))<\partial(g_1(x)g_2(x)),\qquad \partial(f_2(x)g_1(x))<\partial(g_1(x)g_2(x)),$$

所以 $\partial(f_1(x)g_2(x)\pm f_2(x)g_1(x))<\partial(g_1(x)g_2(x))$. 即两个真分式的和或差还是真分式(或为零).

反过来，我们有以下定理.

定理 2.3.5　如果 $\frac{f(x)}{g_1(x)g_2(x)}$ 是真分式，其中 $g_1(x), g_2(x)$ 互质，那么这个分式可以表示成

分别以 $g_1(x), g_2(x)$ 为分母的两个真分式的和，并且这样的表达式是唯一的.

证明　因为 $g_1(x), g_2(x)$ 互质，所以存在整式 $u(x), v(x)$ 满足 $u(x)g_1(x)+v(x)g_2(x)=1$，从而 $f(x)=f(x)u(x)g_1(x)+f(x)v(x)g_2(x)$，于是

$$\frac{f(x)}{g_1(x)g_2(x)}=\frac{f(x)u(x)g_1(x)+f(x)v(x)g_2(x)}{g_1(x)g_2(x)}=\frac{f(x)u(x)}{g_2(x)}+\frac{f(x)v(x)}{g_1(x)}.$$

若 $\frac{f(x)u(x)}{g_2(x)}, \frac{f(x)v(x)}{g_1(x)}$ 都是真分式，那么定理的结论成立.

若 $\frac{f(x)u(x)}{g_2(x)}, \frac{f(x)v(x)}{g_1(x)}$ 中至少有一个不是真分式，设

$$\frac{f(x)u(x)}{g_2(x)}=p_1(x)+\frac{q_1(x)}{g_2(x)},\quad \frac{f(x)v(x)}{g_1(x)}=p_2(x)+\frac{q_2(x)}{g_1(x)},$$

其中 $p_1(x)$，$p_2(x)$ 是整式或是零多项式，$\frac{q_1(x)}{g_2(x)}$ 与 $\frac{q_2(x)}{g_1(x)}$ 为真分式，那么

$$\begin{aligned}\frac{f(x)}{g_1(x)g_2(x)}&=\frac{f(x)u(x)}{g_2(x)}+\frac{f(x)v(x)}{g_1(x)}=p_1(x)+\frac{q_1(x)}{g_2(x)}+p_2(x)+\frac{q_2(x)}{g_1(x)}\\&=\frac{q_1(x)}{g_2(x)}+\frac{q_2(x)}{g_1(x)}+p_1(x)+p_2(x),\end{aligned}$$

即 $\frac{f(x)}{g_1(x)g_2(x)}-\frac{q_1(x)}{g_2(x)}-\frac{q_2(x)}{g_1(x)}=p_1(x)+p_2(x)$，因为等式左边是真分式的差，所以由定理 2.3.4 可得 $p_1(x)+p_2(x)=0$，即 $\frac{f(x)}{g_1(x)g_2(x)}=\frac{q_1(x)}{g_2(x)}+\frac{q_2(x)}{g_1(x)}$，命题得证.

下证唯一性：若还有 $\frac{f(x)}{g_1(x)g_2(x)}=\frac{q_1'(x)}{g_2(x)}+\frac{q_2'(x)}{g_1(x)}$，则 $\frac{q_1(x)}{g_2(x)}+\frac{q_2(x)}{g_1(x)}=\frac{q_1'(x)}{g_2(x)}+\frac{q_2'(x)}{g_1(x)}$，即

$$[q_1(x)-q_1'(x)]g_1(x)=[q_2'(x)-q_2(x)]g_2(x),$$

从而 $g_1(x)\,|\,[q_2'(x)-q_2(x)]$，因为 $q_2'(x)$，$q_2(x)$ 的次数都低于 $g_1(x)$ 的次数，这表明 $q_2'(x)=q_2(x)$. 同理 $q_1(x)=q_1'(x)$. 所以表达式 $\frac{f(x)}{g_1(x)g_2(x)}=\frac{q_1(x)}{g_2(x)}+\frac{q_2(x)}{g_1(x)}$ 是唯一的.

推论 2.3.1　如果真分式 $\frac{f(x)}{g_1(x)g_2(x)\cdots g_n(x)}$ 中，$g_1(x), g_2(x),\cdots, g_n(x)$ 是两两互质的因式，那么这个真分式可表示成分别以 $g_1(x), g_2(x),\cdots, g_n(x)$ 为分母的 n 个真分式之和，并且这样的表达式是唯一的.

定理 2.3.6　如果 $\frac{f(x)}{g^n(x)}$ 是真分式，$g(x)$ 是既约多项式，那么 $\frac{f(x)}{g^n(x)}$ 可唯一地表示成最简分式的和.

证明　根据将一个多项式按另一个多项式的乘幂展开的法则，可将 $f(x)$ 按 $g(x)$ 的乘幂展开，因为 $f(x)$ 的次数小于 $g^n(x)$ 的次数，所以 $f(x)$ 可唯一地表示为

$$f(x)=r_{n-1}(x)g^{n-1}(x)+r_{n-2}(x)g^{n-2}(x)+\cdots+r_1(x)g(x)+r_0(x),$$

其中 $r_0(x), r_1(x),\cdots, r_{n-2}(x), r_{n-1}(x)$ 的次数都比 $g(x)$ 的次数小，于是

$$\frac{f(x)}{g^n(x)}=\frac{r_0(x)}{g^n(x)}+\frac{r_1(x)}{g^{n-1}(x)}+\cdots+\frac{r_{n-2}(x)}{g^2(x)}+\frac{r_{n-1}(x)}{g(x)},$$

即 $\frac{f(x)}{g^n(x)}$ 可唯一地表示成最简分式的和.

定理 2.3.7　任何一个有理真分式都能唯一地表示成最简分式的和.

证明　设 $\frac{f(x)}{g(x)}$ 是有理真分式，$g(x)$ 的标准分解式为 $g(x)=p_1^{k_1}(x)p_2^{k_2}(x)\cdots p_m^{k_m}(x)$，由定理 2.3.5、推论 2.3.1 及定理 2.3.6，得

$$\begin{aligned}\frac{f(x)}{g(x)}&=\frac{f(x)}{p_1^{k_1}(x)p_2^{k_2}(x)\cdots p_m^{k_m}(x)}=\frac{f_1(x)}{p_1^{k_1}(x)}+\frac{f_2(x)}{p_2^{k_2}(x)}+\cdots+\frac{f_m(x)}{p_m^{k_m}(x)}\\&=\frac{r_0(x)}{p_1^{k_1}(x)}+\frac{r_1(x)}{p_1^{k_1-1}(x)}+\cdots+\frac{r_{k_1-1}(x)}{p_1(x)}+\frac{s_0(x)}{p_2^{k_2}(x)}+\frac{s_1(x)}{p_2^{k_2-1}(x)}+\cdots+\frac{s_{k_2-1}(x)}{p_2(x)}\\&\quad+\cdots+\frac{t_0(x)}{p_m^{k_m}(x)}+\frac{t_1(x)}{p_m^{k_m-1}(x)}+\cdots+\frac{t_{k_m-1}(x)}{p_m(x)}.\end{aligned}$$

而且上述表达式是唯一的.

例 2.3.5　将 $\frac{x+3}{x^3-x}$ 化为部分分式之和.

解　设 $\frac{x+3}{x^3-x}=\frac{x+3}{x(x-1)(x+1)}=\frac{A}{x}+\frac{B}{x-1}+\frac{C}{x+1}$，则

$$x+3\equiv A(x-1)(x+1)+Bx(x+1)+Cx(x-1),$$

令 $x=0$ 得 $3=-A$，即 $A=-3$；令 $x=1$ 得 $4=2B$，即 $B=2$；令 $x=-1$ 得 $2=2C$，即 $C=1$.

所以 $\frac{x+3}{x^3-x}=\frac{-3}{x}+\frac{2}{x-1}+\frac{1}{x+1}$.

例 2.3.6　将 $\frac{x^5}{(x-1)^2(x^2+1)}$ 化为部分分式之和.

解　由题意知 $\frac{x^5}{(x-1)^2(x^2+1)}=x+2+\frac{2x^3-2x^2+3x-2}{(x-1)^2(x^2+1)}$，设

$$\frac{2x^3-2x^2+3x-2}{(x-1)^2(x^2+1)}=\frac{A}{(x-1)^2}+\frac{B}{x-1}+\frac{Cx+D}{x^2+1},$$

则

$$\begin{aligned}2x^3-2x^2+3x-2&=A(x^2+1)+B(x-1)(x^2+1)+(Cx+D)(x-1)^2\\&=(B+C)x^3+(A-B-2C+D)x^2+(B+C-2D)x+(A-B+D),\end{aligned}$$

由此得 $\begin{cases}B+C=2,\\A-B-2C+D=-2,\\B+C-2D=3,\\A-B+D=-2,\end{cases}$ 解之得 $\begin{cases}A=\frac{1}{2},\\B=2,\\C=0,\\D=-\frac{1}{2}.\end{cases}$ 所以

$$\frac{x^5}{(x-1)^2(x^2+1)}=x+2+\frac{1}{2(x-1)^2}+\frac{2}{x-1}-\frac{1}{2(x^2+1)}.$$

第四节　实数域上的根式

一、算术根的定义

我们已经讨论了对任意非负实数 A，必存在唯一的非负实数 a，使 $a^n=A$，由此给出算术根的定义.

定义 2.4.1　若 $a^n=A$ 且 $a\geqslant 0$，则称数 a 为 A 的 n 次算术根，并记作 $a=\sqrt[n]{A}$ $(n>1,\ n\in\mathbf{N})$，其中 n 称为根指数，A 称为被开方数.

定义 2.4.2　若 $x^n=A$，$x\in\mathbf{R}$，则称 x 为数 A 的 n 次方根，求 A 的 n 次方根的运算称为把 A 开 n 次方.

在实数集内，开方运算不是在任何情况下都能实施的，这是因为任何实数的偶次方不可能为负数，所以负数开偶次方的运算在实数集内不能实施.

定义 2.4.3　含有开方运算的代数式称为根式.

二、算术根的运算法则

(1) $\sqrt[np]{A^{mp}}=\sqrt[n]{A^m}$ $(A>0, m, n, p\in\mathbf{N}, n>1)$；

(2) $\sqrt[n]{AB}=\sqrt[n]{A}\cdot\sqrt[n]{B}$ $(A, B\geqslant 0, n\in\mathbf{N}, n>1)$；

(3) $\sqrt[n]{\dfrac{A}{B}}=\dfrac{\sqrt[n]{A}}{\sqrt[n]{B}}$ $(A\geqslant 0, B>0, n\in\mathbf{N}, n>1)$；

(4) $\sqrt[n]{A^m}=(\sqrt[n]{A})^m$ $(A\geqslant 0, n, m\in\mathbf{N}, n>1)$；

(5) $\sqrt[n]{\sqrt[m]{A}}=\sqrt[nm]{A}$ $(A\geqslant 0, n, m\in\mathbf{N}, n, m>1)$；

(6) $\sqrt[n]{A^nB}=A\sqrt[n]{B}$ $(A, B\geqslant 0, n\in\mathbf{N}, n>1)$；

(7) $\sqrt[n]{A}=\sqrt[nk_1]{A^{k_1}}=\sqrt[p]{A^{k_1}}$ $(A\geqslant 0, n\in\mathbf{N}, n>1)$；$\sqrt[m]{B}=\sqrt[mk_2]{B^{k_2}}=\sqrt[p]{B^{k_2}}$ $(B\geqslant 0, m\in\mathbf{N}, m>1)$，这里 p 为 n 和 m 的最小公倍数. (通根指数法则)

三、根式的化简

定义 2.4.4 (最简根式)　如果根式满足以下两个条件:

(1) 被开方数的每一个因式的指数都小于根指数且与根指数互质;

(2) 被开方数不含有分母,

那么称这个根式为最简根式.

根式化简都是指有意义的情况，在没有特别说明的情况下，这里的根式都是指算术根.

在化简含有根式的分式时，为了使被开方数不含有分母，需要对此分式作分母有理化的恒等变形.

定义 2.4.5　如果 M 与 N 是两个不恒为零的含有根式的代数式，而乘积 MN 是有理式，那么称 M 与 N 是互为有理化因式或共轭因式.

例如，$\sqrt{a}+2\sqrt{b}$ 与 $\sqrt{a}-2\sqrt{b}$ 互为有理化因式. 这是因为 $(\sqrt{a}+2\sqrt{b})\cdot(\sqrt{a}-2\sqrt{b})=a-4b$.

例 2.4.1　求比 $(\sqrt{7}+\sqrt{3})^6$ 大的最小整数.

解　设 $\sqrt{7}+\sqrt{3}=x,\ \sqrt{7}-\sqrt{3}=y$，则 $x+y=2\sqrt{7}$，$xy=4$，$x^2+y^2=(x+y)^2-2xy=20$.

所以

$$x^6+y^6=(x^2+y^2)(x^4-x^2y^2+y^4)=(x^2+y^2)[(x^2+y^2)^2-3x^2y^2]=20\times(400-48)=7040,$$

即$(\sqrt{7}+\sqrt{3})^6+(\sqrt{7}-\sqrt{3})^6=7040$.

因为$0<\sqrt{7}-\sqrt{3}<1$，所以$0<(\sqrt{7}-\sqrt{3})^6<1$，所以比$(\sqrt{7}+\sqrt{3})^6$大的最小整数为7040.

四、复合二次根式

定义 2.4.6 形如$\sqrt{a\pm\sqrt{b}}$的根式，其中a，$b>0$，$a^2-b>0$，称为复合二次根式.

定理 2.4.1 $\sqrt{a\pm\sqrt{b}}=\sqrt{\dfrac{a+\sqrt{a^2-b}}{2}}\pm\sqrt{\dfrac{a-\sqrt{a^2-b}}{2}}$.(在$a^2-b$为完全平方数时适用)

证明 因为$\left(\sqrt{a+\sqrt{b}}+\sqrt{a-\sqrt{b}}\right)^2=2a+2\sqrt{a^2-b}$，所以

$$\sqrt{a+\sqrt{b}}+\sqrt{a-\sqrt{b}}=\sqrt{2a+2\sqrt{a^2-b}}=2\sqrt{\frac{a+\sqrt{a^2-b}}{2}}, \tag{2.4.1}$$

同理

$$\sqrt{a+\sqrt{b}}-\sqrt{a-\sqrt{b}}=2\sqrt{\frac{a-\sqrt{a^2-b}}{2}}, \tag{2.4.2}$$

(2.4.1)±(2.4.2)，得$\sqrt{a\pm\sqrt{b}}=\sqrt{\dfrac{a+\sqrt{a^2-b}}{2}}\pm\sqrt{\dfrac{a-\sqrt{a^2-b}}{2}}$.

也可以用如下的方法计算:

(1) 将$\sqrt{a\pm\sqrt{b}}$改写为$\sqrt{a\pm2\sqrt{\dfrac{b}{4}}}$；

(2) 寻找两个正数x，y，使得$x+y=a$，$xy=\dfrac{b}{4}$，则$\sqrt{a\pm\sqrt{b}}=\sqrt{x}\pm\sqrt{y}(x>y)$.

五、根式计算举例

例 2.4.2 设$-1<x<1$，且$x\neq0$，化简：$\left(\dfrac{\sqrt{1+x}}{\sqrt{1+x}-\sqrt{1-x}}+\dfrac{1-x}{\sqrt{1-x^2}+x-1}\right)\cdot\left(\sqrt{\dfrac{1}{x^2}-1}-\dfrac{1}{|x|}\right)$.

解

$$\begin{aligned}
原式&=\left(\frac{\sqrt{1+x}}{\sqrt{1+x}-\sqrt{1-x}}+\frac{1-x}{\sqrt{1+x}\sqrt{1-x}-(1-x)}\right)\frac{\sqrt{1-x^2}-1}{|x|}\\
&=\frac{\sqrt{1+x}+\sqrt{1-x}}{\sqrt{1+x}-\sqrt{1-x}}\cdot\frac{\sqrt{1-x^2}-1}{|x|}\\
&=\frac{2x}{(1+x)+(1-x)-2\sqrt{1+x}\sqrt{1-x}}\cdot\frac{\sqrt{1-x^2}-1}{|x|}\\
&=\frac{x}{1-\sqrt{1-x^2}}\cdot\frac{\sqrt{1-x^2}-1}{|x|}\\
&=-\frac{x}{|x|}=\begin{cases}1, & -1<x<0,\\ -1, & 0<x<1.\end{cases}
\end{aligned}$$

例 2.4.3　设 $x=\sqrt{19-8\sqrt{3}}$，求 $\frac{x^4-6x^3-2x^2+18x+23}{x^2-8x+15}$ 的值.

解　因为 $x=\sqrt{19-8\sqrt{3}}=\sqrt{16-2\times4\times\sqrt{3}+(\sqrt{3})^2}=\sqrt{(4-\sqrt{3})^2}=4-\sqrt{3}$，于是

$$x-4=-\sqrt{3}\Rightarrow(x-4)^2=3\Rightarrow x^2-8x+16=3\Rightarrow x^2-8x+13=0.$$

所以，原式 $=\frac{(x^2-8x+13)(x^2+2x+1)+10}{(x^2-8x+13)+2}=5$.

例 2.4.4　对于 x 的哪些实数值，下列等式成立：

(1) $\sqrt{x+\sqrt{2x-1}}+\sqrt{x-\sqrt{2x-1}}=\sqrt{2}$；

(2) $\sqrt{x+\sqrt{2x-1}}+\sqrt{x-\sqrt{2x-1}}=1$；

(3) $\sqrt{x+\sqrt{2x-1}}+\sqrt{x-\sqrt{2x-1}}=2$.

解　定义域为 $\left\{x\middle|x\geqslant\frac{1}{2}\right\}$，又

$$\begin{aligned}y&=\sqrt{x+\sqrt{2x-1}}+\sqrt{x-\sqrt{2x-1}}\\&=\frac{\sqrt{2}}{2}\left(\sqrt{2x-1+2\sqrt{2x-1}+1}+\sqrt{2x-1-2\sqrt{2x-1}+1}\right)\\&=\frac{\sqrt{2}}{2}\left(\sqrt{(\sqrt{2x-1}+1)^2}+\sqrt{(\sqrt{2x-1}-1)^2}\right)\\&=\frac{\sqrt{2}}{2}(\sqrt{2x-1}+1+|\sqrt{2x-1}-1|).\end{aligned}$$

(1) 如果 $x>1$，则 $\sqrt{2x-1}-1>0$，此时 $y=\sqrt{2}\times\sqrt{2x-1}>\sqrt{2}$，令 $y=2$，即

$$\sqrt{2}\times\sqrt{2x-1}=2\Rightarrow 2x-1=2\Rightarrow x=\frac{3}{2}.$$

所以，当 $\frac{1}{2}\leqslant x\leqslant 1$ 时，$\sqrt{x+\sqrt{2x-1}}+\sqrt{x-\sqrt{2x-1}}=\sqrt{2}$.

(2) 对一切 x，

$$\sqrt{x+\sqrt{2x-1}}+\sqrt{x-\sqrt{2x-1}}\neq1.$$

(3) 当 $x=\frac{3}{2}$ 时，$\sqrt{x+\sqrt{2x-1}}+\sqrt{x-\sqrt{2x-1}}=2$.

例 2.4.5　计算：$\sqrt[3]{10+6\sqrt{3}}+\sqrt[3]{10-6\sqrt{3}}$.

解　设 $x=\sqrt[3]{10+6\sqrt{3}}+\sqrt[3]{10-6\sqrt{3}}$，两边三次方，得

$$\begin{aligned}x^3&=(10+6\sqrt{3})+(10-6\sqrt{3})+3\sqrt[3]{10+6\sqrt{3}}\times\sqrt[3]{10-6\sqrt{3}}\times(\sqrt[3]{10+6\sqrt{3}}+\sqrt[3]{10-6\sqrt{3}})\\&=20-6x,\end{aligned}$$

即 x 满足方程

$$x^3+6x-20=0\Rightarrow(x-2)(x^2+2x+10)=0,$$

解方程得唯一的实根

$$x=2.$$

所以，$\sqrt[3]{10+6\sqrt{3}}+\sqrt[3]{10-6\sqrt{3}}=2$.

例 2.4.6　求方程 $\sqrt{x+2\sqrt{x+2\sqrt{x+\cdots+2\sqrt{x+2\sqrt{3x}}}}}=x$ 的实根.

解　此无理方程若按通常顺序从外向内逐次去根号来解是不可能的，但方程左边是一个算术根，所以 $x\geqslant 0$，从而还可得左边每个根号内的项都大于等于零. 由此可逆向思考，从最里面的根号开始，设每个根号内的数分别为 $y_1^2, y_2^2, \cdots, y_n^2$，则

$$\begin{aligned}
&3x=x+2x=y_1^2,\\
&x+2y_1=y_2^2,\\
&x+2y_2=y_3^2,\\
&\qquad\cdots\cdots\\
&x+2y_{n-1}^2=y_n^2\quad (y_i\geqslant 0),
\end{aligned}$$

此时原方程化为 $y_n=x$. 下面分析 x 与 y_1 的关系. 若 $x>y_1$，则 $y_1>y_2$，从而有 $x>y_1>y_2>\cdots>y_n$，但 $y_n=x$，矛盾；若 $x<y_1$，同理，导致 $x<y_n=x$ 的矛盾. 所以只有 $y_1=x$，即 $3x=x^2$，从而求得原方程的两个实根 $x_1=0$，$x_2=3$.

第五节　不　等　式

一、不等式及其基本概念

定义 2.5.1　用不等号连接两个解析式所成的式子，称为不等式.

例如，$f(x_1,x_2,\cdots,x_n)>g(x_1,x_2,\cdots,x_n)$，$f(x_1,x_2,\cdots,x_n)\leqslant g(x_1,x_2,\cdots,x_n)$ 等.

有 n 个变数的不等式称为 n 元不等式.

当不等式中两个解析式 $f(x_1,x_2,\cdots,x_n)$ 与 $g(x_1,x_2,\cdots,x_n)$ 都是代数式时，称为代数不等式；含有超越式的不等式称为超越不等式.

定义 2.5.2　解析式 $f(x_1,x_2,\cdots,x_n)$ 与 $g(x_1,x_2,\cdots,x_n)$ 定义域的交集，称为不等式的定义域.

根据不等式解集的不同情况，可分为绝对不等式、条件不等式和矛盾不等式三种.

如果解集就是定义域，即用定义域中任何数值代替不等式中的变数，它都能成立，这样的不等式称为绝对不等式.

如果解集是定义域的真子集，即只能用定义域中某些范围内的数值代替不等式中的变数，它才能成立，这样的不等式称为条件不等式.

如果解集是空集，即用定义域中任何数值代替不等式中的变数，它都不能成立，这样的不等式称为矛盾不等式.

不等式的主要内容是不等式的解法和不等式的证明，解决这两类问题的理论依据是不等式的基本性质，这些性质是从实数域中所规定的不等关系出发，根据实数的运算和性质而推导出来的.

二、不等式基本性质

(1) 对称性：$a>b\Leftrightarrow b<a$；

(2) 传递性: $a>b$, $b>c \Rightarrow a>c$;

(3) 加法单调性: $a>b \Rightarrow a+c>b+c$;

(4) 乘法单调性: $a>b, c>0 \Rightarrow a\cdot c>b\cdot c$, $a>b, c<0 \Rightarrow a\cdot c<b\cdot c$.

上述四条是不等式最基本的性质, 由它还可得出如下推论.

推论 2.5.1　$a>b>0$, $c>d>0 \Rightarrow ac>bd$;

推论 2.5.2　$a>b>0$, $c>d>0 \Rightarrow \dfrac{a}{d}>\dfrac{b}{c}$;

推论 2.5.3　$a>b>0 \Rightarrow a^n>b^n (n\in \mathbf{N})$;

推论 2.5.4　$a>b>0 \Leftrightarrow \sqrt[n]{a}>\sqrt[n]{b} (n\in \mathbf{N})$.

三、解不等式(组)

解不等式, 就是在其定义域(实数的某一个子集)内, 求出适合这个不等式变数的一切值(解集). 通常采用不等式的一些同解变形.

(一) 不等式的同解性

定义 2.5.3　含有相同变数的两个不等式, 如果它们的解集相同, 那么这两个不等式称为同解不等式.

一元不等式有如下几个同解定理. 多元情形类推.

定理 2.5.1　$f(x)>g(x)$ 与 $g(x)<f(x)$ 同解.

定理 2.5.2　若 $f(x)>g(x)$ 的定义域为 M, $D(\varphi(x))\supseteq M$, 则

$$f(x)>g(x) \quad 与 \quad f(x)+\varphi(x)>g(x)+\varphi(x)$$

同解. 特别地, 当 $\varphi(x)=-g(x)$ 时, $f(x)>g(x)$ 与 $f(x)-g(x)>0$ 同解.

定理 2.5.3　若 $f(x)>g(x)$ 的定义域为 M, $D(\varphi(x))\supseteq M$, 且 $\varphi(x)>0$, 则

$$f(x)>g(x) \quad 与 \quad f(x)\varphi(x)>g(x)\varphi(x)$$

同解; 若 $\varphi(x)<0$, 则

$$f(x)>g(x) \quad 与 \quad f(x)\varphi(x)<g(x)\varphi(x)$$

同解.

定理 2.5.4　$f(x)g(x)>0$ 同解于两个不等式组:

$$\begin{cases} f(x)>0, \\ g(x)>0 \end{cases} \quad 与 \quad \begin{cases} f(x)<0, \\ g(x)<0. \end{cases}$$

定理 2.5.5　$\dfrac{f(x)}{g(x)}>0$ 与 $f(x)g(x)>0$ 同解; $\dfrac{f(x)}{g(x)}<0$ 与 $f(x)g(x)<0$ 同解.

定理 2.5.6　设 $n>1$, $n\in \mathbf{N}$, 则 $|f(x)|>|g(x)|$ 与 $|f(x)|^n>|g(x)|^n$ 同解.

注: 上述定理中的不等连接符号“>”与“<”, 可改为“⩾”与“⩽”, 有些只需修改条件与结论.

例如, $\dfrac{f(x)}{g(x)}>0$ 与 $f(x)g(x)>0$ 同解, “>”改为“⩾”时, 则 $\dfrac{f(x)}{g(x)}\geqslant 0$ 与 $\begin{cases} f(x)g(x)\geqslant 0, \\ g(x)\neq 0 \end{cases}$ 同解.

证明 (仅证定理 2.5.2) 设a是适合$f(x)>g(x)$的任一解，则$f(a)>g(a)$. 由题意$\varphi(a)$有意义，所以$f(a)+\varphi(a)>g(a)+\varphi(a)$，即$a$是$f(x)+\varphi(x)>g(x)+\varphi(x)$的解.

反过来，设b是$f(x)+\varphi(x)>g(x)+\varphi(x)$的解，则$f(b)+\varphi(b)>g(b)+\varphi(b)$，所以$f(b)+\varphi(b)+[-\varphi(b)]>g(b)+\varphi(b)+[-\varphi(b)]$，即$f(b)>g(b)$，即$b$是$f(x)>g(x)$的解. 所以$f(x)>g(x)$与$f(x)+\varphi(x)>g(x)+\varphi(x)$同解.

特别地，当$\varphi(x)=-g(x)$时，$f(x)>g(x)$与$f(x)-g(x)>0$同解. 证毕.

(二) 各类不等式的解法

1. 代数不等式的解法

1) 实系数的整式不等式的解法

实系数的整式不等式一般形式为

$$f(x)=a_nx^n+a_{n-1}x^{n-1}+\cdots+a_1x+a_0>0 \quad (a_n\neq 0).$$

当$n=1$时，$f(x)=a_1x+a_0>0\ (a_1\neq 0)$是最基本的一元一次不等式，它的解集当$a_1>0$时为$\left\{x\middle|x>-\dfrac{a_0}{a_1}\right\}$；当$a_1<0$时为$\left\{x\middle|x<-\dfrac{a_0}{a_1}\right\}$. 当$n=2$时，$f(x)=a_2x^2+a_1x+a_0>0\ (a_2\neq 0)$，$a_2x^2+a_1x+a_0>0\ (a_2\neq 0)$总可化为$x^2+px+q>0$或$x^2+px+q<0$，记$\varDelta=p^2-4q$. 若$\varDelta>0$，设$x_1$与$x_2$为$a_2x^2+a_1x+a_0=0\ (a_2\neq 0)$的根$(x_1<x_2)$，则$x^2+px+q>0$的解集为$\{x\,|\,x<x_1\text{或}x>x_2\}$，$x^2+px+q<0$的解集为$\{x\,|\,x_1<x<x_2\}$；若$\varDelta=0$，此时$x_1=x_2$，则$x^2+px+q>0$的解集为$\{x\,|\,x\in\mathbf{R},x\neq x_1\}$，$x^2+px+q<0$的解集为空集；若$\varDelta<0$，则$x^2+px+q>0$的解集为$\{x\,|\,x\in\mathbf{R}\}$，$x^2+px+q<0$的解集为空集.

当$n>2$时，$f(x)=a_nx^n+a_{n-1}x^{n-1}+\cdots+a_1x+a_0>0\ (a_n\neq 0)$称为一元高次不等式. $f(x)=a_nx^n+a_{n-1}x^{n-1}+\cdots+a_1x+a_0>0\ (a_n\neq 0)$总能化成

$$f(x)=x^n+a'_{n-1}x^{n-1}+\cdots+a'_1x+a'_0>0 \quad (\text{或}<0),$$

如果能把多项式$f(x)$具体分解为实系数一次式和二次质因式的积，那么就能求出它的解集.

一元高次不等式的解法，一般采用所谓的“零点分区穿线法”，其步骤如下：

(1) 把$f(x)>0$(或<0)分解为

$$(x-\alpha_1)^{n_1}(x-\alpha_2)^{n_2}\cdots(x-\alpha_k)^{n_k}(x^2+p_1x+q_1)^{m_1}(x^2+p_2x+q_2)^{m_2}\cdots(x^2+p_rx+q_r)^{m_r}>0\ (\text{或}<0),$$

其中$\alpha_1<\alpha_2<\cdots<\alpha_k$，$p_i^2-4q_i<0\ (i=1,2,\cdots,r)$；

(2) 由同解定理(定理 2.5.3)知$f(x)>0$与$(x-\alpha_1)^{n_1}(x-\alpha_2)^{n_2}\cdots(x-\alpha_k)^{n_k}>0$同解；

(3) 在数轴上顺次描出零点$\alpha_1,\alpha_2,\cdots,\alpha_k$；

(4) 从右上角开始，根据“奇穿偶不穿”原则进行穿线，并标出$f(x)$的正负区间；

(5) 根据穿线的情况，直接写出原不等式的解集.

例 2.5.1 解关于x的不等式：$ax^2-(a+1)x+1<0$.

解 (1) 当$a=0$时，原不等式变为$-x+1<0\Rightarrow x>1$. 此时，原不等式的解集为$\{x\,|\,x>1\}$.

(2) 当$a\neq 0$时，有$ax^2-(a+1)x+1<0\Rightarrow(ax-1)(x-1)<0\Rightarrow a\left(x-\dfrac{1}{a}\right)(x-1)<0$. 如果$a<0$,

则$\left(x-\dfrac{1}{a}\right)(x-1)>0$，解集为$\left\{x\middle|x<\dfrac{1}{a}\text{或}x>1\right\}$；如果$a>0$，则$\left(x-\dfrac{1}{a}\right)(x-1)<0$，当$0<a<1$时，解集为$\left\{x\middle|1<x<\dfrac{1}{a}\right\}$；当$a=1$时，无解；当$a>1$时，解集为$\left\{x\middle|\dfrac{1}{a}<x<1\right\}$.

综上所述，原不等式当$a<0$时，解集为$\left\{x\middle|x<\dfrac{1}{a}\text{或}x>1\right\}$；当$a=0$时，解集为$\{x|x>1\}$；当$0<a<1$时，解集为$\left\{x\middle|1<x<\dfrac{1}{a}\right\}$；当$a=1$时，无解；当$a>1$时，解集为$\left\{x\middle|\dfrac{1}{a}<x<1\right\}$.

例 2.5.2 解不等式：$(x-1)[(x^2-8x)^2-2(x^2-8x)-63]\leqslant 0$.

解 左边因式分解得

$$(x-1)^2(x+1)(x-7)(x-9)\leqslant 0.$$

所以，如图 2-1，原不等式的解集为

$$\{x|x\leqslant -1\}\cup\{x|x=1\}\cup\{x|7\leqslant x\leqslant 9\}.$$

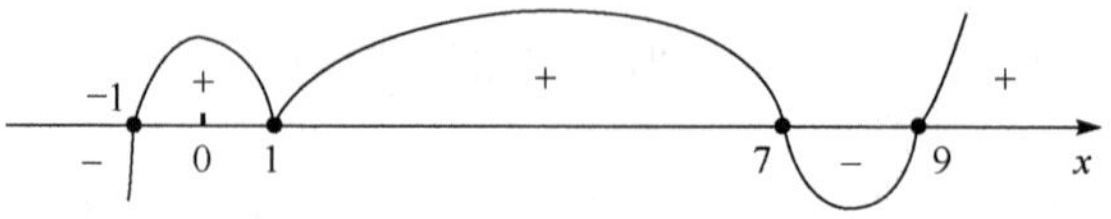

图 2-1

2) 分式不等式

分式不等式可以化为整式不等式，从而可利用整式不等式求得分式不等式的解集.

例 2.5.3 解不等式：$\dfrac{10x+2}{x^2+3x+2}\geqslant x+1$.

解 $\dfrac{10x+2}{x^2+3x+2}\geqslant x+1\Leftrightarrow\dfrac{x(x+5)(x-1)}{(x+1)(x+2)}\leqslant 0\Leftrightarrow\begin{cases}x(x-1)(x+1)(x+2)(x+5)\leqslant 0,\\(x+1)(x+2)\neq 0,\end{cases}$由图 2-2 可知，原不等式的解集为$\{x|x\leqslant -5\text{或}-2<x<-1\text{或}0\leqslant x\leqslant 1\}$.

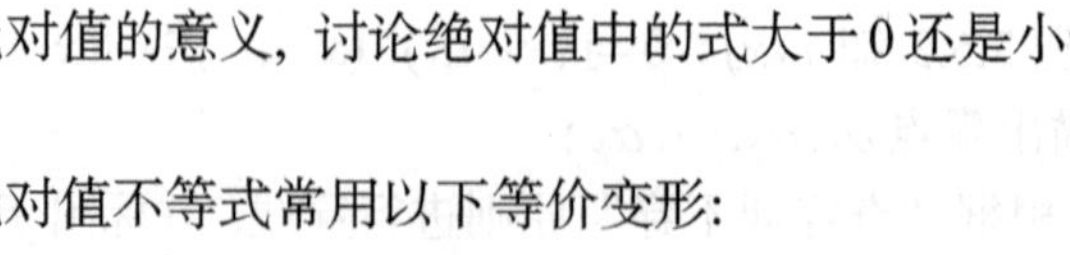

图 2-2

3) 绝对值不等式

(1) 讨论法：利用绝对值的意义，讨论绝对值中的式大于0还是小于0，然后去掉绝对值符号，转化为一般不等式.

(2) 等价变形：解绝对值不等式常用以下等价变形：

$$|x|<a\Leftrightarrow x^2<a^2\Leftrightarrow -a<x<a\,(a>0);$$

$$|x|>a\Leftrightarrow x^2>a^2\Leftrightarrow x>a\text{或}x<-a\,(a>0).$$

一般地，在$g(x)>0$的前提下有

$$|f(x)|<g(x)\Leftrightarrow -g(x)<f(x)<g(x);$$

$$|f(x)|>g(x)\Leftrightarrow f(x)>g(x)\text{ 或 }f(x)<-g(x).$$

含有多个绝对值符号的不等式的解法，一般采取分段打开求解.

例 2.5.4　解不等式：$|x-1|+|x-2|+|x-3|>2$.

解　原不等式与

$$\begin{cases}x<1,\\-(x-1)-(x-2)-(x-3)>2\end{cases}\text{或}\begin{cases}1\leqslant x<2,\\(x-1)-(x-2)-(x-3)>2\end{cases}$$

$$\text{或}\begin{cases}2\leqslant x<3,\\(x-1)+(x-2)-(x-3)>2\end{cases}\text{或}\begin{cases}x\geqslant 3,\\(x-1)+(x-2)+(x-3)>2\end{cases}$$

同解，所以原不等式的解集为

$$\{x\,|\,x<1\text{或}1\leqslant x<2\text{或}2<x<3\text{或}x\geqslant 3\}=\{x\,|\,x\in\mathbf{R},x\neq 2\}.$$

例 2.5.5　解不等式：$||x-3|-|x+1||>4$.

解　将原不等式两边平方，得 $(x-3)^2-2|x-3||x+1|+(x+1)^2>16$，即

$$|(x-3)(x+1)|<x^2-2x-3,$$

即 $|(x-3)(x+1)|<(x-3)(x+1)$，所以原不等式的解集为空集.

例 2.5.6　解不等式：$|x+a|+|x|<2$，其中 a 为参数.

解　由 $|x+a|+|x|<2$，得 $|x+a|<2-|x|$，令 $y_1=2-|x|, y_2=|x+a|$，作出图 2-3.

由 $x+a=2-x$，得 $x=\dfrac{2-a}{2}$；

由 $x+2=-(x+a)$，得 $x=-\dfrac{2+a}{2}$.

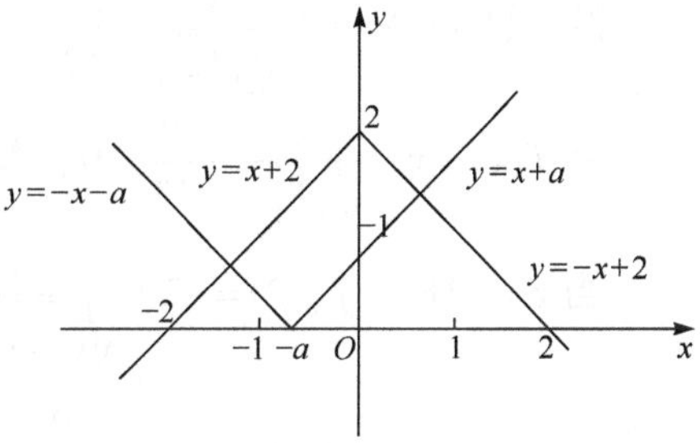

图 2-3

由图 2-3 可得：当 $a\leqslant -2$ 或 $a\geqslant 2$ 时，原不等式无解；当 $-2<a<2$ 时，原不等式的解集为

$$\left\{x\left|-\frac{2+a}{2}<x<\frac{2-a}{2}\right.\right\}.$$

4) 无理不等式

在保证根式有意义和题设成立的原则下，一般利用定理 2.5.6，把无理不等式化为和它同解的不等式组. 例如：

$$\sqrt{f(x)}\geqslant g(x)\Leftrightarrow\begin{cases}f(x)\geqslant 0,\\g(x)\geqslant 0,\\f(x)\geqslant g^2(x)\end{cases}\text{或}\begin{cases}f(x)\geqslant 0,\\g(x)<0;\end{cases}\quad\sqrt{f(x)}<g(x)\Leftrightarrow\begin{cases}f(x)\geqslant 0,\\g(x)>0,\\f(x)<g^2(x).\end{cases}$$

例 2.5.7　解不等式：$\sqrt{x^2-5x+6}>x-1$.

解　原不等式

$$\Leftrightarrow\begin{cases}x^2-5x+6\geqslant 0,\\x-1\geqslant 0,\\x^2-5x+6>(x-1)^2,\end{cases}\tag{2.5.1}$$

或

$$\begin{cases} x^2-5x+6\geqslant 0, \\ x-1<0. \end{cases} \tag{2.5.2}$$

$(2.5.1)\Leftrightarrow\begin{cases} x-1\geqslant 0, \\ x^2-5x+6>(x-1)^2 \end{cases}\Leftrightarrow 1\leqslant x<\dfrac{5}{3}$，$(2.5.2)\Leftrightarrow x<1$．由(2.5.1)与(2.5.2)的解的并集得到原不等式的解集为$\left\{x\middle|x<\dfrac{5}{3}\right\}$.

解分式不等式也可利用整式分区法的推广. 步骤如下:

(1) 把不等式所有项移到一边, 令其为函数 $f(x)$;

(2) 确定 $f(x)$ 的定义域;

(3) 令 $f(x)=0$, 解其无理方程;

(4) 讨论 $f(x)$ 在各区间上的符号;

(5) 由 $f(x)$ 在各区间上的符号, 确定原不等式的解集.

例 2.5.8　解不等式: $x+\dfrac{x}{\sqrt{x^2-1}}>\dfrac{35}{12}$.

解　设 $f(x)=x+\dfrac{x}{\sqrt{x^2-1}}-\dfrac{35}{12}$，其定义域为 $(-\infty,-1)\cup(1,+\infty)$.

令 $f(x)=x+\dfrac{x}{\sqrt{x^2-1}}-\dfrac{35}{12}=0$，作替换 $x=\sec\theta$，可求得 $x_1=\dfrac{5}{4}$，$x_2=\dfrac{5}{3}$.

当 $x=-2$ 时，$f(-2)=-2+\dfrac{-2}{\sqrt{(-2)^2-1}}-\dfrac{35}{12}<0$;

当 $x=\dfrac{6}{5}$ 时，$f\left(\dfrac{6}{5}\right)=\dfrac{6}{5}+\dfrac{\frac{6}{5}}{\sqrt{\left(\frac{6}{5}\right)^2-1}}-\dfrac{35}{12}=\dfrac{6}{\sqrt{11}}-\dfrac{103}{60}>0$;

当 $x=\dfrac{3}{2}$ 时，$f\left(\dfrac{3}{2}\right)=\dfrac{3}{2}+\dfrac{\frac{3}{2}}{\sqrt{\left(\frac{3}{2}\right)^2-1}}-\dfrac{35}{12}=\dfrac{3}{\sqrt{5}}-\dfrac{17}{12}<0$;

当 $x=2$ 时，$f(2)=2+\dfrac{2}{\sqrt{2^2-1}}-\dfrac{35}{12}=\dfrac{2}{\sqrt{3}}-\dfrac{11}{12}=\dfrac{8\sqrt{3}-11}{12}>0$.

所以如图 2-4, 原不等式的解集为$\left\{x\middle|1<x<\dfrac{5}{4}\text{或}x>\dfrac{5}{3}\right\}$.

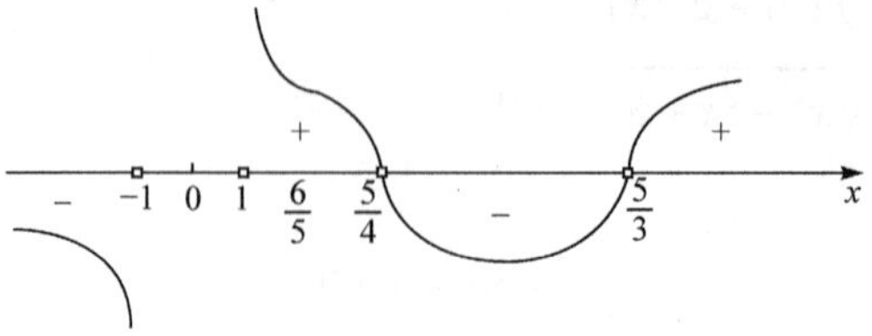

图 2-4

2. *初等超越不等式的解法*

初等超越不等式常见的有指数不等式、对数不等式、三角不等式及由指数、对数、三角函数的复合函数形成的不等式. 我们先介绍各类超越不等式的基本解法, 然后介绍一般方法, 即分区法的推广.

1) 指数不等式的解法

同底法: 将不等式的指数式化为同底指数式, 然后利用函数 $y=a^x(a>0且a\neq1)$ 的单调性解之.

例 2.5.9　解不等式: $x^{3x^2-2x+1}>\left(\dfrac{1}{x^2}\right)^{x^2+3x-2}$ $(x>0,\ x\neq1)$.

解　原不等式可化为 $x^{3x^2-2x+1}>x^{-2x^2-6x+4}$.

当 $0<x<1$ 时, $x^{3x^2-2x+1}>x^{-2x^2-6x+4}$ 同解于 $3x^2-2x+1<-2x^2-6x+4$, 即 $5x^2+4x-3<0$. $5x^2+4x-3=0$ 的两根为 $x_1=\dfrac{-2-\sqrt{19}}{5}$, $x_2=\dfrac{-2+\sqrt{19}}{5}$, 故 $5x^2+4x-3<0$ 的解集为 $\left\{x\left|\dfrac{-2-\sqrt{19}}{5}<x<\dfrac{-2+\sqrt{19}}{5}\right.\right\}$, 所以当 $0<x<1$ 时, 原不等式的解集为 $\left\{x\left|0<x<\dfrac{-2+\sqrt{19}}{5}\right.\right\}$.

当 $x>1$ 时, $x^{3x^2-2x+1}>x^{-2x^2-6x+4}$ 同解于 $3x^2-2x+1>-2x^2-6x+4$, 即 $5x^2+4x-3>0$, 它的解集为 $\left\{x\left|x<\dfrac{-2-\sqrt{19}}{5}或x>\dfrac{-2+\sqrt{19}}{5}\right.\right\}$, 所以当 $x>1$ 时, 原不等式的解集为 $\{x\mid x>1\}$.

所以原不等式的解集为 $\left\{x\left|0<x<\dfrac{-2+\sqrt{19}}{5}或x>1\right.\right\}$.

2) 对数不等式的解法

同底法: 将不等式的对数式化为同底对数式, 然后利用对数函数 $y=\log_a x(a>0且a\neq1)$ 的单调性解之.

例 2.5.10　解不等式: $\log_4(2^{2x}-2^{x+1}+1)\log_2(2^{x+1}-2)<2$.

解　将原不等式化为 $\dfrac{\log_2(2^x-1)^2}{\log_2 4}\log_2 2(2^x-1)<2$, 即 $\log_2(2^x-1)[\log_2(2^x-1)+1]<2$, 令 $y=\log_2(2^x-1)$, 则 $y(y+1)<2$, $y^2+y-2<0$, $-2<y<1$, 即 $-2<\log_2(2^x-1)<1$, 即 $\log_2\dfrac{1}{4}<\log_2(2^x-1)<\log_2 2$, 由对数的单调性知 $\dfrac{1}{4}<2^x-1<2$, 即 $\dfrac{5}{4}<2^x<3$, 即 $\log_2\dfrac{5}{4}<x<\log_2 3$, 所以原不等式的解集为 $\{x|\log_2 5-2<x<\log_2 3\}$.

3) 三角不等式的解法

利用三角函数的恒等变形以及三角函数的增减性、单调区间、正负区间等特性来解之.

例 2.5.11　设 $x\in(0,2\pi)$, n 为正整数, 解不等式 $\cos\left(\dfrac{4n+1}{4}\pi+x\right)+\cos\left(\dfrac{4n-1}{4}\pi-x\right)>\sqrt{2}$.

解　将原不等式化为 $2\cos n\pi\cdot\cos\left(x+\dfrac{\pi}{4}\right)>\sqrt{2}$.

当 n 为偶数时, $2\cos n\pi\cdot\cos\left(x+\dfrac{\pi}{4}\right)>\sqrt{2}$ 化为 $\cos\left(x+\dfrac{\pi}{4}\right)>\dfrac{\sqrt{2}}{2}$, 所以 $0\leqslant x+\dfrac{\pi}{4}<\dfrac{\pi}{4}$ 或

$\frac{7\pi}{4}<x+\frac{\pi}{4}\leqslant 2\pi$，即$-\frac{\pi}{4}\leqslant x<0$或$\frac{3\pi}{2}<x\leqslant\frac{7\pi}{4}$，又$x\in(0,2\pi)$，所以$\frac{3\pi}{2}<x\leqslant\frac{7\pi}{4}$.

当n为奇数时，$2\cos n\pi\cdot\cos\left(x+\frac{\pi}{4}\right)>\sqrt{2}$化为$\cos\left(x+\frac{\pi}{4}\right)<-\frac{\sqrt{2}}{2}$，即$\frac{3\pi}{4}<x+\frac{\pi}{4}\leqslant\frac{5\pi}{4}$，即$\frac{\pi}{2}<x<\pi$.

故原不等式的解集为：当n为偶数时$\left\{x\middle|\frac{3\pi}{2}<x\leqslant\frac{7\pi}{4}\right\}$，当$n$为奇数时$\left\{x\middle|\frac{\pi}{2}<x<\pi\right\}$.

例 2.5.12 解不等式：$\arcsin x<\arcsin(1-x)$.

解 因为$\arcsin x$为增函数，它的定义域为$[-1,1]$，所以原不等式同解于$\begin{cases}x<1-x,\\-1\leqslant x\leqslant 1,\\-1\leqslant 1-x\leqslant 1,\end{cases}$解之得$0\leqslant x<\frac{1}{2}$. 故原不等式的解集为$\left\{x\middle|0\leqslant x<\frac{1}{2}\right\}$.

4) 分区法的推广

(1) 把不等式所有项移到一边，令其为函数$f(x)$；

(2) 确定$f(x)$的定义域；

(3) 令$f(x)=0$，解其超越方程；

(4) 讨论$f(x)$在各区间上的符号；

(5) 由$f(x)$在各区间上的符号，确定原不等式的解集.

例 2.5.13 解关于x的不等式：$x^{\log_a(x+1)}>a^2x$.

解 令$f(x)=x^{\log_a(x+1)}-a^2x$，其定义域为$\mathbf{R}^+$. 令$f(x)=0$，得$x^{\log_a(x+1)}=a^2x$，即$x^{\log_a x}=a^2$(因为$x\neq 0$)，所以$(\log_a x)^2=2$，于是$\log_a x=\pm\sqrt{2}$，因此$x_1=a^{\sqrt{2}}$，$x_2=a^{-\sqrt{2}}$，经检验$x_1$与$x_2$都是$f(x)$的根.

当$a>1$时，有$f(a^{-2})=a^{-2}[(a^{-2})^{-2}-a^2]=a^{-2}(a^4-a^2)>0$，$f(a^0)=1-a^2<0$，$f(a^2)=a^2[(a^2)^2-a^2]=a^2(a^4-a^2)>0$. 如图 2-5.

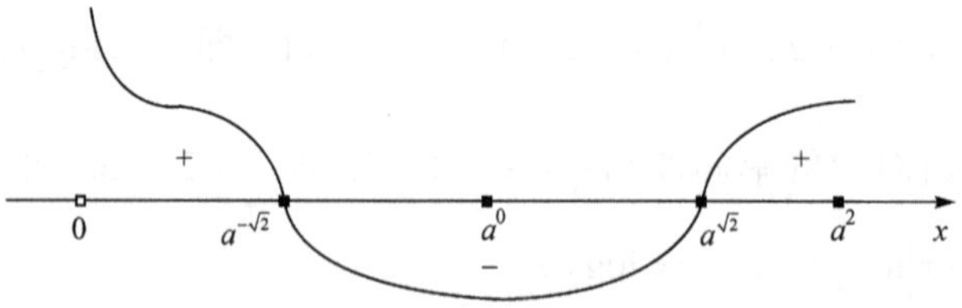

图 2-5

当$0<a<1$时，有$f(a^2)=a^2(a^4-a^2)<0$，$f(a^0)=1-a^2>0$，$f(a^{-2})=a^{-2}(a^4-a^2)<0$. 如图 2-6.

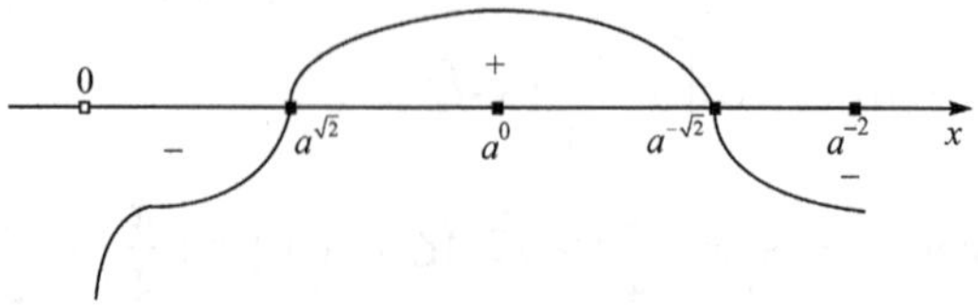

图 2-6

所以 $x^{\log_a(x+1)} > a^2x$ 的解集为：当 $a>1$ 时，$\left\{x \middle| 0<x<a^{-\sqrt{2}} 或 x>a^{\sqrt{2}}\right\}$；当 $0<a<1$ 时，$\left\{x \middle| a^{\sqrt{2}}<x<a^{-\sqrt{2}}\right\}$.

例 2.5.14　解不等式：$2\cos x-2\sin x+\sqrt{3}>\sqrt{3}\cot x$（$x$ 为锐角).

解　令 $f(x)=2\cos x-2\sin x+\sqrt{3}-\sqrt{3}\cot x$，它的定义域为 $\left(0,\ \dfrac{\pi}{2}\right)$. 令 $f(x)=0$，即

$$2\cos x-2\sin x+\sqrt{3}-\sqrt{3}\cot x=0,$$

即

$$2(\cos x-\sin x)+\sqrt{3}(1-\cot x)=0,$$

即

$$2(\cos x-\sin x)+\sqrt{3}\left(\frac{\sin x-\cos x}{\sin x}\right)=0,$$

即

$$(\cos x-\sin x)\left(2-\frac{\sqrt{3}}{\sin x}\right)=0.$$

所以 $\cos x=\sin x$ 或 $\sin x=\dfrac{\sqrt{3}}{2}$，所以 $x=\dfrac{\pi}{4}$ 或 $x=\dfrac{\pi}{3}$.

当 $0<x<\dfrac{\pi}{4}$ 时，$f(x)=(\cos x-\sin x)\left(2-\dfrac{\sqrt{3}}{\sin x}\right)<0$；

当 $\dfrac{\pi}{4}<x<\dfrac{\pi}{3}$ 时，$f(x)=(\cos x-\sin x)\left(2-\dfrac{\sqrt{3}}{\sin x}\right)>0$；

当 $\dfrac{\pi}{3}<x<\dfrac{\pi}{2}$ 时，$f(x)=(\cos x-\sin x)\left(2-\dfrac{\sqrt{3}}{\sin x}\right)<0$.

所以如图 2-7，$2\cos x-2\sin x+\sqrt{3}>\sqrt{3}\cot x$ 的解集为 $\left\{x \middle| \dfrac{\pi}{4}<x<\dfrac{\pi}{3}\right\}$.

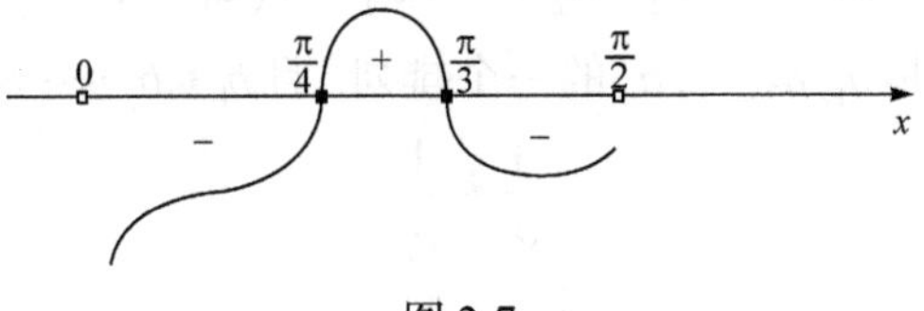

图 2-7

(三) 证明不等式的常用方法

1. 比较法

(1) 作差比较法：根据 $a-b>0 \Leftrightarrow a>b$，欲证 $a>b$，只需证 $a-b>0$；

(2) 作商比较法：根据 $\dfrac{a}{b}>1 \Rightarrow \begin{cases} b>0,\ a>b, \\ b<0,\ a<b, \end{cases}$ 当 $b>0$ 时，欲证 $a>b$，只需证 $\dfrac{a}{b}>1$. 比较法是证明不等式的基本方法，也是最重要的方法.

例 2.5.15　已知 $a>0$，$b>0$，求证：$\dfrac{a+b}{2}\geqslant\sqrt{ab}$.

证明 $\dfrac{a+b}{2}-\sqrt{ab}=\dfrac{a+b-2\sqrt{ab}}{2}=\dfrac{(\sqrt{a}-\sqrt{b})^2}{2}\geqslant 0$，故得 $\dfrac{a+b}{2}\geqslant\sqrt{ab}$.

例 2.5.16 设 $a,b,c>0$，求证：$a^ab^bc^c\geqslant(abc)^{\frac{a+b+c}{3}}$.

证明 由于不等式关于 a,b,c 对称，所以不妨设 $a\geqslant b\geqslant c>0$，则 $a-b,b-c,a-c\geqslant 0$，$\dfrac{a}{b},\dfrac{b}{c},\dfrac{a}{c}\geqslant 1$. 所以 $\dfrac{a^ab^bc^c}{(abc)^{\frac{a+b+c}{3}}}=\left(\dfrac{a}{b}\right)^{\frac{a-b}{3}}\left(\dfrac{b}{c}\right)^{\frac{b-c}{3}}\left(\dfrac{a}{c}\right)^{\frac{a-c}{3}}\geqslant 1$，即 $a^ab^bc^c\geqslant(abc)^{\frac{a+b+c}{3}}$.

2. 放缩法

将不等式一侧适当地放大或缩小以达到证题目的. 已知 $A<C$，要证 $A<B$，则只要证 $C<B$. 若 $C<B$ 成立，即证得 $A<B$. 也可采用把 B 缩小的方法，若已知 $C<B$，则只要证 $A<C$.

例 2.5.17 求证：$\dfrac{2^{100}}{15}<\mathrm{C}_{100}^{50}<\dfrac{2^{100}}{10}$.

证明 将原不等式化为 $\dfrac{1}{15}<\dfrac{\mathrm{C}_{100}^{50}}{2^{100}}<\dfrac{1}{10}$，则

$$\frac{\mathrm{C}_{100}^{50}}{2^{100}}=\frac{100!}{2^{100}50!50!}=\frac{1\times2\times3\times\cdots\times100}{2^{100}\times(1\times2\times3\times\cdots\times50)\times(1\times2\times3\times\cdots\times50)}=\frac{1\times3\times5\times\cdots\times99}{2\times4\times6\times\cdots\times100}.$$

设 $A=\dfrac{1\times3\times5\times\cdots\times99}{2\times4\times6\times\cdots\times100}<\dfrac{2}{3}\times\dfrac{4}{5}\times\dfrac{6}{7}\times\cdots\times\dfrac{98}{99}\times1=B$，因为 $A\times B=\dfrac{1}{100}=\dfrac{1}{10^2}$，而 $A<B$，所以 $A<\dfrac{1}{10}$，又 $2A=1\times\dfrac{3}{4}\times\dfrac{5}{6}\times\cdots\times\dfrac{99}{100}>1\times\dfrac{2}{3}\times\dfrac{4}{5}\times\dfrac{6}{7}\times\cdots\times\dfrac{98}{99}=B$，所以 $\dfrac{1}{100}=A\times B<A\times2A=2A^2$，即 $A^2>\dfrac{1}{200}>\dfrac{1}{225}$，所以 $A>\dfrac{1}{15}$，即 $\dfrac{2^{100}}{15}<\mathrm{C}_{100}^{50}<\dfrac{2^{100}}{10}$.

例 2.5.18 设有 n 个正数 $a_1,a_2,\cdots,a_n$，试证明：

$$\frac{1}{a_1}+\frac{2}{a_1+a_2}+\cdots+\frac{n}{a_1+a_2+\cdots+a_n}<\frac{1}{4}\left(\frac{1}{a_1}+\frac{1}{a_2}+\cdots+\frac{1}{a_n}\right).$$

证明 设 $b_1,b_2,\cdots,b_n$ 是 $a_1,a_2,\cdots,a_n$ 的一个排列，且 $b_1\leqslant b_2\leqslant\cdots\leqslant b_n$. 所以

$$\frac{1}{a_1}\leqslant\frac{1}{b_1},$$

$$\frac{2}{a_1+a_2}\leqslant\frac{2}{b_1+b_2},$$

$$\cdots\cdots$$

$$\frac{n-1}{a_1+a_2+\cdots+a_{n-1}}\leqslant\frac{n-1}{b_1+b_2+\cdots+b_{n-1}},$$

$$\frac{n}{a_1+a_2+\cdots+a_{n-1}+a_n}\leqslant\frac{n}{b_1+b_2+\cdots+b_{n-1}+b_n},$$

以及

$$\frac{1}{a_1}+\frac{1}{a_2}+\cdots+\frac{1}{a_n}=\frac{1}{b_1}+\frac{1}{b_2}+\cdots+\frac{1}{b_n}.$$

所以只需证 $\frac{1}{b_1}+\frac{2}{b_1+b_2}+\cdots+\frac{n}{b_1+b_2+\cdots+b_n}<\frac{1}{4}\left(\frac{1}{b_1}+\frac{1}{b_2}+\cdots+\frac{1}{b_n}\right)$. 又

$$\frac{2}{b_1+b_2}\leqslant\frac{2}{b_1+b_1}=\frac{1}{b_1},$$

$$\frac{3}{b_1+b_2+b_3}<\frac{4}{b_2+b_3}\leqslant\frac{4}{b_2+b_2}=\frac{2}{b_2},$$

$$\frac{4}{b_1+b_2+b_3+b_4}<\frac{4}{b_3+b_4}\leqslant\frac{4}{b_2+b_2}=\frac{2}{b_2},$$

$$\frac{5}{b_1+b_2+b_3+b_4+b_5}<\frac{6}{b_3+b_4+b_5}\leqslant\frac{6}{b_3+b_3+b_3}=\frac{2}{b_3},$$

$$\frac{6}{b_1+b_2+b_3+b_4+b_5+b_6}<\frac{6}{b_4+b_5+b_6}\leqslant\frac{6}{b_3+b_3+b_3}=\frac{2}{b_3},$$

……

所以

$$\frac{1}{b_1}+\frac{2}{b_1+b_2}+\cdots+\frac{n}{b_1+b_2+\cdots+b_n}<\frac{1}{b_1}+\frac{1}{b_1}+\frac{2}{b_2}+\frac{2}{b_2}+\frac{2}{b_3}+\frac{2}{b_3}+\cdots$$
$$=\frac{2}{b_1}+\frac{4}{b_2}+\frac{4}{b_3}+\cdots<4\left(\frac{1}{b_1}+\frac{1}{b_2}+\cdots+\frac{1}{b_n}\right),$$

所以原不等式成立.

按证题思路的顺逆，证明不等式的方法可分为综合法和分析法.

3. 综合法

由因导果. 证题时，从已知的不等式及题设条件出发，运用不等式性质及适当变形推导出要求证明的不等式，这是一种常用的方法.

例 2.5.19　已知 $a,b,c\in\mathbf{R}^+$，$a+b+c=1$，求证：$\left(a+\frac{1}{a}\right)^2+\left(b+\frac{1}{b}\right)^2+\left(c+\frac{1}{c}\right)^2\geqslant\frac{100}{3}$.

证明　因为 $a+b+c=1$，所以

$$\begin{aligned}1&=(a+b+c)^2=a^2+b^2+c^2+2ab+2bc+2ca\\&\leqslant a^2+b^2+c^2+(a^2+b^2)+(b^2+c^2)+(c^2+a^2)\\&=3(a^2+b^2+c^2),\end{aligned}$$

即

$$a^2+b^2+c^2\geqslant\frac{1}{3}.$$

又因为

$$\frac{1}{a^2}+\frac{1}{b^2}+\frac{1}{c^2}=(a+b+c)^2\left(\frac{1}{a^2}+\frac{1}{b^2}+\frac{1}{c^2}\right)\geqslant(3\sqrt[3]{abc})^2\times3\sqrt[3]{\frac{1}{a^2}\times\frac{1}{b^2}\times\frac{1}{c^2}}=27,$$

所以

$$\left(a+\frac{1}{a}\right)^2+\left(b+\frac{1}{b}\right)^2+\left(c+\frac{1}{c}\right)^2=(a^2+b^2+c^2)+6+\left(\frac{1}{a^2}+\frac{1}{b^2}+\frac{1}{c^2}\right)\geqslant\frac{1}{3}+6+27=\frac{100}{3},$$

于是

$$\left(a+\frac{1}{a}\right)^2+\left(b+\frac{1}{b}\right)^2+\left(c+\frac{1}{c}\right)^2\geqslant\frac{100}{3}.$$

4. 分析法

执果索因. 从要证的不等式出发寻找使该不等式成立的充分条件. 由于“分析法”证题书写不是太方便, 所以有时我们可以利用分析法寻找证题的途径, 然后用“综合法”进行表达.

例 2.5.20 设a,b,c是三角形的三边, $m>0$, 求证: $\dfrac{a}{a+m}+\dfrac{b}{b+m}>\dfrac{c}{c+m}$.

证明 要证$\dfrac{a}{a+m}+\dfrac{b}{b+m}>\dfrac{c}{c+m}$, 只需证

$$\frac{2ab+m(a+b)}{ab+m(a+b)+m^2}>\frac{c}{c+m},$$

只需证

$$\frac{ab+m(a+b)+m^2}{2ab+m(a+b)}<\frac{c+m}{c},$$

只需证

$$1+\frac{m^2-ab}{2ab+m(a+b)}<1+\frac{m}{c},$$

只需证

$$c(m^2-ab)<m[2ab+m(a+b)],$$

只需证

$$m^2[c-(a+b)]<ab(2m+c),$$

而此式显然成立, 因为$c<a+b$, 左端为负, 右端为正, 故原不等式成立.

例 2.5.21 设有n个实数$x_1,x_2,\cdots,x_n$满足条件:

$$x_1+x_2+\cdots+x_n=0,\quad x_1^2+x_2^2+\cdots+x_n^2=1,$$

并记$a=\min\{x_1,x_2,\cdots,x_n\}$, $b=\max\{x_1,x_2,\cdots,x_n\}$, 求证: $ab\leqslant-\dfrac{1}{n}$.

证明 要证$ab\leqslant-\dfrac{1}{n}$, 只要证$1+nab\leqslant 0$.

由条件, 只要证

$$x_1^2+x_2^2+\cdots+x_n^2-(x_1+x_2+\cdots+x_n)(a+b)+nab\leqslant 0,$$

只要证

$$[x_1^2-(a+b)x_1+ab]+[x_2^2-(a+b)x_2+ab]+\cdots+[x_n^2-(a+b)x_n+ab]\leqslant 0,$$

只要证

$$x_i^2-(a+b)x_i+ab\leqslant 0\quad(i=1,2,\cdots,n),$$

而$x_i^2-(a+b)x_i+ab=(x_i-a)(x_i-b)\leqslant 0(i=1,2,\cdots,n)$显然成立, 所以原命题成立.

5. 反证法

先假设要证明的结论不对，由此经过合理的逻辑推导得出矛盾，从而否定假设，导出结论的正确性，达到证题的目的.

例 2.5.22 设 $a+b+c>0$，$ab+bc+ca>0$，$abc>0$，求证：$a>0$，$b>0$，$c>0$.

证明 由 $abc>0$，知 $a\neq 0$，若 $a<0$，则 $bc<0$．又因为 $a+b+c>0$，所以 $b+c>-a>0$，于是 $ab+bc+ca=a(b+c)+bc<0$，与 $ab+bc+ca>0$ 矛盾．所以 $a>0$．同理可证 $b>0$，$c>0$.

6. 换元法

换元的目的就是减少不等式中的变量，以使问题化难为易，化繁为简，常用的换元有三角换元和代数换元.

例 2.5.23 设 $0<x<1$，求证：$\dfrac{a^2}{1-x}+\dfrac{b^2}{x}\geqslant(a+b)^2$.

证明 令 $x=\cos^2\alpha\left(0<\alpha<\dfrac{\pi}{2}\right)$，则

$$\begin{aligned}\frac{a^2}{1-\cos^2\alpha}+\frac{b^2}{\cos^2\alpha}&=\frac{a^2}{\sin^2\alpha}+\frac{b^2}{\cos^2\alpha}=a^2(1+\cot^2\alpha)+b^2(1+\tan^2\alpha)\\&\geqslant a^2+b^2+2ab=(a+b)^2.\end{aligned}$$

例 2.5.24 已知 $a,b\in\mathbf{R}^+$，且 $a+b=1$，求证：$\left(a+\dfrac{1}{a}\right)\cdot\left(b+\dfrac{1}{b}\right)\geqslant\dfrac{25}{4}$.

证明 由 $a+b=1$，可设 $a=\dfrac{1}{2}+t$，则 $b=\dfrac{1}{2}-t$，$-\dfrac{1}{2}<t<\dfrac{1}{2}$，所以

$$\left(a+\frac{1}{a}\right)\left(b+\frac{1}{b}\right)=\left(\frac{1}{2}+t+\frac{1}{\frac{1}{2}+t}\right)\left(\frac{1}{2}-t+\frac{1}{\frac{1}{2}-t}\right)=\frac{t^4+\frac{3}{2}t^2+\frac{25}{16}}{\frac{1}{4}-t^2}\geqslant\frac{\frac{25}{16}}{\frac{1}{4}}=\frac{25}{4}.$$

例 2.5.25 已知 $x+y+z=1$，试证：$x^2+y^2+z^2\geqslant\dfrac{1}{3}$.

证明 令 $x=\dfrac{1}{3}+r$，$y=\dfrac{1}{3}+s$，$z=\dfrac{1}{3}+t$，则 $r+s+t=0$，所以

$$\begin{aligned}x^2+y^2+z^2&=\left(\frac{1}{3}+r\right)^2+\left(\frac{1}{3}+s\right)^2+\left(\frac{1}{3}+t\right)^2\\&=\frac{1}{3}+\frac{2}{3}(r+s+t)+(r^2+s^2+t^2)=\frac{1}{3}+r^2+s^2+t^2\geqslant\frac{1}{3}.\end{aligned}$$

易见当且仅当 $r=s=t=0$，即 $x=y=z=\dfrac{1}{3}$ 时上式取等号成立.

例 2.5.26 设 a,b,c 为正实数，且满足 $abc=1$．证明：$\left(a-1+\dfrac{1}{b}\right)\left(b-1+\dfrac{1}{c}\right)\left(c-1+\dfrac{1}{a}\right)\leqslant 1$.

分析 原不等式是非齐次不等式，考虑作变量替换，将原不等式变为一个齐次不等式，然后利用平均值不等式加以证明.

证明 由 $abc=1$，可令 $a=\dfrac{x}{y},b=\dfrac{y}{z},c=\dfrac{z}{x}$（$x>0,y>0,z>0$），则原不等式可化为

$$(x-y+z)(y-z+x)(z-x+y)\leqslant xyz\,. \tag{2.5.3}$$

当$x>0,y>0,z>0$时，$x+y-z,y+z-x,z+x-y$中最多有一个是负数.

(1) 如果$x+y-z,y+z-x,z+x-y$中有一个是负数，此时不等式(2.5.3)显然成立.

(2) 如果$x+y-z,y+z-x,z+x-y$都是非负数，由平均值不等式得

$$x=\frac{(x+y-z)+(z+x-y)}{2}\geqslant\sqrt{(x+y-z)(z+x-y)}\,,$$

$$y=\frac{(x+y-z)+(y+z-x)}{2}\geqslant\sqrt{(x+y-z)(y+z-x)}\,,$$

$$z=\frac{(z+x-y)+(y+z-x)}{2}\geqslant\sqrt{(z+x-y)(y+z-x)}\,,$$

三式相乘，得

$$xyz\geqslant(x+y-z)(y+z-x)(z+x-y)\,.$$

所以，不等式(2.5.3)成立. 从而不等式$\left(a-1+\dfrac{1}{b}\right)\left(b-1+\dfrac{1}{c}\right)\left(c-1+\dfrac{1}{a}\right)\leqslant 1$成立.

7. 构造法

通过构造函数、图形、方程、数列、向量等来证明不等式.

例 2.5.27 设$-1<a,b,c<1$，求证：$ab+bc+ca>-1$.

证明 作辅助函数$f(x)=(b+c)x+bc+1$，则原不等式相当于$f(a)>0(-1<a<1)$.

因为$f(1)=b+c+bc+1=(b+1)(c+1)>0$，$f(-1)=-b-c+bc+1=(b-1)(c-1)>0$，又$f(x)$的图象是一条直线，所以当$-1<a<1$时，有$f(a)>0$，即$ab+bc+ca>-1$.

例 2.5.28 设$x,y,z>0$，$xyz=1$，求证：$\dfrac{x^2}{y+z}+\dfrac{y^2}{x+z}+\dfrac{z^2}{x+y}\geqslant\dfrac{3}{2}$.

证明 构造向量$\boldsymbol{p}=\left(\dfrac{x}{\sqrt{y+z}},\dfrac{y}{\sqrt{x+z}},\dfrac{z}{\sqrt{x+y}}\right)$，$\boldsymbol{q}=\left(\sqrt{y+z},\sqrt{x+z},\sqrt{x+y}\right)$，因为$\boldsymbol{p}\cdot\boldsymbol{q}=x+y+z$，又

$$|\boldsymbol{p}|\cdot|\boldsymbol{q}|=\sqrt{\frac{x^2}{y+z}+\frac{y^2}{x+z}+\frac{z^2}{x+y}}\cdot\sqrt{2(x+y+z)}\,,$$

而$\boldsymbol{p}\cdot\boldsymbol{q}=|\boldsymbol{p}|\cdot|\boldsymbol{q}|\cos\alpha\leqslant|\boldsymbol{p}|\cdot|\boldsymbol{q}|$，所以

$$x+y+z\leqslant\sqrt{\frac{x^2}{y+z}+\frac{y^2}{x+z}+\frac{z^2}{x+y}}\cdot\sqrt{2(x+y+z)}\,,$$

即

$$\sqrt{\frac{x^2}{y+z}+\frac{y^2}{x+z}+\frac{z^2}{x+y}}\cdot\sqrt{2}\geqslant\sqrt{x+y+z}\geqslant\sqrt{3\sqrt[3]{xyz}}=\sqrt{3}\,,$$

所以$\dfrac{x^2}{y+z}+\dfrac{y^2}{x+z}+\dfrac{z^2}{x+y}\geqslant\dfrac{3}{2}$.

例 2.5.29　已知 $x, y, z > 0$，求证:

$$\sqrt{x^2+y^2-xy}+\sqrt{y^2+z^2-yz} \geqslant \sqrt{x^2+z^2+xz}.$$

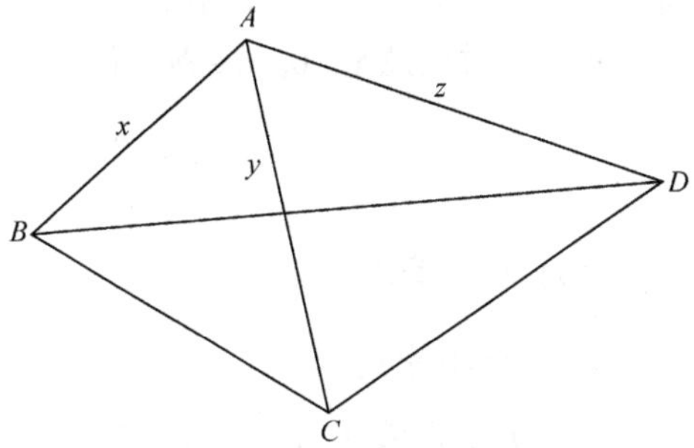

图 2-8

证明　构造图形如图 2-8，其中 $AB=x$，$AC=y, AD=z$，$\angle BAC=60°, \angle CAD=60°$．则由余弦定理，得

$$BC=\sqrt{x^2+y^2-2xy\cos 60°}=\sqrt{x^2+y^2-xy},$$

$$CD=\sqrt{y^2+z^2-yz},\quad BD=\sqrt{x^2+z^2+xz}.$$

因为 B, C, D 三点构成三角形或共线，所以 $BC+CD \geqslant BD$，即

$$\sqrt{x^2+y^2-xy}+\sqrt{y^2+z^2-yz} \geqslant \sqrt{x^2+z^2+xz}.$$

8. 数学归纳法法

证明与自然数 n 有关的不等式时，可用数学归纳法证之．

例 2.5.30　已知 $a, b \in \mathbf{R}^+$，$n \in \mathbf{N}$，$n \neq 1$，求证：$a^n+b^n \geqslant a^{n-1}b+ab^{n-1}$．

证明　(1) 当 $n=2$ 时，$a^2+b^2 \geqslant 2ab=ab+ab$，不等式成立;

(2) 若 $n=k$ 时，$a^k+b^k \geqslant a^{k-1}b+ab^{k-1}$ 成立，则

$$\begin{aligned}a^{k+1}+b^{k+1}&=a(a^k+b^k)-ab^k+b^{k+1}\\&\geqslant a(a^{k-1}b+ab^{k-1})-ab^k+b^{k+1}\\&=a^kb+ab^k+(a^2b^{k-1}-2ab^k+b^{k+1})\\&=a^kb+ab^k+b^{k-1}(a-b)^2 \geqslant a^kb+ab^k,\end{aligned}$$

即 $a^{k+1}+b^{k+1} \geqslant a^kb+ab^k$ 成立，即命题当 $n=k+1$ 时也成立．

根据(1), (2)，$a^n+b^n \geqslant a^{n-1}b+ab^{n-1}$ 对于大于 1 的自然数 n 都成立．

例 2.5.31　证明：对任意 $x>0$，$n \in \mathbf{N}$，都有

$$x^n+x^{n-2}+x^{n-4}+\cdots+\frac{1}{x^{n-4}}+\frac{1}{x^{n-2}}+\frac{1}{x^n} \geqslant n+1.$$

证明　(1) 当 $n=1$ 时，$x+\frac{1}{x} \geqslant 2\sqrt{x\cdot\frac{1}{x}}=2=1+1$，不等式成立;

当 $n=2$ 时，$x^2+1+\frac{1}{x^2} \geqslant 2\sqrt{x^2\cdot\frac{1}{x^2}}+1=2+1$，不等式成立．

(2) 假设当 $n=k$ 时，原不等式成立，即

$$x^k+x^{k-2}+x^{k-4}+\cdots+\frac{1}{x^{k-4}}+\frac{1}{x^{k-2}}+\frac{1}{x^k} \geqslant k+1,$$

则当 $n=k+2$ 时,

$$\begin{aligned}&x^{k+2}+x^k+x^{k-2}+\cdots+\frac{1}{x^{k-2}}+\frac{1}{x^k}+\frac{1}{x^{k+2}}\\&=\left(x^{k+2}+\frac{1}{x^{k+2}}\right)+\left(x^k+x^{k-2}+\cdots+\frac{1}{x^{k-2}}+\frac{1}{x^k}\right)\\&\geqslant 2+k+1=(k+2)+1,\end{aligned}$$

即当 $n=k+2$ 时，原不等式也成立.

所以，对任意 $x>0$，$n\in\mathbf{N}$，都有

$$x^n+x^{n-2}+x^{n-4}+\cdots+\frac{1}{x^{n-4}}+\frac{1}{x^{n-2}}+\frac{1}{x^n}\geqslant n+1.$$

(四) 几个著名不等式

1. 均值不等式

设有 n 个正数 $a_1,a_2,\cdots,a_n$，则

$$\frac{n}{\frac{1}{a_1}+\frac{1}{a_2}+\cdots+\frac{1}{a_n}}\leqslant\sqrt[n]{a_1a_2\cdots a_n}\leqslant\frac{a_1+a_2+\cdots+a_n}{n}\leqslant\sqrt{\frac{a_1^2+a_2^2+\cdots+a_n^2}{n}}.$$

常记为 $H_n\leqslant G_n\leqslant A_n\leqslant Q_n$.

证明 (1) 先证 $G_n\leqslant A_n$. 由 $(\sqrt{a_1}-\sqrt{a_2})^2\geqslant 0$，得 $\frac{a_1+a_2}{2}\geqslant\sqrt{a_1a_2}$，当且仅当 $a_1=a_2$ 时，等号成立. 所以当 $n=2$ 时，原命题成立.

假设 $n=k$ 时命题成立，下证当 $n=k+1$ 时命题也成立.

当 $n=k+1$ 时，令 $A=\frac{a_1+a_2+\cdots+a_k+a_{k+1}}{k+1}$，则分式上下同乘以 $\frac{2k}{k+1}$，得

$$A=\frac{a_1+a_2+\cdots+a_k+a_{k+1}}{k+1}=\frac{\frac{(k+1)(a_1+a_2+\cdots+a_{k+1})}{k+1}+\frac{(k-1)(a_1+a_2+\cdots+a_{k+1})}{k+1}}{2k}$$

$$=\frac{a_1+a_2+\cdots+a_{k+1}+(k-1)A}{2k}$$

$$=\frac{\frac{a_1+a_2+\cdots+a_k}{k}+\frac{a_{k+1}+(k-1)A}{k}}{2}=\frac{\frac{a_1+a_2+\cdots+a_k}{k}+\frac{a_{k+1}+\underbrace{A+A+\cdots+A}_{k-1}}{k}}{2}$$

$$\geqslant\frac{\sqrt[k]{a_1a_1\cdots a_n}+\sqrt[k]{a_{k+1}\cdot A^{k-1}}}{2}\geqslant\sqrt{\sqrt[k]{a_1a_1\cdots a_k}\cdot\sqrt[k]{a_{k+1}\cdot A^{k-1}}},$$

即 $A^{2k}\geqslant a_1a_1\cdots a_ka_{k+1}\cdot A^{k-1}$，所以 $A\geqslant\sqrt[k+1]{a_1a_2\cdots a_{k+1}}$，当且仅当 $a_1=a_2=\cdots=a_{k+1}$ 时，等号成立. 所以，当 $n=k+1$ 时，命题成立.

综上所知，对于任意大于 1 的正整数 n，原命题成立.

(2) 再证 $H_n\leqslant G_n$. 由 $G_n\leqslant A_n$，得 $\frac{\frac{1}{a_1}+\frac{1}{a_2}+\cdots+\frac{1}{a_n}}{n}\geqslant\sqrt[n]{\frac{1}{a_1}\cdot\frac{1}{a_2}\cdot\cdots\cdot\frac{1}{a_n}}$，两边取倒数即得

$$\frac{n}{\frac{1}{a_1}+\frac{1}{a_2}+\cdots+\frac{1}{a_n}}\leqslant\sqrt[n]{a_1a_2\cdots a_n},$$

即 $H_n\leqslant G_n$.

(3) 最后证 $A_n \leqslant Q_n$.

$$\left(\frac{a_1+a_2+\cdots+a_n}{n}\right)^2=\frac{a_1^2+a_2^2+\cdots+a_n^2+2a_1a_2+\cdots+2a_{n-1}a_n}{n^2}$$

$$\leqslant\frac{na_1^2+na_2^2+\cdots+na_n^2}{n^2}=\frac{a_1^2+a_2^2+\cdots+a_n^2}{n},$$

即 $\dfrac{a_1+a_2+\cdots+a_n}{n}\leqslant\sqrt{\dfrac{a_1^2+a_2^2+\cdots+a_n^2}{n}}$.

例 2.5.32　设 $a,b,c,d\in\mathbf{R}^+$, 求证: $\sqrt[3]{\dfrac{abc+bcd+cda+adb}{4}}\leqslant\sqrt{\dfrac{a^2+b^2+c^2+d^2}{4}}$.

证明

$$\frac{abc+bcd+cda+adb}{4}=\frac{1}{2}\left(ab\frac{c+d}{2}+cd\frac{a+b}{2}\right)$$

$$\leqslant\frac{1}{2}\left[\left(\frac{a+b}{2}\right)^2\cdot\frac{c+d}{2}+\left(\frac{c+d}{2}\right)^2\cdot\frac{a+b}{2}\right]$$

$$=\frac{a+b}{2}\cdot\frac{c+d}{2}\cdot\frac{a+b+c+d}{4}$$

$$\leqslant\left(\frac{\frac{a+b}{2}+\frac{c+d}{2}}{2}\right)^2\cdot\frac{a+b+c+d}{4}=\left(\frac{a+b+c+d}{4}\right)^3,$$

即 $\sqrt[3]{\dfrac{abc+bcd+cda+adb}{4}}\leqslant\dfrac{a+b+c+d}{4}$.

又 $\dfrac{a+b+c+d}{4}\leqslant\sqrt{\dfrac{a^2+b^2+c^2+d^2}{4}}$, 所以

$$\sqrt[3]{\frac{abc+bcd+cda+adb}{4}}\leqslant\sqrt{\frac{a^2+b^2+c^2+d^2}{4}}.$$

例 2.5.33　已知 $a,b,c\in\mathbf{R}^+$, 且满足 $\dfrac{a^2}{1+a^2}+\dfrac{b^2}{1+b^2}+\dfrac{c^2}{1+c^2}+\dfrac{d^2}{1+d^2}=1$, 求证: $abcd\leqslant\dfrac{1}{9}$.

证明　记 $\dfrac{a^2}{1+a^2}=x_1,\dfrac{b^2}{1+b^2}=x_2,\dfrac{c^2}{1+c^2}=x_3,\dfrac{d^2}{1+d^2}=x_4$, 则

$$x_1+x_2+x_3+x_4=1,\quad 0<x_1,x_2,x_3,x_4<1,$$

$$a=\sqrt{\frac{x_1}{1-x_1}},\quad b=\sqrt{\frac{x_2}{1-x_2}},\quad c=\sqrt{\frac{x_3}{1-x_3}},\quad d=\sqrt{\frac{x_4}{1-x_4}}.$$

$$abcd=\sqrt{\frac{x_1x_2x_3x_4}{(1-x_1)(1-x_2)(1-x_3)(1-x_4)}}$$

$$=\sqrt{\frac{x_1x_2x_3x_4}{(x_2+x_3+x_4)(x_1+x_3+x_4)(x_1+x_2+x_4)(x_1+x_2+x_3)}}$$

$$\leqslant\sqrt{\frac{x_1x_2x_3x_4}{3\sqrt[3]{x_2x_3x_4}\cdot3\sqrt[3]{x_1x_3x_4}\cdot3\sqrt[3]{x_1x_2x_4}\cdot3\sqrt[3]{x_1x_2x_3}}}=\frac{1}{9}.$$

均值不等式 $\sqrt[n]{a_1a_2\cdots a_n}\leqslant\dfrac{a_1+a_2+\cdots+a_n}{n}$ ($a_i\in\mathbf{R}^+(i=1,2,\cdots,n)$), 当且仅当 $a_1=a_2=\cdots=a_n$

时等号成立)，还可以解释为两个对偶的命题，也称最值定理.

设 $a_1, a_2, \cdots, a_n$ 是 n 个正的变数，则

(1) 当和 $a_1 + a_2 + \cdots + a_n = s$ 是定值时，积 $a_1a_2\cdots a_n$ 有最大值，且

$$(a_1a_2\cdots a_n)_{最大值} = \left(\frac{a_1 + a_2 + \cdots + a_n}{n}\right)^n = \left(\frac{s}{n}\right)^n;$$

(2) 当积 $a_1a_2\cdots a_n = p$ 是定值时，和 $a_1 + a_2 + \cdots + a_n$ 有最小值，且

$$(a_1 + a_2 + \cdots + a_n)_{最小值} = n\sqrt[n]{a_1a_2\cdots a_n} = n\sqrt[n]{p}.$$

两者都是当且仅当 $a_1 = a_2 = \cdots = a_n$，即 n 个变数彼此相等时，才能取得最大值或最小值.

例 2.5.34　求 $y = x^2(1-3x)$ 在 $\left[0, \frac{1}{3}\right]$ 内的最大值.

解　$y = x^2(1-3x) = \frac{3}{2}\left[x\cdot x\cdot\left(\frac{2}{3} - 2x\right)\right]$，因为 $x \in \left[0, \frac{1}{3}\right]$，所以 $x \geqslant 0$，$\frac{2}{3} - 2x \geqslant 0$，于是

$$y \leqslant \frac{3}{2}\left[\frac{x + x + \left(\frac{2}{3} - 2x\right)}{3}\right]^3 = \frac{3}{2}\times\left(\frac{2}{9}\right)^3 = \frac{4}{243},$$

当且仅当 $x = \frac{2}{3} - 2x$，即 $x = \frac{2}{9}$ 时，取得最大值 $\frac{4}{243}$.

例 2.5.35　设 $a > 0$，$b > 0$，且 $a + b = 1$，分别求 $\left(a + \frac{1}{a}\right)\cdot\left(b + \frac{1}{b}\right)$ 及 $\left(a + \frac{1}{a}\right)^2 + \left(b + \frac{1}{b}\right)^2$ 的最小值.

解

$$\begin{aligned}\left(a + \frac{1}{a}\right)\cdot\left(b + \frac{1}{b}\right) &= ab + \frac{1}{ab} + \frac{a}{b} + \frac{b}{a} \geqslant ab + \frac{1}{ab} + 2\\ &= 2 + \Bigg(ab + \underbrace{\frac{1}{16ab} + \frac{1}{16ab} + \cdots + \frac{1}{16ab}}_{16}\Bigg) \geqslant 2 + 17\sqrt[17]{\frac{ab}{(16ab)^{16}}}\\ &= 2 + 17\sqrt[17]{\frac{1}{2^{64}(ab)^{15}}} \geqslant \frac{25}{4}.\quad (等号当且仅当 a = b = \tfrac{1}{2} 时成立.)\end{aligned}$$

又 $\left(a + \frac{1}{a}\right)^2 + \left(b + \frac{1}{b}\right)^2 \geqslant 2\left(a + \frac{1}{a}\right)\left(b + \frac{1}{b}\right) \geqslant 2\cdot\frac{25}{4} = \frac{25}{2}$，等号当且仅当 $a = b = \frac{1}{2}$ 时成立.

所以 $\left(a + \frac{1}{a}\right)\cdot\left(b + \frac{1}{b}\right)$ 及 $\left(a + \frac{1}{a}\right)^2 + \left(b + \frac{1}{b}\right)^2$ 的最小值分别为 $\frac{25}{4}$ 和 $\frac{25}{2}$.

2. 柯西(Cauchy)不等式

设 $a_1, a_2, \cdots, a_n$ 是任意实数，则

$$(a_1b_1 + a_2b_2 + \cdots + a_nb_n)^2 \leqslant (a_1^2 + a_2^2 + \cdots + a_n^2)(b_1^2 + b_2^2 + \cdots + b_n^2),$$

等号当且仅当 $b_i = ka_i$(k 为常数，$i = 1, 2, \cdots, n$)时成立.

证明　构造二次函数

$$\begin{aligned}f(x) &= (a_1x + b_1)^2 + (a_2x + b_2)^2 + \cdots + (a_nx + b_n)^2\\ &= (a_1^2 + a_2^2 + \cdots + a_n^2)x^2 + 2(a_1b_1 + a_2b_2 + \cdots + a_nb_n)x + (b_1^2 + b_2^2 + \cdots + b_n^2).\end{aligned}$$

若 $a_i=0\,(i=1,2,\cdots,n)$，则命题显然成立.

若 a_i 不全为零，则 $a_1^2+a_2^2+\cdots+a_n^2>0$，又 $f(x)\geqslant 0$ 恒成立，所以

$$\Delta=4(a_1b_1+a_2b_2+\cdots+a_nb_n)^2-4(a_1^2+a_2^2+\cdots+a_n^2)(b_1^2+b_2^2+\cdots+b_n^2)\leqslant 0,$$

即

$$(a_1b_1+a_2b_2+\cdots+a_nb_n)^2\leqslant(a_1^2+a_2^2+\cdots+a_n^2)(b_1^2+b_2^2+\cdots+b_n^2).$$

当且仅当 $a_ix+b_i=0\ (i=1,2,\cdots,n)$，即 $\frac{a_1}{b_1}=\frac{a_2}{b_2}=\cdots=\frac{a_n}{b_n}$ 时等号成立.

例 2.5.36 设 p 是 $\triangle ABC$ 内的一点，x,y,z 是 p 到三角形三边的距离，$\triangle ABC$ 三边长分别为 a,b,c，R 是 $\triangle ABC$ 外接圆的半径. 证明：$\sqrt{x}+\sqrt{y}+\sqrt{z}\leqslant\frac{1}{\sqrt{2R}}\sqrt{a^2+b^2+c^2}$.

证明 由柯西不等式，得

$$\sqrt{x}+\sqrt{y}+\sqrt{z}=\sqrt{ax}\cdot\sqrt{\frac{1}{a}}+\sqrt{by}\cdot\sqrt{\frac{1}{b}}+\sqrt{cz}\cdot\sqrt{\frac{1}{c}}\leqslant\sqrt{ax+by+cz}\cdot\sqrt{\frac{1}{a}+\frac{1}{b}+\frac{1}{c}},$$

记 S 为 $\triangle ABC$ 的面积，则

$$ax+by+cz=2S=2\cdot\frac{abc}{4R}=\frac{abc}{2R},$$

$$\sqrt{x}+\sqrt{y}+\sqrt{z}\leqslant\sqrt{\frac{abc}{2R}}\cdot\sqrt{\frac{ab+bc+ca}{abc}}=\frac{1}{\sqrt{2R}}\sqrt{ab+bc+ca}\leqslant\frac{1}{\sqrt{2R}}\sqrt{a^2+b^2+c^2},$$

故不等式成立.

例 2.5.37 设实数 x，y 满足 $3x^2+2y^2\leqslant 6$，求 $p=2x+y$ 的最大值.

解 条件 $3x^2+2y^2\leqslant 6$，即 $(\sqrt{3}x)^2+(\sqrt{2}y)^2\leqslant 6$，由柯西不等式，得

$$\begin{aligned}p=2x+y&=\frac{2}{\sqrt{3}}\cdot\sqrt{3}x+\frac{1}{\sqrt{2}}\cdot\sqrt{2}y\\&\leqslant\sqrt{\left(\frac{2}{\sqrt{3}}\right)^2+\left(\frac{1}{\sqrt{2}}\right)^2}\cdot\sqrt{(\sqrt{3}x)^2+(\sqrt{2}y)^2}\\&\leqslant\sqrt{\frac{11}{6}}\cdot\sqrt{6}=\sqrt{11},\end{aligned}$$

等号当且仅当 $\frac{2}{\sqrt{3}}=k\sqrt{3}x$，$\frac{1}{\sqrt{2}}=k\sqrt{2}y$ 及 $3x^2+2y^2=6$ 时成立. 解之得 $x=\frac{4}{\sqrt{11}}$，$y=\frac{3}{\sqrt{11}}$ 时，$p=2x+y$ 取最大值 $\sqrt{11}$.

3. 排序不等式

设有两个有序数组 $a_1\leqslant a_2\leqslant\cdots\leqslant a_n$ 及 $b_1\leqslant b_2\leqslant\cdots\leqslant b_n$，则

$$a_1b_n+a_2b_{n-1}+\cdots+a_nb_1\leqslant a_1b_{j_1}+a_2b_{j_2}+\cdots+a_nb_{j_n}\leqslant a_1b_1+a_2b_2+\cdots+a_nb_n,$$

即反序和 ⩽ 乱序和 ⩽ 同序和. 其中 $j_1,j_2,\cdots,j_n$ 是 $1,2,\cdots,n$ 的任一排列，当且仅当 $a_1=a_2=\cdots=a_n$ 或 $b_1=b_2=\cdots=b_n$ 时等号成立.

证明 不妨设在乱序和 S 中 $j_n\neq n$ (若 $j_n=n$，则考虑 j_{n-1})，且在和 S 中含有项 $a_kb_n\,(k\neq n)$，则 $a_kb_n+a_nb_{j_n}\leqslant a_kb_{j_n}+a_nb_n$，事实上，右−左=$(a_n-a_k)(b_n-b_{j_n})\geqslant 0$.

由此可知，当 $j_n \neq n$ 时，调换 $S = a_1b_{j_1} + \cdots + a_kb_{j_k} + \cdots + a_nb_{j_n}$ ($j_n \neq n$)中 b_n 与 j_n 的位置(其余不动)，所得新和 $S_1 \geqslant S$. 调整好 a_n 及 b_n 后，接着再仿上调整 a_{n-1} 与 b_{n-1}，又得 $S_2 \geqslant S_1$，如此至多经 $n-1$ 次调整得同序和 $a_1b_1 + a_2b_2 + \cdots + a_nb_n \geqslant a_1b_{j_1} + a_2b_{j_2} + \cdots + a_nb_{j_n}$，这就证得“同序和不小于乱序和”.

类似地，可证“乱序和不小于逆序和”.

例 2.5.38 设 $a_1, a_2, \cdots, a_n$ 是互不相同的自然数，求证：$1 + \frac{1}{2} + \cdots + \frac{1}{n} \leqslant a_1 + \frac{a_2}{2^2} + \cdots + \frac{a_n}{n^2}$.

证明 将 $a_1, a_2, \cdots, a_n$ 按由小到大的顺序排成 $a_{j_1} < a_{j_2} < \cdots < a_{j_n}$，其中 $j_1, j_2, \cdots, j_n$ 是 $1, 2, \cdots, n$ 的一个排列. 因为 $a_{j_1} \geqslant 1, a_{j_2} \geqslant 2, \cdots, a_{j_n} \geqslant n$，再由排序不等式，即得

$$a_1 + \frac{a_2}{2^2} + \cdots + \frac{a_n}{n^2} \geqslant a_{j_1} + \frac{a_{j_2}}{2^2} + \cdots + \frac{a_{j_n}}{n^2} \geqslant 1 + \frac{1}{2} + \cdots + \frac{1}{n}.$$

例 2.5.39 设 $x, y, z \in \mathbf{R}^+$，证明：$\frac{x}{y+z} + \frac{y}{z+x} + \frac{z}{x+y} \geqslant \frac{3}{2}$.

证明 不妨设 $x \geqslant y \geqslant z > 0$，则 $\frac{1}{y+z} \geqslant \frac{1}{z+x} \geqslant \frac{1}{x+y}$. 于是由排序不等式，得

$$\frac{x}{y+z} + \frac{y}{z+x} + \frac{z}{x+y} \geqslant z \cdot \frac{1}{y+z} + x \cdot \frac{1}{z+x} + y \cdot \frac{1}{x+y},$$

以及

$$\frac{x}{y+z} + \frac{y}{z+x} + \frac{z}{x+y} \geqslant y \cdot \frac{1}{y+z} + z \cdot \frac{1}{z+x} + x \cdot \frac{1}{x+y},$$

两式相加，得

$$2\left(\frac{x}{y+z} + \frac{y}{z+x} + \frac{z}{x+y}\right) \geqslant 3，即 \frac{x}{y+z} + \frac{y}{z+x} + \frac{z}{x+y} \geqslant \frac{3}{2}.$$

4. 凸函数与詹森(Jensen)不等式

定义 2.5.4 设 $f(x)$ 是定义在开区间 (a,b) 的函数，如果对于任意 $x_1, x_2 \in (a,b)$，有

$$f\left(\frac{x_1 + x_2}{2}\right) \leqslant \frac{f(x_1) + f(x_2)}{2} \quad \left(或 f\left(\frac{x_1 + x_2}{2}\right) \geqslant \frac{f(x_1) + f(x_2)}{2}\right),$$

则称 $f(x)$ 是 (a, b) 内的下凸函数(或上凸函数). 若上述不等式当且仅当 $x_1 = x_2$ 时取等号，则分别称为严格下凸函数(或严格上凸函数).

詹森不等式 设 $f(x)$ 是区间 (a, b) 内的严格下凸函数，则对于 (a, b) 内的任意 $x_1, x_2, \cdots, x_n$，有

$$f\left(\frac{x_1 + x_2 + \cdots + x_n}{n}\right) \leqslant \frac{f(x_1) + f(x_2) + \cdots + f(x_n)}{n}, \tag{2.5.4}$$

其中等号成立当且仅当 $x_1 = x_2 = \cdots = x_n$.

若 $f(x)$ 是在 (a,b) 内严格上凸，则(2.5.4)不等式反向.

证明 当 $n = 2$ 时，由凸函数定义知命题成立.

假设小于 n 时命题成立，下证命题对 n 也成立.

当 $n = 2k$ 为偶数时，

$$f\left(\frac{x_1+x_2+\cdots+x_n}{n}\right)=f\left(\frac{\frac{x_1+x_2+\cdots+x_k}{k}+\frac{x_{k+1}+x_{k+2}+\cdots+x_{2k}}{k}}{2}\right)$$
$$\leqslant\frac{1}{2}\left[f\left(\frac{x_1+x_2+\cdots+x_k}{k}\right)+f\left(\frac{x_{k+1}+x_{k+2}+\cdots+x_{2k}}{k}\right)\right]$$
$$\leqslant\frac{1}{2}\left[\frac{f(x_1)+f(x_2)+\cdots+f(x_k)}{k}+\frac{f(x_{k+1})+f(x_{k+2})+\cdots+f(x_{2k})}{k}\right]$$
$$=\frac{f(x_1)+f(x_2)+\cdots+f(x_n)}{n}.$$

当 $n=2k-1$ 为奇数时，$n+1=2k$ 为偶数，则

$$f\left(\frac{x_1+x_2+\cdots+x_n}{n}\right)=f\left(\frac{x_1+x_2+\cdots+x_n+\frac{x_1+x_2+\cdots+x_n}{n}}{n+1}\right)$$
$$\leqslant\frac{f(x_1)+f(x_2)+\cdots+f(x_n)+f\left(\frac{x_1+x_2+\cdots+x_n}{n}\right)}{n+1},$$

即

$$(n+1)f\left(\frac{x_1+x_2+\cdots+x_n}{n}\right)-f\left(\frac{x_1+x_2+\cdots+x_n}{n}\right)\leqslant f(x_1)+f(x_2)+\cdots+f(x_n),$$

即

$$f\left(\frac{x_1+x_2+\cdots+x_n}{n}\right)\leqslant\frac{f(x_1)+f(x_2)+\cdots+f(x_n)}{n}.$$

所以对 $n\geqslant 2$ 命题都成立．等号成立当且仅当 $x_1=x_2=\cdots=x_n$．同理可证，若 $f(x)$ 是在 (a,b) 内严格上凸，则 $f\left(\frac{x_1+x_2+\cdots+x_n}{n}\right)\geqslant\frac{f(x_1)+f(x_2)+\cdots+f(x_n)}{n}$．

更一般地可以证明：设 $p_i\in\mathbf{R}^+$，$f(x)$ 是区间 (a,b) 内的严格下凸函数，则对于 (a,b) 内的任意 $x_1,x_2,\cdots,x_n$，有

$$f\left(\frac{p_1x_1+p_2x_2+\cdots+p_nx_n}{p_1+p_2+\cdots+p_n}\right)\leqslant\frac{p_1f(x_1)+p_2f(x_2)+\cdots+p_nf(x_n)}{p_1+p_2+\cdots+p_n},\tag{2.5.5}$$

其中等号成立当且仅当 $x_1=x_2=\cdots=x_n$．取 $p_i=1$，得

$$f\left(\frac{x_1+x_2+\cdots+x_n}{n}\right)\leqslant\frac{f(x_1)+f(x_2)+\cdots+f(x_n)}{n}.$$

若 $f(x)$ 是在 (a,b) 内严格上凸，则(2.5.5)不等式反向.

例 2.5.40　已知 $a,b,c\in\mathbf{R}^+$，$a+b+c=1$，求证：$\sqrt[3]{3a+7}+\sqrt[3]{3b+7}+\sqrt[3]{3c+7}\leqslant 6$．

解　考虑函数 $f(x)=\sqrt[3]{x}$，$f(x)$ 在 $(0,+\infty)$ 内严格上凸，由詹森不等式，得

$$\frac{\sqrt[3]{3a+7}+\sqrt[3]{3b+7}+\sqrt[3]{3c+7}}{3}=\frac{f(3a+7)+f(3b+7)+f(3c+7)}{3}$$
$$\leqslant f\left(\frac{3a+7+3b+7+3c+7}{3}\right)$$
$$=f(a+b+c+7)=f(8)=\sqrt[3]{8}=2,$$

所以

$$\sqrt[3]{3a+7}+\sqrt[3]{3b+7}+\sqrt[3]{3c+7}\leqslant 6.$$

例 2.5.41 设 $a,b,c\in\mathbf{R}^+$，且 $a+b+c=1$，求 $\frac{1}{\sqrt{a}}+\frac{1}{\sqrt{b}}+\frac{1}{\sqrt{c}}$ 的最小值.

解 考虑 $f(x)=\frac{1}{\sqrt{x}}(x>0)$，$f(x)$ 是 $(0,\ +\infty)$ 内的下凸函数，所以

$$\frac{1}{\sqrt{a}}+\frac{1}{\sqrt{b}}+\frac{1}{\sqrt{c}}\geqslant 3\frac{1}{\sqrt{\frac{a+b+c}{3}}}=3\sqrt{3},$$

等号成立当且仅当 $a=b=c=\frac{1}{3}$ 时成立，$\frac{1}{\sqrt{a}}+\frac{1}{\sqrt{b}}+\frac{1}{\sqrt{c}}$ 取最小值 $3\sqrt{3}$.

例 2.5.42 求 $f(x)=(\sin 30°+\sin x)(\cos 30°+\cos x)\ (0\leqslant x\leqslant 90°)$ 的最大值.

解
$$\begin{aligned}f(x)&=\sin 30°\cos 30°+\sin 30°\cos x+\sin x\cos 30°+\sin x\cos x\\&=\frac{\sqrt{3}}{4}+\sin(30°+x)+\frac{1}{2}\sin 2x=\frac{\sqrt{3}}{4}+\sin(150°-x)+\frac{1}{2}\sin 2x\\&=\frac{\sqrt{3}}{4}+\frac{1}{2}[\sin(150°-x)+\sin(150°-x)+\sin 2x]\\&\leqslant\frac{\sqrt{3}}{4}+\frac{1}{2}\cdot 3\sin\frac{(150°-x)+(150°-x)+2x}{3}\\&=\frac{\sqrt{3}}{4}+\frac{3}{2}\sin 100°,\end{aligned}$$

等号成立当且仅当 $150°-x=2x$，即 $x=50°$ 时成立. 所以当 $x=50°$ 时，$f(x)$ 取最大值 $\frac{\sqrt{3}}{4}+\frac{3}{2}\sin 100°$.

例 2.5.43 若 P 为 $\triangle ABC$ 内任一点，求证：在 $\angle PAB,\angle PBC,\angle PCA$ 中至少有一个小于或等于 $30°$.

证明 设 $\angle PAB=\alpha,\angle PBC=\beta,\angle PCA=\gamma;\angle PAC=\alpha',\angle PBA=\beta',\angle PCB=\gamma'$. 由正弦定理知

$$\left.\begin{aligned}PA\sin\alpha&=PB\sin\beta'\\PB\sin\beta&=PC\sin\gamma'\\PC\sin\gamma&=PA\sin\alpha'\end{aligned}\right\}\Rightarrow\sin\alpha\sin\beta\sin\gamma=\sin\alpha'\sin\beta'\sin\gamma',$$

所以

$$\begin{aligned}(\sin\alpha\sin\beta\sin\gamma)^2&=\sin\alpha\sin\beta\sin\gamma\sin\alpha'\sin\beta'\sin\gamma'\\&\leqslant\left(\frac{\sin\alpha+\sin\beta+\sin\gamma+\sin\alpha'+\sin\beta'+\sin\gamma'}{6}\right)^6\\&\leqslant\sin^6\left(\frac{\alpha+\beta+\gamma+\alpha'+\beta'+\gamma'}{6}\right)=\left(\frac{1}{2}\right)^6,\end{aligned}$$

所以在 α,β,γ 中必有一个角的正弦值不大于 $\frac{1}{2}$，不妨设 $\sin\alpha\leqslant\frac{1}{2}$，所以有 $\alpha\leqslant 30°$，否则 $\alpha\geqslant 150°$，此时有 $\gamma\leqslant 30°$ 或 $\beta\leqslant 30°$.

习　题　二

1. 将下列各式作因式分解:

(1) x^8+x^7+1;

(2) $x^4+(x+y)^4+y^4$;

(3) $(y+1)^4+(y+3)^4-272$;

(4) $(x^2+3x+2)(x^2+7x+12)-120$;

(5) $3x^3-5x^2-11x-3$;

(6) $xy(xy+1)+(xy+3)-2\left(x+y+\frac{1}{2}\right)-(x+y-1)^2$;

(7) $x^4+2x^3-9x^2-2x+8$;

(8) $x^3(y-z)+y^3(z-x)+z^3(x-y)$;

(9) $x^4+y^4+z^4-2x^2y^2-2y^2z^2-2z^2x^2$;

(10) $a(b+c-a)^2+b(c+a-b)^2+c(a+b-c)^2+(b+c-a)(c+a-b)(a+b-c)$.

2. 已知 $x=a^2-bc$, $y=b^2-ca$, $z=c^2-ab$, 求证: $ax+by+cz=(a+b+c)(x+y+z)$.

3. 求证: $(abc+dcd+cda+dab)^2-(ab-cd)(bc-da)(ca-bd)=abcd(a+b+c+d)^2$.

4. 已知 $a^2+b^2=1, c^2+d^2=1$, $ac+bd=0$, 求 $ab+cd$ 的值.

5. 设 a 是质数, b, c 是整数, 令 $x=a+b-c$, $y=c+a-b$, $z=b+c-a$, 则有 $x^2=y$, $\sqrt{z}-\sqrt{y}=2$. 求所有满足要求的 a, b, c.

6. 已知 $x+y+z=a$, $xy+yz+zx=b$, $xyz=c$, 用 a, b, c 表示

$$xy^2+x^2y+yz^2+y^2z+zx^2+z^2x.$$

7. 证明: 多项式 $x^{200}y^{200}+1$ 不能表示为一个关于 x 的整系数多项式 $f(x)$ 与一个关于 y 的整系数多项式 $g(y)$ 的乘积.

8. 设 $f(x)$ 是一个多项式, 如果 $f(x)$ 除以 $(x-a)(x-b)$, $(x-b)(x-c)$, $(x-c)\ (x-a)$ $(abc\neq 0)$ 的余式分别是 $px+l, qx+m, rx+n$, 求证: $l\left(\frac{1}{a}-\frac{1}{b}\right)+m\left(\frac{1}{b}-\frac{1}{c}\right)+n\left(\frac{1}{c}-\frac{1}{a}\right)=0$.

9. 化简: $\frac{2a-b-c}{a^2-ab-ac+bc}+\frac{2b-c-a}{b^2-bc-ba+ca}+\frac{2c-a-b}{c^2-ca-cb+ab}$.

10. 化简: $\frac{(y-z)^2}{(x-y)(x-z)}+\frac{(z-x)^2}{(y-z)(y-x)}+\frac{(x-y)^2}{(z-x)(z-y)}$.

11. 已知 $\frac{x}{x^2+x+1}=a$ $\left(a\neq 0 \text{ 且 } a\neq\frac{1}{2}\right)$, 求 $\frac{x^2}{x^4+x^2+1}$ 的值.

12. 已知 $x+y+z=3a$ ($a\neq 0$, x,y,z 不全为零), 求 $\frac{(x-a)(y-a)+(y-a)(z-a)+(z-a)(x-a)}{(x-a)^2+(y-a)^2+(z-a)^2}$ 的值.

13. 求证: $\frac{x^4(y-z)+y^4(z-x)+z^4(x-y)}{(x+y)^2+(y+z)^2+(z+x)^2}=-\frac{1}{2}(x-y)(y-z)(z-x)$.

14. 计算: $\frac{(10^4+324)(22^4+324)(34^4+324)(46^4+324)(58^4+324)}{(4^4+324)(16^4+324)(28^4+324)(40^4+324)(52^4+324)}$.

15. 设 a, b, c 互不相等, 证明: $\frac{(x-b)(x-c)}{(a-b)(a-c)}+\frac{(x-c)(x-a)}{(b-c)(b-a)}+\frac{(x-a)(x-b)}{(c-a)(c-b)}=1$.

16. 设 x, y, z 是三个互不相等的实数, 且 $x+\frac{1}{y}=y+\frac{1}{z}=z+\frac{1}{x}$, 证明: $x^2y^2z^2=1$.

17. 已知 $\frac{x}{a}+\frac{y}{b}+\frac{z}{c}=1$，$\frac{a}{x}+\frac{b}{y}+\frac{c}{z}=0$，求证：$\frac{x^2}{a^2}+\frac{y^2}{b^2}+\frac{z^2}{c^2}=1$．

18. 已知 $\frac{a}{1+a+ab}+\frac{b}{1+b+bc}+\frac{c}{1+c+ca}=1$，求证：$abc=1$．

19. 已知 $\frac{x}{y}+\frac{y}{z}+\frac{z}{x}=\frac{z}{y}+\frac{y}{x}+\frac{x}{z}$，求证: x, y, z 中至少有两个相等.

20. 化简下列根式:

(1) $\sqrt{4+\sqrt{15}}$；　　(2) $2\sqrt{3+\sqrt{5-\sqrt{13+\sqrt{48}}}}$；

(3) $\sqrt{2a^2+2+2\sqrt{a^4+a^2+1}}$；　　(4) $\sqrt{2+\sqrt{2+\sqrt{2+\sqrt{2+\cdots}}}}$．

21. 化简：$\dfrac{\sqrt{3}x^{\frac{3}{2}}-5x^{\frac{1}{3}}+5x^{\frac{4}{3}}-\sqrt{3x}}{\sqrt{3x+10x^{\frac{5}{6}}+25x^{\frac{2}{3}}}\cdot\sqrt{1-2x^{-1}+x^{-2}}}$．

22. 化简：$\left[\dfrac{a+a^{\frac{3}{4}}b^{\frac{1}{2}}+a^{\frac{1}{4}}b^{\frac{3}{2}}+b^2}{a^{\frac{1}{2}}+2a^{\frac{1}{4}}b^{\frac{1}{2}}+b}\cdot(\sqrt[4]{a}+\sqrt{b})+\dfrac{3\sqrt{b}(a^{\frac{1}{2}}-b)}{a^{-\frac{1}{4}}(a^{\frac{1}{4}}-\sqrt{b})}\right]^{-\frac{1}{3}}\div(\sqrt[4]{a}+\sqrt{b})^{-1}$．

23. 已知 $\sqrt{19-8\sqrt{2}}$ 的整数部分为 x, 小数部分为 y, 求 $x+y+\frac{1}{y}$ 的值.

24. 设 a, b 是有理数, 满足 $\dfrac{2\sqrt[3]{4}-b}{\sqrt[3]{4}-\sqrt[3]{2}a+1}=\sqrt[3]{4}+1$，求 a, b 的值.

25. 设 a, b 是 $0<a-b\sqrt{2}<1$ 的两个自然数, $(a+b\sqrt{2})^3$ 的整数部分是 α，小数部分是 β，求证：α 是奇数, 且 $(a-b\sqrt{2})^3=1-\beta$．

26. 已知 $ab<0$，且 $a^2+b^2=a^2b^2$，化简：$a\sqrt{1-\frac{1}{a^2}}-b\sqrt{1-\frac{1}{b^2}}$．

27. 已知 $2x^3=3y^3=4z^3$，$\frac{1}{x}+\frac{1}{y}+\frac{1}{z}=1$，求 $\sqrt[3]{2x^2+3y^2+4z^2}$ 的值.

28. 设 $a>b>c>0$，$P_1=\sqrt{(a+b)^2+c^2}$，$P_2=\sqrt{(b+c)^2+a^2}$，$P_3=\sqrt{(c+a)^2+b^2}$，求下列各数 $P_1P_2, P_2P_3, P_3P_1, P_1^2, P_2^2$ 中的最大数和最小数.

29. 设 a, b, c, x, y, z 是非零实数, 且 $a^2+b^2+c^2=x^2+y^2+z^2=ax+by+cz$，求 $\sqrt{\frac{x}{a}+\frac{y}{b}+\frac{z}{c}}$ 的值.

30. 设 a, x, y 是两两不同的实数, 且

$$\sqrt{a(x-a)}+\sqrt{a(y-a)}=\sqrt{x-a}-\sqrt{a-y},$$

求 $\dfrac{3x^2+xy-y^2}{x^2-xy+y^2}$ 的值.

31. 已知 $(\sqrt{x^2+2006}+x)(\sqrt{y^2+2006}+y)=2006$，求 $x^2-3xy-4y^2-6x-6y+81$ 的值.

32. 设 p 是正整数, $q=\left[\dfrac{(\sqrt{3}+\sqrt{2})^p+(\sqrt{3}-\sqrt{2})^p}{2}\right]^2$，求证：$(\sqrt{3}-\sqrt{2})^p=\sqrt{q}-\sqrt{q-1}$．

33. 解不等式：$(4x^2+12x+9)(x^2+x-2)(x^2+x+1)\geqslant 0$．

34. 解不等式：$\sqrt{x^2-5x+6}>x-1$．

35. 解不等式：$\dfrac{x^2-4x-5}{3x^2-10x+8}\geqslant 0$．

36. 解不等式：$\dfrac{3x^2+x-3}{x^2-3x+2}\leqslant 1$．

37. 解不等式：$1+\frac{2x}{x+3}+\frac{3x}{x+4}-x<0$.

38. 解关于 x 的不等式：$56x^2+ax-a^2>0$.

39. 解关于 x 的不等式组：$\begin{cases}2x^2<6+x,\\ x^2-2x>ax-2a.\end{cases}$

40. 证明：对于任意实数 x，不等式 $\left|\sqrt{x^2+x+1}-\sqrt{x^2-x+1}\right|<1$.

41. 设 x, y, z 是正数，满足 $x^2+y^2+z^2=1$，求证：$\frac{xy}{z}+\frac{yz}{x}+\frac{zx}{y}\geqslant\sqrt{3}$.

42. 设 $a\geqslant c$, $b\geqslant c$, $c>0$，证明：$\sqrt{c(a-c)}+\sqrt{c(b-c)}\leqslant\sqrt{ab}$.

43. 已知 x, y, z 三个实数满足 $0<x, y, z<1$，证明：$x(1-y)+y(1-z)+z(1-x)<1$.

44. 已知 $a, b, c\in\mathbf{R}^+$，求证：$a+b+c\leqslant\frac{a^2+b^2}{2c}+\frac{b^2+c^2}{2a}+\frac{c^2+a^2}{2b}\leqslant\frac{a^3}{bc}+\frac{b^3}{ca}+\frac{c^3}{ab}$.

45. 设 $x_1, x_2, \cdots, x_n\in\mathbf{R}^+$，求证：$\frac{x_1^2}{x_2}+\frac{x_2^2}{x_3}+\cdots+\frac{x_{n-1}^2}{x_n}+\frac{x_n^2}{x_1}\geqslant x_1+x_2+\cdots+x_n$.

46. 设 $a_1, a_2, \cdots, a_n$ 是 n 个整数，且满足 $a_1a_2\cdots a_n=1$，求证：$(a_1+2)(a_2+2)\cdots(a_n+2)\geqslant 3^n$.

47. 已知：在 $\triangle ABC$ 中，三边长分别为 a, b, c，R 是外接圆的半径. 求证：

$$\frac{\sqrt{3}}{R}\leqslant\frac{9}{2R}\cdot\frac{1}{\sin A+\sin B+\sin C}\leqslant\frac{1}{a}+\frac{1}{b}+\frac{1}{c}.$$

48. 在 $\triangle ABC$ 中，试证：$\frac{\pi}{3}\leqslant\frac{aA+bB+cC}{a+b+c}<\frac{\pi}{2}$.

49. 设 $\triangle ABC$ 的内切圆的半径为 r，$p=\frac{a+b+c}{2}$ 为半周长. 求证：

$$\frac{1}{(p-a)^2}+\frac{1}{(p-b)^2}+\frac{1}{(p-c)^2}\geqslant\frac{1}{r^2}.$$

50. 设正数 a,b,c 的乘积为 1，证明 $\frac{1}{a^2(b+c)}+\frac{1}{b^2(c+a)}+\frac{1}{c^2(a+b)}\geqslant\frac{3}{2}$.

51. 已知 A, B, C 是 $\triangle ABC$ 的三个内角，求证：$\sin A+\sin B+\sin C\leqslant\frac{3\sqrt{3}}{2}$.

52. 已知 $x_i>0\,(i=1,2,\cdots,n)$，$n\geqslant 2$，$x_1+x_2+\cdots+x_n=1$，求证：

$$\left(1+\frac{1}{x_1}\right)^n+\left(1+\frac{1}{x_2}\right)^n+\cdots+\left(1+\frac{1}{x_n}\right)^n\geqslant n(n+1)^n.$$

第三章讲课视频

第三章　方程与函数

第一节　方程与方程组的概念及分类

分类是澄清概念外延的基本方法，本章系统介绍了多种类型方程的特点及其解法. 用字母表示数的方程思想和解法中的转化思想，是无论哪一类方程都具有的共同特点. 本节首先介绍方程与方程组的分类.

一、方程的概念

定义 3.1.1　含有未知数的等式称为方程. 能够使方程左右两边的值相等的未知数的值称为方程的解. 只含有一个未知数的方程的解也称为方程的根. 求方程的解的过程称为解方程.

判别一个代数式是否是方程就看等式中的字母是否是待求的未知数. 方程的概念一般用于两个领域——“求某个未知的数”和“曲线与方程”，在这两个领域中“方程”的概念本身并没有变化，而是研究的问题有所不同. 前者的目的在于求方程的解，而后者则希望研究的是这些解的分布情况. 同一个方程的解随着未知数的取值范围不同而不同.

例如，方程 $(x-1)(x^2-3)(x^2+1)=0$ 在有理数范围内只有一个解 $x=1$；在实数范围内有三个解 $x_1=1,x_2=\sqrt{3},x_3=-\sqrt{3}$；而在复数范围内有 5 个解

$$x_1=1,\quad x_2=\sqrt{3},\quad x_3=-\sqrt{3},\quad x_4=\mathrm{i},\quad x_5=-\mathrm{i}.$$

也就是说，在实数集上可能无解的方程，在复数集上却可能有解，因此方程解的个数(或者解集的大小)与方程的存在域的大小有直接关系.

更一般地，可以给出如下方程定义.

定义 3.1.2　形如

$$F(x_1,x_2,\cdots,x_n)=\varphi(x_1,x_2,\cdots,x_n) \tag{3.1.1}$$

的等式称为方程，其中 $F(x_1,x_2,\cdots,x_n)$与$\varPhi(x_1,x_2,\cdots,x_n)$ 是在其定义域的公共部分里被研究的两个解析式，且 $F(x_1,x_2,\cdots,x_n)$与$\varPhi(x_1,x_2,\cdots,x_n)$ 中至少有一个不是常数. 方程(3.1.1)的未知数简称方程的“元”.

变数 $x_1,x_2,\cdots,x_n$ 在方程(3.1.1)中称为未知数，解析式 F 与 $\varPhi$ 的定义域的公共部分称为方程(3.1.1)的定义域或存在域，用符号 M 表示，$M=D(F)\cap D(\varPhi)$.

若数组 $(a,b,\cdots,c)$ 能使 $F(a,b,\cdots,c)=\varPhi(a,b,\cdots,c)$，则数组 $(a,b,\cdots,c)$ 称为方程(3.1.1)的一个解.

特别地，方程 $F(x)=\varPhi(x)$ 的解也称为根. 如果 $F(x),\varPhi(x)$ 是整式，方程 $F(x)=\varPhi(x)$ 有 K 个相同根，则这个相同的根为方程的 K 重根. K 称为方程根的重数. 重根的意义来自于代数的基本性质，即 n 次方程必有 n 个复根的结论.

二、方程的分类

根据构成方程的表达式的结构、解的个数和未知数的个数等对方程进行具体分类. 按照方

程解的个数，可将方程分为无解方程(矛盾方程)、有唯一解方程、有多解方程、有无穷多解方程和有全体实数解方程等.

在初等数学里代数方程可按照组成等式的表达式的形式结构，分成以下几类：

- 代数方程
  - 有理方程
    - 整式方程(一次、二次、高次方程)
    - 分式方程
  - 无理方程

更一般地，

- 方程
  - 代数方程
    - 有理方程
      - 整式方程(一次、二次、高次方程)
      - 分式方程
    - 无理方程
  - 超越方程(指数方程、对数方程、三角方程、反三角方程等)

方程按照它所含有的未知数的个数，可分为一元方程、二元方程、多元方程等. 将这些标准联合起来就可以获得我们课程中的方程名称了，比如一元一次方程等. 一个正式方程名称中的“元”的个数是看方程中未知数的总数. “次”是指所有未知数中的最高次数. 这种形式上的分类便于判断，并引起对解法的联想.

多元方程的解是由多个未知数的解联立构成的. 也就是说，多元方程的解也必须写成联立的方式. 比如方程组的解不能写成：$x=1,2,y=2,3$. 联立的形式能够表示未知数的对应关系，所以在求解后还必须根据解的关系写成联立的形式.

三、方程组的概念

方程组是由若干个方程联立构成的. 所谓联立就是要求同时使几个方程都成立的未知数组的问题. 在实际问题中，可能有多个未知数同时存在，并有多个关系用来确定这些未知数. 这时就可以用方程组的方法，同时求这些未知数.

定义 3.1.3　含有 n 个未知数 $x_1,x_2,\cdots,x_n$ 的 $k(k\geqslant 2)$ 个方程的集合，称为**方程组**. 方程组中的 k 个方程的定义域的交集称为该方程组的定义域. 如果用有序数组 $(a_1,a_2,\cdots,a_n)$ 取代方程组中相应的未知数能使方程组中每一个等式成立，则有序数组 $(a_1,a_2,\cdots,a_n)$ 称为方程组的一个解. 方程组的所有解的集合称为方程组的解集，求出方程组解集的过程称为解方程组. 无解的方程组称为矛盾方程组，它的解集是空集.

四、方程组的分类

方程组的分类标准与方程的分类标准是相同的，同时由于方程组的构成方式的不同，又呈现出不同的特点. 方程组学习中要考虑方程组中方程的个数，这是刚接触方程组的学生常忽略的问题. 还有一个问题就是方程解的不唯一性. 比如单独考虑方程组中的一个方程时，就会出现多个解的现象. 实际教学中往往跳过这个问题的探讨，直接讲如何求解方程组. 但这种做法忽略了让学生对方程组本质的认识.

按照未知数的次数和个数分别给出不同类型的方程组，如线性方程组、二元二次方程组等. 一个方程组名称中的“元”的个数是看方程组的所有方程中所含未知数的总数，方程组的次数是指方程组中所有未知数的最高次数.

第二节　方程与方程组的同解性

研究方程的主要目的之一就是要求出未知数的值. 而同解性的研究就是要确定两个方程(组)是否具有同解关系, 这也是我们方程解法的基本要求. 所以同解性是各种方程解法的理论基础和必要标准.

一、方程与方程组的同解概念

定义 3.2.1　在某个数集里, 方程(组) A_1 和方程(组) A_2 的解集相同, 则 A_1 与 A_2 叫同解方程(组), 记作 $A_1 \Leftrightarrow A_2$.

定义 3.2.1 强调的是方程(组)解集的相互关系. 解集是一种特殊集合, 是由能够满足方程(组)的解构成的. 对于同解性应该注意以下几点.

(1) 两个方程(组)同解的条件是它们的解相同. 由于集合概念不考虑其中元素的重数, 所以方程(组)的同解也不考虑解的重数. 例如, $(x-1)^{101}=1$ 与 $x-2=0$ 的解都是 2, 因此它们是同解的. 如需考虑重数就须特别指出.

(2) 方程(组)的同解与它存在域的数集有关, 两个方程(组)在某一数集同解而在另一数集上不同解, 例如, 方程 $(x-1)(x^2+1)=0$ 与 $x+1=2$ 在实数集上同解而在复数集上不同解. 这就是为什么解方程时要明确方程所在的定义域.

(3) 同解方程的概念强调的是两个方程(组)的解集相等, 它包括方程与方程、方程组与方程组的同解, 也包括方程与方程组的同解. 例如, $x^2+y^2=0$ 与方程组 $\begin{cases} x+y=0, \\ xy=0 \end{cases}$ 在实数范围内同解, 都是 $\{(x,y)\,|\,(0,0)\}$.

(4) 由于空集都是相等的, 所以矛盾方程(组)都是同解的.

(5) 由于相等集合具有反身性、对称性和传递性, 所以方程(组)的同解关系也具有相应性质.

定义 3.2.2　在某个数集里, 如果方程(组) A_1 的解集 N_1 是方程(组) A_2 的解集 N_2 的子集, 则方程(组) A_2 是 A_1 的结果方程(组), 方程(组) A_2 的解集 N_2 可能包含某些不是 A_1 的解, 这些解称为 A_1 的客解. 就一般方程(组)而言, 也称为增根.

由定义 3.2.2 可得:

(1) 由于空集是任意集合的子集, 因此每个方程(组)都可以看作矛盾方程(组)的结果方程(组).

(2) 由于互为子集的两个集合相等, 所以如果方程(组) A_1 和 A_2 互为结果方程(组), 则它们是同解的.

二、方程(组)同解定理

一般来说, 我们解方程(组)的过程就是对方程进行变形的过程, 当然在每次变形过程中, 必须遵循某种运算法则, 而每次变形都希望保持方程的同解性, 但有时不得不破坏同解性以求其解, 这里列举一些常用的方程(组)的同解定理, 帮助我们了解怎样的变形是同解变形.

(一) 关于方程的同解定理

定理 3.2.1　如果

$$F_1(x,y,\cdots,z)\equiv \Phi_1(x,y,\cdots,z),$$
$$F_2(x,y,\cdots,z)\equiv \Phi_2(x,y,\cdots,z),$$

则方程

$$F_1(x,y,\cdots,z)=F_2(x,y,\cdots,z)$$

与方程

$$\Phi_1(x,y,\cdots,z)=\Phi_2(x,y,\cdots,z)$$

同解.

注意定理 3.2.1 中的条件是指 F_1 变形为 Φ_1，F_2 变形为 Φ_2 的过程中，函数 F_1 与 Φ_1，F_2 与 Φ_2 的定义域必须保持不变，否则定理 3.2.1 不成立. 例如，$\lg x^2=1$与$2\lg x=1$就不一定同解，因为 $\lg x^2$与$2\lg x$ 的定义域不同.

定理 3.2.2 (加法定理) 在方程

$$F_1(x,y,\cdots,z)=F_2(x,y,\cdots,z) \tag{3.2.1}$$

的两边加上 $\varphi(x,y,\cdots,z)$，得到方程

$$F_1(x,y,\cdots,z)+\varphi(x,y,\cdots,z)=F_2(x,y,\cdots,z)+\varphi(x,y,\cdots,z) \tag{3.2.2}$$

如果两个方程有相同的定义域，则方程(3.2.1)与(3.2.2)同解.

理解定理 3.2.2, 必须注意方程(3.2.2)的两边是和的形式，而不是运算结果. 例如，对方程 $x+1+\lg x=\lg x$，两边加上 $-\lg x$，合并后得到 $x+1=0$，显然与原方程不同解，因为定义域已经变化了.

推论 3.2.1 方程中的某项可由方程的一端移向另一端，但必须变符号，所得方程与原方程同解.

推论 3.2.2 方程 $F_1=F_2$ 总可以写成 $F_1-F_2=0$ 的形式.

定理 3.2.3 (乘方定理) 方程

$$F^n(x,y,\cdots,z)=\Phi^n(x,y,\cdots,z)$$

是方程 $F(x,y,\cdots,z)=\Phi(x,y,\cdots,z)$ n 次方的结果，其中 n 是自然数.

当 n 为奇数时，在实数集上有

$$F(x,y,\cdots,z)=\Phi(x,y,\cdots,z)\Leftrightarrow F^n(x,y,\cdots,z)=F^n(x,y,\cdots,z);$$

当 n 为偶数，且 $F(x,y,\cdots,z)>0,\Phi(x,y,\cdots,z)>0$ 时，在实数集上有

$$F(x,y,\cdots,z)=\Phi(x,y,\cdots,z)\Leftrightarrow F^n(x,y,\cdots,z)=\Phi^n(x,y,\cdots,z).$$

定理 3.2.4 (因式分解定理) 如果

$$F(x,y,\cdots,z)=\Phi_1(x,y,\cdots,z)\Phi_2(x,y,\cdots,z)\cdots\Phi_n(x,y,\cdots,z),$$

则方程

$$F(x,y,\cdots,z)=0 \tag{3.2.3}$$

与方程集

$$\begin{aligned}&\Phi_1(x,y,\cdots,z)=0,\\&\Phi_2(x,y,\cdots,z)=0,\\&\cdots\cdots\\&\Phi_n(x,y,\cdots,z)=0\end{aligned} \tag{3.2.4}$$

同解．即方程(3.2.3)中的每一个解，都是方程集(3.2.4)中某个方程的解；反之，方程集(3.2.4)中的某个方程的解，只要能使其余方程有意义，就都是方程(3.2.3)的解．

方程组与方程集是两个不同的概念．方程集是由若干个方程组成的集合，它的解是由每个方程的解集的并集构成的．方程组是由若干个方程联立而成的，它的解是使所有方程都成立的公共解，方程组的解集是由每个方程的解集的交集构成的．

定理 3.2.5 (换元定理)　如果

$$F(x,y,\cdots,z)=f[g_1(x,y,\cdots,z),g_2(x,y,\cdots,z),\cdots,g_n(x,y,\cdots,z)],$$

其中 $g_i(x,y,\cdots,z)$ 在 $F(x,y,\cdots,z)$ 的定义域中都有定义且

$$g_i(x,y,\cdots,z)=u_i\quad(i=1,2,\cdots,n),$$

则方程

$$F(x,y,\cdots,z)=0$$

与方程组

$$\begin{cases}f(u_1,u_2,\cdots,u_n)=0,\\ g_1(x,y,\cdots,z)=u_1,\\ \quad\cdots\cdots\\ g_n(x,y,\cdots,z)=u_n\end{cases}$$

所决定的 $(x,y,\cdots,z)$ 同解．

一般说来，如果方程变形满足：① 对方程两边所实施的运算都是单值，且其逆运算也是单值运算；② 变形后所得方程与原方程定义域相同，则所得方程与原方程同解．

(二) 关于方程组的同解定理

解方程组的基本思想是通过消元的方法，减少方程组中的未知数的个数，重复这个过程，直到获得仅含有一个未知数的方程．消元的过程就是通过同解变形的方法完成的．方程组的同解变形主要包括以下几个．

定理 3.2.6 (用同解方程代换定理)　如果把方程组里任一个方程换成与之同解的方程，所得新方程组与原方程组同解．

定理 3.2.7 (用结果方程代换定理)　如果把方程组里任一个方程换成它的结果方程，所得新方程组是原方程组的结果方程组．

定理 3.2.8 (弃去方程组中结果方程的定理)　如果方程组中某一个方程是同组中某一方程或某几个方程的结果方程，则这个方程可以弃去．

推论 3.2.3　在方程(组)中添上恒等式方程，其解不变．

推论 3.2.4　在方程组中添上该组中某些方程的结果方程，其解不变．

定理 3.2.9 (代入消元法定理)　如果方程组 $F_1(x,y,\cdots,z)=0$ 的一般解为 $x=\varphi(y,\cdots,z)$，则方程组

$$\begin{cases}F_1(x,y,\cdots,z)=0,\\ F_2(x,y,\cdots,z)=0,\\ \quad\cdots\cdots\\ F_k(x,y,\cdots,z)=0\end{cases}\tag{3.2.5}$$

与

$$\begin{cases} x=\varphi(y,\cdots,z), \\ F_2(\varphi(y,\cdots,z),y,\cdots,z)=0, \\ \cdots\cdots \\ F_k(\varphi(y,\cdots,z),y,\cdots,z)=0 \end{cases}$$

同解.

定理 3.2.10 (加减消元法定理)　给定方程组(3.2.5)且

$$\begin{vmatrix} m_{11} & m_{12} & \cdots & m_{1k} \\ m_{21} & m_{22} & \cdots & m_{2k} \\ \vdots & \vdots & & \vdots \\ m_{k1} & m_{k2} & \cdots & m_{kk} \end{vmatrix} \neq 0,$$

其中 m_{ij} 对方程组(3.2.5)的定义域有定义，则方程组(3.2.5)与

$$\begin{cases} m_{11}F_1+m_{12}F_2+\cdots+m_{1k}F_k=0, \\ m_{21}F_1+m_{22}F_2+\cdots+m_{2k}F_k=0, \\ \cdots\cdots \\ m_{k1}F_1+m_{k2}F_2+\cdots+m_{kk}F_k=0 \end{cases}$$

同解.

定理 3.2.11 (因式分解降次定理)　如果

$$F_1(x,y,\cdots,z)=\Phi_1(x,y,\cdots,z)\Phi_2(x,y,\cdots,z)\cdots\Phi_n(x,y,\cdots,z),$$

则方程组(3.2.5)与方程组集

$$\begin{cases} \Phi_1=0,\quad F_2=0,\quad \cdots,\quad F_k=0, \\ \Phi_2=0,\quad F_2=0,\quad \cdots,\quad F_k=0, \\ \cdots\cdots \\ \Phi_n=0,\quad F_2=0,\quad \cdots,\quad F_k=0 \end{cases}$$

同解.

第三节　整 式 方 程

整式方程在代数方程中占有重要的地位，分式方程和无理方程经过变形后，最终都要变成整式方程去求解.

一、一元 *n* 次方程的根的有关性质

由于最简单的一元一次方程和一元二次方程在中学教材中已有较为详细的研究，这里着重介绍一元 n 次方程的根的有关性质.

(一) 韦达定理

定理 3.3.1 (韦达定理)　如果方程 $f(x)=a_0x^n+a_1x^{n-1}+\cdots+a_{n-1}x+a_n=0\ (a_0\neq 0)$ 的 n 个

根是

$$x_1, x_2, \cdots, x_{n-1}, x_n,$$

那么

$$\begin{cases} x_1 + x_2 + \cdots + x_n = -\dfrac{a_1}{a_0}, \\ x_1x_2 + x_1x_3 + \cdots + x_{n-1}x_n = \dfrac{a_2}{a_0}, \\ \cdots\cdots \\ x_1x_2x_3\cdots x_{n-1}x_n = (-1)^n \dfrac{a_n}{a_0}. \end{cases}$$

证明 因为 $x_1, x_2, \cdots, x_{n-1}, x_n$, 是方程 $f(x) = 0$ 的根, 所以多项式 $f(x)$ 必定含有 n 个一次因式

$$x - x_1, x - x_2, \cdots, x - x_{n-1}, x - x_n .$$

于是

$$a_0x^n + a_1x^{n-1} + \cdots + a_{n-1}x + a_n = a_0(x - x_1)(x - x_2)\cdots(x - x_{n-1})(x - x_n) .$$

把上式的右端按照 x 的降幂展开得

$$\begin{aligned} a_0x^n + a_1x^{n-1} + \cdots + a_{n-1}x + a_n = a_0x^n &- a_0(x_1 + x_2 + \cdots + x_n)x^{n-1} \\ &+ a_0(x_1x_2 + x_1x_3 + \cdots + x_{n-1}x_n)x^{n-2} - \cdots \\ &+ (-1)^n a_0x_1x_2x_3\cdots x_{n-1}x_n, \end{aligned}$$

这是一个恒等式, 根据多项式恒等定理, 得

$$\begin{cases} a_1 = -a_0(x_1 + x_2 + \cdots + x_n), \\ a_2 = a_0(x_1x_2 + x_1x_3 + \cdots + x_{n-1}x_n), \\ \cdots\cdots \\ a_n = (-1)^n a_0x_1x_2x_3\cdots x_{n-1}x_n, \end{cases}$$

所以

$$\begin{cases} x_1 + x_2 + \cdots + x_n = -\dfrac{a_1}{a_0}, \\ x_1x_2 + x_1x_3 + \cdots + x_{n-1}x_n = \dfrac{a_2}{a_0}, \\ \cdots\cdots \\ x_1x_2x_3\cdots x_{n-1}x_n = (-1)^n \dfrac{a_n}{a_0}. \end{cases}$$

例 3.3.1 已知方程 $x^3 + px^2 + qx + r = 0$ 的三个根分别是 α, β, γ , 求作一个以 $\alpha^2, \beta^2, \gamma^2$ 为根的新方程.

解 设所求的方程为

$$x^3 + lx^2 + mx + n = 0 ,$$

因为 α, β, γ 是方程 $x^3 + px^2 + qx + r = 0$ 的根, 由定理得

$$\alpha + \beta + \gamma = -p, \quad \alpha\beta + \beta\gamma + \gamma\alpha = q, \quad \alpha\beta\gamma = -r.$$

所以

$$-l=\alpha^2+\beta^2+\gamma^2=(\alpha+\beta+\gamma)^2-2(\alpha\beta+\beta\gamma+\gamma\alpha)=p^2-2q,$$
$$m=\alpha^2\beta^2+\beta^2\gamma^2+\gamma^2\alpha^2=(\alpha\beta+\beta\gamma+\gamma\alpha)^2-2\alpha\beta\gamma(\alpha+\beta+\gamma)=q^2-2pr,$$
$$-n=\alpha^2\beta^2\gamma^2=(\alpha\beta\gamma)^2=r^2.$$

于是

$$l=-(p^2-2q),\quad m=q^2-2pr,\quad n=-r^2.$$

故求的方程为

$$x^3-(p^2-2q)x^2+(q^2-2pr)x-r^2=0.$$

(二) 实系数一元 n 次方程根的性质

定义 3.3.1　在方程 $f(x)=a_0x^n+a_1x^{n-1}+\cdots+a_{n-1}x+a_n=0\ (a_0\neq 0)$ 中，如果各项的系数都是实数，那么称这样的方程为实系数一元 n 次方程.

定理 3.3.2　如果实系数一元 n 次方程 $f(x)=0$ 有一个虚根 $a+b\mathrm{i}$ (其中 a,b 都是实数，且 $b\neq 0$)，那么，它必有另一个虚根 $a-b\mathrm{i}$.

通常称这个定理为实系数方程虚根成对定理.

证明　设

$$g(x)=[x-(a+b\mathrm{i})][x-(a-b\mathrm{i})]=x^2-2ax+a^2+b^2.$$

因为 a,b 为实数，则 $2a,a^2+b^2$ 均为实数，故 $g(x)$ 是实系数二次多项式，于是

$$f(x)=g(x)Q(x)+(px+q), \tag{3.3.1}$$

其中 p,q 为实数.

因为 $a+b\mathrm{i}$ 为方程 $f(x)=0$ 的根，所以 $f(a+b\mathrm{i})=0$，将其代入(3.3.1)式，得

$$0=0+p(a+b\mathrm{i})+q,\ 即\ pa+q+pb\mathrm{i}=0. \tag{3.3.2}$$

因为 p,q,a,b 都为实数，所以

$$\begin{cases}pa+q=0, & (3.3.3)\\ pb=0. & (3.3.4)\end{cases}$$

因为 $b\neq 0$，所以 $p=0$，将 $p=0$ 代入(3.3.3)得 $q=0$. 故

$$f(x)=g(x)Q(x).$$

又

$$f(a-b\mathrm{i})=g(a-b\mathrm{i})Q(a-b\mathrm{i}),$$

因为 $g(a-b\mathrm{i})=0$，所以 $f(a-b\mathrm{i})=0$，即 $a-b\mathrm{i}$ 为方程 $f(x)=0$ 的根.

解方程除了按照公式求解和降次这些基本方法外，有时还可对方程作适当的变换，使其成为适于求解的形式. 下面介绍几个方程变换，作为今后一元高次方程的解法.

1. 使变换后的方程的各个根是原方程的各个根的 k 倍

定理 3.3.3　方程 $f\left(\dfrac{y}{k}\right)=0$ 的各个根分别等于方程 $f(x)=0$ 的各个根的 k 倍.

证明　设 $\alpha_i(i=1,2,\cdots,n)$ 是方程 $f(x)=0$ 的根，则 $f(\alpha_i)=f\left(\frac{k\alpha_i}{k}\right)=0$，所以，$k\alpha_i$ $(i=1,2,\cdots,n)$ 是方程 $f\left(\frac{y}{k}\right)=0$ 的根，又因为 $f\left(\frac{y}{k}\right)=0$ 只有 n 个根，所以 $f\left(\frac{y}{k}\right)=0$ 的各个根分别等于 $f(x)=0$ 的各个根的 k 倍.

推论 3.3.1　n 次方程 $a_0x^n+a_1kx^{n-1}+a_2k^2x^{n-2}+\cdots+a_nk^n=0$ 的各个根分别是方程 $a_0x^n+a_1x^{n-1}+a_2{}^2x^{n-2}+\cdots+a_n=0$ 的各个根的 k 倍.

推论 3.3.2　把 n 次方程 $a_0x^n+a_1x^{n-1}+a_2^2x^{n-2}+\cdots+a_n=0$ 的各个根变号，对应的方程是 $a_0x^n-a_1x^{n-1}+a_2^2x^{n-2}-\cdots+(-1)^na_n=0$.

2. 使变换后的方程的各个根等于原方程的各个根减去 k

定理 3.3.4　方程 $f(y+k)=0$ 的各个根分别等于方程 $f(x)=0$ 的各个根减去 k.

证明　设 $\alpha_i(i=1,2,\cdots,n)$ 是方程 $f(x)=0$ 的根，则 $f(\alpha_i)=f[(\alpha_i-k)+k]=0$，所以，$\alpha_i-k$ $(i=1,2,\cdots,n)$ 是方程 $f(y+k)=0$ 的根.

又因为 $f(y+k)=0$ 只有 n 个根，所以 $f(y+k)=0$ 的各个根分别等于 $f(x)=0$ 的各个根减去 k.

若给定方程 $f(x)=0$，求一方程 $g(y)=0$，使其各根分别等于给定方程各根减去 k.

由定理 3.3.4 得 $g(y)=f(y+k)=0$，于是，

$$g(y)=a_0(y+k)^n+a_1(y+k)^{n-1}+\cdots+a_{n-1}(y+k)+a_n=0.$$

一般地，用二项式定理展开各项，然后合并同类项，即得方程

$$g(y)=c_0y^n+c_1y^{n-1}+\cdots+c_{n-1}y+c_n=0.$$

3. 使变换后的方程的各个根是原方程的各个根的倒数

定理 3.3.5　如果方程 $f(x)=0$ 没有等于零的根，那么方程 $f\left(\frac{1}{y}\right)=0$ 的各个根分别是方程 $f(x)=0$ 的各个根的倒数.

推论 3.3.3　如果 n 次方程 $g(x)=0$ 的各个根分别是 n 次方程 $f(x)=a_0x^n+a_1x^{n-1}+a_2x^{n-2}+\cdots+a_n=0$ 的各个根的倒数，那么 $g(x)=a_nx^n+a_{n-1}x^{n-1}+\cdots+a_1x+a_0=0$.

例 3.3.2　已知方程 $x^4+x^3+x^2-4x-20=0$ 的四个根中，有两个根的绝对值相等，符号相反，解这个方程.

解　设 $f(x)=x^4+x^3+x^2-4x-20=0$ 有四个根 $\alpha,-\alpha,\beta,\gamma$. 将 $f(x)=0$ 的各个根变号后对应的方程是 $f(-x)=x^4-x^3+x^2+4x-20=0$，则 $f(-x)=0$ 的根是 $\alpha,-\alpha,-\beta,-\gamma$，$f(x)=0$ 与 $f(-x)=0$ 有公共根 $\pm\alpha$. 用辗转相除法求得 $f(x)$ 与 $f(-x)$ 的最高公因式是 x^2-4，则 $f(x)\div(x^2-4)=x^2+x+5$，所以原方程为 $(x^2-4)(x^2+x+5)=0$，它的根是 $\pm2,\frac{-1\pm\sqrt{19}\mathrm{i}}{2}$.

定义 3.3.2　设 $f(x)=a_0x^n+a_1x^{n-1}+a_2x^{n-2}+\cdots+a_{n-1}x+a_n$，如果 a 是方程 $f(x)=0$ 的根，则 $(x-a)\mid f(x)$. 如果 $(x-a)\mid f(x)$ 而 $(x-a)^2$ 不整除 $f(x)$，则称 a 是 $f(x)$ 的单根；如果 $(x-a)^k\mid f(x)$ 而 $(x-a)^{k+1}$ 不整除 $f(x)$，则称 a 是 $f(x)$ 的 k 重根.

由数学分析中的罗尔定理可知，如果方程 $f(x)=0$ 的一切根都是实根，则它的导数方程

$f'(x)=0$ 的根也全部是实根，并且 $f(x)=0$ 的两根之间必有 $f'(x)=0$ 的一个根；如果 $f(x)=0$ 有 p 个正根，那么 $f'(x)=0$ 有 p 个或者 $p-1$ 个正根.

1637 年，笛卡儿在他的著作《几何学》中给出了所有根都是实数的多项式确定正根个数的办法.

设 $f(x)=a_0x^n+a_1x^{n-1}+a_2x^{n-2}+\cdots+a_{n-1}x+a_n$ 的根全为实根，假定 $a_0>0$，并且写出方程的系数序列 $a_0,a_1,a_2,\cdots,a_n$，去掉其中等于零的那些项. 如果余下的序列中相邻的两个符号相反，就称为一个变号. 变号数的总和称为一个多项式的系数序列的变号数. $f(x)$ 的正根个数就等于它的系数序列的变号数.

例 3.3.3　求方程 $x^3-7x+6=0$ 在 $x>3$ 时的解.

分析　我们可以通过三次方程的求根办法，解出这个方程的三个根为 1，2，−3，当然没有大于 3 的解.

其实由变换定理知道，$f(x)$在$x>3$上的根就是 $f(y+3)$ 的正根. 因此只要对原方程进行变换，判断其正根的个数就可以了.

解　令 $x=y+3$，代入原方程得到 $(y+3)^3-7(y+3)+6=0$，展开并化简得到 $y^3+9y^2+20y+12=0$. 这个方程的变号数为 0，所以这个方程没有正根，故原方程没有大于 3 的解.

一般地，如果多项式 $f(x)$ 的根都是实根，那么它在区间 (a,b) 中根的个数就是 $f(x+a)$ 的变号数减去 $f(x+b)$ 的变号数.

一元二次方程的解法人们早就熟悉和掌握了，但是三次及以上的方程的解法，就不是那么简单了. 直到 16 世纪，数学家们才陆续解决这个问题.

二、一元三次方程的解法

设有一元三次方程

$$ax^3+bx^2+cx+d=0 \quad (a\neq 0). \tag{3.3.5}$$

我们对其进行化简，目标是将它的二次项系数化为零. 令 $x=y+k$，其中 k 是一个待定常数，代入方程(3.3.5)，得到

$$a(y+k)^3+b(y+k)^2+c(y+k)+d=0,$$

展开并整理得到

$$ay^3+(3ak+b)y^2+(3k^2a+2bk+c)y+(ak^3+bk^2+ck+d)=0,$$

取 $k=-\dfrac{b}{3a}$，实际上是作变换

$$x=y-\frac{b}{3a}, \tag{3.3.6}$$

整理得到

$$ay^3+\left(-\frac{b^2}{3a}+c\right)y+\left(\frac{2b^3}{27a^2}-\frac{bc}{3a}+d\right)=0,$$

两端除以 a 得到

$$y^3+py+q=0, \tag{3.3.7}$$

其中 $p=\frac{1}{a}\left(-\frac{b^2}{3a}+c\right),q=\frac{1}{a}\left(\frac{2b^3}{27a^2}-\frac{bc}{3a}+d\right)$.

以上证明了任意的一元三次方程都可以转换成缺二次项的三次方程，只要我们解出方程(3.3.7)的解，利用变化(3.3.6)就可以知道方程(3.3.5)的解.

我们作变换 $y=u+v$，其中 u,v 是未知数，代入方程(3.3.7)，有

$$(u+v)^3+p(u+v)+q=0,$$

整理得到

$$u^3+v^3+q+(3uv+p)(u+v)=0. \tag{3.3.8}$$

因为我们用两个未知数 u,v 代替了 y，为了减少方程(3.3.8)中的未知数，不妨再要求 $3uv+p=0 \Leftrightarrow uv=-\frac{p}{3}$，这样一来方程(3.3.8)就变为 $\begin{cases}3uv+p=0,\\ u^3+v^3+q=0,\end{cases}$ 即 $u^3v^3=-\frac{p^3}{27}$，并且 $u^3+v^3=-q$. 利用韦达定理知道，u^3,v^3 分别是二次方程

$$z^2+qz-\frac{p^3}{27}=0 \tag{3.3.9}$$

的两个根，即

$$u^3=-\frac{q}{2}+\sqrt{\frac{q^2}{4}+\frac{p^3}{27}},\quad v^3=-\frac{q}{2}-\sqrt{\frac{q^2}{4}+\frac{p^3}{27}}.$$

从而

$$u_1=\sqrt[3]{-\frac{q}{2}+\sqrt{\frac{q^2}{4}+\frac{p^3}{27}}},\quad u_2=\omega u_1,\quad u_3=\omega^2u_1;$$

$$v_1=\sqrt[3]{-\frac{q}{2}-\sqrt{\frac{q^2}{4}+\frac{p^3}{27}}},\quad v_2=\omega v_1,\quad v_3=\omega^2v_1,$$

其中 $\omega=\frac{-1+\sqrt{3}\mathrm{i}}{2},\omega^2=\frac{-1-\sqrt{3}\mathrm{i}}{2}$.

所以方程(3.3.7)有三个解，它们是 $y_1=u_1+v_1,y_2=\omega u_1+\omega^2v_1,y_3=\omega^2u_1+\omega v_1$.

现在对实系数的三次方程的根作一些详细的讨论. 二次方程的根是通过它的判别式来讨论的，我们类似地引入三次方程的判别式 $D=\frac{q^2}{4}+\frac{p^3}{27}$. 由上述的三次方程根的推导结果，我们知道 D 决定了根的性质.

(1) 当 $D>0$ 时，u^3,v^3 是不相等的两实数，方程(3.3.7)有一个实根和两个共轭虚根：

$$y_1=u_1+v_1,$$

$$y_2=\omega u_1+\omega^2v_1=-\frac{1}{2}(u_1+v_1)+\mathrm{i}\frac{\sqrt{3}}{2}(u_1-v_1),$$

$$y_3=\omega^2u_1+\omega v_1=-\frac{1}{2}(u_1+v_1)-\mathrm{i}\frac{\sqrt{3}}{2}(u_1-v_1).$$

(2) 当 $D=0$ 时，$u^3=v^3=-\frac{q}{2}$，方程(3.3.7)有三个实根，并且有两个根相等:

$$y_1=2\sqrt[3]{-\frac{q}{2}},\quad y_2=y_3=-\sqrt[3]{\frac{q}{2}}.$$

(3) 当$D<0$时，u和v都是复数，并且是共轭复数．实际上由$\left|\sqrt[n]{z}\right|=\sqrt[n]{|z|}$有

$$|u|=\left|\sqrt[3]{-\frac{q}{2}+\mathrm{i}\sqrt{\frac{q^2}{4}+\frac{p^3}{27}}}\right|=\sqrt[3]{\left|-\frac{q}{2}+\mathrm{i}\sqrt{\frac{q^2}{4}+\frac{p^3}{27}}\right|}$$
$$=\sqrt[3]{\sqrt{\frac{q^2}{4}-\frac{q^2}{4}-\frac{p^3}{27}}}=\sqrt[3]{\sqrt{-\frac{p^3}{27}}}=\sqrt{-\frac{p}{3}}.$$

现在证明u和v共轭，$v=-\dfrac{p}{3u}=-\dfrac{p\bar{u}}{3u\bar{u}}=-\dfrac{p\bar{u}}{3|u|^2}=-\dfrac{p\bar{u}}{3\left(-\dfrac{p}{3}\right)}=\bar{u}.$

设$u_1=s+\mathrm{i}t$是u的任意一个值，从而$v_1=s-\mathrm{i}t$，因此

$$y_1=u_1+v_1=2s,$$
$$y_2=\omega u_1+\omega^2v_1=-\frac{1}{2}(u_1+v_1)+\mathrm{i}\frac{\sqrt{3}}{2}(u_1-v_1)=-s-\sqrt{3}t,$$
$$y_3=\omega^2u_1+\omega v_1=-\frac{1}{2}(u_1+v_1)-\mathrm{i}\frac{\sqrt{3}}{2}(u_1-v_1)=-s+\sqrt{3}t$$

为三个互异的实根.

例 3.3.4　解三次方程$x^3+\dfrac{27}{4}x^2+\dfrac{27}{4}x+\dfrac{27}{16}=0$.

解　作变换$x=y-\dfrac{9}{4}$，代入方程并整理得到$y^3-\dfrac{135}{16}y+\dfrac{297}{32}=0$，再作变换$y=\dfrac{3}{4}z$，并整理得到

$$z^3-15z+22=0.$$

利用求根公式可以得到此方程的根为$z_1=2,z_2=-1+2\sqrt{3},z_3=-1-2\sqrt{3}$.所以原方程的三个根是

$$x_1=\frac{3}{4}z_1-\frac{9}{4}=-\frac{3}{4},\quad x_2=\frac{3}{4}z_2-\frac{9}{4}=-3+\frac{3}{2}\sqrt{3},\quad x_3=\frac{3}{4}z_3-\frac{9}{4}=-3-\frac{3}{2}\sqrt{3}.$$

三、一元四次方程的解法

一元三次方程的解法的思路是化为缺项的三次方程，再作变换转换为二次方程来求解．一元四次方程的解法也是转换为缺项的四次方程，再将缺项的四次方程转换为三次方程，解出三次方程后，再求出四次方程.

设一元四次方程为

$$ax^4+bx^3+cx^2+dx+e=0,\tag{3.3.10}$$

作变换

$$x=y-\frac{b}{4a},\tag{3.3.11}$$

(3.3.11)代入(3.3.10)得到

$$y^4+qy^2+ry+s=0. \tag{3.3.12}$$

令 $y=u+v+w$, 于是有

$$y^2=u^2+v^2+w^2+2(uv+vw+wu),$$

$$y^4=(u^2+v^2+w^2)^2+4(u^2+v^2+w^2)(uv+vw+wu)+4(uv+vw+wu)^2,$$

代入(3.3.12)整理得到

$$\begin{aligned}&(u^2+v^2+w^2)^2+2(uv+vw+wu)[2(u^2+v^2+w^2)+q]\\&+q(u^2+v^2+w^2)+(8uvw+r)(u+v+w)+4(u^2v^2+v^2w^2+w^2u^2)+s=0.\end{aligned} \tag{3.3.13}$$

不妨设

$$2(u^2+v^2+w^2)+q=0 \Leftrightarrow u^2+v^2+w^2=-\frac{q}{2} \tag{3.3.14}$$

和

$$8uvw+r=0 \Leftrightarrow uvw=-\frac{r}{8}, \tag{3.3.15}$$

这时(3.3.13)化简为

$$(u^2+v^2+w^2)^2+q(u^2+v^2+w^2)+4(u^2v^2+v^2w^2+w^2u^2)+s=0.$$

从而有

$$u^2v^2+v^2w^2+w^2u^2=\frac{q^2-4s}{16}, \tag{3.3.16}$$

$$u^2v^2w^2=\frac{r^2}{64}. \tag{3.3.17}$$

由(3.3.14), (3.3.16), (3.3.17)可知, u^2, v^2, w^2 是下面三次方程的根:

$$z^3+\frac{q}{2}z^2+\frac{q^2-4s}{16}z-\frac{r^2}{64}=0. \tag{3.3.18}$$

若这个三次方程的三个根是 z_1, z_2, z_3, 则 $u=\pm\sqrt{z_1}, v=\pm\sqrt{z_2}, w=\pm\sqrt{z_3}$.

这时 $y=u+v+w$ 有 8 种可能的结合, 但是由于(3.3.15)的限制, 所以实际上只有 4 种组合, 这就是四次方程的四个根.

五次以下的方程的解都是方程系数的根式形式, 数学家一直在探索五次及五次以上的方程的求解问题. 直到伽罗瓦利用根的置换群的概念给出了方程根式可解的判别准则, 才彻底解决了这个问题.

下面介绍一些在中学里常用的解方程的方法.

(一) 换元法

用简单性原理指导解题, 是解方程的基本思想, 换元法就是通过换元达到化简的目的. 在解高次方程时, 有时引进新未知数代换原有未知数, 使原方程转化成一个易解的方程.

例 3.3.5 解方程 $(6x+7)^2(3x+4)(x+1)=6$.

解 令 $3x+\frac{7}{2}=y$, 则

$$6x+7=2y,\quad 3x+4=y+\frac{1}{2},\quad x+1=\frac{1}{3}\left(y-\frac{1}{2}\right).$$

原方程变形为

$$(2y)^2\left(y+\frac{1}{2}\right)\left(y-\frac{1}{2}\right)=18,$$

即

$$4y^4-y^2-18=0.$$

解之得 $y^2=\frac{9}{4},y^2=-2$. 所以得到如下四个解:

$$y_1=\frac{3}{2},\quad y_2=-\frac{3}{2},\quad y_3=\sqrt{2}\mathrm{i},\quad y_4=-\sqrt{2}\mathrm{i},$$

即原方程的解为

$$x_1=-\frac{2}{3},\quad x_2=-\frac{5}{3},\quad x_3=\frac{\sqrt{2}}{3}\mathrm{i}-\frac{7}{6},\quad x_4=-\frac{\sqrt{2}}{3}\mathrm{i}-\frac{7}{6}.$$

(二) 因式分解法

在解高次方程时, 常用因式分解法(可能的话)将原方程转化成几个较低次方程的积的形式, 然后根据同解定理分别求解.

例 3.3.6 解方程 $x^4-12x+323=0$.

解 因为

$$\begin{aligned}x^4-12x+323&=(x^4+36x^2+324)-(36x^2+12x+1)\\&=(x^2+18)^2-(6x+1)^2\\&=(x^2+6x+19)(x^2-6x+17),\end{aligned}$$

所以原方程同解于方程

$$(x^2+6x+19)(x^2-6x+17)=0.$$

故方程的解为

$$x_1=-3+\sqrt{10}\,\mathrm{i},\quad x_2=-3-\sqrt{10}\,\mathrm{i},\quad x_3=3+2\sqrt{2}\,\mathrm{i},\quad x_4=3-2\sqrt{2}\,\mathrm{i}.$$

(三) 图象法

有时可以借助于函数与图象的关系, 求某些方程的近似解, 因为视方程 $f(x)=0$ 的左端为某一函数时, 从图象上看, 所求的解就是函数图象与横坐标轴的交点的横坐标值. 我们可以根据函数的性质, 讨论方程实根的存在性和唯一性问题, 以及实根的个数问题和范围问题.

例 3.3.7 确定方程 $2^{-x}+x^2=\sqrt{2}$ 的实数解的个数.

解 由于原方程与方程 $2^{-x}=-x^2+\sqrt{2}$ 同解, 所以可设 $y_1=2^{-x},y_2=-x^2+\sqrt{2}$, 在同一坐标系内作出两个函数的图象, 见图 3-1, 由图象不难看出: 两个函数的图象有两个交点 A 和 B, 所以原方程有两个实根.

例 3.3.8 方程 $\lg(-x^2+3x-m)-\lg(3-x)=0$ 在 $[0,3)$ 上有唯一解, 求 m 的范围.

解 由 $\lg(-x^2+3x-m)-\lg(3-x)=0$, 得 $-x^2+3x-m=3-x$, 所以根据

$$-x^2+4x-3-m=0,$$

构造函数

$$y_1=-x^2+4x-3=-(x-2)^2+1,\quad y_2=m.$$

要使原方程在 $[0,3)$ 上有唯一解，由图 3-2 可以看出，只需函数 $y=-(x-2)^2+1$ 与 $y=m$ 的图象只有一个交点，于是 $m=1$ 或 $-3\leqslant m\leqslant 0$ 适合要求，所以 m 的范围为

$$\{m\,|\,-3\leqslant m\leqslant 0\}\cup\{1\}.$$

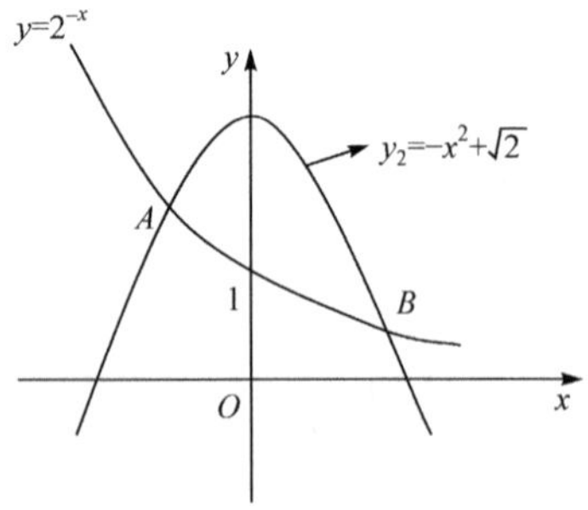

图 3-1

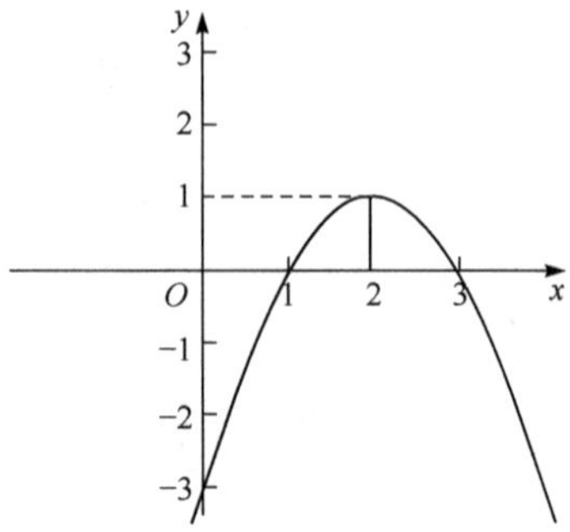

图 3-2

(四) 待定系数法

给定一个实系数的四次方程

$$x^4+ax^3+bx^2+cx+d=0, \tag{3.3.19}$$

可以用待定系数法将其左边化为两个二次函数的乘积的形式，再根据同解定理分别解之.

首先，令 $x=y-\dfrac{a}{4}$，代入原方程消去三次项，得

$$y^4+py^2+qy+r=0, \tag{3.3.20}$$

设

$$\begin{aligned}y^4+py^2+qy+r&=(y^2+ky+l)(y^2-ky+m)\\&=y^4+(l+m-k^2)y^2+k(m-l)y+lm,\end{aligned}$$

其中系数 k,l,m 是待定常数，通过比较系数，得

$$\begin{cases}l+m-k^2=p,\\k(m-l)=q,\\lm=r,\end{cases} \tag{3.3.21}$$

若 $k=0$，$q=0$，则方程是双二次方程(容易解出)；而当 $k\neq 0$ 时，可解得

$$\begin{cases}l=\dfrac{k^3+pk-q}{2k},\\[2mm] m=\dfrac{k^3+pk+q}{2k},\\[2mm] r=\dfrac{(k^3+pk)^2-q^2}{4k^2}.\end{cases} \tag{3.3.22}$$

于是

$$k^6+2pk^4+(p^2-4r)k^2-q^2=0. \tag{3.3.23}$$

设 k_0 是该方程的任意一个根，则由(3.3.22)有

$$l_0=\frac{k_0^3+pk_0-q}{2k_0},\quad m_0=\frac{k_0^3+pk_0+q}{2k_0}.$$

从而方程(3.3.20)变为

$$(y^2+k_0y+l_0)(y^2-k_0y+m_0)=0.$$

分别解方程 $y^2+k_0y+l_0=0$ 和方程 $y^2-k_0y+m_0=0$，即可得出方程(3.3.20)的解，并进一步得出方程(3.3.19)的解.

例 3.3.9　解方程 $x^4-4x^3+x^2+4x+1=0$.

解　用待定系数法，令 $x=y+1$，代入方程，化简得

$$y^4-5y^2-2y+3=0. \tag{3.3.24}$$

设 $y^4-5y^2-2y+3=(y^2+ky+l)(y^2-ky+m)$，则

$$k^6-10k^4+13k^2-4=0,\quad \text{即}\quad (k^2-1)(k^4-9k^2+4)=0,$$

取 $k=1$, 得 $l=-1, m=-3$，因此方程(3.3.24)可写成

$$(y^2+y-1)(y^2-y-3)=0,$$

由 $y^2+y-1=0$，解得

$$y=\frac{-1\pm\sqrt{5}}{2};$$

由 $y^2-y-3=0$，解得

$$y=\frac{1\pm\sqrt{13}}{2}.$$

换回原来变量，得

$$x=y+1=\frac{1\pm\sqrt{5}}{2}\quad \text{或}\quad x=\frac{3\pm\sqrt{13}}{2}.$$

四、倒数方程

定义 3.3.3　如果复数 α 是方程

$$f(x)=a_0x^n+a_1x^{n-1}+\cdots+a_{n-1}x+a_n=0\quad (a_0\neq 0) \tag{3.3.25}$$

的根，并且 $\dfrac{1}{\alpha}$ 也是方程的根，那么方程(3.3.25)称为倒数方程.

由定义可知，倒数方程没有零根.

根据定义，方程

$$g(x)=a_nx^n+a_{n-1}x^{n-1}+\cdots+a_1x+a_0=0 \tag{3.3.26}$$

与方程(3.3.25)具有相同的根. 因此，方程(3.3.25)和(3.3.26)对应项的系数成比例，即有

$$\frac{a_0}{a_n}=\frac{a_1}{a_{n-1}}=\cdots=\frac{a_n}{a_0}.$$

所以 $\dfrac{a_0}{a_n}=\dfrac{a_n}{a_0}$，即 $a_0=\pm a_n$.

若 $a_0=a_n$ ，则 $a_{n-1}=a_1,a_{n-2}=a_2,\cdots$, 即与首末两项等距的项的系数都相等，这样的方程称为第一类倒数方程.

若 $a_0=-a_n$ ，则 $a_{n-1}=-a_1,a_{n-2}=-a_2,\cdots$, 即与首末两项等距的项的系数互为相反数，这样的方程称为第二类倒数方程.

(一) 第一类倒数方程的解法(有偶次与奇次两种基本类型)

(1) 若 n 为偶数，设 $n=2k$ ，则有方程

$$f(x)=a_0x^{2k}+a_1x^{2k-1}+\cdots+a_kx^k+\cdots+a_1x+a_0 \quad (a_0\neq 0), \tag{3.3.27}$$

称为第一类偶次倒数方程.

方程两边同除以 x^k (注意 $x=0$ 不是方程的根，$x^k\neq 0$)，得

$$a_0\left(x^k+\frac{1}{x^k}\right)+a_1\left(x^{k-1}+\frac{1}{x^{k-1}}\right)+\cdots+a_k=0. \tag{3.3.28}$$

设 $x+\dfrac{1}{x}=y$，又

$$x^p+\frac{1}{x^p}=\left(x^{p-1}+\frac{1}{x^{p-1}}\right)\left(x+\frac{1}{x}\right)-\left(x^{p-2}+\frac{1}{x^{p-2}}\right),$$

所以

$$x^2+\frac{1}{x^2}=y^2-2,$$

$$x^3+\frac{1}{x^3}=y^3-3y,$$

$$x^4+\frac{1}{x^4}=y^4-4y^3+2,$$

……

将以上各式代入方程(3.3.28)得到一个关于 y 的 k 次方程，解这个方程得到 y 的 k 个值，对于每个 y 的值，可从 $x+\dfrac{1}{x}=y$ 求出相应的两个 x 的值.

例 3.3.10 解方程 $2x^4+3x^3-16x^2+3x+2=0$.

解 这是第一类偶次倒数方程，等式两边同除以 x^2，得

$$2x^2+3x-16+\frac{3}{x}+\frac{2}{x^2}=0, \text{即} \quad 2\left(x^2+\frac{1}{x^2}\right)+3\left(x+\frac{1}{x}\right)-16=0.$$

令 $x+\dfrac{1}{x}=y$，得

$$2(y^2-2)+3y-16=0, \quad \text{即} \quad 2y^2+3y-20=0,$$

解得

$$y_1=\frac{5}{2}, \quad y_2=-4.$$

于是有

$$x+\frac{1}{x}=\frac{5}{2} \quad 和 \quad x+\frac{1}{x}=-4,$$

解得

$$x_1=2,\quad x_2=\frac{1}{2},\quad x_3=-2+\sqrt{3},\quad x_4=-2-\sqrt{3}.$$

(2) 若 n 为奇数，设 $n=2k+1$，则有方程

$$f(x)=a_0x^{2k+1}+a_1x^{2k}+\cdots+a_kx^{k+1}+a_kx^k\cdots+a_1x+a_0 \quad (a_0\neq 0), \tag{3.3.29}$$

称为第一类奇次倒数方程.

方程(3.3.29)即为

$$f(x)=a_0(x^{2k+1}+1)+a_1x(x^{2k-1}+1)+\cdots+a_kx^k(x+1)=0. \tag{3.3.30}$$

显然 $(x+1)$ 是 $f(x)$ 的一个因式，应用综合除法即可求得 $(x+1)$ 除 $f(x)$ 所得的商式为

$$a_0x^{2k}+b_1x^{2k-1}+\cdots+b_kx^k+\cdots+b_1x+a_0,$$

这里

$$b_1=a_1-a_0, b_2=a_2-a_1+a_0,\cdots, b_k=a_k-a_{k-1}+a_{k-2}-\cdots+(-1)^k a_0.$$

所以，方程(3.3.29)与方程 $x+1=0$ 及方程

$$a_0x^{2k}+b_1x^{2k-1}+\cdots+b_kx^k+\cdots+b_1x+a_0=0$$

同解，而后一方程即为第一类偶次倒数方程，因此，解方程(3.3.29)可归结为解第一类偶次倒数方程.

例 3.3.11　解方程 $x^5+1=0$.

解　这是第一类奇次倒数方程，$x=-1$ 是它的根，因此方程可写成

$$(x+1)(x^4-x^3+x^2-x+1)=0.$$

解第一个方程 $x+1=0$，得

$$x_1=-1.$$

解第二个方程 $x^4-x^3+x^2-x+1=0$，这是第一类偶次倒数方程，两边同除以 x^2，得

$$\left(x^2+\frac{1}{x^2}\right)-\left(x+\frac{1}{x}\right)+1=0.$$

设 $x+\frac{1}{x}=y$，得

$$y^2-y-1=0,$$

解得

$$y_{1,2}=\frac{1\pm\sqrt{5}}{2}.$$

所以

$$x+\frac{1}{x}=\frac{1+\sqrt{5}}{2} \quad 和 \quad x+\frac{1}{x}=\frac{1-\sqrt{5}}{2},$$

得

$$x_{2,3}=\frac{1+\sqrt{5}}{4}\pm\frac{\mathrm{i}}{4}\sqrt{10-2\sqrt{5}},\quad x_{4,5}=\frac{1-\sqrt{5}}{4}\pm\frac{\mathrm{i}}{4}\sqrt{10+2\sqrt{5}}.$$

(二) 第二类倒数方程的解法

与第一类倒数方程相类似, 第二类倒数方程也有偶次和奇次两种类型, 它们的解法都是采用 $x-\frac{1}{x}=y$ 把方程变成 k 次方程来解.

第四节　分式方程、无理方程和超越方程

一、分式方程

形如 $\frac{f_1(x)}{g_1(x)}=\frac{f_2(x)}{g_2(x)}$ 的方程称为分式方程, 其中 $f_1(x),f_2(x),g_1(x),g_2(x)$ 均为多项式, 且 $g_1(x),g_2(x)$ 至少有一个不是常数.

解分式方程的基本思想是把分式方程化为整式方程. 其一般步骤:

(1) 将方程各项移到等号左边, 使等号右边为零;

(2) 将左边各项通分合并成一个分式;

(3) 将分式化成既约分式;

(4) 令所得既约分式的分子为零, 解这个方程;

(5) 检验, 使分母为零的根为增根.

下面不加证明地介绍分式方程的有关同解定理.

定理 3.4.1　如果分式方程 $\frac{f(x)}{g(x)}=0$ 的左边是既约分式, 那么方程 $\frac{f(x)}{g(x)}=0$ 与整式方程 $f(x)=0$ 同解.

定理 3.4.1 表明, 把一个分式方程变形为 $\frac{f(x)}{g(x)}=0$ 以后, 如果 $f(x)$ 和 $g(x)$ 互质, 那么 $f(x)=0$ 的根必是原方程的根, 不会出现增根.

定理 3.4.2　对于方程

$$\frac{f_1(x)}{g_1(x)}=\frac{f_2(x)}{g_2(x)} \tag{3.4.1}$$

与方程

$$\frac{f_1(x)+g_1(x)}{f_1(x)-g_1(x)}=\frac{f_2(x)+g_2(x)}{f_2(x)-g_2(x)}, \tag{3.4.2}$$

(1) 在 $g_1(x)$, $g_2(x)$, $f_1(x)-g_1(x)$, $f_2(x)-g_2(x)$ 都不为零时, 方程(3.4.1)与(3.4.2)同解.

(2) 使 $g_1(x)$ 与 $g_2(x)$ 都不为零, 而使 $f_1(x)-g_1(x)$ 与 $f_2(x)-g_2(x)$ 都为零的值, 是方程(3.4.1)的解而不是方程(3.4.2)的解.

(3) 使 $g_1(x)$ 与 $g_2(x)$ 都为零, 而使 $f_1(x)-g_1(x)$ 与 $f_2(x)-g_2(x)$ 都不为零的值, 是方程(3.4.2)的解而不是方程(3.4.1)的解.

定理 3.4.2 表明, 在解分式方程时, 如果使用合分比定理变形, 在原方程和新方程的分母

都不为零时，它们是同解的，在其他情况下，有可能有遗根或增根. 也就是说，如果新方程的分母有公共根，而公共根能使原方程各个分母都不等于零，那么这个公共根就是原方程的遗根；如果原方程的分母有公共根，而公共根能使新方程各个分母都不等于零，那么这个公共根就是原方程的增根.

例 3.4.1　解方程 $\dfrac{2x}{x-2}=\dfrac{3x^2-4x+12}{x^2-4}+\dfrac{x^2}{x+2}$.

解　将原方程移项、通分整理得

$$\frac{(x-2)^2(x+3)}{(x+2)(x-2)}=0,$$

约分，得

$$\frac{(x-2)(x+3)}{x+2}=0,$$

令分子为零得

$$x_1=2,\quad x_2=-3.$$

经检验，$x=-3$ 是原方程的根，$x=2$ 是增根.

例 3.4.2　解方程 $\dfrac{x^2-x+2}{x^2+x+2}=\dfrac{x+1}{3x+1}$.

解　经合分比变形得到

$$\frac{2x^2+4}{-2x}=\frac{4x+2}{-2x},$$

去分母，解得 $x=1$.

经检验，$x=1$ 是原方程的根，而 $x=0$ 是遗根.

所以，原方程的根是

$$x_1=1,\quad x_2=0.$$

例 3.4.3　解方程 $-\dfrac{36}{x^2}+\dfrac{72}{x}-11=(x-6)^2$.

解　将方程右边展开经变形可得

$$\left(x^2+12+\frac{36}{x^2}\right)-12\left(x+\frac{6}{x}\right)+35=0,$$

令 $u=x+\dfrac{6}{x}$，代入上式，得

$$u^2-12u+35=0,$$

解得

$$u_1=5,\quad u_2=7.$$

由 $x+\dfrac{6}{x}=5$，解得 $x_1=2,x_2=3$；

由 $x+\dfrac{6}{x}=7$，解得 $x_3=1,x_4=6$.

它们都是原方程的解.

二、无理方程

形如 $f(x)=g(x)$ 的方程称为无理方程，其中 $f(x),g(x)$ 中至少有一个含有根式. 解无理方程的基本思想是化无理方程为有理方程求解. 在变形时，通常采用在方程两边同次乘方，以消去方程中根号的方法. 但在实数集上采用这一变形，通常会产生增根，因此验根是解无理方程的一个必要步骤.

定理 3.4.3 对于方程

$$f(x)=g(x), \tag{3.4.3}$$

两边同时 n 次乘方，有

$$f^n(x)=g^n(x), \tag{3.4.4}$$

那么方程(3.4.3)的解一定是方程(3.4.4)的解.

证明 方程(3.4.3)与方程(3.4.4)可以分别变形为与它们同解的方程

$$f(x)-g(x)=0 \tag{3.4.5}$$

与

$$f^n(x)-g^n(x)=0. \tag{3.4.6}$$

由于方程(3.4.6)又可以变形为

$$[f(x)-g(x)][f^{n-1}(x)+f^{n-2}(x)g(x)+\cdots+f(x)g^{n-2}(x)+g^{n-1}(x)]=0, \tag{3.4.7}$$

而方程(3.4.7)与方程(3.4.5)及方程

$$f^{n-1}(x)+f^{n-2}(x)g(x)+\cdots+f(x)g^{n-2}(x)+g^{n-1}(x)=0 \tag{3.4.8}$$

同解.

显然方程(3.4.8)的解是方程(3.4.6)的解，但不一定是方程(3.4.5)的解，而方程(3.4.5)的解一定是方程(3.4.6)的解，即方程(3.4.3)的解一定是方程(3.4.4)的解. 反过来，方程(3.4.4)的解不一定是方程(3.4.3)的解. 也就是说，方程(3.4.8)的解对方程(3.4.3)来说可能是增根.

例 3.4.4 解方程 $\sqrt[3]{2-x}=1-\sqrt{x-1}$.

解 两边立方，得到同解方程

$$2-x=1-3\sqrt{x-1}+3(x-1)-(x-1)\sqrt{x-1},$$

整理变形后可得

$$(x+2)\sqrt{x-1}-4(x-1)=0, \quad 即 \sqrt{x-1}(x+2-4\sqrt{x-1})=0.$$

由定理 3.4.3 得

$$\sqrt{x-1}=0 \quad 或 \quad x+2-4\sqrt{x-1}=0,$$

由 $\sqrt{x-1}=0$ 解得 $x=1$，而后一方程在定义域 $[1,+\infty)$ 范围内，解得

$$x=2 \quad 或 \quad x=10.$$

故原方程的解为

$$x_1=1, \quad x_2=2, \quad x_3=10.$$

例 3.4.5 解方程 $(x-3)^2+3x-22=\sqrt{x^2-3x+7}$.

解 对原方程进行整理，得

$$x^2-3x-13=\sqrt{x^2-3x+7},$$

令 $y=\sqrt{x^2-3x+7}$，得

$$y^2-y-20=0,$$

取非负根 $y=5$，于是

$$\sqrt{x^2-3x+7}=5,$$

该方程同解于 $x^2-3x-18=0$，解之得

$$x_1=6,\quad x_2=-3.$$

它们都是原方程的解.

例 3.4.6　解方程 $\sqrt[3]{x^2+x-1}+\sqrt[3]{10-x-x^2}=3$.

解　设 $u=\sqrt[3]{x^2+x-1}$，$v=\sqrt[3]{10-x-x^2}$，则

$$\begin{cases}u+v=3,\\u^3+v^3=9.\end{cases}$$

又 $u^3+v^3=(u+v)^3-3uv(u+v)$，所以 $\begin{cases}u+v=3,\\uv=2.\end{cases}$ 解得

$$\begin{cases}u=1,\\v=2\end{cases}\quad\text{或}\quad\begin{cases}u=2,\\v=1.\end{cases}$$

所以

$$\begin{cases}\sqrt[3]{x^2+x-1}=1,\\\sqrt[3]{10-x-x^2}=2\end{cases}\Rightarrow x_1=1,\ x_2=-2$$

或

$$\begin{cases}\sqrt[3]{x^2+x-1}=2\\\sqrt[3]{10-x-x^2}=1\end{cases}\Rightarrow x_{3,4}=\frac{-1\pm\sqrt{37}}{2}.$$

经检验，x_1,x_2,x_3,x_4 均为原方程的解.

求解无理方程，除了用乘方有理化方法外，有时还可以根据题设方程的特点，采用一些特殊解法，以简化解题过程.

(一) 利用算术根的定义

例 3.4.7　解方程 $\sqrt{x+5-4\sqrt{x+1}}+\sqrt{x+10-6\sqrt{x+1}}=1$.

解　原方程变形为

$$\sqrt{(\sqrt{x+1}-2)^2}+\sqrt{(\sqrt{x+1}-3)^2}=1,$$

由算术根定义得

$$\left|\sqrt{x+1}-2\right|+\left|\sqrt{x+1}-3\right|=1,$$

因 $\sqrt{x+1}\geqslant 0$, 所以

(1) 当$0\leqslant\sqrt{x+1}\leqslant 2$, 即$-1\leqslant x\leqslant 3$时, 有

$$(2-\sqrt{x+1})+(3-\sqrt{x+1})=1,$$

即$\sqrt{x+1}=2$, 解得$x=3$.

(2) 当$2<\sqrt{x+1}<3$, 即$3<x<8$时, 有

$$(\sqrt{x+1}-2)+(3-\sqrt{x+1})=1,$$

所以$3<x<8$的实数均为原方程的解.

(3) 当$\sqrt{x+1}\geqslant 3$, 即$x\geqslant 8$时, 有

$$(\sqrt{x+1}-2)+(\sqrt{x+1}-3)=1,$$

即$\sqrt{x+1}=3$，解得$x=8$.

综上所述, 原方程的解是$3\leqslant x\leqslant 8$.

(二) 因式分解法

例 3.4.8 解方程$\sqrt{x^2+6x-7}-\sqrt{x^2+x-2}=x-1$.

解 原方程化为

$$\sqrt{(x-1)(x+7)}-\sqrt{(x-1)(x+2)}=x-1, \tag{3.4.9}$$

可知方程存在域为$(-\infty,-7]\cup[1,+\infty)$.

如果$x\geqslant 1$，则方程(3.4.9)化为

$$\sqrt{x-1}(\sqrt{x+7}-\sqrt{x+2}-\sqrt{x-1})=0, \tag{3.4.10}$$

解得

$$x_1=1,\quad x_2=2,\quad x_3=-\frac{22}{3}(\text{舍去}).$$

如果$x\leqslant -7$，则方程(3.4.9)化为

$$\sqrt{1-x}(\sqrt{-(x+7)}-\sqrt{-(x+2)}-\sqrt{1-x})=0,$$

解得

$$x_4=1,\quad x_5=2,\quad x_6=-\frac{22}{3},\ x_4,x_5,x_6\text{为增根, 舍去}.$$

经检验, 可知原方程的根为$x=1$或$x=2$.

(三) 换元法

形如$a(\sqrt[m]{f(x)})^n+b\sqrt[m]{f(x)}+c=0$ (a,b,c为已知数, $ab\neq 0$, m,n为自然数)的方程, 可令$y=\sqrt[m]{f(x)}$，将方程化为关于y的整式方程.

例 3.4.9 解方程$6\sqrt{x^2-2x+6}=21+2x-x^2$.

解 将原方程变形为

$$x^2-2x+6+6\sqrt{x^2-2x+6}-27=0,$$

令$y=\sqrt{x^2-2x+6}$，则

$$y^2+6y-27=0.$$

解得

$$y=3,\quad y=-9\,(舍去).$$

由 $\sqrt{x^2-2x+6}=3$，解得 $x_1=-1,x_2=3$ 均为原方程的解.

如果无理方程中含有参数，必须根据不同情况进行详细讨论.

形如

$$a\left[\frac{f(x)}{g(x)}\right]^2+b\left[\frac{f(x)}{g(x)}\right]+c=0\ (a\neq 0)\quad 或\quad a\left[\frac{f(x)}{g(x)}\right]+c\left[\frac{g(x)}{f(x)}\right]+b=0\ (ac\neq 0)$$

$\left(其中a,b,c为已知数,\dfrac{f(x)}{g(x)}为既约分式\right)$ 的分式方程，可令 $u=\dfrac{f(x)}{g(x)}$，化成一个整式方程 $au^2+bu+c=0$.

换元法是一种非常灵活的解题方法，除上述几类外，还有许多种代换，在这里就不一一介绍了.

(四) 共轭因式法

例 3.4.10 解方程 $\sqrt{2x^2-7x+1}-\sqrt{2x^2-9x+4}=1$. (3.4.11)

解 因为

$$\left(\sqrt{2x^2-7x+1}\right)^2-\left(\sqrt{2x^2-9x+4}\right)^2=2x-3, \tag{3.4.12}$$

$(3.4.12)\div(3.4.11)$，得

$$\sqrt{2x^2-7x+1}+\sqrt{2x^2-9x+4}=2x-3, \tag{3.4.13}$$

$(3.4.11)+(3.4.13)$，得

$$\sqrt{2x^2-7x+1}=x-1,$$

解得

$$x_1=5,\quad x_2=0.$$

经检验，$x=5$ 是原方程的根，$x=0$ 是增根.

(五) 应用合分比定理

例 3.4.11 解方程 $\dfrac{\sqrt{4-x}+\sqrt{x-3}}{\sqrt{4-x}-\sqrt{x-3}}=\dfrac{1}{7-2x}$.

解 应用合分比定理，原方程变形得

$$\frac{\sqrt{4-x}}{\sqrt{x-3}}=\frac{4-x}{x-3}.$$

令 $\dfrac{\sqrt{4-x}}{\sqrt{x-3}}=u$，得 $u=u^2$，解得

$$u_1=0,\quad u_2=1.$$

当 $u=0$ 时，得 $x=4$，经检验，$x=4$ 是原方程的根；

当 $u=1$ 时，得 $x=\frac{7}{2}$，经检验，$x=\frac{7}{2}$ 是增根；

又 $x=3$ 满足原方程，所以 $x=3$ 是遗根.

因此，原方程的根是 $x_1=4,x_2=3$.

注：应用合分比定理，要检验变形后所得的方程是否改变了原方程的取值范围.

(六) 三角代换法

对于形如 $f(x,\sqrt{a^2-x^2})=0$ 或 $f(x,\sqrt{x^2-a^2})=0$ 或 $f(x,\sqrt{a^2+x^2})=0$ 的方程，可以引入三角代换使方程转化为较简单的三角方程来求解. 关键是使根号内的部分可以成为完全平方式，以便去掉括号.

例 3.4.12　解方程 $x+\frac{x}{\sqrt{x^2-1}}=\frac{35}{12}$.

解　易知，当 $x>1$ 时，令 $x=\sec\theta,\theta\in\left(0,\frac{\pi}{2}\right)$，原方程变为

$$\sec\theta+\frac{\sec\theta}{\tan\theta}=\frac{35}{12},$$

即 $\frac{1}{\cos\theta}+\frac{1}{\sin\theta}=\frac{35}{12}$，即

$$12(\sin\theta+\cos\theta)=35(\sin\theta\cos\theta),$$

两边平方并整理，得

$$144(1+\sin 2\theta)=1225\cdot\frac{1}{4}\sin^2 2\theta,$$

所以

$$1225\sin^2 2\theta-576\sin 2\theta-576=0,$$

解得

$$\sin 2\theta=\frac{24}{25}\quad 或\quad \sin 2\theta=-\frac{24}{49}\ (不合题意，舍去).$$

由 $\sin 2\theta=\frac{24}{25}$，得

$$(\sin\theta+\cos\theta)^2=1+\sin 2\theta=1+\frac{24}{25}=\frac{49}{25},$$

所以

$$\sin\theta+\cos\theta=\frac{7}{5},\quad \sin\theta\cos\theta=\frac{12}{25},$$

因此

$$\begin{cases}\sin\theta=\frac{3}{5},\\ \cos\theta=\frac{4}{5}\end{cases}\quad 或\quad \begin{cases}\sin\theta=\frac{4}{5},\\ \cos\theta=\frac{3}{5}.\end{cases}$$

故

$$x=\sec\theta=\frac{1}{\cos\theta}=\frac{5}{3}\text{或}\frac{5}{4}.$$

经检验，$x_1=\frac{5}{3}$，$x_2=\frac{5}{4}$ 是方程的解.

三、初等超越方程

中学教材中常见的初等超越方程有指数方程和对数方程. 解指数方程与对数方程, 通常是将方程两端乘幂化与对数化. 下面举出几种常见的形式.

(一) 方程 1

$$a^{f(x)}=a^{g(x)}\quad (a>0,a\neq 1) \tag{3.4.14}$$

变形为

$$f(x)=g(x). \tag{3.4.15}$$

因为同一底的幂相等, 必须且只需它们的幂指数相等, 所以有

$$f(x)=g(x)\Leftrightarrow a^{f(x)}=a^{g(x)},$$

故方程(3.4.14)到方程(3.4.15)是同解变形.

(二) 方程 2

$$\log_a f(x)=\log_a g(x)\quad (a>0,a\neq 1) \tag{3.4.16}$$

变形为

$$f(x)-g(x). \tag{3.4.17}$$

因为在方程(3.4.16)的定义域内, 有

$$f(x)=g(x)\Leftrightarrow \log_a f(x)=\log_a g(x),$$

由于同一底的对数相等, 必须且只需要它们的真数相等, 所以得出结论: 在方程(3.4.16)的定义域内, 方程(3.4.16)与方程(3.4.17)的同解.

同理, 方程

$$f(x)^{g(x)}=u(x) \tag{3.4.18}$$

与方程

$$g(x)\log_a f(x)=\log_a u(x)$$

在方程(3.4.18)的定义域内是同解的.

(三) 方程 3

$$\log_{f(x)} g(x)=c \tag{3.4.19}$$

变形为

$$\log_a g(x)=c\log_a f(x)\quad (a>0,a\neq 1). \tag{3.4.20}$$

因为方程(3.4.19)的定义域为使 $f(x)>0,f(x)\neq 1,g(x)>0$ 的解集, 而在这样的范围内

$$\log_{f(x)} g(x)=\frac{\log_a g(x)}{\log_a f(x)}$$

恒成立, 所以得出结论: 在方程(3.4.19)的定义域内, 方程(3.4.19)到方程(3.4.20)是同解变形.

例 3.4.13　解方程$\frac{1}{2}(a^x+a^{-x})=m\ (a>0,a\neq 1)$.

解　令$t=a^x$,则$\frac{1}{t}=a^{-x}$, 于是原方程为

$$\frac{1}{2}\left(t+\frac{1}{t}\right)=m.$$

解这个关于t的分式方程, 得

$$t_1=m+\sqrt{m^2-1},\quad t_2=m-\sqrt{m^2-1}.$$

(1) 当$m>1$时, 原方程有两个解

$$x_1=\log_a(m+\sqrt{m^2-1}),\ x_2=\log_a(m-\sqrt{m^2-1});$$

(2) 当$m\leqslant -1$时, 原方程无解;

(3) 当$m=1$时, 原方程有解$x=0$;

(4) 当$-1<m<1$时, 原方程无解.

例 3.4.14　解方程$\log_x 2\cdot\log_{2x}2=\log_{4x}2$.

解　利用换底公式化简原方程

$$\frac{1}{\log_2 x}\cdot\frac{1}{\log_2 2x}=\frac{1}{\log_2 4x},$$

再化简

$$\frac{1}{\log_2 x}\cdot\frac{1}{1+\log_2 x}=\frac{1}{2+\log_2 x}.$$

令$\log_2 x=t$, 即

$$\frac{1}{t}\cdot\frac{1}{1+t}=\frac{1}{2+t},$$

解得$t_1=\sqrt{2}$, $t_2=-\sqrt{2}$, 即

$$x_1=2^{\sqrt{2}},\quad x_2=2^{-\sqrt{2}}.$$

经检验, $x_1=2^{\sqrt{2}}$, $x_2=2^{-\sqrt{2}}$是原方程的根.

第五节　方程组的解法

前面已经讨论了方程组的同解理论, 现在我们运用这些知识去解方程组.

在高等代数中, 对于线性方程组的理论已经作出了详细的研究, 并且还讨论了二元高次方程组的一些解法. 解方程组的主要思路是消元和降次, 常用的方法有代入法、加减法、因式分解法、换元法或相乘相除法. 另外, 解线性方程组还有矩阵法. 这些方法应当在方程组同解理论的指导下灵活运用.

一、多元二次和高次方程组

例 3.5.1　解方程组

$$\begin{cases} x^2+xy+y^2=37, & (3.5.1)\\ x^2+xz+z^2=28, & (3.5.2)\\ y^2+yz+z^2=19. & (3.5.3)\end{cases}$$

解　(3.5.1) + (3.5.2) + (3.5.3), 得

$$2(x^2+y^2+z^2)+xy+yz+zx=84. \tag{3.5.4}$$

(3.5.1) − (3.5.2), 整理得

$$(x+y+z)(y-z)=9. \tag{3.5.5}$$

同理, (3.5.2) − (3.5.3)和(3.5.3) − (3.5.1), 分别得

$$(x+y+z)(x-y)=9, \tag{3.5.6}$$

$$(x+y+z)(z-x)=-18, \tag{3.5.7}$$

$(3.5.5)^2+(3.5.6)^2+(3.5.7)^2$, 得

$$(x+y+z)^2[(y-z)^2+(z-x)^2+(x-y)^2]=486,$$

即

$$[x^2+y^2+z^2+2(xy+yz+zx)]\cdot[x^2+y^2+z^2-(xy+yz+zx)]=243. \tag{3.5.8}$$

设

$$x^2+y^2+z^2=s,\quad xy+yz+zx=t,$$

则由(3.5.4)和(3.5.8)可得

$$\begin{cases} 2s+t=84,\\ (s+2t)(s-t)=243.\end{cases}$$

解这个方程组, 得

$$\begin{cases} s=55,\\ t=-26\end{cases} \text{或} \begin{cases} s=29,\\ t=26,\end{cases}$$

即

$$\begin{cases} x^2+y^2+z^2=55,\\ xy+yz+zx=-26\end{cases} \tag{3.5.9}$$

或

$$\begin{cases} x^2+y^2+z^2=29,\\ xy+yz+zx=26.\end{cases} \tag{3.5.10}$$

由(3.5.9)可得 $(x+y+z)^2=3$, 从而

$$x+y+z=\pm\sqrt{3}, \tag{3.5.11}$$

把(3.5.11)代入(3.5.5)和(3.5.6)中, 可得

$$y-z=x-y=\pm3\sqrt{3}, \tag{3.5.12}$$

解(3.5.11)和(3.5.12), 可得

$$x=\pm\frac{10}{3}\sqrt{3},\quad y=\pm\frac{\sqrt{3}}{3},\quad z=\mp\frac{8}{3}\sqrt{3}.$$

同理，由(3.5.10)可得 $x+y+z=\pm9$，把它分别代入(3.5.5)和(3.5.6)中，可得

$$y-z=x-y=\pm1,$$

从而可解得 $x=\pm4, y=\pm3, z=\pm2$．故原方程组的四组解为

$$\left(\frac{10\sqrt{3}}{3},\frac{\sqrt{3}}{3},-\frac{8\sqrt{3}}{3}\right),\quad \left(-\frac{10\sqrt{3}}{3},-\frac{\sqrt{3}}{3},\frac{8\sqrt{3}}{3}\right),\quad (4,3,2),\quad (-4,-3,-2).$$

例 3.5.2　解方程组

$$\begin{cases}x+y+z=13, & (3.5.13)\\ x^2+y^2+z^2=65, & (3.5.14)\\ xy=10. & (3.5.15)\end{cases}$$

解　(3.5.14) + (3.5.15) × 2，得

$$(x+y)^2+z^2=85. \tag{3.5.16}$$

由(3.5.13)得

$$x+y=13-z, \tag{3.5.17}$$

将(3.5.17)代入(3.5.16)得

$$z^2-13z+42=0.$$

解得 $z_1=6, z_2=7$．再由(3.5.15)和(3.5.17)得下面两个方程组

$$\begin{cases}z_1=6,\\ x+y=7,\\ xy=10,\end{cases}\quad 以及\quad \begin{cases}z_2=7,\\ x+y=6,\\ xy=10.\end{cases}$$

分别解这两个方程组，得

$$\begin{cases}x=2,\\ y=5,\\ z=6;\end{cases}\quad \begin{cases}x=5,\\ y=2,\\ z=6;\end{cases}\quad \begin{cases}x=3+\mathrm{i},\\ y=3-\mathrm{i},\\ z=7;\end{cases}\quad \begin{cases}x=3-\mathrm{i},\\ y=3+\mathrm{i},\\ z=7.\end{cases}$$

例 3.5.3　解方程组

$$\begin{cases}x+y+z=10, & (3.5.18)\\ xy+yz+zx=33, & (3.5.19)\\ (x+y)(y+z)(z+x)=294. & (3.5.20)\end{cases}$$

解　由方程(3.5.18)和(3.5.20)可得

$$(10-z)(10-x)(10-y)=294,$$

即

$$1000-100(x+y+z)+10(xy+yz+zx)-xyz=294.$$

由(3.5.18)和(3.5.19)，可得

$$xyz=36. \tag{3.5.21}$$

由(3.5.18), (3.5.19), (3.5.21)可知，x, y, z 是三次方程 $t^3-10t^2+33t-36=0$ 的三个根．解此方程得

$$t_{1,2}=3,\quad t_3=4.$$

所以，原方程组的解是

$$\begin{cases}x_1=3,\\y_1=3,\\z_1=4;\end{cases}\quad\begin{cases}x_2=3,\\y_2=4,\\z_2=3;\end{cases}\quad\begin{cases}x_3=4,\\y_3=3,\\z_3=3.\end{cases}$$

例 3.5.4　解方程组

$$\begin{cases}4^x+(\lg xy)^2=68, & (3.5.22)\\ 2^x+\lg y=8+\lg\dfrac{100}{x}. & (3.5.23)\end{cases}$$

解　由方程(3.5.23)得

$$2^x+\lg xy=10\ . \qquad (3.5.24)$$

令 $2^x=u$，$\lg xy=v$，则方程(3.5.22), (3.5.24)即为

$$u^2+v^2=68\,, \qquad (3.5.25)$$

$$u+v=10\,, \qquad (3.5.26)$$

将(3.5.26)式两边平方，得

$$u^2+2uv+v^2=100\,, \qquad (3.5.27)$$

(3.5.27) − (3.5.25)，得

$$uv=16\ . \qquad (3.5.28)$$

由(3.5.26)和(3.5.28)可知，u,v 是方程 $t^2-10t+16=0$ 的两个根，即

$$u=2\,,\ v=8\quad 或\quad u=8\,,\ v=2\,.$$

当 $2^x=2$，$\lg xy=8$ 时，有 $x=1$，$y=10^8$；

当 $2^x=8$，$\lg xy=2$ 时，有 $x=3$，$y=\dfrac{100}{3}$.

所以，原方程的解是

$$\begin{cases}x_1=1,\\y_1=10^8,\end{cases}\quad\begin{cases}x_2=3,\\y_2=\dfrac{100}{3}.\end{cases}$$

对于二元二次方程组

$$\begin{cases}a_1x^2+b_1xy+c_1y^2+d_1x+e_1y+f_1=0,\\a_2x^2+b_2xy+c_2y^2+d_2x+e_2y+f_2=0,\end{cases}$$

如果方程组的系数具有以下条件，消去有关的项可以使问题得到化简.

(1) 当 $\dfrac{a_1}{a_2}=\dfrac{b_1}{b_2}=\dfrac{c_1}{c_2}$ 时，可消去所有二次项，从而得到一个一次方程.

(2) 当 $\dfrac{a_1}{a_2}=\dfrac{b_1}{b_2}=\dfrac{d_1}{d_2}\left(或\dfrac{b_1}{b_2}=\dfrac{c_1}{c_2}=\dfrac{e_1}{e_2}\right)$时，可消去所有的 x (或 y)的项，从而得到一个一元二次方程.

(3) 当 $\dfrac{d_1}{d_2}=\dfrac{e_1}{e_2}=\dfrac{f_1}{f_2}$ 时，可消去所有低于二次项的各项，从而得到一个齐次方程.

(4) 当 $\frac{a_1}{a_2}=\frac{d_1}{d_2}=\frac{f_1}{f_2}\left(\text{或}\frac{c_1}{c_2}=\frac{e_1}{e_2}=\frac{f_1}{f_2}\right)$时，可消去所有不含 y (或 x)的项，从而得到一个简化的二元二次方程组.

关于解具体的二元二次方程组，这里就不再举例了.

二、无理方程组

例 3.5.5 解方程组 $\sqrt[3]{x+y}=\sqrt[5]{x+9y}=7x-11y$.

解 设 $\sqrt[3]{x+y}=k$，则

$$\begin{cases} x+y=k^3, & (3.5.29)\\ x+9y=k^5, & (3.5.30)\\ 7x-11y=k. & (3.5.31)\end{cases}$$

由(3.5.29)和(3.5.30)解得

$$\begin{cases} x=\frac{1}{8}(9k^3-k^5), & (3.5.32)\\ y=\frac{1}{8}(k^5-k^3). & (3.5.33)\end{cases}$$

把(3.5.32)和(3.5.33)代入(3.5.31)中，整理得

$$k(k^2-4)(9k^2-1)=0.$$

于是 $k=0$ 或 $k=\pm2$ 或 $k=\pm\frac{1}{3}$，分别代入(3.5.32)和(3.5.33)，可得原方程组的五组解为

$$(0,0),\quad (5,3),\quad (-5,-3),\quad \left(\frac{10}{243},-\frac{1}{243}\right),\quad \left(-\frac{10}{243},\frac{1}{243}\right).$$

三、超越方程组

例 3.5.6 解方程组

$$\begin{cases} 2^x\cdot3^y=648, & (3.5.34)\\ 3^x\cdot2^y=432. & (3.5.35)\end{cases}$$

解 化简(3.5.34)得

$$x+y=7.$$

化简(3.5.35)得

$$y-x=1.$$

解得 $\begin{cases}x=3\\y=4\end{cases}$ 为原方程组的解.

第六节　函数概念的概述

18 世纪，数学从运动的研究中引出了一个基本概念. 在那以后的两百年间，这个概念在许

多数学领域中占据了中心位置，这就是函数概念．尤其是随着分析的兴起和迅猛发展，函数这个概念变得越来越重要，而函数论(主要是复变函数论和实变函数论)由于力学、物理学和技术问题的需要而产生，并迅速发展．可以说，19世纪中后期到20世纪30年代的七八十年间，是函数论的奠基时期与泛函分析的形成时期，发展迅速．在18世纪和19世纪的前半个多世纪里，函数是人们研究最多、最广泛的对象之一．本节主要谈谈与函数论密切相关的函数概论的产生与发展．

在数学不断发展的过程中，函数的概念一次又一次地被扩展和严格化．早在16、17世纪，函数概念尚未明确提出之前，数学家已经接触并研究了不少具体的函数，比如对数函数、三角函数、双曲函数等．1637年左右，尽管笛卡儿在解析几何中已经注意到了一个变量对于另一个变量的依赖关系，但由于当时尚未意识到需要提炼一般的函数的概念，因此直到17世纪后期牛顿、莱布尼茨建立微积分的时候，数学家还没有明确函数的一般定义．从函数定义发展来看，大体可以分为三种：变量说、对应说和关系说．

一、变量说

“变量说”是函数的原始定义，它把函数定义为：依一定规律依赖于一个变量的另一个变量．

在数学上使用“变量”这个概念的，最早的是瑞士数学家约翰·伯努利(Johann Bernoulli, 1667～1748)．他在1698年7月给莱布尼茨的信中已指出函数是“由一些变量和常量组成的量”．1718年他写道：“变量的函数就是变量和常量以任何方式组成的量．”

变量也叫变数，汉语“变数”这个词，是李善兰最先使用的，他在《代微积拾级》的译本(1859)的序中说：“中法之四元，即西法之代数也，……代数以甲、乙、丙、丁诸元代已知数，以天、地、人、物诸元代未知数，微分积分以甲、乙、丙、丁诸元代常数，以天、地、人、物诸元代变数．”

1755年欧拉在《微分学原理》(*Institutiones Calculi Differentialis*)中又给出另一种定义：“如果某些变量，以这样一种方式依赖于另一些变量，即当后面这些变量变化时，前面这些变量也随之而变化，即将前面的变量称为后面变量的函数”(杜石然, 1961)．

在函数的表示方法上，约翰·伯努利曾用X和ξ表示一般的x的函数，至1718年又改为Φ_x．莱布尼茨作为一个了不起的符号发明者，赞同上述作法，同时又提出用x^1，x^2等表示x的函数，以区别同时考虑的几个函数．1734年，欧拉开始使用$f(x)$表示x的函数．他先后给出了函数的三种定义：

(1)“解析表达式”；

(2) 由曲线所确定的关系；

(3)“依赖变化”．

用现代眼光来看，这三种定义都有一定的局限性．定义(1), (3)虽然过于狭窄，但是仍然被现在的一些通俗读物所采用，主要是因为它们直观显明，易于接受．缺点在于过于狭窄，因为有许多函数是没有解析表达式的(尽管一般接触到的函数都可解析表达)．也有的函数并不随自变量x的变化而变化．例如，平信的邮资y是信件x的函数，但只要不超过20克，不管x多重，邮资总是80分，x变y并不变．定义(2)比较接近现代的定义，但不够明确．但不管怎样，欧拉定义对后世的影响极大．

二、对应说与关系说

"对应说"是函数的近代定义，其内容是这样的：给定两个集合 A 和 B，如果按照某一确定的对应法则 f，对于集合 A 内的每一个元素 x 有唯一的一个元素 $y\in B$ 与它相对应，那么 f 就是确定在集合 A 上的函数，A 称为函数的定义域，$f(A)=\{y|y=f(x),x\in A\}$ 称为函数的值域，显然 $f(A)\subseteq B$.

自 17 世纪变量这个概念引入数学以来，人们发现它有很大缺点. 首先，变量的意义是不清楚的，实际上在"20世纪以前，几乎没有认真地讨论过". 后来许多基本概念如极限、函数等逐渐获得了精确的定义，而变量却仍然十分含糊. 一提到变量，自然要涉及时间，而时间在数学中从来没有很好地定义过.

其次，"自变量"这个提法本身是有缺点的，因为变量必定依赖于时间而变，也就是它必定是时间的函数，不可能脱离时间而"自变".

实际发展的需要促使人们对函数的定义作深入的研究. 当时函数概念缺乏科学的定义，引起了理论和实践的尖锐矛盾. 例如，偏微分方程在工程技术中有广泛的应用，但由于没有函数的科学定义，就影响到了偏微分方程理论的建立，也影响了有关工程技术的发展. 直到 19 世纪，随着椭圆函数、超椭圆函数和阿贝尔函数扩大到一般函数，函数的概念才有了实质性的进展，函数出现了两个本质的定义. 1834 年数学家是如此定义函数的：x 的函数是这样一个数，它被每一个 x 所给出，且与 x 一起变化，函数式可以用公式表达出来，也可用某种条件给出，这种条件指出怎样把所有的加数加以验算. 函数关系可以存在而关系本身可以不知道.

这个定义称为"列表定义". 这就像中学代数中的列表法表示函数的值，表中一栏是 x 值，和它对应的一栏是 y 值. 这里建立了变量与函数之间的对应关系，是函数概念的一个重要的发展，因为"对应"是函数概念的一种本质属性与核心部分.

1837 年，人们给函数定义为：如果对于任意 x 的值，相应地有完全确定的 y 值与之对应，那么称 y 为 x 的函数. 在此用什么方法建立对应是完全不重要的.

函数的这个定义的优点，是直截了当地强调与突出了"对应"关系，但忽略了函数变化的思想.

生产实践和科学实验的进一步发展，又引起函数概念新的尖锐矛盾. 20世纪20年代，人类开始对微观物理现象进行研究. 1924 年量子力学问世，在量子力学中需要用到一种新的函数. 例如，当汽车、火车通过桥梁时，自然就对桥梁产生了压力. 从理论上讲，车辆的轮子和桥面的接触点只有一个，因为圆和直线、平面只能相切于一点. 设车辆对轨道、桥面的压力为一个单位，这时在接触点 $x=0$ 处的压强是 $p(0)=$ 压力 ÷ 接触面 $=\dfrac{1}{0}=\infty$，在其余 $x\neq 0$ 处，因无压力，所以没有压强，即 $p(x)=0$. 另外，我们知道压强函数的积分等于压力，即 $\int_{-\infty}^{+\infty}p(x)\mathrm{d}x=1$. 即函数 $p(x)$ 符合下列条件

$$P(x)=\begin{cases}0, & x\neq 0,\\ \infty, & x=0\end{cases} \quad 且 \quad \int_{-\infty}^{+\infty}p(x)\mathrm{d}x=1,$$

我们把这种函数称为 δ 函数.

δ 函数的出现，引起了人们的激烈争论. 按照函数原来的定义，只允许建立数与数之间对应关系，而没有把"∞"作为数. 另外，对于自变量只有一点为非 0 的函数，其积分却不等于 0，这也是不可想象的. 于是，有些数学家并不承认这种函数，他们坚持从老的函数出发，去套

现实中新发现的函数关系. 但是, 由于量子力学运用了这个函数, 并成功地解决了许多科学问题, 因此人们不得不去研究它.

经过上面的几次扩展, 函数 $f(x)$ 已允许连续或不连续地取值了. 但是, x 一般所能取的值是 $a \leqslant x \leqslant b$, 且总被考虑为连续地取值. 随着人们对函数认识的不断深入, 又将函数的定义扩展为: 对于函数 $f(x)$ 中的自变量 x, 不必取区间 $[a,b]$ 上的所有值, 而只取其中的任意一些就可以了. 换句话说, 作为 x, 如果允许它取数中的任意集合, 那么不管这些数是有限个还是无限个都是允许的. 例如, $y = f(x) = \frac{1}{x!}$, 其中自变量 x 只取实数中的正整数. 经过这样的扩展, 函数和自变量具有了更广泛的意义.

20 世纪初, 把函数中的变量限制在数中这个条件也取消了. 变量的定义是: 所谓变量是代表某些非空集合中的任一"元素"的记号. 例如, 在 $\left\{3,\frac{1}{3},6,8\right\}$ 这个由四个元素组成的集合中, 若 x 能代表这个集合的任意元素, 那么 x 就是所谓的"变量". 在这样的定义下, 组成这一集合的元素, 既可以是数也可以不是数. 由此就有了变域的定义: 变量 x 所代表的"元素的集合", 称为这个变量的变域. 常量的定义: 常量是特殊的变量, 它是上述集合中包含一个"元素"情况下的变量. 由变量 x 所代表的任意的元素, 称为这个变量的值. 变量与常量的这种定义, 因为它并不限于代表数, 所以更具有一般性.

19 世纪 70 年代, 德国著名数学家康托尔创立了集合论, 为函数的近代定义铺平了道路. 应用这个变量的概念, 以美国的维布伦(Oswald Veblen,1880～1960)为代表的数学家对函数作了如下的定义: 在变量 y 的集合与另一个变量 x 的集合之间, 如果存在着"对于 x 的每一个值, y 都有唯一确定的值与之对应"这样的关系, 那么, 变量 y 称为变量 x 的函数.

这个定义中的 x, y, 既可以作为数, 也可以作为点; 既可以作为有形之物也可以当作无形的东西. 显然, 这样的变量和函数的定义更有广泛意义. 函数便明确地定义为集合间的对应关系. 再经后人的加工, 这一定义便成为我们所看到的近代函数的定义. 在高中阶段, 基本上采用这一定义, 只不过把集合限定为非空数集.

后来, 在康托尔所创造的集合论的基础上, 出现了一个包含了今天的数学以及其他学科中所用的集合函数的概念:

对于以集合为元素而构成的集合 P 的每一个元素 A, 如果在另一个集合 Q 中有完全确定的元素 B 与之对应, 那么, 集合 Q 称为集合 P 的集合函数.

我们可以看出, 当集合 P, Q 中的元素 A,B (A, B 本身也是一个集合)是由唯一的元素构成时, 那么上述定义就是维布伦的定义.

"关系说"是函数的现代定义, 它把函数定义为满足条件"若 $(x_1, y_1) \in f, (x_1, y_2) \in f$, 则 $y_1 = y_2$"的二元关系 f.

1914 年, 豪斯多夫(F. Hausdorff, 1868～1942)在他的名著《集合论纲要》中用"序偶"来定义函数, 它克服了"对应说"中意义不明确的"对应"概念, 不过又引入了序的概念.

1921 年, 波兰的库拉托夫斯基(K. Kuratowski,1896～1980)用集合的概念定义了序偶. 即集合 $(a,b) = \{\{a\},\{b\}\}$ 称为一个序偶. 这样就避免了先定义"序"的概念, 而只涉及一个集合的概念.

20 世纪 60 年代被广泛采用的函数定义是: 设 f 是一个序偶的集合, 如果当 $(x,y) \in f$, 且 $(x,z) \in f$ 时, $y = z$, 则 f 称为一个函数.

这个定义中，只牵涉一个集合的概念，序偶也是用集合来定义的. 而集合本身是一个不定义的概念或原始概念.

“关系说”给出了函数的最一般性、最形式化和最严格的定义. 目前，某些国家的中学教材中已采用这一定义. 但由于这一定义中函数的原始思想——反映事物在变化过程中量与量之间的相互依赖关系，完全被抽象的形式淹没了，没有原始定义生动直观，所以在许多国家的中学教材中(包括中国)没有采用关系说.

目前使用较多的定义有以下三种.

定义 3.6.1 设在某个变化过程中有两个变量 x,y，如果对于变量 x 在某一范围内的每一个确定的值，y 都有唯一确定的值与它相对应，那么就说 y 是 x 的函数，x 称为自变量.

这个定义强调了两个变量之间的依赖关系，所以我们称之为函数的“变量说”. 这一定义形象、直观，用比较通俗的语言揭示了函数概念的本质，明确了一个函数的三要素，容易被初学者接受和理解，我国初等教材就是采用这种函数的定义的.

定义 3.6.2 设 A,B 是两个非空的数集，如果按照某种确定的对应法则 f，对于集合 A 中的任意一个数 x，在集合 B 中都有唯一确定的数 $f(x)$ 与之相对应，这样的对应 f 称为从集合 A 到 B 的一个函数，记作 $f:A\xrightarrow{f}B$ 或 $A\to B$，也可记作 $y=f(x)$，$x\in A$，其中 x 称为自变量，x 的取值范围 A 称为函数 f 的定义域(domain);与之相对应的 y 值称为函数值，函数值的集合 $\{f(x)\mid x\in A\}$ 称为函数的值域(range).

这个定义明确地指出了函数的构成要素：定义域、值域以及对应法则，清楚地表述了函数的实质——两个集合元素之间的某种对应关系，从而澄清了“函数即变量”等模糊认识，我国现行高中数学教材采用了这种定义形式. 由于它是在集合与对应的基础上给出的，所以我们称之为“映射说”或“对应说”.

定义 3.6.3 以 A 为定义域，B 为值域的函数 f 是一个满足下列条件的关系：

(1) A 中每一个元素 a，存在 $b\in B$，使得 $(a,b)\in f$；

(2) 若 $(a,b_1)\in f,(a,b_2)\in f$，则 $b_1=b_2$.

这一定义把“对应法则”精确化，将函数概念建立在“集合”这一基本概念上，即用“集合”定义关系，用关系来定义函数，于是称之为“关系说”. 其中的(1), (2)分别刻画了函数概念的两条本质属性——处处定义性和单值性.

由于“关系说”定义仅涉及集合概念，因此可以用它表述函数的一般理论. 但是当讨论某个具体函数时，这种定义的方式并不方便，因此在以下的讨论中，我们还是采用定义 3.6.1 和定义 3.6.2 两种定义形式.

关于函数的相等，定义 3.6.2 明确指出构成函数的三要素，而值域又是由定义域和对应关系决定的，所以，如果两个函数的定义域与对应关系完全相同，我们就称这两个函数相等.

第七节 初等函数性质的判定

一、初等函数

(一) 反函数

定义 3.7.1 设 $y=f(x)$ 是定义在 $D(f)$ 上的一个函数，其值域为 $R(f)$，如果对每一个

$y \in R(f)$ 有唯一确定的 $x \in D(f)$ 与之对应，且满足 $y = f(x)$，其对应法则记为 f^{-1}，则此定义在 $R(f)$ 上的函数为 $x = f^{-1}(y)$，并称之为 $y = f(x)$ 的反函数.

习惯上把自变量换成 x，因变量换成 y，因此 $y = f(x)$ 的反函数为 $y = f^{-1}(x)$．于是求反函数分为以下两步:

第一，由 $y = f(x)$ 解出 x；

第二，x 与 y 互相交换.

函数与其反函数图象关于直线 $y = x$ 对称.

例 3.7.1　求函数 $y = \sqrt{1-x}$ 的反函数.

解　由 $y = \sqrt{1-x}$ 解得 $x = 1 - y^2$，将式中的自变量 y 与因变量 x 作一对换，则求得 $y = \sqrt{1-x}$ 的反函数为 $y = 1 - x^2$.

并非所有函数都有反函数，如 $f(x) = 2$ 就没有反函数，实际上只有一一对应的函数才有反函数.

严格单调的函数必有反函数，而且它们的单调性是一致的，如 $y = \mathrm{e}^x$ 是单调增加的，其反函数 $y = \ln x$ 也是单调增加的.

(二) 复合函数

先看一个例子，设 $y = \mathrm{e}^u, u = x^2$，用 x^2 去替代第一式中的 u，得 $y = \mathrm{e}^{x^2}$，可以认为函数 $y = \mathrm{e}^{x^2}$ 由 $y = \mathrm{e}^u$ 及 $u = x^2$ 复合而成，此类函数称为复合函数.

定义 3.7.2　设 $y = f(u)$，而 $u = \varphi(x), x \in D$，D 为一实数集，如果对于每一个 $x \in D$，通过 $u = \varphi(x)$，有唯一确定的值 u，并且 $y = f(u)$ 在 u 处有定义，从而确定 y 值与之对应，这样就得到一个以 x 为自变量，以 y 为因变量的函数，这个函数被称为由 $y = f(u)$ 和 $u = \varphi(x)$ 复合而成的复合函数，记为 $y = f[\varphi(x)]$．并称 x 为自变量，u 为中间变量.

由此定义，当里层函数的值域不包含于外层函数的定义域时，只要两者有公共部分，可以限制里层函数的定义域，使其对应的值域包含于外层函数定义域，就可以构成复合函数了.

例如，函数 $y = \sin^2 x$ 是由 $y = u^2$ 和 $u = \sin x$ 复合而成的复合函数．$y = u^2$ 的定义域 $D = \mathbf{R}$，$u = \varphi(x) = \sin x$ 的值域包含于 D.

再如，函数 $y = \arccos u$ 及 $u = 3 + x^2$ 就不能组成复合函数，原因是 $u = 3 + x^2$ 的值域 $[3, +\infty)$ 与 $y = \arccos(3 + x^2)$ 的定义域的交集为空集．对于 $u = 3 + x^2$ 的定义域 $\mathbf{R}$ 内的任何 x 值，形式上的复合函数 $y = \arccos(3 + x^2)$ 均无意义，不能构成复合函数.

复合函数可以由两个以上的函数复合而成．要会将几个函数合成一个复合函数，也要会将一个复合函数拆成(分解)若干个函数，后者对于导数运算尤为重要.

(三) 初等函数

定义 3.7.3　通常，我们把下列六类函数称为**基本初等函数**:

①常数函数(C 为常数)；②幂函数；③指数函数；④对数函数；⑤正弦函数；⑥反正弦函数.

在上述各类函数中，自变量分别属于各解析式的定义域.

定义 3.7.4　由基本初等函数经过有限次的代数运算及有限次的函数复合所得到的函数称

为初等函数. 基本初等函数的一个重要的特点是它能通过一个统一的代数式在定义域上表达出来.

例如，$f(x)=\dfrac{\sqrt[3]{1+2x}}{(x-1)^3}$，$y=\log_2(x+\sin x)$ 都是初等函数. 而 $y=[x]$，$y=\begin{cases}2\sqrt{x}, & 0\leqslant x\leqslant 1,\\ x, & x>1\end{cases}$ 则不是初等函数，因为前一个函数不能用基本初等函数经过有限次代数运算及函数的复合构成，而后一函数在区间 $[0,1]$ 上不能只用一个解析式表示. 同样 $f(x)=1+x+x^2+\cdots$ 也不是初等函数，因为它不是通过基本初等函数有限次的代数运算构成的.

定义 3.7.5　如果一个函数是用基本初等函数 $f_1(x)=x$ 和 $f_2(x)=c$ 经过有限次代数运算(加、减、乘、除、乘方、开方)所得到的初等函数，则称为初等代数函数. 不是代数函数的初等函数称为初等超越函数.

例如，$y=3x^4+6x^2-5$ $y=\sqrt{\dfrac{3x+2}{4x+3}}+x^3$ 都是初等代数函数. 而 $y=\tan x+\cot x$，$y=\ln(5x+3)$, $y=\arccos\dfrac{4x}{x^2+3}$ 都是初等超越函数.

代数函数又可分为有理函数和无理函数：由 $f_1(x)=x$ 和 $f_2(x)=c$ 经过有限次加、减、乘、除四则运算所得到的代数函数称为有理函数；不是有理函数的代数函数称为无理函数.

例如，$y=3x^4+6x^2-5$ 是有理函数，而 $y=\sqrt{\dfrac{3x+2}{4x+3}}+x^3$ 是无理函数.

在有理函数中，如果仅用到加、减、乘运算所得到的函数称为有理整函数，否则称为有理分式函数. 例如，$y=3x^4+6x^2-5$ 是有理整函数，而 $y=\dfrac{x^2-3x+1}{(x-3)^3}$ 就是一个有理分式函数.

初等函数可用一个解析式表达，因此初等函数的分类常借助于函数解析式的分类，如图 3-3 所示.

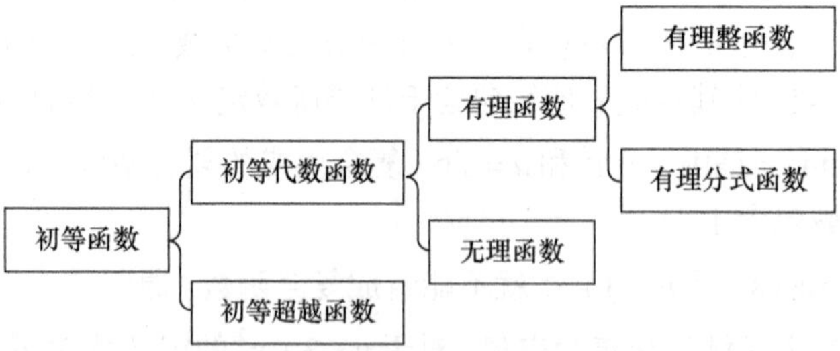

图 3-3　初等函数的分类

应当注意，对初等函数进行分类时，不能只看解析式，还要看对应法则. 例如，$f(x)=3^{\log_3(1+x^2)}$，从外表来看，像是超越函数，但是它的对应法则可以用代数运算 $y=1+x^2$ 表示出来，所以它是一个代数函数. 类似地，函数 $y=\sqrt[2]{x^4}$ 从外表来看是无理函数，但实际上它的对应法则是用 $y=x^2$ 来表示的，所以这个函数是有理函数.

无理指数的幂函数、指数函数、对数函数、三角函数与反三角函数统称为基本初等超越函数. 它们都不是代数函数. 证明一个初等函数是超越函数通常用反证法.

定理 3.7.1　无理指数的幂函数 $y=x^{\alpha}$ ($x>0,\alpha$ 是无理数)是超越函数.

证明　若存在非零多项式 $P(x,y)$，使 $P(x,x^{\alpha})\equiv 0$ 成立，即

$$P(x,x^{\alpha})=P_n(x)x^{n\alpha}+P_{n-1}(x)x^{(n-1)\alpha}+\cdots+P_0(x)\equiv 0\quad (P_n(x)\neq 0). \tag{3.7.1}$$

设

$$P_n(x)=b_mx^m+b_{m-1}x^{m-1}+\cdots+b_0\quad (b_m\neq 0),$$

代入方程(3.7.1), 右端整理得

$$b_mx^{n\alpha+m}+\beta_1x^{n_1\alpha+m_1}+\beta_2x^{n_2\alpha+m_2}+\cdots+\beta_kx^{n_k\alpha+m_k}+\cdots=0, \tag{3.7.2}$$

这里 $\beta_1,\beta_2,\cdots$ 均为实数; $m_1,m_2,m_3,\cdots$ 和 $n_1,n_2,n_3,\cdots$ 为非负数.

由于恒等式成立, 则 $b_mx^{n\alpha+m}$ 就应与后面某项相抵消, 不妨设它与第 $k+1$ 项 $\beta_kx^{n_k\alpha+m_k}$ 相抵消, 则必有 $n\alpha+m=n_k\alpha+m_k$，即 $m-m_k=(n_k-n)\alpha$ 成立.

(1) 若 $n_k\neq n$, 则得整数等于无理数的谬论;

(2) 若 $n_k=n$, 则 $m=m_k$，第 $k+1$ 项就是首项, 然而, 首项不会同自身相抵消, 故上式不能成立，即首项 $b_mx^{n\alpha+m}$ 不能消去. 因此， $y=x^{\alpha}$ ($x>0,\alpha$ 是无理数)不能满足代数方程 $P(x,y)=0$. 故它是超越函数.

定理 3.7.2　指数函数 $y=a^x(a>0,a\neq 1)$ 是超越函数.

证明　假设存在非零多项式 $P(x,y)$，使 $P(x,a^x)\equiv 0$ 成立，即

$$P(x,a^x)=P_n(x)a^{nx}+P_{n-1}(x)a^{(n-1)x}+\cdots+P_0(x)\equiv 0\quad (P_n(x)\neq 0). \tag{3.7.3}$$

设 m 是 $P_n(x)$ 的次数, 可将

$$P_n(x)=b_mx^m+b_{m-1}x^{m-1}+\cdots+b_0\quad (b_m\neq 0)$$

代入方程(3.7.3).

对于 $a>1$ 的情形: 将(3.7.3)式左边各项的 $a^{nx}x^m$ 提出得

$$a^{nx}x^m\left[b_m+\frac{b_{m-1}}{x}+\cdots+\frac{b_0}{x^m}+\frac{P_{n-1}(x)}{a^xx^m}+\cdots+\frac{P_0(x)}{a^{nx}x^m}\right]\equiv 0, \tag{3.7.4}$$

但

$$\lim_{x\to+\infty}\left[b_m+\frac{b_{m-1}}{x}+\cdots+\frac{b_0}{x^m}+\frac{P_{n-1}(x)}{a^xx^m}+\cdots+\frac{P_0(x)}{a^{nx}x^m}\right]=b_m\neq 0$$

且

$$\lim_{x\to+\infty}a^{nx}x^m=+\infty,$$

因此, 当 $x\to+\infty$ 时, (3.7.4)式左端绝对值极限等于 $+\infty$. 这时对足够大的 $|x|$, (3.7.4)式不等于零, 与假设矛盾.

对于 $0<a<1$ 的情形: 可用 $\left(\dfrac{1}{a}\right)^x$ 代替 a^x, 类似可以证明.

定理 3.7.3　三角函数是超越函数.

证明　先证明 $y=\sin x$ 是超越函数.

假设 $y=\sin x$ 是代数函数, 则有 $P(x,\sin x)\equiv 0$. 将 $P(x,\sin x)$ 按 $\sin x$ 的降幂排列, 可得

$$P(x,\sin x)=P_n(x)\sin^n x+P_{n-1}(x)\sin^{n-1}x+\cdots+P_0(x)\equiv 0 \quad (P_n(x)\neq 0). \tag{3.7.5}$$

在(3.7.5)式中，令 $x=k\pi$ $(k\in \mathbf{Z})$，得 $P_0(k\pi)\equiv 0$，所以

$$P_0(x)=0.$$

再由(3.7.5)得

$$\sin x[P_n(x)\sin^{n-1}x+P_{n-1}(x)\sin^{n-2}x+\cdots+P_1(x)]\equiv 0. \tag{3.7.6}$$

由于只有在 $x=k\pi$ 时，$\sin x=0$ 成立，所以对于所有的 $x\neq k\pi$，等式

$$P_n(x)\sin^{n-1}x+P_{n-1}(x)\sin^{n-2}x+\cdots+P_1(x)=0 \tag{3.7.7}$$

一定成立，但(3.7.7)式左端是一个关于 x 的连续函数，所以当 $x=k\pi$ 时(3.7.7)式也成立，因而有

$$P_n(x)\sin^{n-1}x+P_{n-1}(x)\sin^{n-2}x+\cdots+P_1(x)\equiv 0. \tag{3.7.8}$$

重复对(3.7.5)式进行的推理，可证得

$$P_1(x)=0,$$

同理可得

$$P_2(x)=P_3(x)=\cdots=P_n(x)=0,$$

这与 $P_n(x)\neq 0$ 的假设矛盾.

因此，正弦函数 $y=\sin x$ 是超越函数.

同理可证，余弦函数、正切函数、余切函数等三角函数都是超越函数.

二、初等函数性质

(一) 单调性

定义 3.7.6 设函数 $y=f(x)$ 在区间 (a,b) 内有定义，若对区间 (a,b) 内任意两点 x_1,x_2，当 $x_1<x_2$ 时，恒有 $f(x_1)<f(x_2)$，则称函数 $f(x)$ 在区间 (a,b) 内单调增加，相应的区间 (a,b) 称为 $f(x)$ 的单调增加区间；反之，若对区间 (a,b) 内任意两点 x_1,x_2，当 $x_1<x_2$ 时，恒有 $f(x_1)>f(x_2)$，则称函数 $f(x)$ 在区间 (a,b) 内单调减少，相应区间 (a,b) 称为 $f(x)$ 的单调减少区间.

单调增加与单调减少函数统称为单调函数.

例 3.7.2 判断函数 $y=x^3$ 的单调性.

解 由于 $y=x^3$ 在 $(-\infty,+\infty)$ 内有定义，对于任意 $x_1,x_2\in(-\infty,+\infty)$，且 $x_1<x_2$，有

$$f(x_2)-f(x_1)=x_2^3-x_1^3=(x_2-x_1)(x_1^2+x_1x_2+x_2^2),$$

当 x_1,x_2 异号时，有

$$x_1x_2\leqslant 0,\quad x_1^2+x_1x_2+x_2^2=(x_1+x_2)^2-x_1x_2>0,$$

故

$$f(x_2)-f(x_1)>0;$$

当 x_1,x_2 同号时，有

$$x_1x_2\geqslant 0,\quad x_1^2+x_1x_2+x_2^2>0,$$

故

$$f(x_2)-f(x_1)>0.$$

即对任意$x_1,x_2\in(-\infty,+\infty)$，且$x_1<x_2$，均有$f(x_2)>f(x_1)$. 所以，$y=x^3$在$(-\infty,+\infty)$上是单调增加函数.

如果能作出函数的图象，那么这个函数的单调性很容易得到，如$y=x^2$是一条抛物线，它在$(-\infty,0)$上单调减少，在$(0,+\infty)$上单调增加.

以后利用导数工具能很方便地判断函数的单调性.

(二) 有界性

定义 3.7.7　设函数$y=f(x)$在区间(a,b)内有定义，如果存在一个正数M，对于所有的$x\in(a,b)$，恒有$|f(x)|\leqslant M$，则称函数$f(x)$在区间(a,b)内是有界的，如果不存在这样的正数M，则称函数$f(x)$在区间(a,b)内是无界的.

由于$|\sin x|\leqslant 1$，所以$f(x)=\sin x$在$(-\infty,+\infty)$上是有界的.

函数$y=\sin\dfrac{1}{x}$在$(0,+\infty)$内有定义，对任意的一个$x\in(0,+\infty)$，均有$\left|\sin\dfrac{1}{x}\right|\leqslant 1$，所以函数$y=\sin\dfrac{1}{x}$在$(0,+\infty)$内是有界的.

函数$y=\dfrac{1}{x}$在$(0,1)$和$[1,+\infty)$内都有定义，但在$(0,1)$内是无界的，在$[1,+\infty)$内是有界的.

(三) 奇偶性

定义 3.7.8　设函数$y=f(x)$的定义域D关于原点O对称，那么：①若对任何$x\in D$，恒有$f(-x)=f(x)$，则称函数为偶函数；②若对任何$x\in D$，恒有$f(-x)=-f(x)$，则称函数为奇函数.

在几何上，偶函数的图象关于y轴对称，奇函数的图象关于原点中心对称.

除了奇函数和偶函数以外，还存在大量的非奇非偶函数，可以证明任何一个函数一定能写成一个奇函数和一个偶函数之和.

x的奇次幂是奇函数，x的偶次幂是偶函数.

两个奇函数的积是偶函数，两个偶函数的积是偶函数，奇函数与偶函数的积是奇函数.

例 3.7.3　判断函数$f(x)=x^2\sin x$的奇偶性.

解　函数$f(x)=x^2\sin x$的定义域为$(-\infty,+\infty)$，对于任意一个$x\in(-\infty,+\infty)$，有

$$f(-x)=(-x)^2\sin(-x)=-x^2\sin x=-f(x),$$

所以$f(x)=x^2\sin x$为奇函数.

例 3.7.4　判断函数$f(x)=\sqrt{1-x^2}$的奇偶性.

解　函数$f(x)=\sqrt{1-x^2}$的定义域为$[-1,1]$，对于任意一个$x\in[-1,1]$，有

$$f(-x)=\sqrt{1-(-x)^2}=\sqrt{1-x^2}=f(x),$$

所以函数$f(x)=\sqrt{1-x^2}$是偶函数.

例 3.7.5　判断函数$f(x)=\cos x+\sin x$的奇偶性.

解　函数$f(x)=\cos x+\sin x$的定义域为$(-\infty,+\infty)$，对于任意一个$x\in(-\infty,+\infty)$，有

$$f(-x)=\cos(-x)+\sin(-x)=\cos x-\sin x,$$

$f(-x)\neq f(x)$ 且 $f(-x)\neq -f(x)$，所以 $f(x)=\cos x+\sin x$ 为非奇非偶函数.

(四) 周期性

定义 3.7.9 设函数 $y=f(x)$ 的定义域为 D，若存在正的常数 l，使得对任意的 $x\in D$，$x+l\in D$，满足 $f(x+l)=f(x)$，则称函数 $f(x)$ 为周期函数，满足这个等式的正数 l，称为函数的周期，通常所说的周期是指最小正周期.

例如，函数 $y=\sin x$ 是以 2π 为周期的周期函数；$y=\tan x$ 是以 π 为周期的周期函数.

第八节 数学教学中的方程与函数思想

函数与方程是中学数学的重要内容之一，又是初等数学和高等数学衔接的枢纽，特别在应用意识日益加深的今天，函数与方程的实质是揭示了客观世界中量的相互依存又互有制约的关系，因而函数与方程思想的教学，既有着不可替代的重要位置，又有着重要的现实意义.

一、方程思想

方程的发展在很大程度上依赖于符号的创造、使用和推广. 现在数学使用的符号几乎都是15世纪以后产生的，虽然在此之前人们也使用一些符号，但是数量极少，而且不具有统一性和延续性.

古代数学主要是由各地、各民族自己的文字语言直接描述客观现象中的数量关系，这样也就极大地阻碍了方程的发展.

纵观方程思想的发展，我们可以发现，在解方程理论的初期形成阶段，人们关心的是解决实际问题，其次才是方法上的完善. 随着数学模型的建立，人们对模型本身和方法的研究就大大地超过了对实际问题的考虑，因此，我们有理由说，方程的思想本质上体现了模式构造的思想.

方程思想的核心是运用数学的符号化语言，将问题中已知量和未知量(或参变量)之间的数量关系，抽象为方程(或方程组)、不等式等数学模型，然后通过对方程(或方程组)、不等式的变换求出未知量的值，使问题获解，方程思想体现了已知与未知的对立统一. 因此，掌握方程思想可分为以下三步.

(1) 学会代数设想. 假定问题已解，即未知量客观存在且假设它已求出，然后用字母代表未知量，且与已知量平等对待.

(2) 学会代数翻译. 透彻分析实际问题中已知量和未知量之间的关系，将用自然语言表达的实际问题翻译成用符号化语言表达的方程或不等式.

(3) 掌握解方程的思想.

(一) 将函数问题转化为方程问题

例 3.8.1 已知抛物线 $y=ax^2+4x+a+3$ 的最高点的纵坐标为 0，求 a 的值.

思考与分析 $y=ax^2+4x+a+3$ 的最高点的纵坐标为 0，说明顶点在 x 轴上，即抛物线与 x 轴只有一个交点，所以方程 $ax^2+4x+a+3=0$ 有两个相等的实数根，因此根据 $\varDelta=0$ 可求得 a.

(二) 构造方程探索问题的解

例 3.8.2 若 $9\cos B+3\sin A+\tan C=0\left(B\neq k\pi+\dfrac{\pi}{2},k\in\mathbf{Z}\right)$，且 $\sin^2 A-4\cos B\tan C=0$，求证：$\tan C=9\cos B$.

思考与分析 由已知等式中的常数 $9=3^2$，联想到构造一元二次方程

$$\cos B\cdot x^2+\sin A\cdot x+\tan C=0. \tag{3.8.1}$$

其中 3 为方程(3.8.1)的根，又因为 $\Delta=\sin^2 A-4\cos B\cdot\tan C=0$，所以方程(3.8.1)有两个相等的根 $x_1=x_2=3$，由韦达定理可得 $\tan C=9\cos B$. 利用恒等式或等式和方程间的内在联系构造方程来解答，可以很巧妙地化繁为简.

例 3.8.3 若 $(z-x)^2-4(x-y)(y-z)=0$，求证：x,y,z 成等差数列.

思考与分析 因为所给等式左边可写成 $b^2-4ac=0$ 的形式，所以想到构造方程

$$(x-y)t^2+(z-x)t+(y-z)=0.$$

若 $x=y$，则由已知又得到 $x=z$，结论显然成立；若 $x\neq y$，由方程各项系数之和为 0 及 $\Delta=0$ 可得，方程有两个相等的实数根 1，所以

$$1=\frac{y-z}{x-y},\quad 即\ x-y=y-z.$$

故 x,y,z 成等差数列.

例 3.8.4 已知 $a,b,c\in\mathbf{R}$，且 $a+b+c=0$，$abc=1$，求证：a,b,c 中必有一个不小于 $\dfrac{3}{2}$.

思考与分析 由所给条件的形式，容易联想到韦达定理. 因为 a,b,c 必有一个大于 0，不妨设 $c>0$，则 $a+b=-c$，$ab=\dfrac{1}{c}$，于是，a,b 是方程 $x^2+cx+\dfrac{1}{c}=0$ 的两根. 再由已知条件和根的判别式可得 $c\geqslant\dfrac{3}{2}$.

例 3.8.3 的解答中，方程的构造利用了根的判别式. 例 3.8.4 的解答中，方程的构造利用了韦达定理. 数学解题中，利用所给条件的特殊性构造一元二次方程间接地解答原问题，是一种常用的方程思想.

构造方程的思想体现了一种思维的创造性，这种创造性常常依赖于对问题的整体性认识和把握，依赖于思维的抽象水平，即运用符号化语言建立方程模型的能力.

(三) 运用方程思想求参数的取值范围

根据题意，运用符号化语言建立含参数的不等式来求参数的取值范围，是方程思想的重要发展.

例 3.8.5 已知椭圆 C 的方程为 $\dfrac{x^2}{4}+\dfrac{y^2}{3}=1$，试确定 m 的取值范围，使得对于 $y=4x+m$，椭圆 C 上有不同的两点关于该直线对称.

思考与分析 由题意，需求 m 满足的不等式. 设椭圆 C 上存在两点 A, B 关于直线 $y=4x+m$ 对称，AB 的中点 $M(x_0,y_0)$ 与椭圆中心 O 的连线的斜率为 k_{OM}，则

$$k_{OM}\cdot k_{AB}=-\frac{3}{4},\quad k_{AB}=-\frac{1}{4},\quad k_{OM}=3,$$

所以，OM 的方程为 $y=3x$，解方程组

$$\begin{cases}y=4x+m,\\ y=3x,\end{cases}$$

可得 $M(-m,-3m)$．由点 M 在 C 的内部得

$$\frac{(-m)^2}{4}+\frac{(-3m)^2}{3}<1,$$

解上述不等式即可得 m 的取值范围.

例 3.8.6　设 $A,B,C\in(0,\pi)$，并且满足 $\cos A+\cos B+\cos C=1+4\sin\frac{A}{2}\sin\frac{B}{2}\sin\frac{C}{2}$，求证：$A+B+C=\pi$.

证明　把已知等式化为

$$\sin^2\frac{A}{2}+\sin^2\frac{B}{2}+\sin^2\frac{C}{2}+2\sin\frac{A}{2}\sin\frac{B}{2}\sin\frac{C}{2}-1=0,$$

看作关于 $\sin\frac{A}{2}$ 的方程，可用方程思想求解. 构造一元二次方程

$$x^2+2\sin\frac{B}{2}\sin\frac{C}{2}x+\sin^2\frac{B}{2}+\sin^2\frac{C}{2}-1=0,$$

则上述方程的正根是 $x=\sin\frac{A}{2}$，由于

$$\varDelta=4\sin^2\frac{B}{2}\sin^2\frac{C}{2}-4\left(\sin^2\frac{B}{2}+\sin^2\frac{C}{2}-1\right)=4\cos^2\frac{B}{2}\cos^2\frac{C}{2},$$

由求根公式得

$$\sin\frac{A}{2}=-\sin\frac{B}{2}\sin\frac{C}{2}+\cos\frac{B}{2}\cos\frac{C}{2}=\cos\frac{B+C}{2}=\sin\left(\frac{\pi}{2}-\frac{B+C}{2}\right),$$

依题设有

$$\frac{A}{2},\frac{\pi}{2}-\frac{B+C}{2}\in\left(-\frac{\pi}{2},\frac{\pi}{2}\right),$$

故

$$\frac{A}{2}=\frac{\pi}{2}-\frac{B+C}{2},$$

即

$$A+B+C=\pi.$$

例 3.8.7　设 $0<\alpha<1,\alpha>0,\beta>0$, 试求点 $(\alpha^\alpha+\alpha^\beta,\alpha^{2\alpha}+\alpha^{2\beta})$ 存在的范围.

思考与分析　初看此题，似乎很难，条件与结论相距太远了，观察所求点的横、纵坐标，发现两者之间存在如下的关系：

$$\alpha^{2\alpha}+\alpha^{2\beta}=(\alpha^\alpha+\alpha^\beta)^2-2\alpha^\alpha\alpha^\beta,$$

其中 $\alpha^\alpha+\alpha^\beta$ 与 $\alpha^\alpha\alpha^\beta$ 使我们联想起构造一元二次方程

$$t^2-(\alpha^\alpha+\alpha^\beta)t+\alpha^\alpha\alpha^\beta=0, \tag{3.8.2}$$

显然此方程的两根在 $(0,1)$ 内.

设 $x=\alpha^\alpha+\alpha^\beta$，$y=\alpha^{2\alpha}+\alpha^{2\beta}$，则

$$y=x^2-2\alpha^\alpha\alpha^\beta,$$

于是

$$\alpha^\alpha\alpha^\beta=\frac{1}{2}(x^2-y),$$

从而方程(3.8.2)化为

$$t^2-xt+\frac{1}{2}(x^2-y)=0. \tag{3.8.3}$$

作辅助函数 $f(t)=t^2-xt+\frac{1}{2}(x^2-y)$，其图象为开口向上的抛物线.

因为方程(3.8.2)的两根在 $(0,1)$ 内，由图象可知

$$f(0)>0,\quad f(1)>0,\quad f\left(\frac{x}{2}\right)\leqslant 0,$$

即

$$y<x^2,\quad y<(x-1)^2+1,\quad y\geqslant\frac{1}{2}x^2,$$

所以点 $(\alpha^\alpha+\alpha^\beta,\alpha^{2\alpha}+\alpha^{2\beta})$ 存在的范围是上述函数图象的公共部分.

例 3.8.8　已知 $a,b,c\in\mathbf{R}$，证明 a,b,c 为正数的充要条件为

$$\begin{cases}a+b+c>0,\\ ab+bc+ca>0,\\ abc>0.\end{cases}$$

思考与分析　证法 1　必要性显然.

充分性: 观察命题的条件，可以看到 $a+b+c,ab+bc+ca,abc$ 恰好是 a,b,c 的一次、二次、三次轮换对称式，这就使我们联想到一元三次方程根与系数的关系.

令 $a+b+c=p,ab+bc+ca=q,abc=r$，则 a,b,c 为方程

$$f(x)=x^3-px^2+qx-r=0$$

的三个根. 这样，可以利用反证法证明如下:

设 a,b,c 不全大于 0，不失一般性，可设 $x=a\leqslant 0$，则因为 $p,q,r>0$，不管 $a<0$ 还是 $a=0$ 均可推得

$$f(a)=a^3-pa^2+qa-r<0.$$

这与 a 是方程 $f(x)=0$ 的根矛盾.

证法 2　必要性显然.

充分性: 因为 $abc>0$，所以 a,b,c 均为正数或两负一正.

下证两负一正不可能.

不失一般性，假设 $a<0,b<0,c>0$. 以下设法转化为一元二次函数来求.

因为 $a+b+c>0$，所以 $c>-(a+b)$. 又 $a+b<0$，两边同时乘以 $(a+b)$，得

$$ac+bc<-a^2-2ab-b^2.$$

上式两边相加上 ab，得

$$ab+bc+ca<-a^2-ab-b^2.$$

将上面右式看成关于 a 的一元二次函数，配方

$$ab+bc+ca<-\left(a+\frac{b}{2}\right)^2-\frac{3}{4}b^2<0,$$

与已知 $ab+bc+ca>0$ 矛盾.

所以 $a>0,b>0,c>0$.

例 3.8.9 解方程组 $\begin{cases}x+ay+a^2z=a^3,\\x+by+b^2z=b^3,\\x+cy+c^2z=c^3,\end{cases}$ 其中 a,b,c 互不相等.

思考与分析 这是一个含有 x,y,z 的三元一次方程组，不论用消元法或行列式去解，计算都比较复杂. 如果仔细观察，就可以发现三个方程的结构是一致的. 若把方程组改写为

$$\begin{cases}a^3-za^2-ya-x=0,\\b^3-zb^2-yb-x=0,\\c^3-zc^2-yc-x=0,\end{cases}$$

那么，可以认为 a,b,c 就是以 $1,-z,-y,-x$ 为系数的一元三次方程

$$t^3-zt^2-yt-x=0$$

的三个根. 已知该方程的三个根，怎样求系数中的 x,y,z？

因此，可由韦达定理得到

$$\begin{cases}a+b+c=z,\\ab+bc+ca=-y,\\abc=x,\end{cases}$$

即

$$\begin{cases}x=abc,\\y=-(ab+bc+ca),\\z=a+b+c.\end{cases}$$

例 3.8.10 已知 $xy+x+y=71$，$x^2y+xy^2=1260$，x,y 为正整数，求 x^2+y^2 的值.

思考与分析 把 xy 看成整体 u，$x+y$ 看成整体 v，即

$$xy=u,\quad x+y=v.$$

则原式 $xy+x+y=71$ 可写为 $u+v=71$. 于是联想到“构造一元二次方程求解法”，

$$x^2y+xy^2=1260\Rightarrow uv=1260\Rightarrow\begin{cases}u=35,\\v=36\end{cases}\text{或}\begin{cases}u=36\\v=35\end{cases}$$

$$\Rightarrow x^2+y^2=(x+y)^2-2xy=v^2-2u=1226\text{或}1153.$$

例 3.8.11 求值：$\sqrt[3]{2+\sqrt{5}}+\sqrt[3]{2-\sqrt{5}}$.

解　令 $x=\sqrt[3]{2+\sqrt{5}}+\sqrt[3]{2-\sqrt{5}}$，则

$$x^3=-3\left(\sqrt[3]{2+\sqrt{5}}+\sqrt[3]{2-\sqrt{5}}\right)+4,$$

即只需解方程

$$x^3+3x-4=0,\quad 即\ (x-1)(x^2+x+4)=0,$$

因为 $x^2+x+4>0$，所以 $\sqrt[3]{2+\sqrt{5}}+\sqrt[3]{2-\sqrt{5}}=1$.

二、函数思想

函数是中学数学中最基本、最重要的内容之一，是贯穿于中学数学的一条主线，是学习高等数学的基础. 学习函数最重要的是树立函数思想，就是用运动变化的观点，分析和研究具体问题中的数量关系，建立函数关系，运用函数的知识，使问题得以解决. 这种思想方法在于揭示问题的数量关系的本质特征，重在对问题中变量的动态研究，从变量的运动变化、联系和发展的角度拓宽解题思路. 在解题中，充分合理地运用函数的思想方法，有时会给解题带来很大的方便.

(一) 函数思想的特征

1. 函数思想反映了量与量之间的关系是运动变化中的关系

算术研究的是具体的确定的常数以及它们之间的运算关系. 代数研究的是一般抽象的数——符号所代表的数，并研究确定的常数和不确定的常数之间的依赖关系. 函数研究的是变量之间的依赖关系，这与不定方程中不确定常数之间的依赖关系有质的不同.

2. 对应是函数思想的本质特征

对于函数 $y=f(x)$，我们更重要的是了解 y 按照怎样的条件所规定的关系依赖于 x，即对应法则 f 是构成函数的基本要素.

3. 自变量的变化处于主导地位

函数的值域是由定义域通过对应法则所决定的，自变量的变化范围——定义域，是函数的另一个基本要素.

(二) 函数思想在数学解题中的几个应用

例 3.8.12　证明恒等式 $\dfrac{a^2(x-b)(x-c)}{(a-b)(a-c)}+\dfrac{b^2(x-a)(x-c)}{(b-a)(b-c)}+\dfrac{c^2(x-a)(x-b)}{(c-a)(c-b)}=x^2$.

思考与分析　该题如果利用从左到右进行恒等式变形将十分麻烦，但利用高等数学中的多项式理论(一元 n 次方程在实数范围内至多有 n 个根)来解则非常简洁.

等式左边为 x 的多项式，其次数不超过 2. 令

$$f(x)=\frac{a^2(x-b)(x-c)}{(a-b)(a-c)}+\frac{b^2(x-a)(x-c)}{(b-a)(b-c)}+\frac{c^2(x-a)(x-b)}{(c-a)(c-b)},$$

则有 $f(a)=a^2$, $f(b)=b^2$, $f(c)=c^2$, 易见 $f(x)$ 与 x^2 在三个数值上取值相同，因此 $f(x)\equiv x^2$.

习 题 三

1. 判别下列各组方程在实数集内是否同解？为什么？

(1) $x^2+1=0$ 和 $x^4-1=0$；

(2) $\dfrac{(x-3)(x-1)}{x-1}=2x-4$ 和 $x-3=2x-4$；

(3) $f(x)=0$ 和 $f(x)\cdot a^{\varphi(x)}=0$ ($a>0$，$\varphi(x)$ 为 x 的多项式)；

(4) $\lg(x+\sqrt{2})-\lg(x-\sqrt{2})=0$ 和 $\lg\dfrac{x+\sqrt{2}}{x-\sqrt{2}}=0$.

2. 已知 α,β 是方程 $2x^2-7x+2=0$ 的两个根，求下列各式的值：

(1) $\dfrac{1}{\alpha}+\dfrac{1}{\beta}$； (2) $\alpha^2+\beta^2$； (3) $\alpha-\beta$； (4) $\dfrac{\beta^2}{\alpha}+\dfrac{\alpha^2}{\beta}$.

3. 已知 α,β 是方程 $ax^2+bx+c=0$ 的两个根，求两个根的同次幂的和.

4. 求作一个二次方程，使其根为方程 $ax^2+bx+c=0$ 的根的倒数加 1.

5. 已知方程 $ax^2+(2a+1)x+(a+1)=0$，其中 $a\in\mathbf{R},a\neq 0$.

(1) 求证：方程有两个不相等的实根；

(2) 如果两根中有一根为零或两根之和为零，分别求出 a 的值.

6. 已知 a,b,c 是三角形的三条边，求证：方程 $b^2x^2+(b^2+c^2-a^2)x+c^2=0$ 无实根.

7. 方程 $x^2+ax+1=b$ 的两根为自然数，求证：a^2+b^2 为合数(第 20 届全苏竞赛题).

8. 若 k 为正整数且一元二次方程 $(k-1)x^2-px+k=0$ 的两根都是正整数，则 $k^{pk}(p^p+k^k)+(p+k)$ 的值等于__________(1989 年武汉市初二数学竞赛题).

9. 方程 $x^2+px+q=0$ 的两根都是正整数且 $p+q=1992$，则方程较大根与较小根之比等于__________(1992 年北京初二数学竞赛复赛试题).

10. 求方程 $x^2+xy+y^2-3x-3y+3=0$ 的实数解(1995 年安徽省初中数学竞赛).

11. 已知 α,β 是方程 $x^2-3x+1=0$ 的两根且 $\alpha>\beta$，求 $\alpha^4+\dfrac{3}{\beta}$ 的值.

12. 已知关于 x 的三次方程 $x^3-ax-2ax+a^2-1=0$ 有且只有一个实根，求实数 a 的取值范围.

13. 求出所有实数 a，使得关于 x 的方程 $x^2+(a+2002)x+a=0$ 的两根皆为整数(奥林匹克高中训练题).

14. 解关于未知数 x 的方程，并就实系数 a,b 取值的情况加以讨论.

(1) $\dfrac{x}{a}-\dfrac{x}{a-b}=\dfrac{a}{a+b}$ ($|b|\neq|a|\neq 0$)；

(2) $a(x+1)+(a^2-12)x=3$；

(3) 在复数集内解方程 $\dfrac{x+a}{x-a}+\dfrac{x-a}{x+a}+\dfrac{x+b}{x-b}+\dfrac{x-b}{x+b}=0$ ($ab\geqslant 0$).

15. 解下列高次方程：

(1) $(x^2+2x)^2-7(x^2+2x)-8=0$；

(2) $(x-10)^2+2x-19=0$；

(3) $2x^4+3x^3-16x^2+3x+2=0$；

(4) $x^4+2x^3+5x^2+4x-12=0$；

(5) $(x+2)(x+3)(x-4)(x-5)=44$.

16. 解分式方程：

(1) $\dfrac{3}{x-2}-\dfrac{1}{x-4}=\dfrac{1}{x+3}-\dfrac{3}{x+1}$；

(2) $\dfrac{x-8}{x-10}+\dfrac{2x-8}{x-6}=\dfrac{x-5}{x-7}+\dfrac{2x-14}{x-9}$；

(3) $\dfrac{8(x^2+2x)}{x^2-1}+\dfrac{3(x^2-1)}{x^2+2x}=11$；

(4) $x^2+x+\dfrac{1}{x^2}+\dfrac{1}{x}-4=0$；

(5) $\dfrac{1}{x^2+2x-3}+\dfrac{18}{x^2+2x+2}-\dfrac{1}{x^2+2x+1}=0$.

17. 解无理方程:

(1) $\sqrt{x^2+5x+6}+\sqrt{x^2-2x-8}-\sqrt{4x^2+7x-2}=0$；

(2) $\dfrac{\sqrt{2x+5}+\sqrt{x-2}}{\sqrt{2x+5}-\sqrt{x-2}}=\dfrac{\sqrt{5x-4}+\sqrt{x-2}}{\sqrt{5x-4}-\sqrt{x-2}}$；

(3) $\sqrt{x-\dfrac{1}{x}}-\sqrt{1-\dfrac{1}{x}}=\dfrac{1-x}{x}$；

(4) $\sqrt{x}+\sqrt{x-\sqrt{1-x}}=1$；

(5) $\sqrt{5+x-4\sqrt{x+1}}+\sqrt{10+x-6\sqrt{x+1}}=1$.

18. 解对数方程:

(1) $\log_{16}x+\log_4 x+\log_2 x=7$；

(2) $x^{\left(\frac{1}{2}+\lg x\right)}=1000$；

(3) $(\log_x\sqrt{5})^2+3\log_x\sqrt{5}+\dfrac{5}{4}=0$.

19. 解方程组:

(1) $\begin{cases}x^4+x^2y^2+y^4=133,\\x^2-xy+y^2=7;\end{cases}$　　(2) $\begin{cases}x+y+z=\sqrt{x+y+z+1}+5,\\\dfrac{x}{2}=\dfrac{y}{3}=\dfrac{z}{4};\end{cases}$

(3) $\begin{cases}a^y=y^x,\\b^x=b^y\end{cases}(a,b>0,a\neq1,b\neq1)$;　　(4) $\begin{cases}a^{2x}+a^{2y}=b,\\a^{x+y}=c;\end{cases}$

(5) $\begin{cases}\sqrt{x+1}+\sqrt{y-1}=5,\\xy-x+y=37;\end{cases}$　　(6) $\begin{cases}\sqrt{x+\dfrac{1}{y}}+\sqrt{x+y-3}=3,\\2x+y+\dfrac{1}{y}=8.\end{cases}$

20. 函数 $y=f(x)$ 与其反函数 $y=\phi(x)$ 的图象关于__________对称.

21. 若 $f(x)$ 的定义域是 $[0,1]$，则 $f(x^2+1)$ 的定义域是__________.

22. $y=\dfrac{2^x}{2^x+1}$ 的反函数为____________.

23. 若 $f(x)$ 是以 2 为周期的周期函数，且在闭区间 $[0,2]$ 上 $f(x)=2x-x^2$，则在闭区间 $[2,4]$ 上 $f(x)=$________.

24. $f(x)=x+1$，$\phi(x)=\dfrac{1}{1+x^2}$，则 $f[\phi(x)+1]=$__________；$\phi[f(x)+1]=$_______.

25. 下列函数中既是奇函数又是单调增加函数的是(　　).

A. $y=\sin^3 x$　　B. $y=x^3+1$　　C. $y=x^3+x$　　D. $y=x^3-x$

26. 设 $f(x)=4x^2+bx+5$，若 $f(x+1)-f(x)=8x+3$，则 b 应为(　　).

A. 1　　B. -1　　C. 2　　D. -2

27. $f(x)=\sin(x^2-x)$ 是(　　).

A. 有界函数　　B. 周期函数　　C. 奇函数　　D. 偶函数

28. 求定义域:

(1) $y=\sqrt{9-x^2}$;　　(2) $y=\dfrac{1}{1-x^2}+\sqrt{x+2}$;

(3) $y=\sqrt{\lg\dfrac{5x-x^2}{4}}$;　　(4) $y=\dfrac{\lg(3-x)}{\sqrt{|x|-1}}$.

29. 已知 $f[\phi(x)]=1+\cos x,\phi(x)=\sin\dfrac{x}{2}$，求 $f(x)$.

30. 下列函数可以看成由哪些简单函数复合而成:

(1) $y=\sqrt{3x-1}$;　　(2) $y=a\sqrt[3]{1+x}$;

(3) $y=(1+\ln x)^5$;　　(4) $y=\sqrt{\ln\sqrt{x}}$.

31. 判断下列函数的单调性:

(1) $y=\left(\dfrac{1}{2}\right)^x$;　　(2) $y=\log_a x$;　　(3) $y=x+\lg x$.

第四章　排列与组合

第四章讲课视频

排列与组合主要研究在一定条件下完成某事的方法数，是组合数学的重要内容，也是中学阶段学习和计算概率的基础. 本章首先介绍了两个重要原理，然后分别详细讲述了排列与组合的相关知识，进一步深入研究了排列组合的一些性质，最后还补充了组合数学中的一个重要原理——容斥原理.

第一节　加法原理与乘法原理

一、加法原理

例 4.1.1　从小王家到公司，每天早上有两班公司的班车、四班公交车、一班地铁，那么小王每天从家里到公司有多少种不同的走法?

解　由于小王家到公司可以乘公司班车、公交车、地铁三种方式，且选定了其中一种就不能再选另一种，而每一种又有班次不同之分. 因此，在一天中由甲地到乙地共有

$$2+4+1=7$$

种不同的走法.

从上面的例子我们可以得出排列组合里的一个重要原理.

加法原理　做一件事情，完成它有 m 类不同的办法，在第一类办法中有 n_1 种不同的方法，在第二类办法中有 n_2 种不同的方法，…，在第 m 类办法中有 n_m 种不同的方法，则完成这件事情共有 $N=n_1+n_2+\cdots+n_m$ 种不同的方法.

加法原理可运用集合概念中的有限集的并集加以说明. 设欲完成的某一事件为 A，用第一种方式完成事件的方法为集合 A_1，用第二种方式完成事件的方法为集合 A_2，…，根据条件得 $A=A_1\cup A_2\cup\cdots\cup A_n$，$A_i\cap A_j=\varnothing(i\neq j)$，$|A_i|=m_i$，则

$$|A|=|A_1\cup A_2\cup\cdots\cup A_n|=|A_1|+|A_2|+\cdots+|A_n|=m_1+m_2+\cdots+m_n.$$

二、乘法原理

例 4.1.2　从甲地到乙地共有 5 条道路，从乙地到丙地共有 3 条道路，从甲地经乙地到丙地共有多少种不同的走法?

解　从甲地出发，不管选择 5 条道路中的哪一条，到乙地后还必须从乙地到丙地的三条道路中任意选一条到达丙地，即前段的选择与后段的选择互不制约，相互独立，故从甲地出发经乙地到达丙地共有

$$5\times 3=15$$

种不同的走法.

乘法原理　做一件事情，完成它有 m 个不同的步骤，完成第一步有 n_1 种不同的方法，完

成第二步有 n_2 种不同的方法，⋯，完成第 m 步有 n_m 种不同的方法，则完成这件事情共有 $N=n_1\times n_2\times\cdots\times n_m$ 种不同的方法.

乘法原理可以用有限集合的笛卡儿乘积来解释，以例 4.1.2 为例加以说明. 设甲地经乙地到丙地的走法为集合 A，甲地到乙地的走法为集合 A_1，乙地到丙地的走法为集合 A_2，则

$$A=\{(a_1,a_2)|a_1\in A_1,a_2\in A_2\}=A_1\times A_2.$$

根据笛卡儿乘积的基数的计算方法，有

$$|A|=|A_1\times A_2|=|A_1|\cdot|A_2|=5\times3=15.$$

在应用加法原理和乘法原理时，要注意它们各自的应用条件. 加法原理是把研究的事件分解成 n 类互斥的简单事件，通过每个简单事件的任何一种方法都能完成该事件. 而乘法原理是把研究的事件分解成若干个依次衔接的步骤，必须完成每个步骤才能完成该事件.

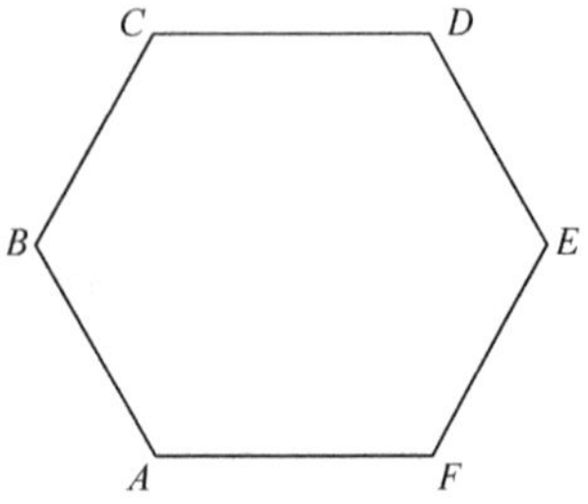

图 4-1

例 4.1.3 (1997 年全国高中数学联赛) 如图 4-1 所示，设 $ABCDEF$ 为正六边形，一只青蛙开始在顶点 A 处，它每次可随意跳到相邻两顶点之一. 若在 5 次内跳到 D 点，停止跳动. 若 5 次内不能到达 D 点，则跳完 5 次也停止跳动. 那么这只青蛙从开始跳动到停止，可能出现的不同的跳动共有多少种?

解 显然青蛙不可能经过跳 1 次、2 次、4 次到达 D 点，故青蛙的跳法只有两种情形:

(1) 青蛙经过 3 次跳动到达 D 点，这时只有两种跳法;

(2) 青蛙一共跳 5 次后停止，这时先跳 3 次的跳法(一定不能到达 D 点)有 2^3-2 种(每次有 2 种跳法，其中有 2 次跳到 D 点，应去掉)，后 2 次的跳法有 2^2 种，故青蛙一共跳 5 次后停止的跳法有 $(2^3-2)\times2^2=24$ 种.

由(1), (2)知青蛙共有 $2+24=26$ 种不同的跳法.

第二节　排　　列

一、无重排列

定义 4.2.1 从 n 个不同的元素中，不重复地任取 $m(m\leqslant n)$ 个元素，按照一定的顺序排成一列，称为从 n 个不同元素中取出 m 个元素的排列. 这样取出的所有排列的个数，称为从 n 个不同元素中取出 m 个元素的排列数，记作 P_n^m.

因为从 n 个不同元素中取出 m 个排列是有头有尾的，可以看作是在直线上的排列，故有时又称其为线状排列.

定理 4.2.1 $\mathrm{P}_n^m=n(n-1)(n-2)\cdots(n-m+1)$.

证明 设 $A=\{1,2,\cdots,n\}$，$(i_1,i_2,\cdots,i_m)$ 为 A 的任一个 m 元无重排列，则 i_1 可从 $1,2,\cdots,n$ 这 n 个数中任意选取，共有 n 种选法; 当 i_1 选定后，i_2 可从剩下的 $n-1$ 个数中任意选取，共有 $n-1$ 种选法; ⋯; 最后 i_m 共有 $n-m+1$ 种选法. 根据乘法原理，有

$$\mathrm{P}_n^m=n(n-1)(n-2)\cdots(n-m+1).$$

由定理 4.2.1 我们不难得到以下推论.

推论 4.2.1　n个相异元素的全排列数为

$$\mathrm{P}_n = n!,$$

其中$n! = n(n-1)(n-2)\cdots 3\cdot 2\cdot 1$，读作$n$的阶乘.

推论 4.2.2　$\mathrm{P}_n^m = \dfrac{n!}{(n-m)!}$.

结合推论 4.2.1、推论 4.2.2，通常规定：$0! = 1$，$\mathrm{P}_n^0 = 1$.

推论 4.2.3

$$\mathrm{P}_n^m = (n-m+1)\mathrm{P}_n^{m-1};$$

$$\mathrm{P}_n^m = \frac{n}{n-m}\mathrm{P}_{n-1}^m;$$

$$\mathrm{P}_n^m = n\mathrm{P}_{n-1}^{m-1}.$$

例 4.2.1　求证: (1) $\mathrm{P}_{n+1}^m = \mathrm{P}_n^m + m\mathrm{P}_n^{m-1}$; (2) $\mathrm{P}_{n+1}^m - m(\mathrm{P}_n^{m-1} + \mathrm{P}_{n-1}^{m-1} + \cdots + \mathrm{P}_m^{m-1}) = m!$.

证明　(1) 右边$= (n-m+1)\mathrm{P}_n^{m-1} + m\mathrm{P}_n^{m-1}$

$$= (n+1)\mathrm{P}_n^{m-1} = (n+1)\frac{n!}{(n-m+1)!}$$

$$= \frac{(n+1)!}{[(n+1)-m]!} = \mathrm{P}_{n+1}^m.$$

(2) 由(1)得

$$\mathrm{P}_{n+1}^m - m\mathrm{P}_n^{m-1} = \mathrm{P}_n^m;$$

$$\mathrm{P}_n^m - m\mathrm{P}_{n-1}^{m-1} = \mathrm{P}_{n-1}^m;$$

$$\cdots\cdots$$

$$\mathrm{P}_{m+1}^m - m\mathrm{P}_m^{m-1} = \mathrm{P}_m^m.$$

将以上$n-m+1$个等式相加即得.

例 4.2.2　解不等式$2 < \dfrac{\mathrm{P}_{n+1}^5}{\mathrm{P}_{n-1}^3} < 32$.

解　由题意得$n \in \mathbf{N}$，$n \geqslant 4$．由$\dfrac{\mathrm{P}_{n+1}^5}{\mathrm{P}_{n-1}^3} = \dfrac{(n+1)n(n-1)(n-2)(n-3)}{(n-1)(n-2)(n-3)} = n(n+1)$得

$$2 < n(n+1) < 32,$$

解此不等式得$n = 4,5$.

例 4.2.3　有 10 本不同的书借给 12 个人，每人至多 1 本，共有多少种不同的借法?

解　将 12 个人看作 12 个不同的元素，根据题意，此问题相当于从 12 个人中任取出 10 个人来分别得到这十本不同的书，其不同的借法总数即为从 12 个不同的元素中取 10 个元素的无重排列数，即$\mathrm{P}_{12}^{10} = \dfrac{12!}{(12-10)!} = 239500800$ (种).

例 4.2.4　甲、乙、丙、丁、戊 5 人排成一列，其中甲不能排在首位，乙不能排在末位，共有多少种不同的排法?

解法 1　容易看出，这是一个带有附加条件的全排列问题．因为甲不能排在首位，故排在首位的只能是乙、丙、丁、戊，从而符合要求的排列可分成两类:

一类是乙排在首位，则甲、丙、丁、戊 4 人排在余下的四个位置，不论如何排均符合要求，这时的排法共有 P_4 种；

另一类是将丙、丁、戊三人中的任一人排在首位，其站法共有 3 种，再将乙排在除了末位的中间 3 个位置上，也有 3 种站法，最后将其余的 3 人排在余下的 3 个位置上，共有 P_3 种排法. 根据乘法原理，这类排法共有 $3\times 3\times P_3$ 种.

于是，所有符合要求的不同排法有 $P_4+3\times 3\times P_3=78$ (种).

解法 1 的特点是将所要解决的排列(或组合)问题先分解成若干类，然后分别计算各类的排列(组合)数，最后相加，这种方法通常称为分解法. 使用这种解法的要点是：使合乎条件的每一个排列(或组合)必须属于而且只能属于所分析的某一类.

解法 2　甲、乙、丙、丁、戊 5 人排在 5 个不同位置上的所有不同的排法有 P_5 种. 由于甲不能排在首位，故应从总数中将甲排在首位的 P_4 种方法减去. 又由于乙不能排在末位，故也应从总数中将乙排在末位的 P_4 种方法减去. 但甲排在首位同时乙排在末位的 P_3 种排法被减去了两次，故应补加一次. 所以，所有合乎要求的排法有 $P_5-2P_4+P_3=78$ (种).

解法 2 的特点是从不考虑附加条件的所有排列(或组合)中排除不合要求的排列(或组合)，这种解法通常称为排除法. 使用这种解法的要点是：必须把不合要求的排列(或组合)排除干净，既不能遗漏，又不能重复.

二、可重复排列

定义 4.2.2　从 n 个不同元素中，允许重复地任取 m 个按一定顺序排成一列，称为从 n 个不同元素中取出 m 个的一个可重复排列. 这样取出的所有可重复排列的个数，称为 n 个不同元素的 m 元可重复排列数，记为 R_n^m.

定理 4.2.2　$R_n^m=n^m$.

证明　设所给的 n 个不同元素组成集合

$$A=\{a_1,a_2,\cdots,a_n\},$$

$(a_{i1},a_{i2},\cdots,a_{im})$ 是 A 的任意一个可重复排列，显然 a_{i1} 有 n 种不同的取法. 又因为此排列对于 A 中的元素可以不加限制地重复选取，故 $a_{i2},a_{i3},\cdots,a_{im}$ 仍各有 n 种不同的取法，由乘法原理，有 $R_n^m=n^m$.

例 4.2.5　由数码 1, 2, 3, 4, 5, 6 可以组成多少个大于 234000 的六位数?

解　这是一个含六元素的无限重复排列，3, 4, 5, 6 分别排在十万位上的六位数各有 6^5 种；2, 4; 2, 5; 2, 6 分别排在十万、万位上的六位数各有 6^4 种；2, 3, 4; 2, 3, 5; 2, 3, 6 分别排在十万、万、千位上的六位数各有 6^3 种，由 1, 2, 3, 4, 5, 6 组成的六位数中有且仅有上述各种情况符合题意，故共有

$$4\times 6^5+3\times 6^4+3\times 6^3=35640\ (种).$$

定义 4.2.3　在集合 $A=\{a_1,a_2,\cdots,a_n\}$ 中，若 a_i 可重复选取 m_i 次 $(i=1,2,\cdots,n)$，且 $m_1+m_2+\cdots+m_n=m$，则 A 的任意 $k(0\leqslant k\leqslant m)$ 个可重元素组成的一个有序排列称为 A 的一个 k 元有限重复排列. A 的所有 k 元有限重复排列的个数称为 A 的 k 元有限重复排列数，记为 B_m^k. 特别地，当 $k=m$ 时，称为 m 个不尽相异元素的全排列，这时的排列数记为 B_m.

定理 4.2.3 $\mathrm{B}_m=\dfrac{m!}{m_1!m_2!\cdots m_n!}$.

证明 在任一 m 个不尽相异元素的全排列中，将 m_i 个 a_i 看作是 m_i 个互不相同的元素 $a_{i_1},a_{i_2},\cdots,a_{i_{m_i}}$，并将它们在 m_i 个 a_i 所占的位置上作全排列，则原来的一个排列可以看作 $m_i!$ 个不同的排列. 令 $i=1,2,\cdots,n$，则一个含有 m 个不尽相异元素的全排列可看成 $m_1!m_2!\cdots m_n!$ (其中 $m=m_1+m_2+\cdots+m_n$)个不同元素的全排列，因而

$$\mathrm{B}_m\cdot(m_1!m_2!\cdots m_n!)=m!,$$

即 $\mathrm{B}_m=\dfrac{m!}{m_1!m_2!\cdots m_n!}$.

例 4.2.6 (多项式定理) 求证:

$$(a_1+a_2+\cdots+a_m)^n=\sum_{n_1+n_2+\cdots+n_m=n}\frac{n!}{n_1!n_2!\cdots n_m!}a_1^{n_1}a_2^{n_2}\cdots a_m^{n_m}.$$

证明 显然，$(a_1+a_2+\cdots+a_m)^n$ 为 m 元 $a_1,a_2,\cdots,a_m$ 的 n 次齐次方. 设 $a_1^{n_1}a_2^{n_2}\cdots a_m^{n_m}$ 为其展开式中的任意一项，其中 $n_1+n_2+\cdots+n_m=n$.

因为 $(a_1+a_2+\cdots+a_m)^n$ 是 n 个因式 $(a_1+a_2+\cdots+a_m)$ 的乘积，则 $a_1^{n_1}a_2^{n_2}\cdots a_m^{n_m}$ 可看作依次从 n_1 个因式中取 a_1，n_2 个因式中取 $a_2,\cdots,n_m$ 个因式中取 a_m 相乘得到的. 从而 a_1 重复 n_1 次，a_2 重复 n_2 次，…，a_m 重复 n_m 次的 n (其中 $n=n_1+n_2+\cdots+n_m$)个不尽相异元素的一个全排列就对应着上述的一种取法. 因此，$a_1^{n_1}a_2^{n_2}\cdots a_m^{n_m}$ 项的系数为 $\dfrac{n!}{n_1!n_2!\cdots n_m!}$，即所求证等式成立.

例 4.2.6 的公式通常称为多项式定理，可看作二项式定理的推广.

例 4.2.7 某城市的街道呈棋盘状，有南北向街道 8 条，东西向街道 6 条，有人从 A 点走向 B 点(图 4-2)，最短的走法有多少种?

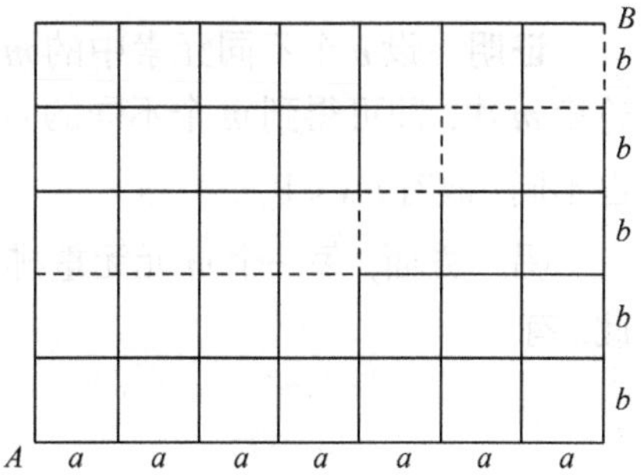

图 4-2

解 所有的东西街道被 8 条南北街道分成 7 段，用 7 个 a 来表示；所有的南北街道被 6 条东西街道分成 5 段，用 5 个 b 来表示，则最短的走法就与 7 个 a，5 个 b 这 12 个不尽相异元素的全排列一一对应，如 $bbaaaababaab$ 对应于图中虚线所示的走法，故符合题意的最短的走法有

$$\frac{12!}{5!7!}=792\,(\text{种}).$$

对于 $k<m$ 的有限重复排列问题，一般利用分组的方法来处理.

例 4.2.8 某楼梯共有 11 级台阶，某人在上楼梯时，至多只可一步跨 2 级台阶，他上楼共有多少种不同的走法?

解 根据题意，他上楼的走法可按他在上楼梯时一步跨 2 级台阶的次数分为下列 6 种情况:

(1) 每步只跨 1 级台阶，其走法只有 1 种;

(2) 只有 1 步是一步跨 2 级台阶，其余 9 步都只跨 1 级台阶，其走法有 $\dfrac{10!}{1!9!}=10$ (种);

(3) 有 2 步是一步跨 2 级台阶，其余 7 步皆跨 1 级台阶，其走法有 $\frac{9!}{2!7!}=36$ (种)；

(4) 有 3 步是一步跨 2 级台阶，其余 5 步皆跨 1 级台阶，其走法有 $\frac{8!}{3!5!}=56$ (种)；

(5) 有 4 步是一步跨 2 级台阶，其余 3 步皆跨 1 级台阶，其走法有 $\frac{7!}{4!3!}=35$ (种)；

(6) 有 5 步是一步跨 2 级台阶，其余 1 步跨 1 级台阶，其走法有 $\frac{6!}{5!1!}=6$ (种).

故符合题意的走法共有

$$1+10+36+56+35+6=144\ (种).$$

三、圆排列

定义 4.2.4　从 n 个不同的元素中，不重复地任取 $m(m\leqslant n)$ 个元素，不分首尾地依次排成一个圆形，称为从 n 个不同元素中取出 m 个元素的一个圆排列(或叫环状排列)，这样所有不同的圆排列的个数称为从 n 个不同元素中取出 m 元的圆排列数.

根据定义容易看出，圆排列有三个特点：

(1) 圆排列无头无尾；

(2) 按照同一方向将其元素转换后仍是同一圆排列；

(3) 两个圆排列只有当它们元素不完全相同，或者虽然相同但元素间的顺序不同时才是不同的圆排列.

定理 4.2.4　n 个不同元素中的 m 元无重圆排列数为 $\frac{\mathrm{P}_n^m}{m}$.

证明　设 n 个不同元素中的 m 元无重圆排列数为 x. 因为每一圆排列的元素按同一方向轮换 m 次，即可得到 m 个不同的 m 元无重排列，且由不同的圆排列得到的 m 元无重排列彼此也不同，故有 $mx\leqslant \mathrm{P}_n^m$；

另一方面，每一个 m 元无重排列皆可由相应的一个 m 元圆排列得到，故又有 $mx\geqslant \mathrm{P}_n^m$. 因此，有

$$mx=\mathrm{P}_n^m,\quad 即\ x=\frac{\mathrm{P}_n^m}{m}.$$

推论 4.2.4　n 个不同元素的圆排列数为 $(n-1)!$.

推论 4.2.5　在不计顺、逆时针方向时，n 个不同元素的 m 元无重圆排列数为 $\frac{\mathrm{P}_n^m}{2m}$.

例 4.2.9　某学校有 n 个班，每班的团支书和班长参加一个会议. 所有人坐成一个圈，要求同班的两个人不相邻. 一共有多少种坐法?

解　设 $2n$ 个学生排成的圆中有至少 i 对同班相邻的排列数为 a_i.

将 i 对同班相邻的学生当成一个人，这样排列数为 $(2n-i-1)!$，而每对学生内的两个人位置可以互换. 所以 $a_i=\mathrm{C}_n^i\cdot(2n-i-1)!\times 2^i$.

所以同班的两个人不相邻的坐法有

$$(2n-1)!-\left[\sum_{i=1}^{n}\mathrm{C}_n^i\cdot(2n-i-1)!\times 2^i\times(-1)^{i+1}\right]=(2n-1)!+\sum_{i=1}^{n}\mathrm{C}_n^i\cdot(2n-i-1)!\times 2^i\times(-1)^i\ (\text{种}).$$

例 4.2.10 (1990 年全国高中数学竞赛试题)　8 个女孩和 25 个男孩围成一圈，任意两个女孩之间至少站两个男孩，共有多少种不同的排列方法?

解　这是一个与圆排列有关的问题，因为对于圆排列把元素旋转重合后与原来的排列是相同的，可以让某个女孩甲固定不动，从 25 个男孩中任选 16 人，使每两人随一个女孩，这 16 人可以任意地排列；这样对每一种排列，除甲外的 7 个女孩各与其后的两个男孩捆绑成一个“元素”，连同其余 9 个男孩，总共 16 个“元素”，这 16 个“元素”又可以任意排列，故总数为

$$\mathrm{C}_{25}^{16}\cdot(16!)^2=\frac{16!25!}{9!}.$$

第三节　组　　合

一、无重组合

定义 4.3.1　从 n 个不同的元素中，不重复地任取 $m(m\leqslant n)$ 个元素并成一组，称为从 n 个元素中取出 m 个元素的组合(简称 m 元组合). 这样取出的所有 m 元组合的个数，称为从 n 个不同元素中取出的 m 元组合数，用符号 C_n^m 表示.

定理 4.3.1　$\mathrm{C}_n^m=\dfrac{\mathrm{P}_n^m}{m!}=\dfrac{n!}{m!(n-m)!}$.

证明　设 $\{a_{i1},a_{i2},\cdots,a_{im}\}$ 是集合 $A=\{a_1,a_2,\cdots,a_n\}$ 的任一 m 元无重组合，将其中的 m 个元素作全排列，则可得到 A 的所有 m 元无重排列，所以有

$$\mathrm{P}_m^m\cdot\mathrm{C}_n^m=\mathrm{P}_n^m,$$

即 $\mathrm{C}_n^m=\dfrac{\mathrm{P}_n^m}{m!}=\dfrac{n!}{m!(n-m)!}$.

通常我们规定 $\mathrm{C}_n^0=1$，由定理 4.3.1 有如下推论.

推论 4.3.1　(1) $\mathrm{C}_n^m=\dfrac{n-m+1}{m}\mathrm{C}_n^{m-1}$；(2) $\mathrm{C}_n^m=\dfrac{n}{n-m}\mathrm{C}_{n-1}^m$；(3) $\mathrm{C}_n^m=\dfrac{n}{m}\mathrm{C}_{n-1}^{m-1}$.

定理 4.3.2　$(a+b)^n=\sum\limits_{k=0}^{n}\mathrm{C}_n^k a^{n-k}b^k$.

证明　由 $(a+b)^n$ 的展开式是一个 n 次齐次式，设 $a^{n-k}b^k$ 为其中任一项($k=0,1,2,\cdots,n$)，则该项可看作从 n 个因式的乘积 $\underbrace{(a+b)(a+b)\cdots(a+b)}_{n\text{个}}$ 的 k 个因式中取 b，其余的 $n-k$ 个因式中取 a 相乘得到的，而且当 k 个 b 选定后，则 $n-k$ 个 a 也随之确定. 将这 n 个因式依次看作从这 n 个不同的元素 $a_1,a_2,\cdots,a_n$ 中取出 k 个元素；又因为 k 个 b 与 $n-k$ 个 a 的乘积与顺序是无关的，所以可看作 n 元集的一个 k 元无重组合，故 $a^{n-k}b^k$ 的系数就是 n 元集的 k 元无重组合数 C_n^k，即

$$(a+b)^n=\sum_{k=0}^{n}\mathrm{C}_n^k a^{n-k}b^k.$$

定理 4.3.2 即二项式展开定理.

推论 4.3.2 (1) $C_n^0+C_n^1+C_n^2+\cdots+C_n^n=2^n$;

(2) $C_n^0-C_n^1+C_n^2-C_n^3+\cdots+(-1)^nC_n^n=0$;

(3) $C_n^0+C_n^2+C_n^4+\cdots=C_n^1+C_n^3+C_n^5+\cdots=2^{n-1}$.

证明 由定理 4.3.2, 令 $a=1$, $b=1$, 得

$$(1+1)^n=C_n^0+C_n^1+C_n^2+\cdots+C_n^n=2^n,$$

即(1)成立.

再令 $a=1$, $b=-1$, 得

$$(1-1)^n=C_n^0-C_n^1+C_n^2-C_n^3+\cdots+(-1)^nC_n^n=0,$$

即(2)成立.

由(1) + (2)和(1) − (2)可得(3)成立.

定理 4.3.3 (1) $C_n^m=C_n^{n-m}$; (2) $C_n^m+C_n^{m-1}=C_{n+1}^m$.

证明 利用推论 4.3.1, 可以方便地得到本定理的证明. 下面用组合的意义予以证明.

(1) 从 n 个相异元素中取出一个 m 元无重组合的同时, 必留下一个 $n-m$ 元无重组合, 两者一一对应, 故有 $C_n^m=C_n^{n-m}$.

(2) C_{n+1}^m 是从 $n+1$ 个元素中取 m 元无重组合数, 另一方面, 设 a 是 $n+1$ 个相异元素中某一特定元素, 对 a 而言, 这些组合可划分为两类: 一类组合含有 a, 其组合数为 C_n^{m-1}; 另一类不含有 a, 其组合数为 C_n^m, 故有 $C_n^m+C_n^{m-1}=C_{n+1}^m$.

根据上述证明, 我们可以形象地将这两个基本公式中的前者称为余物组合恒等式, 后者称为含有一个特定元素的组合恒等式.

推论 4.3.3 $\sum\limits_{k=m}^{n}C_k^m=C_{n+1}^{m+1}$.

证明 显然 $C_m^m=C_{m+1}^{m+1}$, 又因为

$$C_{m+1}^m=C_{m+2}^{m+1}-C_{m+1}^{m+1},$$
$$C_{m+2}^m=C_{m+3}^{m+1}-C_{m+2}^{m+1},$$
$$\cdots\cdots$$
$$C_n^m=C_{n+1}^{m+1}-C_n^{m+1},$$

将这 $n-m+1$ 个等式叠加, 即有 $\sum\limits_{k=m}^{n}C_k^m=C_{n+1}^{m+1}$.

例 4.3.1 (2002 年高考北京理) 12 名同学分别到三个不同的路口进行车流量的调查, 若每个路口 4 人, 则不同的分配方案共有多少种?

解 先分配 4 个人到第一个路口, 有 C_{12}^4 种方法; 再把剩下的 8 人分配 4 个人到第二个路口, 有 C_8^4 种方法; 最后把剩下的 4 人分配到第三个路口, 有 C_4^4 种方法. 根据乘法原理得, 共有

$$C_{12}^4\cdot C_8^4\cdot C_4^4$$

种不同的分配方案.

例 4.3.2 (2000 年上海高考) 规定 $C_x^m=\dfrac{x\cdot(x-1)\cdot\cdots\cdot(x-m+1)}{m!}$, 其中 $x\in\mathbf{R}$, m 是正整数,

且 $C_x^0=1$，这是组合数 C_m^n (n, m 是正整数，且 $m\leqslant n$)的一种推广.

(1) 组合数的两个性质：① $C_n^m=C_n^{n-m}$；② $C_n^m+C_n^{m-1}=C_{n+1}^m$.

是否都能推广到 C_x^m ($x\in\mathbf{R}$，m 是正整数)的情形？若能推广，请写出推广的形式，并给出证明；若不能，则说明理由.

(2) 已知组合数 C_n^m 是正整数，证明：当 $x\in\mathbf{Z}$，m 是正整数时，$C_n^m\in\mathbf{Z}$.

解　(1) 性质①不能推广. 例如当 $x=\sqrt{2}$ 时，$C_{\sqrt{2}}^1$ 有定义，但 $C_{\sqrt{2}}^{\sqrt{2}-1}$ 无意义；

性质②能推广，它的推广形式是 $C_x^m+C_x^{m-1}=C_{x+1}^m$，$x\in\mathbf{R}$，$m$ 是正整数. 事实上，

当 $m=1$ 时，有 $C_x^1+C_x^0=x+1=C_{x+1}^1$；

当 $m\geqslant 2$ 时，有

$$\begin{aligned}C_x^m+C_x^{m-1}&=\frac{x\cdot(x-1)\cdot\cdots\cdot(x-m+1)}{m!}+\frac{x\cdot(x-1)\cdot\cdots\cdot(x-m+2)}{(m-1)!}\\&=\frac{x\cdot(x-1)\cdot\cdots\cdot(x-m+2)}{(m-1)!}\cdot\left(\frac{x-m+1}{m}+1\right)\\&=\frac{x\cdot(x-1)\cdot\cdots\cdot(x-m+2)\cdot(x+1)}{m!}\\&=C_{x+1}^m.\end{aligned}$$

(2) 证明：当 $x\geqslant m$ 时，组合数 $C_x^m\in\mathbf{Z}$.

当 $0\leqslant x<m$ 时，$C_x^m=0\in\mathbf{Z}$；

当 $x<0$ 时，因为 $-x+m-1>0$，所以

$$\begin{aligned}C_x^m&=\frac{x\cdot(x-1)\cdot\cdots\cdot(x-m+1)}{m!}\\&=(-1)^m\frac{(-x+m-1)\cdot\cdots\cdot(-x+1)\cdot(-x)}{m!}\\&=(-1)^m C_{-x+m-1}^m\in\mathbf{Z}.\end{aligned}$$

例 4.3.3 (第二十三届普特南数学竞赛试题)　求和式 $\sum\limits_{k=1}^n k^2C_n^k$ 的值.

解　由推论 4.3.1(3)得

$$\begin{aligned}\sum_{k=1}^n k^2C_n^k&=\sum_{k=1}^n\left(k\cdot nC_{n-1}^{k-1}\right)=n\sum_{k=1}^n(k-1)C_{n-1}^{k-1}+n\sum_{k=1}^n C_{n-1}^{k-1}\\&=n\sum_{k=2}^n(k-1)C_{n-1}^{k-1}+n\cdot 2^{n-1}.\end{aligned}$$

再利用推论 4.3.1(3)得 $(k-1)C_{n-1}^{k-1}=(n-1)C_{n-2}^{k-2}$，从而

$$\sum_{k=2}^n(k-1)C_{n-1}^{k-1}=(n-1)\sum_{k=2}^n C_{n-2}^{k-2}=(n-1)2^{n-2}.$$

因此 $\sum\limits_{k=1}^n k^2C_n^k=n\sum\limits_{k=2}^n(k-1)C_{n-1}^{k-1}+n\cdot 2^{n-1}=n(n+1)2^{n-2}$.

二、相异元素的重复组合

定义 4.3.2　从 n 个不同的元素里，允许重复地任取 m 个元素，不计顺序地并成一组，称

为从 n 个不同元素中取出的 m 元可重复组合(简称重复组合). 这样取出的 m 元重复组合的个数, 用 H_n^m 表示.

定理 4.3.4 $\mathrm{H}_n^m=\mathrm{C}_{n+m-1}^m$.

证明 设 $a_{i1},a_{i2},\cdots,a_{im}$ 是 A 的任一 m 元无限重复组合, 且 $1\leqslant i_1\leqslant i_2\leqslant\cdots\leqslant i_m\leqslant n$. 现将这 m 个元素的下标依次加上 0, 1, 2, …, $m-1$, 则此 m 元无限重复组合变为 $a_{i_1},a_{i_2+1},\cdots,a_{i_m+m-1}$, 且它们的下标满足

$$1\leqslant i_1<i_2+1<i_3+2<\cdots<i_m+m-1\leqslant n+m-1,$$

这表示 n 元集的一个 m 元可重复组合对应于 $n+m-1$ 元集的一个 m 元无重组合. 反之亦然, 所以有 $\mathrm{H}_n^m=\mathrm{C}_{n+m-1}^m$.

这一证法首先由欧拉给出, 故通常称为欧拉证法.

例 4.3.4 学校阅览室提供 6 种报刊供 5 个班级订阅, 每班限选一种, 一共有多少种不同的订阅方法?

解 有 6 种报刊供 5 个班级订阅, 这 5 个班级可以订阅相同的 1 份报刊, 也可以是不同的 2 份, 或不同的 3 份, 或不同的 4 份, 或不同的 5 份. 这实际上就是一个从 6 种报刊中可重复地任选 5 种的组合数, 即

$$\mathrm{H}_6^5=\mathrm{C}_{6+5-1}^5=\frac{10\times9\times8\times7\times6}{5!}=252.$$

例 4.3.5 求 5 元不定方程 $x_1+x_2+x_3+x_4+x_5=8$ 的非负整数解的组数.

分析 根据题意 $0\leqslant x_i\leqslant8$ 且 $x_i\in\mathbf{N}(1\leqslant i\leqslant5)$, 用五元数组来表示一个特解

$$(1,3,0,0,4).$$

如果整数 1 表示出现一次, 那么上面特解就可以理解为 x_1 出现 1 次, x_2 重复出现 3 次, x_5 重复出现 4 次, 这样问题就转化成从 5 个元素中可重复地取 8 个元素的问题.

解 $\mathrm{H}_5^8=\mathrm{C}_{5+8-1}^8=\mathrm{C}_{12}^8=\mathrm{C}_{12}^4=495$, 即所给不定方程共有 495 组非负整数解.

事实上, 我们也可以把例 4.3.5 推广, 得到不定方程 $x_1+x_2+\cdots+x_n=r$ 的非负整数解的个数为 C_{n+r-1}^r, 正整数解的个数为 C_{r-1}^{n-1}.

第四节 容斥原理

在直接运用加法原理解决集合 A 的计数时, 我们必须把集合 A 划分为若干个两两不交的子集, 并使得每个子集便于计数. 事实上, 作这样的划分有时是很困难的. 因此, 我们必须进一步探讨, 并把集合 A 分成若干个子集 $A_1,A_2,\cdots,A_m$, 它们不是两两相交, 如何通过这些子集的交, 并结合运算来求集合 A 的元素个数 $|A|$ 呢? 我们先来看下面一个简单的例子.

求出在 1 至 20 的整数中, 2 的倍数或是 3 的倍数的个数. 易知, 在 1 至 20 的整数中, 是 2 的倍数的数字有 $\left[\dfrac{20}{2}\right]=10$ (个), 而是 3 的倍数的数字有 $\left[\dfrac{20}{3}\right]=6$ (个).

显然, 符合要求的计数决不能使用加法原理把它们加起来, 因为这种划分已不符合“互斥”的原则. 事实上, 我们把既是 2 的倍数又是 3 的倍数的数字重复算了, 应当减去. 而既是

2 又是 3 的倍数的数字有$\left[\dfrac{20}{2\times 3}\right]=\left[\dfrac{20}{6}\right]=3$(个), 故符合条件的整数为$10+6-3=13$(个).

我们把这个问题一般化. 设具有性质 P_1 的元素或具有性质 P_2 的元素的个数为$|A_1\cup A_2|$, 可以这样计算: 先计算具有性质 P_1 的元素的个数$|A_1|$, 加上具有性质 P_2 的元素的个数$|A_2|$, 此时, 由于既具有性质 P_1 又具有性质 P_2 的元素, 在$|A_1|$中被计算了一次, 在$|A_2|$中又被计算了一次, 最后需减去$|A_1\cap A_2|$, 即有公式:

$$|A_1\cup A_2|=|A_1|+|A_2|-|A_1\cap A_2|.$$

读者从文氏图中更容易得到直观的解释, 即所谓的 "容斥原理".

定理 4.4.1 (容斥公式) 设 $A=A_1\cup A_2\cup\cdots\cup A_n$, 则

$$\left|\bigcup_{i=1}^{n}A_i\right|=\sum_{1\leqslant i\leqslant n}|A_i|-\sum_{1\leqslant i<j\leqslant n}|A_i\cap A_j|+\sum_{1\leqslant i<j<k\leqslant n}|A_i\cap A_j\cap A_k|+\cdots+(-1)^{n-1}\left|\bigcap_{i=1}^{n}A_i\right|,$$

式中第一个$\sum$是对$\{1,2,\cdots,n\}$中的所有整数 i 求和, 共有 $\mathrm{C}_n^1=n$ 项; 第二个$\sum$是对$\{1,2,\cdots,n\}$中每次取 2 个整数的所有组合$\{i,j\}$求和, 共有 C_n^2 项; 第三个$\sum$是对$\{1,2,\cdots,n\}$中每次取 3 个整数的所有组合$\{i,j,k\}$求和, 共有 C_n^3 项; $\cdots$. 因此, 等式右边共有

$$\mathrm{C}_n^1+\mathrm{C}_n^2+\cdots+\mathrm{C}_n^n=2^n-1\text{(项)}.$$

证明 我们假设 $A_1,A_2,\cdots,A_n$ 是分别由具有性质 $P_1,P_2,\cdots,P_n$ 的元素构成的集合. 又设某元素 a 恰只具有 n 个性质中的 $i(1\leqslant i\leqslant n)$ 个. 不失一般性, 我们设为 $P_1,P_2,\cdots,P_i$, 则此元素在容斥公式右端的第一个$\sum$中被计算了 C_i^1 次, 而在第二个$\sum$中它显然被计算了 C_i^2 次. 同理, 在第三个$\sum$中被计算 C_i^3 次, $\cdots$. 可见, 在右端的算式中, 它被计算的次数为 $\mathrm{C}_i^1-\mathrm{C}_i^2+\mathrm{C}_i^3-\cdots+(-1)^{i-1}\mathrm{C}_i^i$. 由组合的性质: $\mathrm{C}_i^0-\mathrm{C}_i^1+\mathrm{C}_i^2-\cdots+(-1)^i\mathrm{C}_i^i=0$, 可知 $\mathrm{C}_i^1-\mathrm{C}_i^2+\mathrm{C}_i^3-\cdots+(-1)^{i-1}\mathrm{C}_i^i=\mathrm{C}_i^0=1$.

这表明元素 a 在右端的算式中不多不少地被计算一次, 从而等式右端的确表示至少具备性质 $P_1,P_2,\cdots,P_n$ 中的一个性质的元素的总数$|A_1\cup A_2\cup\cdots\cup A_n|$.

定理 4.4.2 (筛法公式) 设 s 是所考虑的一切元素构成的固定集合, 则有

$$\left|\bigcap_{i=1}^{n}\overline{A_i}\right|=|s|-\sum_{1\leqslant i\leqslant n}|A_i|+\sum_{1\leqslant i<j\leqslant n}|A_i\cap A_j|-\sum_{1\leqslant i<j<k<n}|A_i\cap A_j\cap A_k|+\cdots+(-1)^n|A_1\cap A_2\cap\cdots\cap A_n|.$$

证明 因为$|A_1\cup A_2\cup\cdots\cup A_n|=|s|-\left|\overline{A_1\cup A_2\cup\cdots\cup A_n}\right|$, 而由集合论中的德摩根定理, 我们有$\overline{A_1\cup A_2\cup\cdots\cup A_n}=\overline{A_1}\cap\overline{A_2}\cap\cdots\cap\overline{A_n}$, 再利用定理 4.4.1 即可得定理 4.4.2.

定理 4.4.3 (容斥原理的一般形式) 令 A 为一有限集, f 为从 A 到实数的一个函数. 对每一个子集 $B\subseteq A$, 令 $f(B)=\sum_{x\in B}f(x)$, 其中 $f(\varnothing)=0$. 若 $A=\bigcup_{i=1}^{n}A_i$, 则

$$f(A)=\sum_{I\neq\varnothing}(-1)^{|I|+1}f\left(\bigcap_{i\in I}A_i\right).$$

若 f 为常值函数, 即对所有的 $x\in A$, $f(x)=1$, 便为通常情况下的容斥原理.

例 4.4.1 求 1 到 250 之间不能被 2, 3, 5 中任何一个整除的整数的个数.

解 设 I 为 1 到 250 的整数集合, 则$|I|=250$, A,B,C 分别表示 I 中能被 2, 3, 5 整除的整

数集合, 则

$$|A|=\left[\frac{250}{2}\right]=125,\quad |B|=\left[\frac{250}{3}\right]=83,\quad |C|=\left[\frac{250}{5}\right]=50;$$

$$|A\cap B|=\left[\frac{250}{2\times 3}\right]=41,\quad |A\cap C|=\left[\frac{250}{2\times 5}\right]=25,\quad |B\cap C|=\left[\frac{250}{3\times 5}\right]=16;$$

$$|A\cap B\cap C|=\left[\frac{250}{2\times 3\times 5}\right]=8.$$

由定理 4.4.1 得

$$\begin{aligned}|\overline{A}\cap\overline{B}\cap\overline{C}|&=|I|-|A|-|B|-|C|+|A\cap B|+|A\cap C|+|B\cap C|-|A\cap B\cap C|\\&=250-125-83-50+41+25+16-8=66.\end{aligned}$$

例 4.4.2　求不定方程 $x+y+z+w=20$ 满足条件: $x\leqslant 6, y\leqslant 7, z\leqslant 8, w\leqslant 9$ 的正整数解的个数.

解　设 I 是该不定方程的所有正整数解的集合, 则 $|I|=\mathrm{C}_{20-1}^{4-1}=969$. 又令

$$A_1=\{(x,y,z,w)\,|\,(x,y,z,w)\in I, 且x>6\};$$

$$A_2=\{(x,y,z,w)\,|\,(x,y,z,w)\in I, 且y>7\};$$

$$A_3=\{(x,y,z,w)\,|\,(x,y,z,w)\in I, 且z>8\};$$

$$A_4=\{(x,y,z,w)\,|\,(x,y,z,w)\in I, 且w>9\}.$$

为了计算 $|A_1|$, 可作如下分析:

若 $(x,y,z,w)\in A_1$, 令 $x'=x-6$, 因 $x>6$, 故 $x'>0$, 将 $x=x'+6$ 代入原方程得

$$x'+y+z+w=14. \tag{4.4.1}$$

于是 (x',y,z,w) 是(4.4.1)的正整数解. 因此, $|A_1|=\mathrm{C}_{13}^3=286$.

同理,

$$|A_2|=\mathrm{C}_{12}^3=220,\quad |A_3|=\mathrm{C}_{11}^3=165,\quad |A_4|=\mathrm{C}_{10}^3=120;$$

$$|A_1\cap A_2|=\mathrm{C}_6^3=20,\quad |A_1\cap A_3|=\mathrm{C}_5^3=10,\quad |A_1\cap A_4|=\mathrm{C}_4^3=4;$$

$$|A_2\cap A_3|=\mathrm{C}_4^3=4,\quad |A_2\cap A_4|=\mathrm{C}_3^3=1,\quad |A_3\cap A_4|=0;$$

$$|A_i\cap A_j\cap A_k|=0,\quad |A_1\cap A_2\cap A_3\cap A_4|=0.$$

由此可知, 原方程满足相应条件的正整数解的个数为

$$|\overline{A_1}\cap\overline{A_2}\cap\overline{A_3}\cap\overline{A_4}|=969-(286+220+165+120)+(20+10+4+4+1+0)=217\ (个).$$

例 4.4.3　设 n 元按序排列为 $a_1, a_2, \cdots, a_n$, 要求 n 元重新排列, 使得没有一个元在原来的位置, 这样就称为错位排列, 以 D_n 表示 n 元的所有可能的错位排列, 求 D_n.

解　记 S 为 $a_1, a_2, \cdots, a_n$ 的所有排列的集合, S_k 是 S 中所有满足 a_k 在第 k 号位置上的排列的集合, $k=1,2,\cdots,n$.

显然 $|S|=n!, |S_i|=(n-1)!, |S_i\cap S_j|=(n-2)!, \cdots, |S_1\cap\cdots\cap S_n|=1.$

所以

$$\left|\overline{S_1}\cap\cdots\cap\overline{S_n}\right|=|S|-|S_1\cup\cdots\cup S_n|=n!-\left[\mathrm{C}_n^1(n-1)!-\mathrm{C}_n^2(n-2)!+\cdots+(-1)^{n-1}\right]$$
$$=n!\left[1-\frac{1}{1!}+\frac{1}{2!}-\cdots+(-1)^n\frac{1}{n!}\right]\quad(n\geqslant 2),$$

即 $D_n=n!\left[1-\frac{1}{1!}+\frac{1}{2!}-\cdots+(-1)^n\frac{1}{n!}\right]$.

例 4.4.4　设 $S=\{1,2,\cdots,100\}$，求最小的 n 使得 S 中的每 n 个不同元素中均可找出 4 个两两互质的数.

解　先考察 2 的倍数、3 的倍数和 5 的倍数的数的个数，这是 3 类比较多的数.

设 $A_2=\{a|a\in S,2|a\}, A_3=\{a|a\in S,3|a\}, A_5=\{a|a\in S,5|a\}$，则

$$|A_2|=\left[\frac{100}{2}\right]=50,\quad |A_3|=\left[\frac{100}{3}\right]=33,\quad |A_5|=\left[\frac{100}{5}\right]=20;$$

$$|A_2\cap A_3|=\left[\frac{100}{[2,3]}\right]=16,\quad |A_3\cap A_5|=\left[\frac{100}{[3,5]}\right]=6,\quad |A_2\cap A_5|=\left[\frac{100}{[2,5]}\right]=10;$$

$$|A_2\cap A_3\cap A_5|=\left[\frac{100}{[2,3,5]}\right]=3,$$

其中 $[a,b]$ 表示 a,b 的最小公倍数.

所以在 S 中是 2 或 3 或 5 的倍数的数有

$$|A_2\cup A_3\cup A_5|=(50+33+20)-(16+6+10)+3=74\ (\text{个}).$$

于是，对于上述的 74 元集 $A_2\cup A_3\cup A_5$，从中任取 4 个数，由抽屉原理知其中必有两个数同为 2 或 3 或 5 的倍数，它们不互质. 所以，$n\geqslant 75$.

下面证明 $n=75$ 是可以的.

构造如下 4 个集合(注意：1~100 中共有 25 个质数):

$$B_1=\{1\text{及前25个质数}\};\quad B_2=\{2^2,3^2,5^2,7^2\};$$
$$B_3=\{2^3,3^3,5\times 19,7\times 13\};\quad B_4=\{2^4,3^4,5\times 17,7\times 11\}.$$

这四个集合每两个的交集为空集，且每个集合中的任意两个数都互质. 所以

$$|B_1\cup B_2\cup B_3\cup B_4|=26+4\times 3=38.$$

设 $X\subseteq S$，且 $|X|\geqslant 75$，则 X 中至少有 $75-(100-38)=13$ 个元素取自 $B_1\cup B_2\cup B_3\cup B_4$. 于是由抽屉原理知，至少有 $\left[\frac{13}{4}\right]+1=4$ (个)数取自某个 $B_i(1\leqslant i\leqslant 4)$，由 B_i 构造知，这 4 个数是两两互质的.

综上所述，n 的最小值为 75.

习　题　四

1. 试求三边长均为整数且最大边长小于 11 的三角形的个数.

2. 用 5 种不同的颜色给图中的 A,B,C,D 四个区域涂色(图 1)，每个区域只能使用一种颜色，且相邻区域不能同色，有多少种不同的涂色方式?

3. 某城市在中心广场建造一个花圃，花圃分为 6 个部分(图 2)，现要栽种 4 种不同颜色的花，每部分栽种一种且相邻部分不能栽种同样颜色的花，不同的栽种方法有多少种？

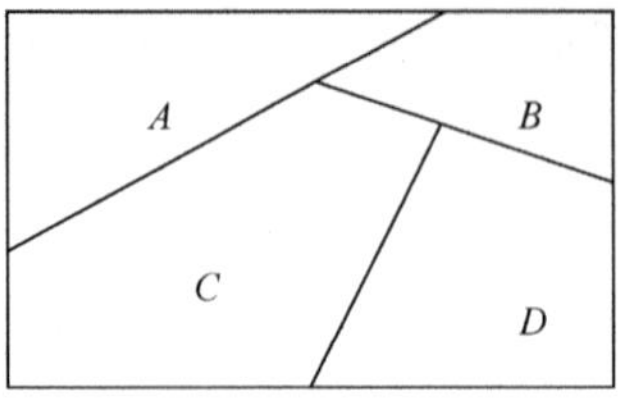

图 1

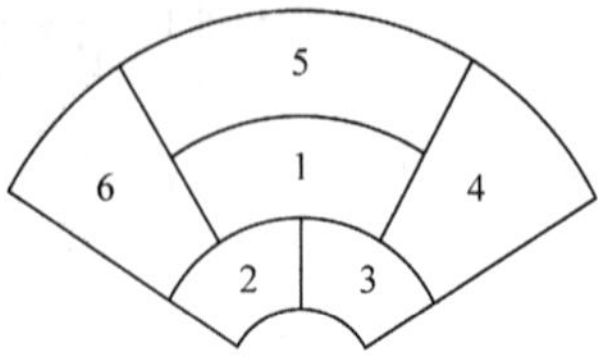

图 2

4. 已知 n 位数的各位数字只能取集合 $\{1,2,3,4,5\}$ 中的数字，设含有数字 5 且在 5 前面没有数字 3 的 n 位数的个数为 $f(n)$，求 $f(n)$.

5. 给定一个正十二边形，以其中任意三个顶点作三角形，这些三角形中有多少个不全等的三角形？

6. 试求从集合 $A=\{1,2,\cdots,n\}$ 到集合 $B=\{1,2,\cdots,m\}$ 的映射的个数.

7. 某电脑用户计划使用不超过 500 元的资金购买单价分别为 60 元、70 元的单片软件和盒装磁盘. 根据需要，软件至少买 3 片，磁盘至少买 2 盒，不同的选购方式共有多少种？

8. 3 名医生和 6 名护士被分配到 3 所学校为学生体检，每校分配 1 名医生和 2 名护士，不同的分配方法共有多少种？

9. 6 名同学排成一排，其中甲、乙两人必须排在一起的不同排法有多少种？

10. 用 1, 2, 3, 4, 5 这五个数字，组成没有重复数字的三位数，其中偶数共有多少个？

11. 计划展出 10 幅不同的画，其中 1 幅水彩画、4 幅油画、5 幅国画，排成一行陈列，要求同一品种的画必须连在一起，并且水彩画不放在两端，那么不同的陈列方式有多少种？

12. 四个不同小球放入编号为 1, 2, 3, 4 的四个盒中，则恰有一个空盒的放法共有多少种？

13. 马路上有编号为 1, 2, 3, …, 2005 的 2005 盏路灯，为节约用电，现要求把其中的 200 盏灯关掉，但不能同时关掉相邻的两盏或三盏，也不能关掉两端的路灯，满足条件的关灯方法共有多少种？

14. 已知 i,m,n 是正整数，且 $1<i\leqslant m<n$.

(1) 证明 $n^i\mathrm{P}_m^i<m^i\mathrm{P}_n^i$；

(2) 证明 $(1+m)^n>(1+n)^m$.

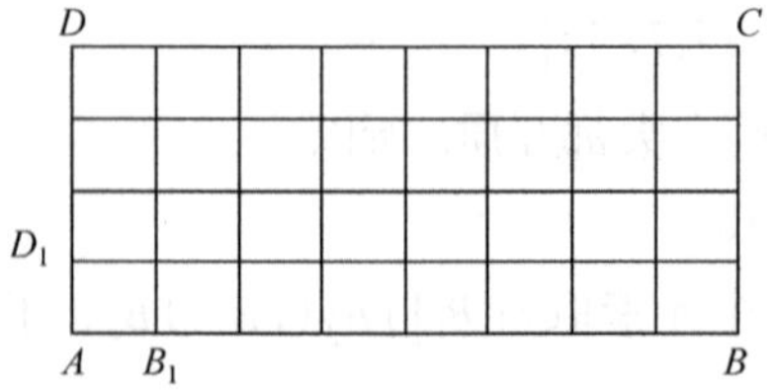

图 3

15. 如图 3，矩形 $ABCD$ 的边在网格线上，并且 AB 是 AD 的 k 倍(k 为正整数)，考虑沿网格的边从 A 到 C 所有可能的最短路径. 证明：在这些路径中，含 AB_1 的条数是含 AD_1 的条数的 k 倍.

16. 把 n 个不同的球，分别装入 m 个盒子中，使其中 m_1 个盒子中每个都有 p_1 个球，m_2 个盒子中每个都有 p_2 个球，…，m_k 个盒子中每个都有 p_k 个球，这里，

$$m=m_1+m_2+\cdots+m_k,\quad n=p_1m_1+p_2m_2+\cdots+p_km_k,$$

求下列情况下，各有多少种不同放法：

(1) 盒子均不相同；

(2) 装有相同数目的球的盒子相同.

17. 方程 $2x_1+x_2+x_3+\cdots+x_{10}=3$ 的非负整数解共有多少个？

18. 电视台在 n 天内共播出 r 次商业广告，若每天至少播 p 次广告 $(np\leqslant r)$，就每天播出广告的次数而言，共有几种播出方法？

19. 6 名同学站成一圈，其中 A,B 两人不能相邻的站法有多少种？

20. 有男生 $n+m$ 人，女生 m 人 $(m,n\geqslant 1)$.

(1) 这 $n+2m$ 人排成一列，女生不相邻，首尾都是男生，有多少种排法？

(2) 这 $n+2m$ 人围成一圈, 女生不相邻, 有多少种排法?

21. 求不大于 500 且至少能被 2, 3, 5 中一个整除的自然数的个数.

22. 某班的全体学生进行了短跑、游泳、篮球三个项目的测试, 有 4 名学生在这三个项目中都没有达到优秀, 其余每人至少有一个项目达到优秀, 这部分学生达到优秀的项目、人数如下表:

短跑	游泳	篮球	短跑、游泳	游泳、篮球	篮球、短跑	短跑、游泳、篮球
17	18	15	6	6	5	2

求这个班的学生数.

23. 已知某校共有学生 900 名, 其中男生 528 人, 高中学生 312 人, 团员 670 人, 高中男生 192 人, 男团员 336 人, 高中团员 247 人, 高中男团员 175 人, 试问这些数据统计有无错误?

第五章讲课视频

第五章　数　　列

数列从本质上来说可以看作定义在自然数集上的离散函数, 日常生活中的很多问题都可以用等差或等比数列来解决. 学习数列知识有利于培养学生应用数学知识解决实际问题的能力. 本章首先叙述了数列的基础知识, 并对等差和等比数列的一些重要性质进行了归纳总结; 然后研究了高阶等差数列、斐波那契数列和分群数列等一些特殊的数列; 最后还介绍了解决数列问题的重要方法——数学归纳法和母函数法.

第一节　数列概述

定义 5.1.1　按照某一法则, 给定了第 1 个数 a_1, 第 2 个数 $a_2, \cdots$, 对于正整数 n 有一个确定的数 a_n, 于是得到一列有次序的数 $a_1, a_2, \cdots, a_n, \cdots$, 我们称它为数列, 用符号 $\{a_n\}$ 表示. 数列中的每项称为数列的项, 第 n 项 a_n 称为数列的一般项, 又称为数列 $\{a_n\}$ 的通项.

例 5.1.1　(1) $\dfrac{1}{2}, \dfrac{2}{3}, \dfrac{3}{4}, \cdots, \dfrac{n}{n+1}, \cdots$;

(2) $2, 4, 8, \cdots, 2^n, \cdots$;

(3) $\dfrac{1}{2}, \dfrac{1}{4}, \dfrac{1}{8}, \cdots, \dfrac{1}{2^n}, \cdots$;

(4) $1, -1, 1, \cdots, (-1)^{n+1}$.

上述序列都是数列的例子, 它们的通项依次为

$$\frac{n}{n+1}, \quad 2^n, \quad \frac{1}{2^n}, \quad (-1)^{n+1}.$$

定义 5.1.2　当一个数列的项数为有限个时, 称这个数列为有限数列; 当一个数列的项数为无限个时, 则称这个数列为无限数列.

定义 5.1.3　对于一个数列, 如果从第 2 项起, 每一项都不小于它的前一项, 即 $a_{n+1} \geqslant a_n$, 则这样的数列称为递增数列; 如果从第 2 项起, 每一项都不大于它的前一项, 即 $a_{n+1} \leqslant a_n$, 则这样的数列称为递减数列.

例 5.1.1 中的数列(1)和(2)就是递增数列, 数列(3)就是递减数列.

定义 5.1.4　如果数列的每一项的绝对值都小于某一个正数, 即 $|a_n| < M$, 其中 M 是某一个正数, 则称这样的数列为有界数列, 否则就称为无界数列.

例 5.1.1 中的数列(1), (3)和(4)就是有界数列, 而(2)是无界数列.

数列 $\{a_n\}$ 可看作自变量为正整数 n 的函数:

$$a_n = f(n), \quad n \in \mathbf{N}^*.$$

当自变量 n 依次取 1, 2, 3, $\cdots$ 一切正整数时, 对应的函数值就排成数列 $\{a_n\}$.

虽然数列的通项公式给出了数列的项 a_n 与项数 n 之间的函数关系, 但是, 并不是所有的

数列都可给出通项公式. 例如, 质数数列, 其通项到目前为止, 还不能用一个(或几个)关于 n 的函数表达式给出. 并且, 一个数列如果有通项公式也不一定是唯一的. 例如, 已知数列 $\{a_n\}$ 的每一项皆为 a 与 b 的幂的积, 且 a 与 b 的幂的指数之和等于其项数, 偶数项中 a 的幂的指数为项数的一半, 奇数项中 a 的幂的指数等于其项数加 1 的一半, 则该数列的通项公式为

$$a_n=\begin{cases}a^{\frac{n+1}{2}}b^{\frac{n-1}{2}}, & n\text{为奇数},\\ a^{\frac{n}{2}}b^{\frac{n}{2}}, & n\text{为偶数}\end{cases}\quad \text{或}\quad a_n=a^{\frac{1}{4}\left[2n+1+(-1)^{n-1}\right]}b^{\frac{1}{4}\left[2n-1+(-1)^{n}\right]}.$$

定义 5.1.5 对于给定的数列 $\{a_n\}$, 称

$$a_1+a_2+\cdots+a_n$$

为该数列的前 n 项的和, 记为 S_n.

由定义 5.1.5 可知, $\{S_n\}$ 也是一个数列, 且满足关系

$$a_n=\begin{cases}S_n-S_{n-1}, & n\geqslant 2,\\ S_1, & n=1.\end{cases}$$

由此可见, 数列的前 n 项和与数列的通项 a_n 有着十分密切的关系, 知道了数列的前 n 项和的计算公式, 数列的通项公式也就随之确定了, 从而这个数列也就给定了.

例 5.1.2 (2002 年高考全国理) 设数列 $\{a_n\}$ 满足 $a_{n+1}=a_n^2-na_n+1,\ n=1,2,3,\cdots$.

(1) 当 $a_1=2$ 时, 求 a_2,a_3,a_4, 并由此猜想出 a_n 的一个通项公式;

(2) 当 $a_1\geqslant 3$ 时, 证明对所有的 $n\geqslant 1$, 有

(i) $a_n\geqslant n+2$;

(ii) $\dfrac{1}{1+a_1}+\dfrac{1}{1+a_2}+\cdots+\dfrac{1}{1+a_n}\leqslant\dfrac{1}{2}$.

解 (1) 由 $a_1=2$, 得 $a_2=a_1^2-a_1+1=3$, 由 $a_2=3$, 得 $a_3=a_2^2-2a_2+1=4$, 由 $a_3=4$, 得 $a_4=a_3^2-3a_3+1=5$. 由此猜想 a_n 的一个通项公式: $a_n=n+1(n\geqslant 1)$.

(2) (i)用数学归纳法证明.

① 当 $n=1$ 时, $a_1\geqslant 3=1+2$, 不等式成立.

② 假设当 $n=k$ 时不等式成立, 即 $a_k\geqslant k+2$, 那么

$$a_{k+1}=a_k(a_k-k)+1\geqslant(k+2)(k+2-k)+1\geqslant k+3.$$

也就是说, 当 $n=k+1$ 时, $a_{k+1}\geqslant(k+1)+2$.

根据①和②, 对于所有 $n\geqslant 1$, 有 $a_n\geqslant n+2$.

(ii) 由 $a_{n+1}=a_n(a_n-n)+1$ 及(i), 对 $k\geqslant 2$, 有

$$a_k=a_{k-1}(a_{k-1}-k+1)+1\geqslant a_{k-1}(k-1+2-k+1)+1=2a_{k-1}+1,$$

$$\cdots\cdots$$

所以

$$a_k\geqslant 2^{k-1}a_1+2^{k-2}+\cdots+2+1=2^{k-1}(a_1+1)-1.$$

于是 $\dfrac{1}{1+a_k}\leqslant\dfrac{1}{1+a_1}\cdot\dfrac{1}{2^{k-1}}$, $k\geqslant 2$. 因此

$$\sum_{k=1}^{n}\frac{1}{1+a_k}\leqslant\frac{1}{1+a_1}+\frac{1}{1+a_1}\sum_{k=2}^{n}\frac{1}{2^{k-1}}=\frac{1}{1+a_1}\sum_{k=1}^{n}\frac{1}{2^{k-1}}\leqslant\frac{2}{1+a_1}\leqslant\frac{2}{1+3}=\frac{1}{2}.$$

例 5.1.3　已知数列$\{a_n\}$满足$a_1=\frac{1}{2}$，$a_na_{n-1}=a_n+a_{n-1}$.

(1) 计算：a_2,a_3,a_4.

(2) 求数列的通项公式.

解　(1) 由$a_n=\frac{a_{n-1}}{a_{n-1}-1}$可计算出：$a_2=-1,a_3=\frac{1}{2},a_4=-1$.

(2) 求数列的通项公式有两种解法.

方法 1：由a_2,a_3,a_4的值猜想通项公式，然后用数学归纳法证明.

方法 2：由已知得

$$a_na_{n-1}=a_n+a_{n-1}, \tag{5.1.1}$$

$$a_{n-1}a_{n-2}=a_{n-1}+a_{n-2}, \tag{5.1.2}$$

两式相减得：$(a_{n-1}-1)(a_n-a_{n-2})=0$.

显然不存在$a_{n-1}-1=0$的情况，否则代入(5.1.1)有$a_n=a_n+1$，即$0=1$矛盾，故只有

$$a_n=a_{n-2}.$$

这样可得$a_n=\begin{cases}\frac{1}{2}, & n\text{为奇数},\\ -1, & n\text{为偶数}\end{cases}$或$a_n=-\frac{1}{4}+(-1)^{n-1}\cdot\frac{3}{4}$.

第二节　等差数列与等比数列

一、等差数列

定义 5.2.1　一般地，如果一个数列从第 2 项起，每一项与它前一项的差等于同一个常数，这个数列就称为等差数列，这个常数称为公差，常用字母d表示.

容易证明，等差数列$\{a_n\}$的通项公式为$a_n=a_1+(n-1)d$，前n项的和为$S_n=\frac{n}{2}(a_1+a_n)=na_1+\frac{n(n-1)}{2}d$.

如果把等差数列$\{a_n\}$的项数n看作直角坐标系中点的横坐标，其相应的项看作该点的纵坐标，则这些点皆在直线$y=dx+a_1-d$上.

关于等差数列还有以下性质.

(1) 设$\{a_n\}$是公差为d的等差数列，则$\{\lambda a_n+b\}$(λ,b是常数)是公差为λd的等差数列.

(2) 设$\{a_n\},\{b_n\}$是等差数列，则$\{\lambda_1a_n+\lambda_2b_n\}$($\lambda_1,\lambda_2$是常数)也是等差数列.

(3) 设$\{a_n\},\{b_n\}$是等差数列，且$b_n\in\mathbf{N}^*$，则$\{a_{b_n}\}$也是等差数列.

(4) 设$\{a_n\}$是等差数列，若$m+n=p+q$，则$a_m+a_n=a_p+a_q$；特别地，当$m+n=2p$时，$a_m+a_n=2a_p$.

(5) 设$\{a_n\}$是等差数列，$A=a_1+a_2+\cdots+a_n,B=a_{n+1}+a_{n+2}+\cdots+a_{2n},C=a_{2n+1}+a_{2n+2}+\cdots+a_{3n}$，则有$2B=A+C$.

(6) 对于项数为$2n$、公差为d的等差数列$\{a_n\}$，记$S_{奇}$，$S_{偶}$分别表示前$2n$项中的奇数项

的和与偶数项的和，则 $S_{偶}-S_{奇}=nd,\dfrac{S_{奇}}{S_{偶}}=\dfrac{a_n}{a_{n+1}}$.

(7) 对于项数为 $2n-1$ 的等差数列 $\{a_n\}$，有 $S_{奇}-S_{偶}=a_n,\dfrac{S_{奇}}{S_{偶}}=\dfrac{n}{n-1}$.

(8) S_n 是等差数列的前 n 项和，则 $S_{2n-1}=(2n-1)a_n$.

(9) $\left\{\dfrac{S_n}{n}\right\}\left(即\dfrac{S_1}{1},\dfrac{S_2}{2},\dfrac{S_3}{3},\cdots\right)$为等差数列，公差为 $\dfrac{d}{2}$.

例 5.2.1 (1994 年高考全国理)　等差数列 $\{a_n\}$ 的前 m 项和为 30，前 $2m$ 项和为 100，则它的前 $3m$ 项和是多少？

解法 1　由题意得方程组 $\begin{cases}ma_1+\dfrac{m(m-1)}{2}d=30,\\ 2ma_1+\dfrac{2m(2m-1)}{2}d=100.\end{cases}$ 视 m 为已知数，解得

$$d=\frac{40}{m^2},\quad a_1=\frac{10(m+2)}{m^2}.$$

所以 $S_{3m}=3ma_1+\dfrac{3m(3m-1)}{2}d=3m\dfrac{10(m+2)}{m^2}+\dfrac{3m(3m-1)}{2}\dfrac{40}{m^2}=210$.

解法 2　设前 m 项的和为 b_1，第 $m+1$ 到 $2m$ 项之和为 b_2，第 $2m+1$ 到 $3m$ 项之和为 b_3，则 b_1,b_2,b_3 也成等差数列. 于是 $b_1=30,b_2=100-30=70$，公差 $d=70-30=40$. 故 $b_3=b_2+d=70+40=110$，所以前 $3m$ 项之和 $S_{3m}=b_1+b_2+b_3=210$.

解法 3 (特殊值法)　取 $m=1$，则 $a_1=S_1=30$，$a_2=S_2-S_1=70$，从而

$$d=a_2-a_1=40.$$

于是 $a_3=a_2+d=70+40=110$，所以 $S_3=a_1+a_2+a_3=210$.

例 5.2.2 (1997 年全国高中数学联赛)　设等差数列的首项与公差均为非负整数，项数不小于 3，且各项之和为 97^2，则这样的数列有多少个？

解　设等差数列的首项为 a，公差为 d. 由已知有 $na+\dfrac{1}{2}n(n-1)d=97^2$，即 $[2a+(n-1)d]\times n=2\times97^2$. 又因为 $n\geqslant3$，97 为素数，所以 n 只可能取 $97,2\times97,97^2,2\times97^2$，又因为 $a\geqslant0$，$d\geqslant0$ 且 a,d 均为整数，故 $2\times97^2=n(n-1)d+2an\geqslant n(n-1)d$.

若 $d>0$，由于 d 为正数，则 $d\geqslant1$，即 $2\times97^2\geqslant n(n-1)d\geqslant n(n-1)$，故 $n=97$，故有 $(n,a,d)=(97,49,1)$ 或 $(97,1,2)$.

若 $d=0$，则 $na=97^2$，故有 $(n,a,d)=(97,97,0)$ 或 $(97^2,1,0)$.

所以这样的数列一共有 4 个.

例 5.2.3 (2007 年高考天津理)　在数列 $\{a_n\}$ 中，$a_1=2,a_{n+1}=\lambda a_n+\lambda^{n+1}+(2-\lambda)2^n(n\in\mathbf{N}^*)$，其中 $\lambda>0$.

(1) 求数列 $\{a_n\}$ 的通项公式；

(2) 求数列 $\{a_n\}$ 的前 n 项和 S_n.

解　(1) 由 $a_{n+1}=\lambda a_n+\lambda^{n+1}+(2-\lambda)2^n(n\in\mathbf{N}^*),\lambda>0$，可得

$$\frac{a_{n+1}}{\lambda^{n+1}}-\left(\frac{2}{\lambda}\right)^{n+1}=\frac{a_n}{\lambda^n}-\left(\frac{2}{\lambda}\right)^n+1,$$

所以$\left\{\frac{a_n}{\lambda^n}-\left(\frac{2}{\lambda}\right)^n\right\}$为等差数列，其公差为 1，首项为 0，故$\frac{a_n}{\lambda^n}-\left(\frac{2}{\lambda}\right)^n=n-1$，所以数列$\{a_n\}$的通项公式为$a_n=(n-1)\lambda^n+2^n$.

(2) 设

$$T_n=\lambda^2+2\lambda^3+3\lambda^4+\cdots+(n-2)\lambda^{n-1}+(n-1)\lambda^n, \tag{5.2.1}$$

$$\lambda T_n=\lambda^3+2\lambda^4+3\lambda^5+\cdots+(n-2)\lambda^n+(n-1)\lambda^{n+1}. \tag{5.2.2}$$

当$\lambda\neq1$时，(5.2.1) − (5.2.2)，得

$$(1-\lambda)T_n=\lambda^2+\lambda^3+\cdots+\lambda^n-(n-1)\lambda^{n+1}=\frac{\lambda^2-\lambda^{n+1}}{1-\lambda}-(n-1)\lambda^{n+1},$$

$$T_n=\frac{\lambda^2-\lambda^{n+1}}{(1-\lambda)^2}-\frac{(n-1)\lambda^{n+1}}{1-\lambda}=\frac{(n-1)\lambda^{n+2}-n\lambda^{n+1}+\lambda^2}{(1-\lambda)^2},$$

这时数列$\{a_n\}$的前n项和$S_n=\frac{(n-1)\lambda^{n+2}-n\lambda^{n+1}+\lambda^2}{(1-\lambda)^2}+2^{n+1}-2$.

当$\lambda=1$时，$T_n=\frac{n(n-1)}{2}$. 这时数列$\{a_n\}$的前n项和$S_n=\frac{n(n-1)}{2}+2^{n+1}-2$.

例 5.2.4　解方程$\sqrt{x^2+x+1}-\sqrt{x^2+7x+5}=3x+2$.

解　显然$\sqrt{x^2+x+1},\frac{1}{2}(3x+2),-\sqrt{x^2+7x+5}$成等差数列，故可设

$$\begin{cases}\sqrt{x^2+x+1}=\frac{1}{2}(3x+2)-d, & (5.2.3)\\ -\sqrt{x^2+7x+5}=\frac{1}{2}(3x+2)+d, & (5.2.4)\end{cases}$$

由$(5.2.3)^2-(5.2.4)^2$得，$-2(3x+2)=-2(3x+2)d$，解得$d=1$或$x=-\frac{2}{3}$.

当$d=1$时，代入(5.2.3)解得$x=\frac{1}{5}(2\pm2\sqrt{6})$是增根，舍去；当$x=-\frac{2}{3}$时符合题意，所以$x=-\frac{2}{3}$是原方程的根.

二、等比数列

定义 5.2.2　一般地，如果一个数列从第 2 项起，每一项与它的前一项的比等于同一个常数，那么这个数列就称为等比数列，这个常数称为公比；公比通常用字母q($q\neq0$)表示，即$\frac{a_n}{a_{n-1}}=q(q\neq0)$.

等比数列具有以下性质:

(1) 等比数列的通项公式：$a_n=a_1q^{n-1}(a_1\cdot q\neq0)$或$a_n=a_mq^{n-m}(a_1\cdot q\neq0)$.

(2) 等比数列的前 n 项和公式: $S_n=\begin{cases} na_1, & q=1, \\ \dfrac{a_1(1-q^n)}{1-q}=\dfrac{a_1-a_nq}{1-q}, & q\neq 1. \end{cases}$

(3) 等比中项: $a_{n+1}=\pm\sqrt{a_n\cdot a_{n+2}}$.

(4) 设 $\{a_n\}$ 是等比数列, 则 $\{\lambda a_n\}$ (λ 是常数且 $\lambda\neq 0$), $\{a_n^m\}$ (a_n^m 有意义, m 是常数)仍成等比数列.

(5) 设 $\{a_n\}$, $\{b_n\}$ 是等比数列, 则 $\{a_n\cdot b_n\}$ 也是等比数列.

(6) 设 $\{a_n\}$ 是等比数列, $\{b_n\}$ 是等差数列, 且 $b_n\in\mathbf{N}^*$, 则 $\{a_{b_n}\}$ 也是等比数列.

(7) 设 $\{a_n\}$ 是正项等比数列, 则 $\{\log_c a_n\}(c>0, c\neq 1)$ 是等差数列.

(8) 设 $\{a_n\}$ 是等比数列, 若 $m+n=p+q$, 则 $a_m\cdot a_n=a_p\cdot a_q$; 特别地, 当 $m+n=2p$ 时, $a_m\cdot a_n=a_p^2$.

(9) 设 $\{a_n\}$ 是等比数列, $A=a_1+a_2+\cdots+a_n, B=a_{n+1}+a_{n+2}+\cdots+a_{2n}, C=a_{2n+1}+a_{2n+2}+\cdots+a_{3n}$, 则有 $B^2=A\cdot C$.

例 5.2.5 (2007 年高考湖北文)　已知数列 $\{a_n\}$ 和 $\{b_n\}$ 满足: $a_1=1$, $a_2=2$, $a_n>0$, $b_n=\sqrt{a_na_{n+1}}(n\in\mathbf{N}^*)$, 且 $\{b_n\}$ 是以 q 为公比的等比数列.

(1) 证明: $a_{n+2}=a_nq^2$;

(2) 若 $c_n=a_{2n-1}+2a_{2n}$, 证明数列 $\{c_n\}$ 是等比数列;

(3) 求和: $\dfrac{1}{a_1}+\dfrac{1}{a_2}+\dfrac{1}{a_3}+\dfrac{1}{a_4}+\cdots+\dfrac{1}{a_{2n-1}}+\dfrac{1}{a_{2n}}$.

解　(1) 由 $\dfrac{b_{n+1}}{b_n}=q$, 有 $\dfrac{\sqrt{a_{n+1}a_{n+2}}}{\sqrt{a_na_{n+1}}}=\dfrac{\sqrt{a_{n+2}}}{\sqrt{a_n}}=q$, 所以 $a_{n+2}=a_nq^2(n\in\mathbf{N}^*)$.

(2) 因为 $a_n=a_{n-2}q^2$, 从而有

$$a_{2n-1}=a_{2n-3}q^2=\cdots=a_1q^{2n-2},\quad a_{2n}=a_{2n-2}q^2=\cdots=a_2q^{2n-2},$$

于是 $c_n=a_{2n-1}+2a_{2n}=a_1q^{2n-2}+2a_2q^{2n-2}=(a_1+2a_2)q^{2n-2}=5q^{2n-2}$.

所以 $\{c_n\}$ 是首项为 5, 以 q^2 为公比的等比数列.

(3) 由(2)得 $\dfrac{1}{a_{2n-1}}=\dfrac{1}{a_1}q^{2-2n}$, $\dfrac{1}{a_{2n}}=\dfrac{1}{a_2}q^{2-2n}$, 于是

$$\begin{aligned}\frac{1}{a_1}+\frac{1}{a_2}+\cdots+\frac{1}{a_{2n}}&=\left(\frac{1}{a_1}+\frac{1}{a_3}+\cdots+\frac{1}{a_{2n-1}}\right)+\left(\frac{1}{a_2}+\frac{1}{a_4}+\cdots+\frac{1}{a_{2n}}\right)\\&=\frac{1}{a_1}\left(1+\frac{1}{q^2}+\frac{1}{q^4}+\cdots+\frac{1}{q^{2n-2}}\right)+\frac{1}{a_2}\left(1+\frac{1}{q^2}+\frac{1}{q^4}+\cdots+\frac{1}{q^{2n-2}}\right)\\&=\frac{3}{2}\left(1+\frac{1}{q^2}+\frac{1}{q^4}+\cdots+\frac{1}{q^{2n-2}}\right).\end{aligned}$$

当 $q=1$ 时,

$$\frac{1}{a_1}+\frac{1}{a_2}+\cdots+\frac{1}{a_{2n}}=\frac{3}{2}\left(1+\frac{1}{q^2}+\frac{1}{q^4}+\cdots+\frac{1}{q^{2n-2}}\right)=\frac{3}{2}n.$$

当$q\neq 1$时,

$$\frac{1}{a_1}+\frac{1}{a_2}+\cdots+\frac{1}{a_{2n}}=\frac{3}{2}\left(1+\frac{1}{q^2}+\frac{1}{q^4}+\cdots+\frac{1}{q^{2n-2}}\right)=\frac{3}{2}\left(\frac{1-q^{-2n}}{1-q^{-2}}\right)$$
$$=\frac{3}{2}\left[\frac{q^{2n}-1}{q^{2n-2}(q^2-1)}\right].$$

故$\frac{1}{a_1}+\frac{1}{a_2}+\cdots+\frac{1}{a_{2n}}=\begin{cases}\frac{3}{2}n, & q=1,\\ \frac{3}{2}\left[\frac{q^{2n}-1}{q^{2n-2}(q^2-1)}\right], & q\neq 1.\end{cases}$

例 5.2.6 解方程组$\begin{cases}2xy-5\sqrt{xy+1}=10, & (5.2.5)\\ x^2+y^2=34. & (5.2.6)\end{cases}$

解 由(5.2.5)得$2(xy+1)-5\sqrt{xy+1}-12=0$，解得$\sqrt{xy+1}=4$，即$xy=15=(\sqrt{15})^2$，则$x$, $\sqrt{15}, y$成等比数列，于是可设$x=\sqrt{15}q$，$y=\frac{1}{q}\sqrt{15}$，代入(5.2.6)整理得

$$15q^4-34q^2+15=0,$$

解得$q=\pm\frac{1}{3}\sqrt{15}$或$q=\pm\frac{1}{5}\sqrt{15}$.

故$\begin{cases}x_1=5,\\ y_1=3,\end{cases}$ $\begin{cases}x_2=3,\\ y_2=5,\end{cases}$ $\begin{cases}x_3=-3,\\ y_3=-5,\end{cases}$ $\begin{cases}x_4=-5,\\ y_4=-3,\end{cases}$ 经检验都是原方程组的解.

例 5.2.7 (2007年全国高中数学联赛) 等差数列$\{a_n\}$的公差d不为0，等比数列$\{b_n\}$的公比q是小于1的正有理数. 若$a_1=d$，$b_1=d^2$，且$\frac{a_1^2+a_2^2+a_3^2}{b_1+b_2+b_3}$是正整数，$q$等于多少?

解 因为$\frac{a_1^2+a_2^2+a_3^2}{b_1+b_2+b_3}=\frac{a_1^2+(a_1+d)^2+(a_1+2d)^2}{b_1+b_1q+b_1q^2}=\frac{14}{1+q+q^2}$，所以由已知条件知道，$1+q+q^2=\frac{14}{m}$，其中$m$为正整数，则

$$q=-\frac{1}{2}+\sqrt{\frac{1}{4}+\frac{14}{m}-1}=-\frac{1}{2}+\sqrt{\frac{56-3m}{4m}}.$$

由于q是小于1的正有理数，所以$1<\frac{14}{m}<3$，即$5\leqslant m\leqslant 13$且$\frac{56-3m}{4m}$是某个有理数的平方，由此可知$q=\frac{1}{2}$.

例 5.2.8 (2004年全国高中数学联赛) 已知数列$a_0, a_1, a_2, \cdots, a_n, \cdots$满足关系式$(3-a_{n+1})\times(6+a_n)=18$，且$a_0=3$，则$\sum_{i=0}^{n}\frac{1}{a_i}$的值是多少?

解　设$b_n=\dfrac{1}{a_n}$，$n=0,1,2,\cdots$，则$\left(3-\dfrac{1}{b_{n+1}}\right)\left(6+\dfrac{1}{b_n}\right)=18$，即$3b_{n+1}-6b_n-1=0$．于是$b_{n+1}=2b_n+\dfrac{1}{3}$，即$b_{n+1}+\dfrac{1}{3}=2\left(b_n+\dfrac{1}{3}\right)$．故数列$\left\{b_n+\dfrac{1}{3}\right\}$是公比为 2 的等比数列，于是

$$b_n+\frac{1}{3}=2^n\left(b_0+\frac{1}{3}\right)=2^n\left(\frac{1}{a_0}+\frac{1}{3}\right)=\frac{1}{3}\times 2^{n+1}.$$

所以$b_n=\dfrac{1}{3}(2^{n+1}-1)$，那么就有

$$\sum_{i=0}^{n}\frac{1}{a_i}=\sum_{i=0}^{n}b_i=\sum_{i=0}^{n}\frac{1}{3}(2^{i+1}-1)=\frac{1}{3}\left[\frac{2(2^{n+1}-1)}{2-1}-(n+1)\right]=\frac{1}{3}(2^{n+2}-n-3).$$

第三节　几种特殊的数列

一、高阶等差数列

定义 5.3.1　给定数列：

$$a_1,a_2,\cdots,a_n, \tag{5.3.1}$$

从第二项起，每一项与它相邻的前面一项之差构成数列：

$$a_{11},a_{12},\cdots,a_{1(n-1)}, \tag{5.3.2}$$

称(5.3.2)为(5.3.1)的一阶差分数列，其中$a_{1i}=a_{i+1}-a_i(i=1,2,\cdots,n-1)$；对于(5.3.2)，从第二项起，每一项与它相邻的前面一项之差构成数列：

$$a_{21},a_{22},\cdots,a_{2(n-2)}, \tag{5.3.3}$$

称(5.3.3)为(5.3.1)的二阶差分数列，其中$a_{2i}=a_{1(i+1)}-a_{1i}(i=1,2,\cdots,n-2)$，按照上述方法，第$r$次得到数列：

$$a_{r1},a_{r2},\cdots,a_{r(n-r)}, \tag{5.3.4}$$

则称(5.3.4)为(5.3.1)的r阶差分数列．

定义 5.3.2　如果数列$\{a_n\}$的$r(r\geqslant 2)$阶差分数列是不为零的常数列，则称该数列为r阶等差数列．

为统一起见，我们将常数列称为零阶等差数列；将等差数列称为一阶等差数列；二阶以上的均称为高阶等差数列．

例如，数列

$$1,8,27,64,125,216,\ \cdots,\ n^3,\ \cdots,$$

其一阶差分数列为

$$7,19,37,61,91,\ \cdots,\ 3n^2-3n+1,\ \cdots,$$

其二阶差分数列为

$$12,18,24,30,\ \cdots,\ 6n,\ \cdots,$$

其三阶差分数列为

$$6, 6, 6, 6, \cdots, 6, \cdots.$$

所以数列$\{n^3\}$为三阶等差数列. 事实上我们可以得到, 这个高阶等差数列的通项公式是关于n的多项式, 并且其次数正好等于其阶数.

定理 5.3.1　若数列$\{a_n\}$为高阶等差数列, 则其通项a_n可用各阶差首项表示

$$a_n = \sum_{k=0}^{n-1} \mathrm{C}_{n-1}^{k} a_{k1}. \tag{5.3.5}$$

证明　当$n=2$时, $a_2 = \sum_{k=0}^{1} \mathrm{C}_1^k a_{k1} = \mathrm{C}_1^0 a_{01} + \mathrm{C}_1^1 a_{11} = a_{01} + a_{11}$, 命题成立.

设$n=k$时命题成立, 则当$n=k+1$时,

$$\begin{aligned}
a_{k+1} &= a_k + a_{1k} = \sum_{i=0}^{k-1} \mathrm{C}_{k-1}^{i} a_{i1} + \sum_{i=0}^{k-1} \mathrm{C}_{k-1}^{i} a_{(i+1)1} \\
&= a_1 + \mathrm{C}_{k-1}^1 a_{11} + \mathrm{C}_{k-1}^2 a_{21} + \cdots + a_{(k-1)1} + a_{11} + \mathrm{C}_{k-1}^1 a_{21} + \cdots + \mathrm{C}_{k-1}^{k-2} a_{(k-1)1} + a_{k1} \\
&= a_1 + (\mathrm{C}_{k-1}^0 + \mathrm{C}_{k-1}^1) a_{11} + (\mathrm{C}_{k-1}^1 + \mathrm{C}_{k-1}^2) a_{21} + \cdots + (\mathrm{C}_{k-1}^{k-2} + \mathrm{C}_{k-1}^{k-1}) a_{(k-1)1} + a_{k1} \\
&= a_1 + \mathrm{C}_k^1 a_{11} + \mathrm{C}_k^2 a_{21} + \cdots + \mathrm{C}_k^{k-1} a_{(k-1)1} + a_{k1} \\
&= \sum_{i=0}^{k} \mathrm{C}_k^i a_{i1} = \sum_{k=0}^{n} \mathrm{C}_n^k a_{k1}.
\end{aligned}$$

故定理 5.3.1 得证.

$a_n = \sum_{k=0}^{n-1} \mathrm{C}_{n-1}^k a_{k1}$ 实际上就是高阶等差数列的通项公式.

推论 5.3.1　一阶等差数列的通项公式为$a_n = \mathrm{C}_{n-1}^0 a_{01} + \mathrm{C}_{n-1}^1 a_{11}$($a_{21}, a_{31}, \cdots$均为 0), 即$a_n = a_1 + (n-1)d$.

定理 5.3.2　若$\{a_n\}$为r阶等差数列, 则前n项和

$$S_r(n) = \sum_{k=0}^{r} \mathrm{C}_n^{k+1} a_{k1}. \tag{5.3.6}$$

证明　数列$S_r(0), S_r(1), S_r(2), \cdots, S_r(n)$, 即

$$0, a_1, a_1 + a_2, \cdots, a_1 + a_2 + \cdots + a_n, \tag{5.3.7}$$

因其一阶差为数列(5.3.1), 故数列(5.3.7)为$r+1$阶等差数列, 其$r+1$阶差就是(5.3.1)的阶差, 又$S_r(n)$是(5.3.7)的第$n+1$项, 由定理 5.3.1 可得

$$S_r(n) = \sum_{k=0}^{n-1} \mathrm{C}_n^{k+1} a_{k1},$$

但已知(5.3.1)为r阶等差数列, 不等于零的最高阶差首项为a_{r1}, 而$a_{(r+1)1}, a_{(r+2)1}, \cdots, a_{(n-1)1}$皆为零, 所以

$$S_r(n) = \sum_{k=0}^{r} \mathrm{C}_n^{k+1} a_{k1}.$$

推论 5.3.2　当$\{a_n\}$为一阶等差数列时, 各阶差的首项唯$a_{11} \neq 0$, 而$a_{21}, a_{31}, \cdots, a_{(n-1)1}$均为零, 因而有$S_1(n) = \sum_{k=0}^{1} \mathrm{C}_n^{k+1} a_{k1} = na_1 + \dfrac{n(n-1)}{2} a_{11}$.

高阶等差数列具有以下性质.

(1) 如果数列 $\{a_n\}$ 是 r 阶等差数列, 则它的一阶差分数列是 $r-1$ 阶等差数列;

(2) 数列 $\{a_n\}$ 是 r 阶等差数列的充要条件是: 数列 $\{a_n\}$ 的通项是关于 n 的 r 次多项式;

(3) 如果数列 $\{a_n\}$ 是 r 阶等差数列, 则其前 n 项之和 S_n 是关于 n 的 $r+1$ 次多项式.

例 5.3.1　一个三阶等差数列 $\{a_n\}$ 的前 4 项依次为 30, 72, 140, 240, 求其通项公式.

解　由性质(2), a_n 是 n 的三次多项式, 可设 $a_n = An^3 + Bn^2 + Cn + D$.

由 $a_1 = 30, a_2 = 72, a_3 = 140, a_4 = 240$, 得

$$\begin{cases} A+B+C+D=30, \\ 8A+4B+2C+D=72, \\ 27A+9B+3C+D=140, \\ 64A+16B+4C+D=240, \end{cases}$$

解得 $A=1, B=7, C=14, D=8$. 所以 $a_n = n^3+7n^2+14n+8$.

例 5.3.2　求和: $S_n = 1\times3\times2^2 + 2\times4\times3^2 + \cdots + n(n+2)(n+1)^2$.

解　S_n 是数列 $\{n(n+2)(n+1)^2\}$ 的前 n 项和, 因为 $a_n = n(n+2)(n+1)^2$ 是关于 n 的四次多项式, 所以 $\{a_n\}$ 是四阶等差数列, 于是 S_n 是关于 n 的五次多项式.

因为

$$k(k+2)(k+1)^2 = k(k+1)(k+2)(k+3) - 2k(k+1)(k+2),$$

故求 S_n 可转化为求

$$K_n = \sum_{k=1}^{n} k(k+1)(k+2)(k+3) \quad 和 \quad T_n = \sum_{k=1}^{n} k(k+1)(k+2).$$

又因为

$$k(k+1)(k+2)(k+3) = \frac{1}{5}\left[k(k+1)(k+2)(k+3)(k+4) - (k-1)k(k+1)(k+2)(k+3)\right],$$

所以

$$K_n = \sum_{k=1}^{n} k(k+1)(k+2)(k+3) = \frac{1}{5}n(n+1)(n+2)(n+3)(n+4),$$

$$T_n = \sum_{k=1}^{n} k(k+1)(k+2) = \frac{1}{4}n(n+1)(n+2)(n+3),$$

从而 $S_n = K_n - 2T_n = \frac{1}{10}n(n+1)(n+2)(n+3)(2n+3)$.

例 5.3.3　已知整数列 $\{a_n\}$ 适合条件:

(1) $a_{n+2} = 3a_{n+1} - 3a_n + a_{n-1}$, $n = 2, 3, 4, \cdots$;

(2) $2a_2 = a_1 + a_3 - 2$;

(3) $a_5 - a_4 = 9$, $a_1 = 1$,

求数列 $\{a_n\}$ 的前 n 项和 S_n.

解　设 $b_n = a_{n+1} - a_n, c_n = b_{n+1} - b_n$, 则

$$
\begin{aligned}
c_n &= b_{n+1} - b_n = (a_{n+2} - a_{n+1}) - (a_{n+1} - a_n) = a_{n+2} - 2a_{n+1} + a_n \\
&= (3a_{n+1} - 3a_n + a_{n-1}) - 2a_{n+1} + a_n = a_{n+1} - 2a_n + a_{n-1} \\
&= c_{n-1} \quad (n = 2,3,4,\cdots),
\end{aligned}
$$

所以$\{c_n\}$是常数列.

由条件(2)得$c_1 = 2$，则$\{a_n\}$是二阶等差数列. 因此

$$
a_n = a_1 + \sum_{k=1}^{n} b_k = a_1 + (n-1)b_1 + \frac{(n-1)(n-2)}{2} \times 2 = 1 + (n-1)b_1 + (n-1)(n-2).
$$

由条件(3)知$b_4 = 9$，从而$b_1 = 3$，于是$a_n = n^2$，$S_n = \frac{1}{6}n(n+1)(2n+1)$.

例 5.3.4　求证数列$1^k, 2^k, \cdots, n^k$是k阶等差数列, 其k阶差为$k!$(k为自然数).

证明　当$k=1$时, 命题显然成立.

假设对数列各项指数$\leqslant k$时命题成立, 则当数列各项指数等于$k+1$时, 数列为$1^{k+1}, 2^{k+1}, \cdots, n^{k+1}$, 这个数列的一阶差之各项分别为

$$
a_{11} = 2^{k+1} - 1^{k+1} = \mathrm{C}_{k+1}^{1} \cdot 1^{k} + \mathrm{C}_{k+1}^{2} \cdot 1^{k-1} + \cdots + \mathrm{C}_{k+1}^{k} \cdot 1 + \mathrm{C}_{k+1}^{k+1} \cdot 1^{0},
$$

$$
a_{12} = 3^{k+1} - 2^{k+1} = \mathrm{C}_{k+1}^{1} \cdot 2^{k} + \mathrm{C}_{k+1}^{2} \cdot 2^{k-1} + \cdots + \mathrm{C}_{k+1}^{k} \cdot 2 + \mathrm{C}_{k+1}^{k+1} \cdot 2^{0},
$$

……

$$
a_{1(n-1)} = n^{k+1} - (n-1)^{k+1} = \mathrm{C}_{k+1}^{1}(n-1)^{k} + \mathrm{C}_{k+1}^{2} \cdot (n-1)^{k-1} + \cdots + C_{k+1}^{k} \cdot (n-1) + \mathrm{C}_{k+1}^{k+1} \cdot (n-1)^{0},
$$

数列$\{a_{1(n-1)}\}$是下面$k+1$个数列之和:

$$
\left\{\mathrm{C}_{k+1}^{1}(n-1)^{k}\right\}, \left\{\mathrm{C}_{k+1}^{2}(n-1)^{k-1}\right\}, \cdots, \left\{\mathrm{C}_{k+1}^{k}(n-1)\right\}, \{1\}. \tag{5.3.8}
$$

由归纳假设, 它们分别是k阶, $(k-1)$阶, ⋯, 1阶, 0阶等差数列, 它们不等于零的最高阶差是: $\mathrm{C}_{k+1}^{1}k!$，$\mathrm{C}_{k+1}^{2}(k-1)!$，⋯，$\mathrm{C}_{k+1}^{k}1!$.

因数列$\{a_{1(n-1)}\}$的k阶差就是(5.3.8)中各数列k阶差之和, 而(5.3.8)中, 只有$\left\{\mathrm{C}_{k+1}^{1}(n-1)^{k}\right\}$的$k$阶差是$\mathrm{C}_{k+1}^{1}k! = (k+1)!$, 其余各数列之$k$阶差皆为 0, 故数列$\{a_{1(n-1)}\}$的$k$阶差为$(k+1)!$, 又$\{a_{1(n-1)}\}$的$k$阶差就是$\{n^{k+1}\}$的$k+1$阶差, 故$\{n^{k+1}\}$是$k+1$阶等差数列, 其$k+1$阶差为$(k+1)!$, 于是结论得证.

二、斐波那契数列

莱昂纳多 · 斐波那契(L. Fibonacci, 1170—1245)出生于意大利比萨市, 是一名闻名于欧洲的数学家, 在 1202 年斐波那契提出了一个非常著名的数列, 即:

假设一对兔子每隔一个月生一对一雌一雄的小兔子, 每对小兔子在两个月以后也开始生一对一雌一雄的小兔子, 每月一次, 如此下去. 年初时兔房里放一对大兔子, 问一年以后, 兔房内共有多少对兔子?

这就是非常著名的斐波那契数列问题. 其实这个问题的解决并不是很困难, 可以用F_n表示第n个月初时兔房里的兔子的对数, 则有$F_1 = 1$，$F_2 = 1$，$F_3 = 2$，第$n+2$个月初时, 兔房内的兔子可以分为两部分: 一部分是第$n+1$个月初就已经在兔房内的兔子, 共有F_{n+1}对; 另一部分是第$n+2$个月初时新出生的小兔子, 共有F_n对, 于是有$F_{n+2} = F_{n+1} + F_n$.

现在就有了这个问题：这个数列的通项公式如何去求？为了解决这个问题，我们先来看一种求递归数列通项公式的求法——特征根法.

特征根法　设二阶常系数线性齐次递推式为 $x_{n+2}=px_{n+1}+qx_n$ $(n\geqslant 1, p, q$ 为常数，$q\neq 0)$，其特征方程为 $x^2=px+q$，其根为特征根.

(1) 若特征方程有两个不相等的实根 α, β，则其通项公式为 $x_n=A\alpha^n+B\beta^n(n\geqslant 1)$，其中 A, B 由初始值确定；

(2) 若特征方程有两个相等的实根 α，则其通项公式为 $x_n=A\alpha+B(n-1)\alpha^{n-1}(n\geqslant 1)$，其中 A, B 由初始值确定.

例 5.3.5　求斐波那契数列的通项公式 F_n.

解　因为对于斐波那契数列 $F_{n+2}=F_{n+1}+F_n$，对应的特征方程为 $x^2=x+1$，其特征根为 $x_1=\dfrac{1+\sqrt{5}}{2}, x_2=\dfrac{1-\sqrt{5}}{2}$，所以可设其通项公式为 $F_n=A\left(\dfrac{1+\sqrt{5}}{2}\right)^n+B\left(\dfrac{1-\sqrt{5}}{2}\right)^n$，利用初始条件 $F_1=1$，$F_2=1$，得

$$\begin{cases}\left(\dfrac{1+\sqrt{5}}{2}\right)A+\left(\dfrac{1-\sqrt{5}}{2}\right)B=1,\\ \left(\dfrac{1+\sqrt{5}}{2}\right)^2A+\left(\dfrac{1-\sqrt{5}}{2}\right)^2B=1,\end{cases}$$

解得 $A=\dfrac{1}{\sqrt{5}}$，$B=-\dfrac{1}{\sqrt{5}}$. 所以 $F_n=\dfrac{1}{\sqrt{5}}\left[\left(\dfrac{1+\sqrt{5}}{2}\right)^n-\left(\dfrac{1-\sqrt{5}}{2}\right)^n\right]$.

斐波那契数列有许多有趣的性质，如：它的通项公式是以无理数的形式给出的，但用它计算出的每一项却都是整数. 斐波那契数列在组合数学与数论中有较为广泛的应用. 下面我们给出以下性质.

(1) 斐波那契数列的前 n 项和 $S_n=F_{n+2}-1=\dfrac{1}{\sqrt{5}}\left[\left(\dfrac{1+\sqrt{5}}{2}\right)^{n+2}-\left(\dfrac{1-\sqrt{5}}{2}\right)^{n+2}\right]-1$；

(2) $F_{n+1}^2-F_n\cdot F_{n+2}=(-1)^n$；

(3) $4F_n<3F_{n+1}<6F_n(n\geqslant 3)$；

(4) $F_{m+n}-F_{m+1}F_n+F_mF_{n-1}$ $(m, n\in \mathbf{N}^*, n>1)$；

(5) $F_{2n}=F_{n+1}^2-F_{n-1}^2(n\in \mathbf{N}^*, n>1)$.

例 5.3.6　设 a_n 是同时具有下述性质的自然数 $\mathbf{N}$ 的个数：

(1) $\mathbf{N}$ 的各位数字之和为 n；

(2) 且每位数字只能取 1, 3 或 4.

求证：a_{2n} 是完全平方数，这里 $n=0,1,2,3,\cdots$.

证明　利用斐波那契数列证明.

设 $N=\overline{x_1x_2\cdots x_k}$，其中 $x_1, x_2, \cdots, x_k\in\{1,3,4\}$ 且 $x_1+x_2+\cdots+x_k=n$.

假设 $n>4$，删去 x_1，则当 x_1 依次取 1, 3, 4 时，$x_2+x_3+\cdots+x_k$ 分别等于 $n-1$，$n-3$，$n-4$，故当 $n>4$ 时，

$$a_n = a_{n-1} + a_{n-3} + a_{n-4}. \tag{5.3.9}$$

作数列 $\{F_n\}$：$F_1 = 1$，$F_2 = 2$ 且 $F_{n+2} = F_{n+1} + F_n$，$n = 1, 2, 3, \cdots$.

现用数学归纳法证明下述两式成立:

$$a_{2n} = F_n^2. \tag{5.3.10}$$

$$a_{2n+1} = F_n F_{n+1}. \tag{5.3.11}$$

因为 $a_2 = 1$，$a_3 = 2$，故当 $n = 1$，2 时, (5.3.10), (5.3.11)两式成立.

假设当 $n \leqslant k$ ($k \geqslant 1$)时, (5.3.10), (5.3.11)两式成立, 当 $n = k+1$ 时, 由(5.3.9)式、$\{F_n\}$ 的定义以及归纳假设, 知

$$a_{2k+2} = a_{2k+1} + a_{2k-1} + a_{2k-2} = F_k F_{k+1} + F_{k-1}(F_k + F_{k-1}) = F_k F_{k+1} + F_{k-1} F_{k+1} = F_{k+1}(F_{k-1} + F_k) = F_{k+1}^2,$$

$$a_{2k+3} = a_{2k+2} + a_{2k} + a_{2k-1} = F_{k+1}^2 + F_k(F_k + F_{k-1}) = F_{k+1}^2 + F_k F_{k+1} = F_{k+1}(F_k + F_{k+1}) = F_{k+1} F_{k+2}.$$

这样(5.3.10), (5.3.11)两式对于 $n = k+1$ 成立. 故(5.3.10), (5.3.11)两式对于一切自然数 $n(n \geqslant 1, n \in \mathbf{N}^*)$ 成立, 由(5.3.10)即可知 a_{2n} 是完全平方数.

例 5.3.7 (2005 年上海竞赛试题)　数列 $\{f_n\}$ 的通项公式为

$$f_n = \frac{1}{\sqrt{5}}\left[\left(\frac{1+\sqrt{5}}{2}\right)^n - \left(\frac{1-\sqrt{5}}{2}\right)^n\right], \quad n \in \mathbf{Z}^+.$$

记 $S_n = \mathrm{C}_n^1 f_1 + \mathrm{C}_n^2 f_2 + \cdots + \mathrm{C}_n^n f_n$，求所有的正整数 n，使得 S_n 能被 8 整除.

解　记 $\alpha = \dfrac{1+\sqrt{5}}{2}$，$\beta = \dfrac{1-\sqrt{5}}{2}$，则

$$\begin{aligned} S_n &= \frac{1}{\sqrt{5}}\sum_{i=1}^{n}\mathrm{C}_n^i(\alpha^i - \beta^i) = \frac{1}{\sqrt{5}}\sum_{i=0}^{n}\mathrm{C}_n^i(\alpha^i - \beta^i) \\ &= \frac{1}{\sqrt{5}}\left(\sum_{i=0}^{n}\mathrm{C}_n^i\alpha^i - \sum_{i=0}^{n}\mathrm{C}_n^i\beta^i\right) = \frac{1}{\sqrt{5}}\left[(1+\alpha)^n - (1+\beta)^n\right] \\ &= \frac{1}{\sqrt{5}}\left[\left(\frac{3+\sqrt{5}}{2}\right)^n - \left(\frac{3-\sqrt{5}}{2}\right)^n\right]. \end{aligned}$$

注意到 $\dfrac{3+\sqrt{5}}{2} + \dfrac{3-\sqrt{5}}{2} = 3$，$\dfrac{3+\sqrt{5}}{2} \cdot \dfrac{3-\sqrt{5}}{2} = 1$，可得

$$\begin{aligned} S_{n+2} &= \frac{1}{\sqrt{5}}\left\{\left[\left(\frac{3+\sqrt{5}}{2}\right)^{n+1} - \left(\frac{3-\sqrt{5}}{2}\right)^{n+1}\right]\left[\left(\frac{3+\sqrt{5}}{2}\right) + \left(\frac{3-\sqrt{5}}{2}\right)\right] - \left[\left(\frac{3+\sqrt{5}}{2}\right)^n - \left(\frac{3-\sqrt{5}}{2}\right)^n\right]\right\} \\ &= 3S_{n+1} - S_n. \end{aligned} \tag{5.3.12}$$

因此，S_{n+2} 除以 8 的余数, 完全由 S_{n+1}, S_n 除以 8 的余数确定，$S_1 = \mathrm{C}_1^1 f_1 = 1$, $S_2 = \mathrm{C}_2^1 f_1 + \mathrm{C}_2^2 f_2 = 3$，故由(5.3.12)式可以算出 $\{S_n\}$ 各项除以 8 的余数依次是 1, 3, 0, 5, 7, 0, 1, 3, …, 它是一个以 6 为周期的数列, 从而 $8|S_n \Leftrightarrow 3|n$.

故当且仅当 $3|n$ 时，$8|S_n$.

三、分群数列

定义 5.3.3 将给定的一个数列 $\{a_n\}$: $a_1,a_2,a_3,a_4,a_5,a_6,\cdots$ 按照一定的规则依顺序用括号将它分组，则可以得到以组为单位的序列. 如在上述数列中，我们将 a_1 作为第一组，将 a_2,a_3 作为第二组，将 a_4,a_5,a_6 作为第三组，…，依次类推，第 n 组有 n 个元素，即可得到以组为单位的序列: $(a_1),(a_2,a_3),(a_4,a_5,a_6),\cdots$，我们通常称此数列为分群数列.

一般地，数列 $\{a_n\}$ 的分群数列用如下的形式表示: $(a_1,a_2,\cdots,a_p)$，$(a_{p+1},a_{p+2},\cdots,a_r)$，$(a_{r+1},a_{r+2},\cdots,a_s),\cdots$，其中第 1 个括号称为第 1 群，第 2 个括号称为第 2 群，第 3 个括号称为第 3 群，…，第 n 个括号称为第 n 群，而数列 $\{a_n\}$ 称为这个分群数列的原数列. 如果某一个元素在分群数列的第 m 个群中，且从第 m 个括号的左端起是第 k 个，则称这个元素为第 m 群中的第 k 个元素.

讨论分群数列时，最关键的是把握分群规则. 例如，求数列 1, 3+5+7, 9+11+13+15+17, … 的通项，这个问题等价于: 将正奇数 1, 3, 5, 7, … 按照"第 n 个群中有 $2n-1$ 个元素"的规则分群: (1), (3, 5, 7,), (9, 11, 13, 15, 17), …，求第 n 群中各元素之和.

例 5.3.8 设奇数数列:

$$1, 3, 5, 7, 9, \cdots, \tag{5.3.13}$$

按 2, 3, 2, 3, …的个数分群如下:

$$(1, 3), (5, 7, 9), (11, 13), (15, 17, 19), \cdots. \tag{5.3.14}$$

(1) 试问数列(5.3.13)中的 2007 是分群数列(5.3.14)中的第几群中的第几个元素?

(2) 求第 n 群中的所有的元素之和.

解 (1) 将数列(5.3.13)重新分群，按每个群含 5 个元素的方式分群:

$$(1, 3, 5, 7, 9), (11, 13, 15, 17, 19), \cdots, \tag{5.3.15}$$

由于 2007 排在(5.3.13)中的第 1004 个，因此 2007 是分群数列(5.3.15)中的第 201 群中的第 4 个元素. 对照分群数列(5.3.14)与(5.3.15)，容易知道(5.3.15)中的第 201 个群的第 4 个元素是数列(5.3.14)中的第 402 个群中的第 2 个元素，所以 2007 是分群数列(5.3.14)中第 402 群中的第 2 个元素.

(2) 对 n 分偶数和奇数两种情况进行讨论.

若 n 为偶数，则 $n=2k$，则数列(5.3.14)的第 n 群的元素是数列(5.3.15)的第 k 群的第 3, 4, 5 个元素，由于数列(5.3.15)的第 k 群的第 1 个元素是 $10k-9$，所以数列(5.3.14)中的第 n 群的元素之和为 $(10k-1)+(10k-3)+(10k-5)=30k-9=15n-9$;

若 n 为奇数，设 $n=2k+1$，则数列(5.3.14)的第 n 群的元素是数列(5.3.15)的第 $k+1$ 群的第 1, 2 个元素. 由于数列(5.3.15)的第 $k+1$ 群的第 1 个元素是 $10k+1$，所以数列(5.3.14)中的第 n 群的元素之和为 $(10k+1)+(10k+3)=20k+4=10n-6$.

例 5.3.9 由正奇数组成的数列 $\{a_n\}$ 定义为: 1, 3, 3, 3, 5, 5, 5, 5, 5, 7, …，其中奇数 k 恰好出现 k 次. 已知存在整数 b,c,d，使对任意自然数 n 有 $a_n=b[\sqrt{n+c}]+d$，$[x]$ 表示不超过 x 的最大整数. 求 $b+c+d$ 的值.

解 将数列 $\{a_n\}$ 按第 k 群有 $2k-1$ 个元素分群: (a_1)，(a_2,a_3,a_4)，(a_5,a_6,a_7,a_8,a_9)，…，$a_1=2\times1-1$; $a_2=a_3=a_4=2\times2-1$; $a_5=a_6=a_7=a_8=a_9=2\times3-1$; …; 当 a_n 是第 k 组中的

元素时，则 $a_n=2k-1$，且 n 满足

$$1+3+\cdots+(2k-3)<n\leqslant 1+3+\cdots+(2k-1),$$

即 $(k-1)^2<n\leqslant k^2$.

当 $(k-1)^2\leqslant n-1\leqslant k^2-1$ 时，$a_n=2k-1=2[\sqrt{n-1}]+1$，所以 $b=2$，$c=-1$，$d=1$，故 $b+c+d=2$.

第四节　数学归纳法

处理数学问题时，经常涉及与任意自然数有关的一些命题，这些命题实质上是由无限个 n 取具体整数时得到的无限个命题组成的，我们不能逐一验证，这时用数学归纳法往往十分奏效. 下面先介绍数学归纳法的基本知识.

一、数学归纳法的基本形式

(一) 第一数学归纳法

设 $P(n)$ 是一个与正整数有关的命题，如果

(1) 当 $n=n_0(n_0\in\mathbf{N})$ 时，$P(n)$ 成立;

(2) 假设 $n=k(k\geqslant n_0,k\in\mathbf{N})$ 时，$P(n)$ 成立，由此推得 $n=k+1$ 时，$P(n)$ 也成立，

那么，根据(1), (2)对一切正整数 $n\geqslant n_0$ 时，$P(n)$ 成立.

(二) 第二数学归纳法

设 $P(n)$ 是一个与正整数有关的命题，如果

(1) 当 $n=n_0(n_0\in\mathbf{N})$ 时，$P(n)$ 成立;

(2) 假设 $n\leqslant k(k\geqslant n_0,k\in\mathbf{N})$ 时，$P(n)$ 成立，由此推得 $n=k+1$ 时，$P(n)$ 也成立，

那么，根据(1), (2)对一切正整数 $n\geqslant n_0$ 时，$P(n)$ 成立.

二、数学归纳法的其他形式

(一) 跳跃数学归纳法

设 $P(n)$ 是一个与正整数有关的命题，如果

(1) 当 $n=1,2,3,\cdots,l$ 时，$P(1)$，$P(2)$，$P(3)$，…，$P(l)$ 成立;

(2) 假设 $n=k$ 时 $P(n)$ 成立，由此推得 $n=k+l$ 时，$P(n)$ 也成立，

那么，根据(1), (2)对一切正整数 $n\geqslant 1$ 时，$P(n)$ 成立.

(二) 反向数学归纳法

设 $P(n)$ 是一个与正整数有关的命题，如果

(1) $P(n)$ 对无限多个正整数 n 成立;

(2) 假设 $n=k$ 时，命题 $P(n)$ 成立，则当 $n=k-1$ 时，命题 $P(n)$ 也成立，

那么根据(1), (2)对一切正整数 $n\geqslant 1$ 时，$P(n)$ 成立.

例 5.4.1 (2007 年高考湖北理)　已知 m 为正整数，用数学归纳法证明：当 $x>-1$ 时，

$$(1+x)^m \geqslant 1+mx.$$

证明 用数学归纳法证明.

(1) 当 $m=1$ 时, 原不等式成立; 当 $m=2$ 时, 左边 $=1+2x+x^2$, 右边 $=1+2x$, 因为 $x^2 \geqslant 0$, 所以左边 $\geqslant$ 右边, 原不等式成立;

(2) 假设当 $m=k$ 时, 不等式成立, 即 $(1+x)^k \geqslant 1+kx$, 则当 $m=k+1$ 时, 因为 $x>-1$, 所以 $1+x>0$, 于是在不等式 $(1+x)^k \geqslant 1+kx$ 两边同乘以 $1+x$ 得

$$(1+x)^k \cdot (1+x) \geqslant (1+kx)(1+x) = 1+(k+1)x+kx^2 \geqslant 1+(k+1)x,$$

所以 $(1+x)^{k+1} \geqslant 1+(k+1)x$. 即当 $m=k+1$ 时, 不等式也成立.

综合(1), (2)知, 对一切正整数 m, 不等式都成立.

例 5.4.2 (2007 年高考江西理) 设正整数数列 $\{a_n\}$ 满足: $a_2=4$, 且对于任何 $n \in \mathbf{N}^*$, 有

$$2+\frac{1}{a_{n+1}} < \frac{\dfrac{1}{a_n}+\dfrac{1}{a_{n+1}}}{\dfrac{1}{n}-\dfrac{1}{n+1}} < 2+\frac{1}{a_n}.$$

(1) 求 a_1, a_3;

(2) 求数列 $\{a_n\}$ 的通项 a_n.

解 (1) 据条件得

$$2+\frac{1}{a_{n+1}} < n(n+1)\left(\frac{1}{a_n}+\frac{1}{a_{n+1}}\right) < 2+\frac{1}{a_n}. \tag{5.4.1}$$

当 $n=1$ 时, 由 $2+\dfrac{1}{a_2} < 2\left(\dfrac{1}{a_1}+\dfrac{1}{a_2}\right) < 2+\dfrac{1}{a_1}$, 即有 $2+\dfrac{1}{4} < \dfrac{2}{a_1}+\dfrac{2}{4} < 2+\dfrac{1}{a_1}$, 解得 $\dfrac{2}{3} < a_1 < \dfrac{8}{7}$. 因为 a_1 为正整数, 故 $a_1=1$.

当 $n=2$ 时, 由 $2+\dfrac{1}{a_3} < 6\left(\dfrac{1}{4}+\dfrac{1}{a_3}\right) < 2+\dfrac{1}{4}$, 解得 $8 < a_3 < 10$, 所以 $a_3=9$.

(2) 由 $a_1=1$, $a_2=4$, $a_3=9$, 猜想: $a_n=n^2$.

下面用数学归纳法证明.

1° 当 $n=1,2$ 时, 由(1)知 $a_n=n^2$ 均成立;

2° 假设 $n=k(k \geqslant 2)$ 成立, 则 $a_k - k^2$, 则当 $n=k+1$ 时, 由(5.4.1)得

$$2+\frac{1}{a_{k+1}} < k(k+1)\left(\frac{1}{k^2}+\frac{1}{a_{k+1}}\right) < 2+\frac{1}{k^2},$$

即

$$2+\frac{1}{a_{k+1}} < \frac{k+1}{k}+\frac{k(k+1)}{a_{k+1}} < 2+\frac{1}{k^2}. \tag{5.4.2}$$

由(5.4.2)左式, 得 $\dfrac{k-1}{k} < \dfrac{k^2+k-1}{a_{k+1}}$, 即 $(k-1)a_{k+1} < k^3+k^2-k$, 因为两端为整数, 则

$$(k-1)a_{k+1} \leqslant k^3+k^2-k-1 = (k+1)^2(k-1).$$

于是

$$a_{k+1} \leqslant (k+1)^2. \tag{5.4.3}$$

又由(5.4.2)右式，得 $\frac{k(k+1)}{a_{k+1}} < \frac{2k^2+1-k(k+1)}{k^2} = \frac{k^2-k+1}{k^2}$，则

$$(k^2-k+1)a_{k+1} > k^3(k+1).$$

因为两端为正整数，则 $(k^2-k+1)a_{k+1} \geqslant k^4+k^3+1$，所以

$$a_{k+1} \geqslant \frac{k^4+k^3+1}{k^2-k+1} = (k+1)^2 - \frac{k}{k^2-k+1}.$$

又因 $k \geqslant 2$ 时，a_{k+1} 为正整数，则

$$a_{k+1} \geqslant (k+1)^2. \tag{5.4.4}$$

据(5.4.3), (5.4.4)知 $a_{k+1}=(k+1)^2$，即 $n=k+1$ 时，$a_n = n^2$ 成立.

由 1°, 2°知，对任意 $n \in \mathbf{N}^*$，$a_n = n^2$.

例 5.4.3　求证：对于任意自然数 n，方程 $x^2+y^2=z^n$ 都有正整数解.

证明　当 $n=1$ 时，任取正整数 x_0，y_0，并取 $z_0 = x_0^2+y_0^2$，则 (x_0,y_0,z_0) 是方程的一个解；当 $n=2$ 时，取一组勾股数，如(3, 4, 5)就是方程的解，所以方程对 $n=1,2$ 成立.

假设 $n=k$ 时命题成立，即 (x_0,y_0,z_0) 是方程 $x^2+y^2=z^k$ 的一个正整数解．取 $x_1 = x_0z_0$，$y_1 = y_0z_0$，$z_1 = z_0$，则有 $x_1^2+y_1^2 = z_0^2(x_0^2+y_0^2) = z_0^{k+2} = z_1^{k+2}$．从而 (x_1,y_1,z_1) 是方程 $x^2+y^2=z^{k+2}$ 的一个正整数解，即 $n=k+2$ 时命题成立.

所以对一切自然数 n，命题成立.

这里运用了跳跃数学归纳法.

第五节　数列的母函数

定义 5.5.1　若数列 $a_0, a_1, a_2, \cdots, a_n, \cdots$ 为一无穷数列，则形式幂级数

$$\sum_{n=0}^{\infty} a_n x^n = a_0 + a_1x + a_2x^2 + \cdots + a_nx^n + \cdots$$

称为该数列的普通型母函数，简称普母函数，而级数

$$\sum_{n=0}^{\infty} a_n \frac{x^n}{n!} = a_0 + a_1\frac{x}{1!} + a_2\frac{x^2}{2!} + \cdots + a_n\frac{x^n}{n!} + \cdots$$

称为该数列的指数型母函数，简称指母函数.

例如，数列

$$1, 1, \cdots, 1, \cdots$$

的普母函数为 $\sum\limits_{n=0}^{\infty} x^n$，指母函数为 $\sum\limits_{n=0}^{\infty} \frac{1}{n!}x^n$．特别地，当一个数列

$$a_1, a_2, \cdots, a_n$$

为一有限数列时，我们可将多项式

$$a_0 + a_1x + a_2x^2 + \cdots + a_nx^n \quad 与 \quad a_0 + a_1\frac{x}{1!} + a_2\frac{x^2}{2!} + \cdots + a_n\frac{x^n}{n!}$$

分别看作上述形式幂级数自某项以后所有项的系数皆为零的特殊情形. 这样, 数列与它的母函数——形式幂级数, 建立了一一对应的关系.

因此, 可借助于形式幂级数来研究其相应数列的一些性质. 我们可以从数列$\{a_n\}$出发构造出它的母函数, 然后把母函数展开成幂级数, 其中x^n项的系数就是通项公式a_n.下面仅举几个简单的例子说明如何利用母函数求数列的通项公式.

例 5.5.1　已知数列$\{a_n\}$中, $a_0=0$, $a_1=1$, $a_n=3a_{n-1}-2a_{n-2}(n\geqslant 2)$, 求通项公式$a_n$.

解　设$f(x)=a_0+a_1x+a_2x^2+\cdots+a_nx^n+\cdots$, 则

$$-3xf(x)=-3a_0x-3a_1x^2-\cdots-3a_{n-1}x^n-\cdots,$$
$$2x^2f(x)=2a_0x^2+\cdots+2a_{n-2}x^n+\cdots.$$

将以上三式相加, 再利用已知条件得

$$(1-3x+2x^2)f(x)=x.$$

因此

$$f(x)=\frac{x}{1-3x+2x^2}=\frac{(1-x)-(1-2x)}{(1-2x)(1-x)}=\frac{1}{1-2x}-\frac{1}{1-x}$$
$$=\sum_{n=0}^{\infty}2^nx^n-\sum_{n=0}^{\infty}x^n=\sum_{n=0}^{\infty}(2^n-1)x^n.$$

所以$a_n=2^n-1$.

上面用到了高等数学里一个公式$\frac{1}{1-x}=\sum_{n=0}^{\infty}x^n=1+x+x^2+x^3+\cdots+x^n+\cdots$.

例 5.5.2　已知数列$\{a_n\}$中, $a_0=-1$, $a_1=1$, $a_n=2a_{n-1}+3a_{n-2}+3^n(n\geqslant 2)$, 求通项公式$a_n$.

解　设$f(x)=a_0+a_1x+a_2x^2+\cdots+a_nx^n+\cdots$, 则

$$-2xf(x)=-2a_0x-2a_1x^2-\cdots-2a_{n-1}x^n-\cdots,$$
$$-3x^2f(x)=-3a_0x^2-\cdots-3a_{n-2}x^n-\cdots,$$
$$-\frac{1}{1-3x}=-1-3x-3^2x^2-\cdots-3^nx^n-\cdots.$$

将以上四式相加, 再利用已知条件得

$$(1-2x-3x^2)f(x)-\frac{1}{1-3x}=-2,$$

即

$$f(x)=\frac{6x-1}{(1+x)(1-3x)^2}=\frac{A}{1+x}+\frac{B}{(1-3x)^2}+\frac{C}{1-3x}.$$

解得$A=-\frac{7}{16}$, $B=\frac{3}{4}$, $C=-\frac{21}{16}$. 因此

$$f(x)=-\frac{7}{16(1+x)}+\frac{3}{4(1-3x)^2}-\frac{21}{16(1-3x)}$$
$$=-\frac{7}{16}\sum_{n=0}^{\infty}(-1)^n x^n+\frac{3}{4}\sum_{n=0}^{\infty}C_{n+1}^1 3^n x^n-\frac{21}{16}\sum_{n=0}^{\infty}3^n x^n$$
$$=\sum_{n=0}^{\infty}\left[\frac{(4n-3)\cdot 3^{n+1}-7\cdot(-1)^n}{16}\right]\cdot x^n.$$

所以 $a_n=\frac{(4n-3)\cdot 3^{n+1}-7\cdot(-1)^n}{16}$.

利用母函数还可以求数列的前 n 项和. 设数列 $\{a_n\}$ 的母函数为

$$f(x)=a_0+a_1x+a_2x^2+\cdots+a_nx^n+\cdots,$$

记 $S_n=a_0+a_1+a_2+\cdots+a_n$，因为 $\frac{1}{1-x}=\sum_{n=0}^{\infty}x^n=1+x+x^2+x^3+\cdots+x^n+\cdots$，则由幂级数乘法运算法则可得

$$\frac{f(x)}{1-x}=\left(\sum_{n=0}^{\infty}a_nx^n\right)\left(\sum_{n=0}^{\infty}x^n\right)=\sum_{n=0}^{\infty}\left(\sum_{n=0}^{\infty}a_nx^n\right)x^n=\sum_{n=0}^{\infty}S_nx^n,$$

即 $\frac{f(x)}{1-x}$ 为数列 $\{S_n\}$ 的母函数, 从而可由 $\{S_n\}$ 的母函数求出 S_n.

例 5.5.3　设数列 $\{a_n\}$ 中 $a_0=-1$，$a_1=1$，$a_2=2$，$a_{n+3}=6a_{n+2}-12a_{n+1}+8a_n$，$n=0,1,2,\cdots$，求该数列的前 n 项的和.

解　同例 5.5.1、例 5.5.2 相同的方法可求得该数列的母函数为

$$f(x)=\frac{-1+7x-16x^2}{(1-2x)^3},$$

则 $\{S_n\}$ 的母函数为

$$\frac{f(x)}{1-x}=\frac{-1+7x-16x^2}{(1-x)(1-2x)^3}=-\frac{20}{1-2x}+\frac{12}{(1-2x)^2}-\frac{3}{(1-2x)^3}+\frac{10}{1-x}$$
$$=-20\sum_{n=0}^{\infty}(2x)^n+12\sum_{n=0}^{\infty}C_{n+1}^1(2x)^n-3\sum_{n=0}^{\infty}C_{n+2}^2(2x)^n+10\sum_{n=0}^{\infty}x^n$$
$$=\sum_{n=0}^{\infty}\left[(-20+12C_{n+1}^1-3C_{n+2}^2)\cdot 2^n+10\right]\cdot x^n.$$

所以数列的前 n 项的和为

$$S_{n-1}=(-20+12C_n^1-3C_{n+1}^2)2^{n-1}+10=10-(3n^2-21n+40)\cdot 2^{n-2}.$$

习　题　五

1. 设 $\{a_n\}$ 是首项为 1 的正项数列, 且 $(n+1)a_{n+1}^2-na_n^2+a_{n+1}a_n=0\ (n=1,2,3,\cdots)$，求它的通项公式 a_n.

2. 设数列 $\{a_n\}$ 满足 $a_{n+1}=a_n^2-na_n+1\ (n=1,2,3,\cdots)$，当 $a_1=2$ 时, 求 a_2,a_3,a_4，并由此猜想出 a_n 的一个通项公式.

3. 若一个等差数列前 3 项的和为 34, 最后 3 项的和为 146, 且所有项的和为 390, 则这个数列有多少项?

4. 等比数列$\{a_n\}$的首项$a_1=-1$，前n项和为S_n，若$\frac{S_{10}}{S_5}=\frac{31}{32}$，求$\lim\limits_{n\to\infty}S_n$.

5. 等差数列$\{a_n\}$的前m项和为30, 前$2m$项和为100, 求它的前$3m$项和.

6. 等差数列$\{a_n\}$，$\{b_n\}$的前n项和分别为S_n与T_n，若$\frac{S_n}{T_n}=\frac{2n}{3n+1}$，求$\lim\limits_{n\to\infty}\frac{a_n}{b_n}$.

7. 已知等差数列前三项为a, 4, $3a$, 前n项和为S_n，$S_k=2550$.

(1) 求a及k的值;

(2) 求$\lim\limits_{n\to\infty}\left(\frac{1}{S_1}+\frac{1}{S_2}+\cdots+\frac{1}{S_n}\right)$.

8. 设$\{a_n\}$为等差数列, S_n为数列$\{a_n\}$的前n项和, 已知$S_7=7$，$S_{15}=75$，T_n为数列$\left\{\frac{S_n}{n}\right\}$的前$n$项和, 求$T_n$.

9. 设$S=\{1,2,\cdots,100\}$，A是S的三元子集, 满足: A中元素可以组成等差数列, 那么这样的三元子集有多少个?

10. 设$S=\{1,2,3,\cdots,n\}$，A为至少含有两项且公差为正的等差数列, 其项都在S中, 且添加S的其他元素于A后均不能构成与A有相同公差的等差数列, 求这种A的个数. (这里只有两项的数列也看作等差数列.)

11. 将数列$\{2n+1\}$依次按每一项、两项、三项、四项循环分成(3), (5, 7), (9, 11, 13), (15, 17, 19, 21), (23), (25, 27), (29, 31, 33), (35, 37, 39, 41), (43), …, 则第100个括号内的各数之和是多少?

12. 设数列$\{a_n\}$是等差数列, $\{b_n\}$是等比数列, 且$b_1=a_1^2$，$b_2=a_2^2$，$b_3=a_3^2(a_1<a_2)$，又

$$\lim_{n\to+\infty}(b_1+b_2+\cdots+b_n)=\sqrt{2}+1,$$

试求数列$\{a_n\}$的首项与公差.

13. 设$\{a_n\}$为等差数列, $\{b_n\}$为等比数列, $a_1=b_1=1$，$a_2+a_4=b_3$，$b_2b_4=a_3$. 分别求出$\{a_n\}$及$\{b_n\}$的前10项的和S_{10}及T_{10}.

14. 设正数数列$\{a_n\}$为一等比数列, 且$a_2=4$，$a_4=16$，求

$$\lim_{n\to\infty}\frac{\lg a_{n+1}+\lg a_{n+2}+\cdots+\lg a_{2n}}{n^2}.$$

15. 数列$\{a_n\}$的二阶差分数列的各项均为16, 且$a_{63}=a_{89}=10$，求a_{51}.

16. 数列$\{a_n\}$的二阶差分数列是等比数列, 且$a_1=5$，$a_2=6$，$a_3=9$，$a_4=16$，求$\{a_n\}$的通项公式.

17. 求数列$1, 3+5+7, 9+11+13+15+17, \cdots$的通项.

18. 对于任一实数序列$A=\{a_1,a_2,a_3,\cdots\}$，定义ΔA为序列$\{a_2-a_1,a_3-a_2,\cdots\}$，它的第$n$项为$a_{n+1}-a_n$，假设序列$\Delta(\Delta A)$的所有项均为1, 且$a_{19}=a_{92}=0$，求$a_1$.

19. 将正奇数集合$\{1,3,5,\cdots\}$从小到大按第n组有$2n-1$个奇数进行分组: {1}, {3, 5, 7}, {9, 11, 13, 15, 17}, …, 问1991位于第几组?

20. 设等差数列$\{a_n\}$的首项是a_1, 公差为d，将$\{a_n\}$按第k组有$3k$个数的法则分组如下:

$$(a_1,a_2,a_3)，(a_4,a_5,\cdots,a_9)，(a_{10},a_{11},\cdots,a_{18})，\cdots,$$

试问a_{2008}是第几组的第几个数? 并求出a_{2008}所在那组的各项和.

第六章　平面几何问题与证明

第六章讲课视频

本章主要讨论两个问题. 一是平面几何的基本问题, 主要是平面几何形的基本关系问题(后面内容在叙述顺序上也是以平面几何关系的类型为准); 二是研究平面几何的基本方法, 主要是平面几何的证明推理方法, 并把其中的一般平面几何证明题的方法单独列出, 而对一些平面几何证明题的特殊方法则结合基本问题的关系类型给予说明. 另外, 本章仅就平面几何中的基本问题予以讨论, 提及的几何仅指平面几何, 下面将不再重复说明.

第一节　几 何 逻 辑

因几何问题的处理以逻辑为基础, 我们在讨论几何问题之前, 先对形式逻辑的某些知识作一个简单的说明, 而有关形式逻辑的详细内容读者可以参考相关书籍.

一、命题与证明

(一) 命题

命题是对某一事物的性质作出的判断. 判断自然有真亦有假(即是否符合事实), 而我们主要关注的几何真命题有几何原始命题(公理或公设)和几何基本定理, 但其详细内容在此不再重复罗列, 若有必要我们将在内容叙述过程中提及.

(二) 命题的基本关系

命题的基本关系是指四种命题"原命题、逆命题、否命题、逆否命题"之间的关系, 其中原命题与逆否命题等价, 逆命题与否命题等价.

(三) 两种特殊命题

(1) 同一性命题: 命题的条件和结论所指向的事项都唯一存在的命题. 例如, 等腰三角形底边上的高是顶角的平分线. 其中命题的条件"等腰三角形底边上的高"所指向的对象"高"是唯一的, 命题的结论"顶角的平分线"所指向的对象"平分线"也是唯一的.

(2) 分断式命题: 设命题的条件为 $A=\{A_1,A_2,\cdots,A_n\}$, 命题的结论为 $B=\{B_1,B_2,\cdots,B_n\}$, 若满足如下两个条件, 则称 $A_i\Rightarrow B_i(i=1,2,\cdots,n)$ 为分断式命题: ① $A_i(i=1,2,\cdots,n)$ 之间互不相容, $B_i(i=1,2,\cdots,n)$ 之间互不相容; ② $A=\{A_1,A_2,\cdots,A_n\}$ 涵盖所指向的对象的所有情形, $B=\{B_1,B_2,\cdots,B_n\}$ 也涵盖了所指向的对象的所有情形.

(3) 同一性命题和分断式命题的共同特点是什么? 为什么?

设 $A=\{A_1,A_2,\cdots,A_n\}$, $B=\{B_1,B_2,\cdots,B_n\}$, $A_i\Rightarrow B_i$, $i=1,2,\cdots,n$, 对于其中的命题 $A_1\Rightarrow B_1$, $A_2\Rightarrow B_2$, …, $A_{j-1}\Rightarrow B_{j-1}$, $A_{j+1}\Rightarrow B_{j+1}$, …, $A_n\Rightarrow B_n$ 均成立, 则 $\overline{A}_j\Rightarrow\overline{B}_j$, 即 $B_j\Rightarrow A_j$, 由 j 的任意性可知 $B_i\Rightarrow A_i$, $i=1,2,\cdots,n$, 即如果分断式命题的原命题成立, 那么其逆命题也成立.

同一性命题作为分断式命题的一种特殊情形，结论自然也成立，即同一性命题与其逆命题等价.

例如，设$\triangle ABC$与$\triangle A'B'C'$，且$AB=A'B'$，$AC=A'C'$，则

$$\angle BAC>\angle B'A'C'\Rightarrow BC>B'C',$$
$$\angle BAC=\angle B'A'C'\Rightarrow BC=B'C',$$
$$\angle BAC<\angle B'A'C'\Rightarrow BC<B'C',$$

即为分断式命题.

如前面的例子，"等腰三角形底边上的高是顶角的平分线"成立，反之"等腰三角形顶角的平分线是底边上的高"也成立.

又如：如果城市A是中国的首都，那么城市A是北京；反之，如果城市A是北京，那么城市A是中国的首都.

二、推理与证明

(一) 逻辑规律

1. 同一律

在同一个论证过程中，要求所涉及的任何要素(概念、范围、性质等)保持同一性，简单地可表示为"$A=A$".

2. 矛盾律

在论证过程中，一个判断与其相矛盾的判断不能同时成立，即相互矛盾的判断只能有一个成立，简单地可表示为"$\overline{A\wedge\overline{A}}$".

3. 排中律

在论证过程中，一个判断与其相矛盾的判断必有其一成立，即相互矛盾的判断不能都不成立，简单地可表示为"$A\vee\overline{A}$".

4. 充足理由律

在论证过程中，任何结论的得出，必须有充分的理由，即不能凭借"直观""想当然"等主观上的"臆想"得出结论，简单地可表示为"$A\Rightarrow B$".

(二) 证明中的三种典型错误

1. 偷换论题：把命题的条件或结论的某些含义加以扩大、缩小或改变；违反"同一律"

例 6.1.1　如图 6-1，设$\triangle ABC$的边BC的中垂线与$\angle A$的平分线交于E点. 现过E点分别向AB, AC作垂线EF, EG，并连接BE, EC，则由条件易得$AB=AC$($EF=EG$，$\angle EBF=\angle ECG$，$\triangle ABE\cong\triangle ACE$)，即$\triangle ABC$为等腰三角形. 虽然上述过程只是针对任意三角形，但结果却能得出$\triangle ABC$是等腰三角形，这是为什么？是什么地方存在问题？

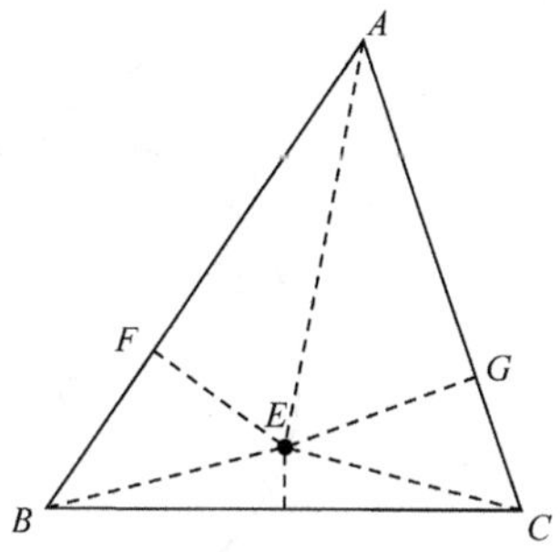

图 6-1

2. 违反“充足理由律”：使用虚假或预期的理由

例 6.1.2 如图 6-2, 已知在四边形 $ABCD$ 中, $AB>CD$, $BC>AD$, 求证: $\angle D>\angle B$.

误证: ① 连接 A,C, 并作 AC 的垂直平分线 l.

② 作 $\triangle AB'C$ 关于 l 与 $\triangle ABC$ 对称.

③ 连接 D,B', 并在四边形 $ADCB'$ 中容易证明结论.

$$(\angle CDB'>\angle CB'D,\ \angle ADB'>\angle AB'D)$$

上述过程错在哪里?

此命题为一假命题, 图 6-3 为一反例.

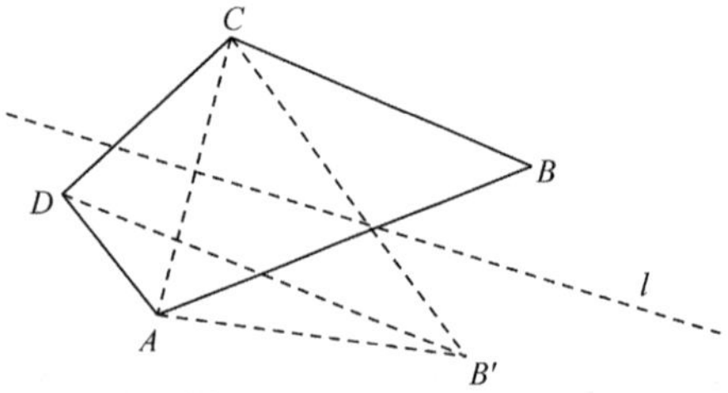

图 6-2

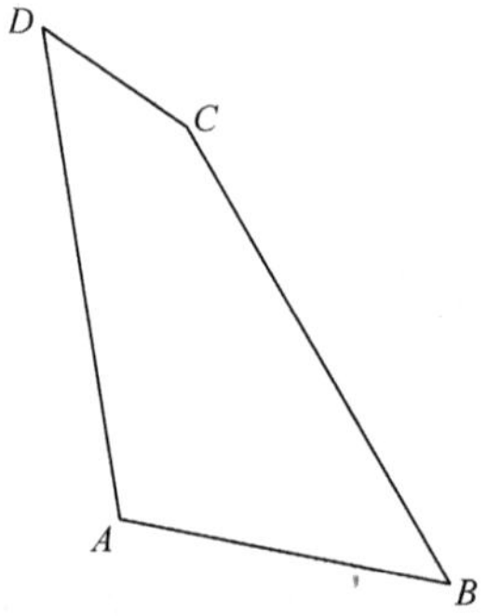

图 6-3

3. 循环论证: 违反“充足理由律”, 使用待证的结论

例 6.1.3 如图 6-4, 设 $AD=2DC$, $\angle C=45°$, $\angle ADB=60°$, 则 AB 为 $\triangle BCD$ 外接圆之切线.

误证: 因为 $\angle C=45°$, 所以 $\overset{\frown}{BD}=90°$, 又 $\angle ADB=60°$, 所以 $\angle BDC=120°$, 即 $\overset{\frown}{BEC}=240°$, $\angle A=\dfrac{1}{2}(\overset{\frown}{BEC}-\overset{\frown}{BD})=75°$, $\angle ABD=180°-\angle ADB-\angle A=45°$, 所以 $\angle ABD=\angle C$, AB 为圆之切线.

上述过程错在哪里?

证明 AB 为 $\triangle BCD$ 外接圆之切线, 如图 6-5.

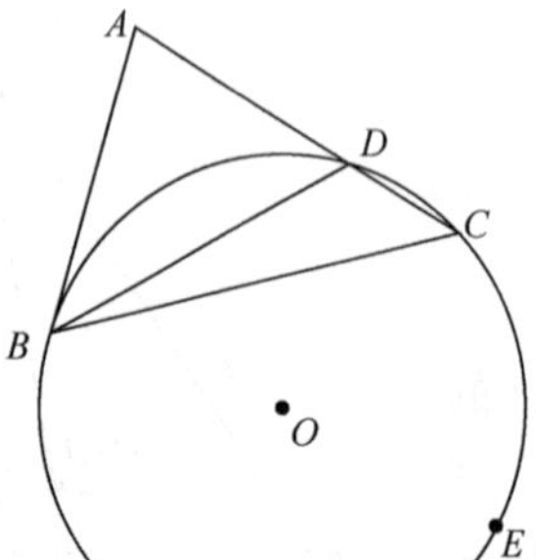

图 6-4

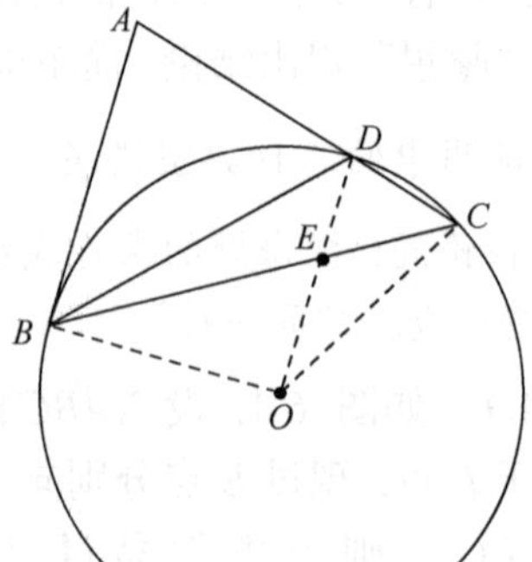

图 6-5

① 连接 OB 和 OD, OD 交 BC 于点 E, 易知 OB 垂直 OD, 只需证明 AB 平行 OD 即可;

② 又 $AD=2DC$, 故只需证明 $BE=2EC$;

③ 注意到$\angle CBD = 60° - 45° = 15°$，故$\angle COD = 30°$；

④ 又注意到$\angle BOD = 90°$，故$\angle BOC = 120°$，所以$\angle OBC = \angle OCB = \angle COD = 30°$，由此可见$BE = 2EC$.

第二节　几何证题的一般方法

几何命题的推理证明方法类型较多，既有一般的方法也有特殊的方法. 就一般方法而言，通常地，按照思考的顺序及命题的类型不同，可划分为综合法与分析法以及直接证法与间接证法，本节将就此问题通过示例予以说明.

一、综合法与分析法

(一) 综合法

综合法是由题设出发，根据已知命题，通过逻辑方法，最后得出结论的一种思考方法. 其思考的顺序是从题设到题断，因而也称“由因导果”. 其特点是逻辑思维清楚，表达简洁而严密. 但是，解决问题的思路不易发现，事先不知道通过什么路径来解决问题，故证题带有一定的偶然性和盲目性.

例 6.2.1　如图 6-6，已知PA, PB切$\odot O$于A, B点，PO交AB于M点，QR是过M点的任意一条弦，求证OP平分$\angle QPR$.

证明 (综合法)　PA, PB分别为$\odot O$的切线$\Rightarrow P, A, O, B$共圆$\Rightarrow AM \cdot MB = PM \cdot MO$，又在$\odot O$中，$AM \cdot MB = QM \cdot MR$，故$QM \cdot MR = PM \cdot MO \Rightarrow P, Q, O, R$共圆$\Rightarrow \angle QPM = \angle MPR$.

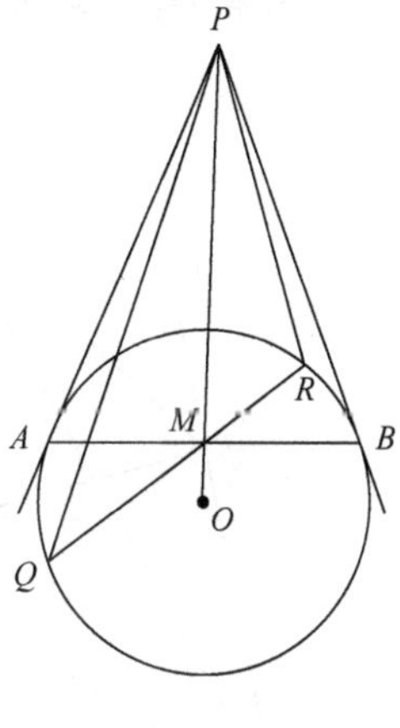

图 6-6

但是用这样的思维顺序是发现不了为什么通过四点共圆的手段，以及为什么使用AB线段作为联结的纽带，对解题思路的分析和反思并没有起到作用，因此对于稍微复杂的几何问题一般不采用综合法进行证题. 采用综合法更多的情况是在问题解决之后，用来叙述证明的过程.

(二) 分析法

分析法是由题断出发，寻找使得结论成立的条件，最后归结于题设或已知命题的一种思考方法. 其思考的顺序是从题断到题设，因而也称“执果索因”. 可见，分析法与综合法的思考顺序正好相反. 其特点是，虽然过程表述烦琐而杂乱，但是，易于发现解决问题的正确思路，能寻找到有效的路径而使问题得以解决，因此这样的证题具有极大的探索性和针对性.

对于例 6.2.1，用分析法可表述如下：要使结论成立，只要P, Q, O, R共圆即可；要使P, Q, O, R共圆，只要$QM \cdot MR = PM \cdot MO$成立即可；要使$QM \cdot MR = PM \cdot MO$成立，只要$AM \cdot MB = PM \cdot MO$成立即可，因为$AM \cdot MB = QM \cdot MR$显然成立；如何才能使$AM \cdot MB = PM \cdot MO$成立呢？这和题设还有多少差距呢？

例 6.2.2　如图 6-7，设圆内接四边形$ABCD$的两组对边延长线分别交于E, F，已知RE平分$\angle AED$，RF平分$\angle CFD$，求证$RE \perp RF$.

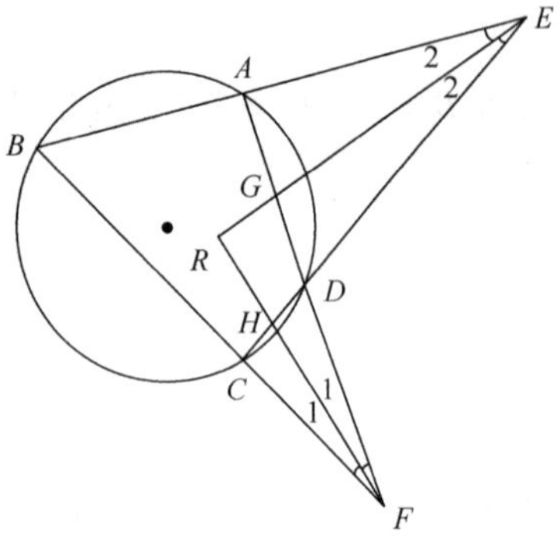

图 6-7

证明 (分析法)　要证明 $RE\perp RF$，只要 $\angle 2+\angle RHE=90°$；

但 $\angle RHE=\angle 1+\angle HDF$，故只要 $\angle 1+\angle 2+\angle HDF=90°$.

为了证明 $\angle 1+\angle 2+\angle HDF=90°$，注意到 $\angle BCD=2\angle 1+\angle HDF, \angle BAD=2\angle 2+\angle ADE$，而且 $\angle HDF=\angle ADE$，$\angle BAD+\angle BCD=180°$，因而命题得证.

(三) 分析综合法

通过上述的例子分析我们可以发现，事实上，在证题过程中，一般来说，多数情况并不是单一地使用综合法或分析法，而是采用由题设到题断和由题断到题设的“双向”思考，即同时使用综合法和分析法的思考方式进行探索，这样的思考方式被称为分析综合法，俗称“两头凑”.

例 6.2.3　如图 6-8，过 P 向 $\odot O$ 作切线，切于 A 和 B, CD 为 $\odot O$ 的直径，AD, BC 相交于 E 点，连接 EP，延长 CD, EP 相交于 G 点，证明 $PE\perp CD$.

探索 (第一环节)　如图 6-9.

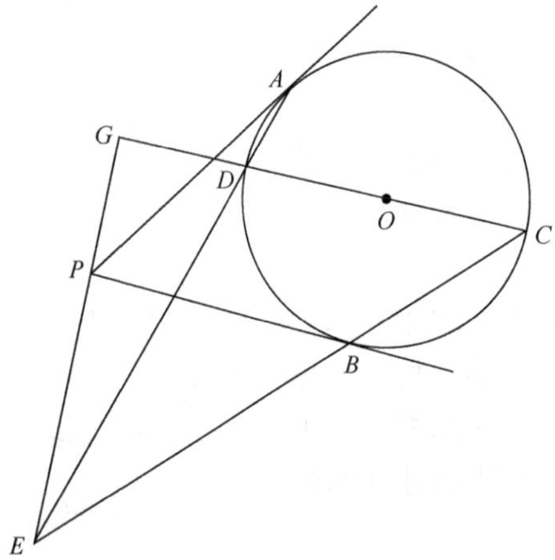

图 6-8

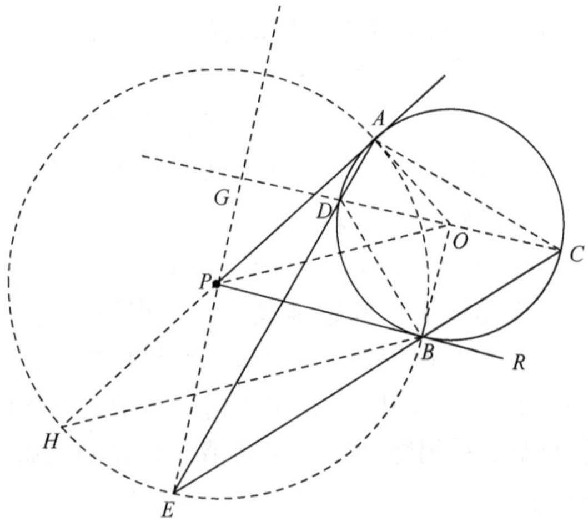

图 6-9

综合法思考：连接 AC, BD, OA, OB，将产生许多直角，特别地，注意 $\angle DBC$ 为直角(为什么？).

分析法思考：要证明 $PE\perp CD$，注意到 $\angle DBC$ 为直角，只要证 B, E, G, D 共圆.

分析法思考：要证明 B, E, G, D 共圆，只要证 $\angle CDB=\angle PEB$.

综合法思考：注意到 PB 为切线，故 $\angle CDB=\angle CBR$，但 $\angle PBE=\angle CBR$ (对顶角相等).

分析法思考：要证明 $\angle CDB=\angle PEB$，只要证 $\angle PEB=\angle PBE$.

探索 (第二环节)

分析法思考：如果待证结论 $\angle PEB=\angle PBE$ 成立，将出现什么结果呢？——$PE=PB$.

综合法思考：注意到 $PA=PB$.

分析法思考：要使结论成立，只要证 $PE=PB=PA$，这意味着什么呢？——意味着 $A, B,$

E 在以 P 点为圆心的圆上. ——共圆问题?

探索 (第三环节)

分析法思考: 为了证明共圆, 延长 AP 至 H, 使得 $PH=PA$, 要使结论成立, 只要证 A, B, E, H 共圆即可.

分析法思考: 要证明 A, B, E, H 共圆, 只要证 $\angle AHB=\angle AEB$.

综合法思考: 注意到许多直角, 图形中存有许多相似的直角三角形, 如 $\mathrm{Rt}\triangle BOP \backsim \mathrm{Rt}\triangle BED \backsim \mathrm{Rt}\triangle ACE$ 等, 至此问题得以解决.

二、直接证法与间接证法

与综合法和分析法按思考的顺序划分不同, 我们还可以按命题的类型来划分推理方法. 这里的命题类型就是指四种命题类型, 即原命题、逆命题、否命题、逆否命题. 如果保持原命题的类型不变, 直接使用逻辑方法予以证明, 则称为直接证法; 如果换成证明与原命题相关的其他类型命题, 则称为间接证法.

(一) 直接证法

所谓保持原命题的类型不变, 就是从题设 A 出发, 遵循逻辑规律, 运用逻辑方法, 推导得出题断 B, 可表示为如下的图示:

$$\xrightarrow{\text{论据及逻辑规律方法}}$$
$$\text{题设 } A \Rightarrow A_1 \Rightarrow A_2 \Rightarrow A_3 \Rightarrow \cdots \Rightarrow \text{题断 } B.$$

像这样保持原命题的类型不变直接进行推理证明的方法称为直接证法. 前面我们所举的例子都采用了直接证法, 在此不再举例说明.

(二) 间接证法

但是许多命题的原命题形式并不利于证明, 而与原命题相关的其他类型命题却有利于获得证明, 这样只要证明了与原命题等效的其他类型命题成立, 原命题就得证.

因为与原命题相关的其他命题类型较多, 所以有必要对间接证法作一个分类, 一般分为两种.

1. 同一法

如果一个命题是同一性命题, 由上面讨论可知, 同一性命题的原命题与其逆命题等价, 所以此时证明原命题如有难度, 那么就可以用证明其逆命题来替代证明原命题, 因为这种方法仅适合于同一性命题, 所以称之为同一法.

基于同一法的特殊性, 在几何中, 运用同一法证明需要注意以下有关的几个条件.

(1) 需确认所给命题为同一性命题, 符合已知条件 A 的图形 F 和满足结论 B 的图形所指向的对象是唯一的;

(2) 需证明其相应的逆命题成立, 即证明如果所作的新图形 F' 满足结论 B, 那么 F' 符合已知条件 A;

(3) 需根据已知条件所制约的图形具有唯一性, 来判定图形 F 与 F' 重合.

例 6.2.4 (梅涅劳斯(Menelaus)定理)　设 X, Y, Z 是 $\triangle ABC$ 三边 BC, CA, AB 或延长线上的

点，求证 X,Y,Z 三点共线的充分必要条件是 $\frac{BX}{XC}\cdot\frac{CY}{YA}\cdot\frac{AZ}{ZB}=-1$.

证明　必要性($\Rightarrow$)：如图 6-10，设 X,Y,Z 共线，过 C 作 $CD\,//\,XYZ$ 交 AB 于 D，则 $\frac{BX}{XC}=\frac{BZ}{ZD}$，$\frac{CY}{YA}=\frac{DZ}{ZA}$，所以

$$\frac{BX}{XC}\cdot\frac{CY}{YA}\cdot\frac{AZ}{ZB}=\frac{BZ}{ZD}\cdot\frac{DZ}{ZA}\cdot\frac{AZ}{ZB}=-1.$$

充分性($\Leftarrow$)：(同一法)如图 6-11，连接 ZY 并延长交 BC (或延长线)于 X_1，由已证的必要性可知 $\frac{BX_1}{X_1C}\cdot\frac{CY}{YA}\cdot\frac{AZ}{ZB}=-1$，但又已知 $\frac{BX}{XC}\cdot\frac{CY}{YA}\cdot\frac{AZ}{ZB}=-1$，故 $\frac{BX}{XC}=\frac{BX_1}{X_1C}$，即 $XC=X_1C$，所以 X_1 与 X 重合，由 X 点的唯一性可知 X,Y,Z 共线.

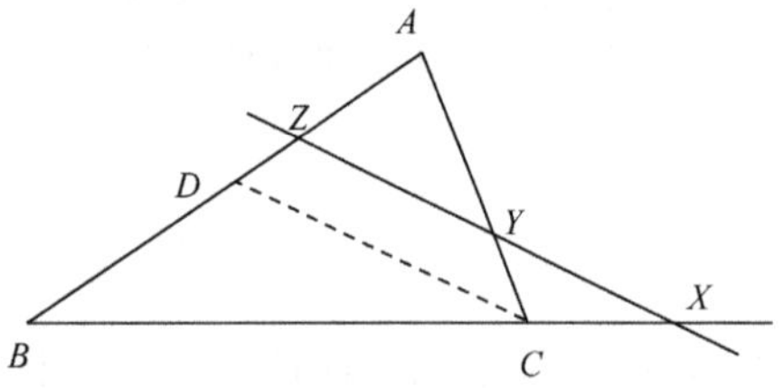

图 6-10

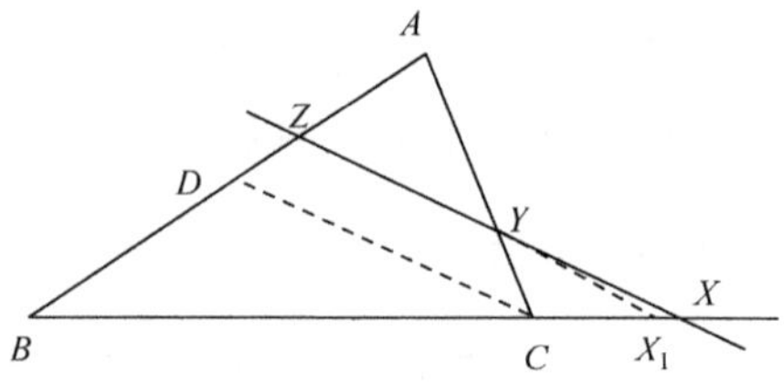

图 6-11

例 6.2.5　在正方形 $ABCD$ 内有一点 P，满足 $\angle PAB=\angle PBA=15°$，求证 $\triangle PCD$ 是正三角形.

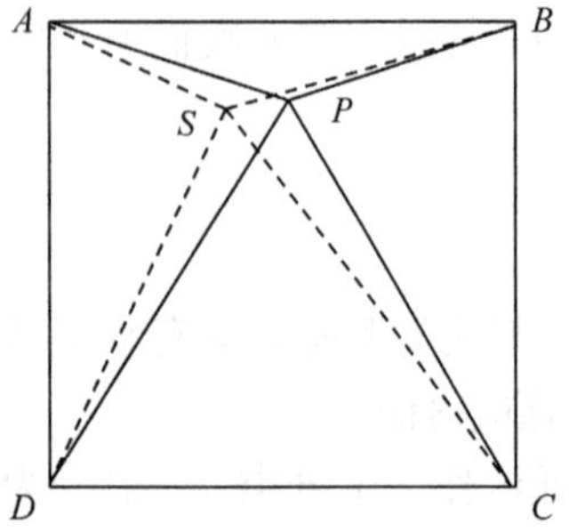

图 6-12

证明　(同一法)　(1) 由于条件所确定的点 P 是唯一的，同时结论中以 DC 为边的正三角形也是唯一的，所以所给命题为同一性命题；

(2) 现另作一图形 F'，如图 6-12，以 DC 为边的正三角形 $\triangle DSC$ (在正方形内)；

(3) 连接 AS 和 BS，易知 $\angle SAB=\angle SBA=15°$，说明所作图形 F'：正三角形 $\triangle DSC$，符合已知条件；

(4) 但是这样的 S 点和 P 点只有一个，从而三角形 $\triangle PCD$ 与正三角形 $\triangle DSC$ 重合，于是 $\triangle PCD$ 是正三角形.

例 6.2.6 (塞瓦(Ceva)定理)　如图 6-13，设 X,Y,Z 是 $\triangle ABC$ 三边 BC,CA,AB 或延长线上的点，求证 AX,BY,CZ 三线共点或相互平行的充分必要条件是

$$\frac{BX}{XC}\cdot\frac{CY}{YA}\cdot\frac{AZ}{ZB}=1.$$

证明 (仅证三线共点的情形)　必要性($\Rightarrow$)：如图 6-14，设 AX,BY,CZ 三线共点(受到三线平行的启发)，过 B 作 $BE//AX$ 交 CD 的延长线于 E，过 C 作 $CF//AX$ 交 BY 的延长线于 F，则

$$\frac{BX}{XC}=\frac{ED}{DC},\quad \frac{CY}{YA}=\frac{CF}{DA},\quad \frac{AZ}{ZB}=\frac{DA}{BE},$$

所以 $\frac{BX}{XC}\cdot\frac{CY}{YA}\cdot\frac{AZ}{ZB}=\frac{ED}{DC}\cdot\frac{CF}{DA}\cdot\frac{DA}{BE}=\frac{ED}{DC}\cdot\frac{CF}{BE}=1$.

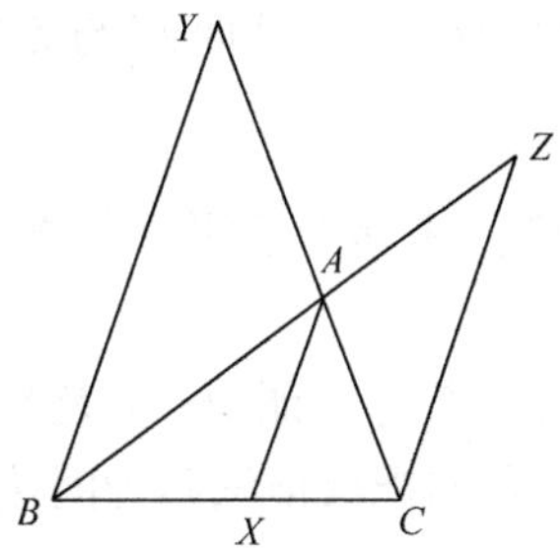

图 6-13

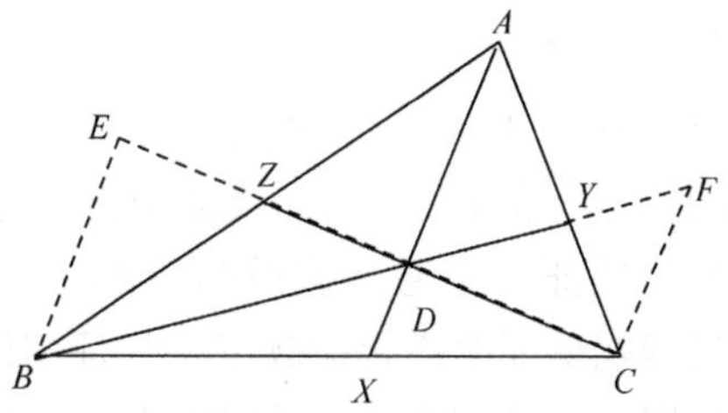

图 6-14

充分性($\Leftarrow$): 如图 6-15, 连接 CZ, BY 交于一点, 连接 A 与此交点并延长交 BC (或延长线)于 X_1, 由已证的必要性可知 $\dfrac{BX_1}{X_1C}\cdot\dfrac{CY}{YA}\cdot\dfrac{AZ}{ZB}=1$, 但又已知 $\dfrac{BX}{XC}\cdot\dfrac{CY}{YA}\cdot\dfrac{AZ}{ZB}=1$, 故 $\dfrac{BX}{XC}=\dfrac{BX_1}{X_1C}$, 即 $XC=X_1C$, 所以 X_1 与 X 重合, 由 X 点的唯一性可知 AX, BY, CZ 三线共点.

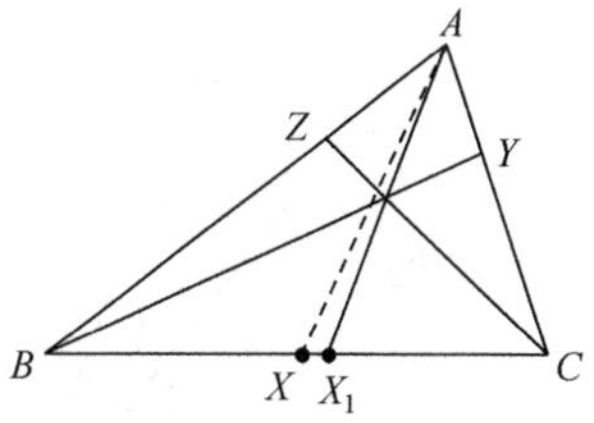

图 6-15

例 6.2.7 (辛普森(Simpson)定理) 设 P 是 $\triangle ABC$ 外接圆上任一点, D, E, F 分别为 P 在 BC, CA, AB 边上的正射影, 则 D, E, F 三点共线(称为辛普森线).

证法 1 (直接证法) 如图 6-16, 分别连接 DF, EF, 要证 D, E, F 三点共线, 只要证 $\angle BFD=\angle AFE$; 注意到 $PD\perp BC$, $PF\perp AB$, $PE\perp AC$, 故 B, D, F, P, 以及 A, E, P, F 四点共圆. 要证 $\angle BFD=\angle AFE$, 只要证 $\angle BPD=\angle APE$ (为什么?); 要证 $\angle BPD=\angle APE$, 只要证 $\angle PBD=\angle PAE$; 但 A, C, B, P 已知共圆, 所以命题得证.

证法 2 (间接证法——同一法) 如图 6-17.

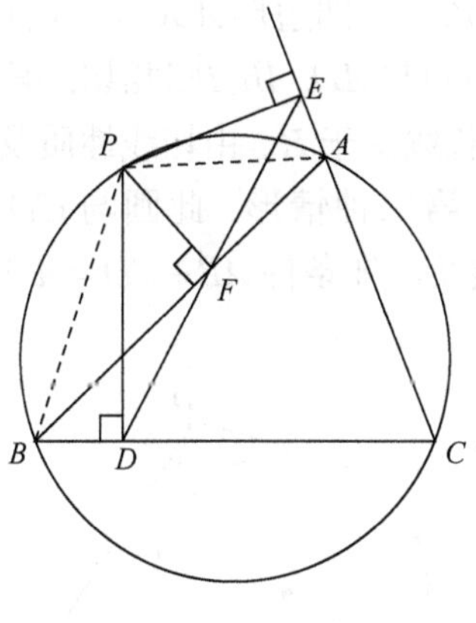

图 6-16

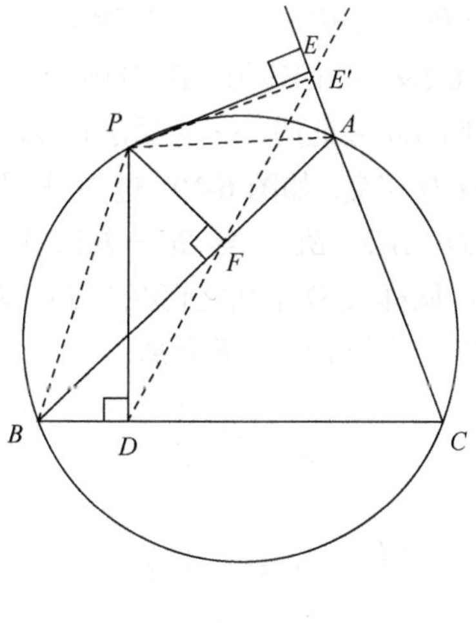

图 6-17

(1) 连接垂足 D, F, 并延长交 CA 于 E';

(2) 现证 E' 与 E 重合;

(3) 连接 PB, PE' 及 PA, 则 B, D, F, P 及 A, C, B, P 共圆, 易知 $\angle PBD=\angle PFE'$, $\angle PBD=\angle PAE'$, 故 $\angle PFE'=\angle PAE'$, 这说明 A, E', P, F 四点共圆, 因此 $PE'\perp AC$.

(4) 但 $PE \perp AC$，而过直线外一点向直线作垂线，垂足只有一个，从而 E' 与 E 重合.

2. 反证法

对于命题 $A \Rightarrow B$，利用排中律"A 或者 $\overline{A}$"，证明 $\overline{B}$ 为假，来达到证明原命题 $A \Rightarrow B$ 成立的目的. 这种通过反设的间接证明方法称为反证法.

虽然反证法是通过假设结论的反面，证明其反面不成立来达到证明，但是从本质来说，这一过程就是证明逆否命题来替代证明原命题的过程，因此我们把反证法归为间接证法.

根据 $\overline{B}$ 的情形不同，反证法也可分为归谬法和穷举法：

(1) 若 $\overline{B}$ 只有一种情形，则称归谬法；

(2) 若 $\overline{B}$ 有多种情形，需要一一加以穷举归谬，则称穷举法.

例 6.2.8　如果梯形两底的和等于一腰长，那么该腰同两底所夹的两角平分线必过另一腰的中点.

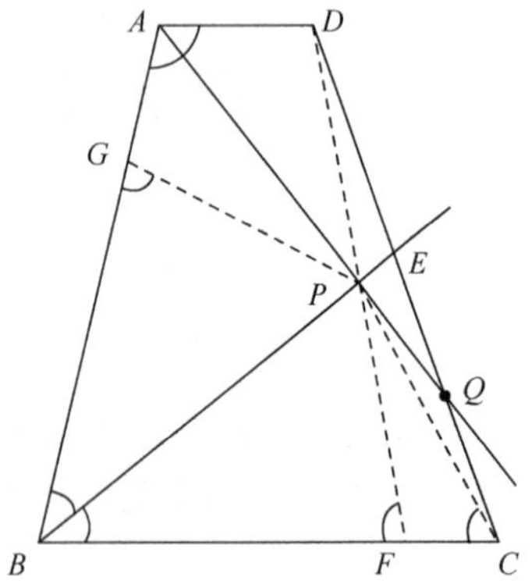

图 6-18

证明 (间接证法——归谬法)　如图 6-18，结论具有两层含义，一是题设中的两条角平分线恰好相交于 DC 之上，即 AP, BP, DC 共点，二是其交点恰好是 DC 的中点.

但是如果第一条成立，易知第二条亦成立. 因此本题其实只要证明下面的命题即可：如果梯形两底的和等于一腰长，那么该腰同两底所夹的两角平分线必相交于 DC 之上.

现假设结论不成立，即 AQ, BE 的交点 P 不在 DC 之上，设 P 在梯形之内，连接 DP 延长交 BC 于 F，在 AB 上取 G，使 $AG = AD$，则 $\triangle APD \cong \triangle APG$，而点 P 是梯形两角平分线的交点，必是 DF 的中点，有 $PG = PD = PF$. 又 BP 是 $\triangle ABC$ 的角平分线，由此可得 $\triangle BPF \cong \triangle BPG$，但是连接 PC，由 $BC = BG$，可得 $\triangle BPC \cong \triangle BPG$，所以 $\angle PFB = \angle PCB$，而这是不可能的. 故假设不成立，即原命题成立.

例 6.2.9　凸四边形 $ABCD$ 中，已知 $AB + CD = AD + BC$，则四边形 $ABCD$ 一定有内切圆.

证明 (间接证法——穷举法)　假设结论不成立，作一圆与 AD, AB, BC 相切，第一种情形：此圆与 CD 相交，如图 6-19，过 D 作圆之切线与 BC 的延长线交于 E，由切线性质及已知条件 $AB + CD = AD + BC$，得 $BC = BE$，这与 $BC < BE$ 矛盾；第二种情形，此圆与 CD 相离，如图 6-20，同样过 D 作圆之切线与 BC 交于 E，由切线性质及已知条件 $AB + CD = AD + BC$，得 $BC = BE$，这与 $BC > BE$ 矛盾.

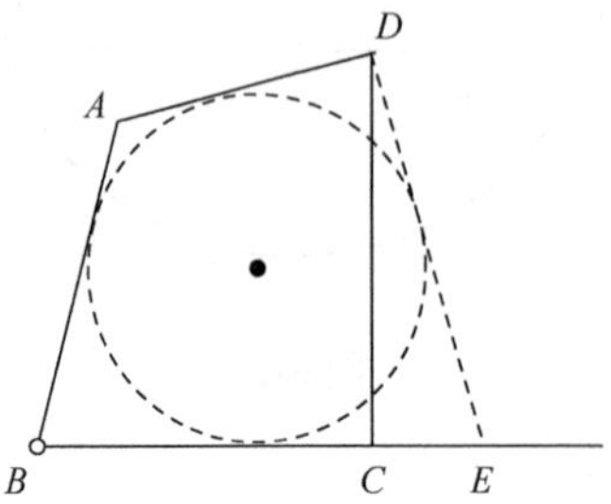

图 6-19

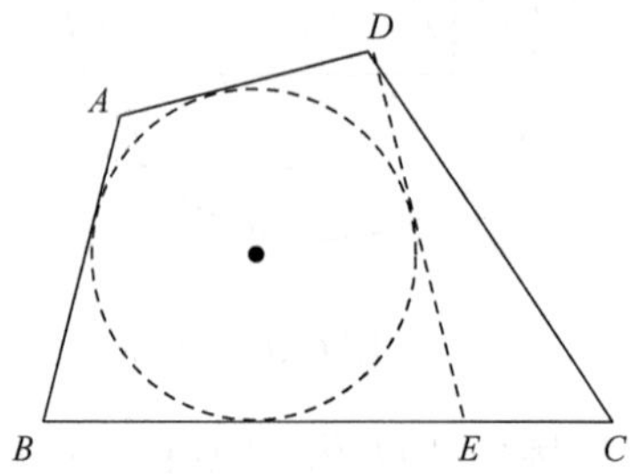

图 6-20

第三节　几何证题的特殊方法

在几何证题中，除了前述介绍的一般方法之外，通常还涉及一些特殊方法，例如，通过对几何图形的重新分解和组合，发现几何内在关系的分解拼补法，通过“转化”的思想把较难的问题、未知的问题或复杂的问题转化为较易的问题、已知的问题或简单的问题的转化法，通过研究几何问题的特殊关系来发现解决问题途径的特殊化法，以及与其他类似或相关问题的比较来发现规律的类比法等. 对于这些特殊的证明题方法，我们不单独予以讨论，而是融入下面的内容中加以说明. 下面根据几何问题的类型作分类探讨.

一、几何量的相等关系

几何量通常是指长度、面积、体积、角度以及比值等. 在几何证题中，线段和角度的相等关系问题是最常见的，这里往往涉及上述提及的转化法.

设$a,b,c,d,\cdots$为几何量，欲证$a=b$，可找出其他几何量如$c,d,\cdots$，通过适当的转化，如$a=c=\cdots=d=b$，达到证明结论的目的.

例 6.3.1　如图 6-21，已知$\triangle DEC$和$\triangle ABC$都是等边三角形，$\angle ACB=\angle DCE=60°, B, C, E$在同一直线上，连接$BD$和$AE$，求证：$BD=AE$.

证明　因为$BC=AC$，$CD=CE$，且$\angle DCB=\angle ECA=120°$，所以$\triangle BCD\cong\triangle ACE$，因此结论成立

说明：本题虽然简单，但其中包含了一种思想方法，那就是在某种情形下，把几何量纳入几何形之中，通过几何形来确定几何量的相等关系，或者说把几何量的相等关系向几何形的相等关系转化. 为此，下面再举一例予以说明.

例 6.3.2　如图 6-22，正方形$ABCD, E, F$分别是AD, CD的中点，连接BE, CF相交于P，求证：$AP=AB$.

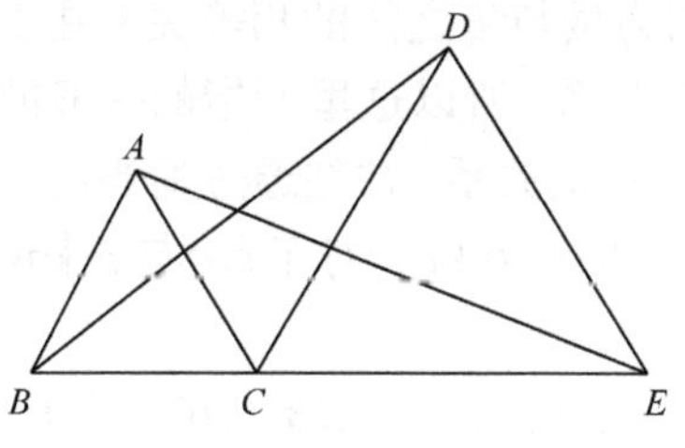

图 6-21

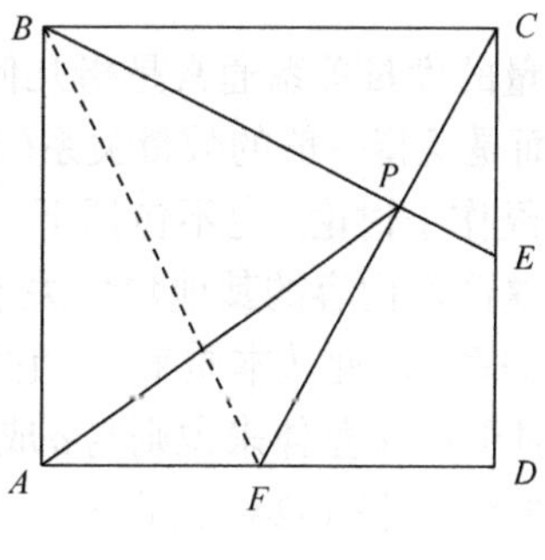

图 6-22

探索

分析法思考：要证明$AP=AB$，只要证$\triangle APB$为等腰三角形，即$\angle APB=\angle ABP$；

综合法思考：注意到$BE\perp CF$ (为什么？)，同时$\angle BAD$为直角，所以A, B, P, F四点共圆；

分析法思考：要证明$\angle APB=\angle ABP$，只要证$\angle AFB=\angle ABP$；

分析法思考：注意到$\angle BEC=\angle ABP$，要证明$\angle AFB=\angle ABP$，只要证$\angle AFB=\angle BEC$；

分析法思考：要证明$\angle AFB=\angle BEC$，只要证$\triangle AFB\cong\triangle CEB$.

从上述过程可以看出几何量——线段的相等最后转化为几何形——三角形的相等(全等). 但是不论是几何量与几何形之间的转化，还是几何量与几何量之间的转化，其精神实质在于转化，只有通过转化才能发现几何形的内在关系. 下面再举一例来说明这种转化思想的巧妙之处.

例 6.3.3 如图 6-23，在 $\triangle ABC$ 中，$AD \perp BC$，$CE \perp AB$，取 $AF = AD$，$FG // BC$，求证 $CE = FG$.

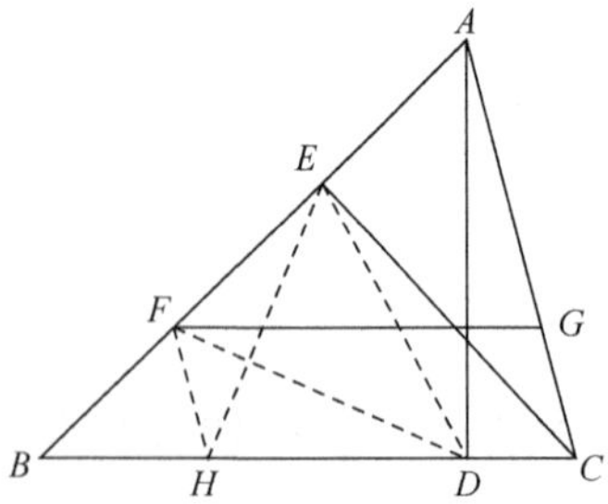

图 6-23

探索 待证结论中的线段 CE 与 FG 看起来似乎没什么联系，为了寻找它们之间的关系，我们试着采用转化的思想方法.

综合法思考：注意到 $FG // BC$，是不是可以把 FG 转移到 BC 上呢？为此过 F 作 AC 的平行线交 BC 于 H，则 $HC = FG$.

分析法思考：要证明 $CE = FG$，只要证 $CE = HC$，即只要证 $\triangle CHE$ 为等腰三角形，或 $\angle CEH = \angle CHE$. 通过这样的转化，我们找到了 CE 与 FG 的某种联系.

综合法思考：注意到 $AF = AD$，即 $\triangle AFD$ 也为等腰三角形，那么待证的目标三角形 $\triangle CHE$ 与 $\triangle AFD$ 是不是存有某种关系呢？(几何量与几何量之间的关系转化为几何形与几何形之间的关系.)

综合法思考：其实 $\triangle CHE$ 与 $\triangle AFD$ 中的两个角具有相等关系，因为 $AD \perp BC$，$CE \perp AB$，所以 C, A, E, D 四点共圆，由此可得 $\angle EAD = \angle ECH$；

分析法思考：由前面的结果可知，要证明 $\angle CEH = \angle CHE$，只要证 $\triangle CEH \backsim \triangle AFD$.

归纳之，在证明几何量的相等时，不仅要注意量与量之间的转化，同时也要注意量与形之间的转化，把几何量纳入几何形之中进行转化往往会起到独特的效果.

二、几何量的度量关系

几何量的度量关系通常是指几何量的和差、倍分关系，但是我们在这里所讨论的内容不限于此，而是泛指一般的数量关系(不包括相等关系，因为量与量之间的相等关系在上一小节中我们已经作了讨论. 也不包括下一小节所讨论的不等关系，所以这里所指的一般的数量关系是除去这两块内容的其他数量关系). 但是这样的一般数量关系，往往通过适当的变化又转变成相等关系，因此从本质来讲，它们依然是相等关系. 如 $a = b + c$，对于 b, c 与 a 来说是和的关系，但对于 $b + c$ 整体来说则与 a 成了相等关系.

例 6.3.4 如图 6-24，在 $\triangle ABC$ 中，$\angle C = 2\angle B$，$\angle 1 = \angle 2$，求证：$AB = AC + CD$.

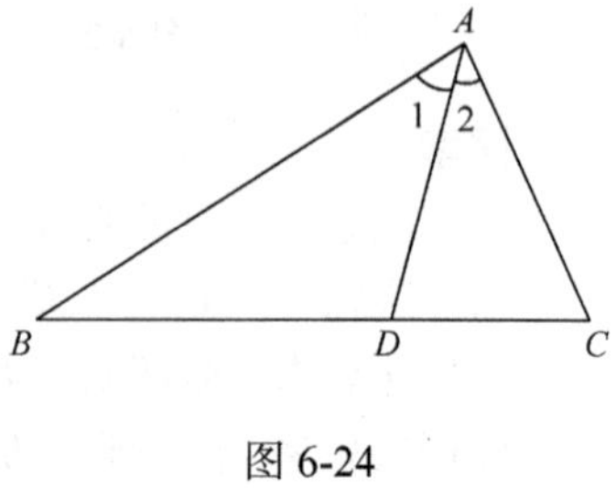

图 6-24

探索分析： 对于几何量的“和”的问题，我们通常有两种思路可供选择：一是在最大的量(如本题中的 AB)中“截取”一个几何量使之等于已知一个较小的量(如本题中的 AC)，然后证明剩余量与另一个较小的量(如本题中的 CD)相等；二是“拼接”两个较小的量(如本题中的 AC 和 CD)，然后证明“拼接”后所成的量与最大的量(如本题中的 AB)相等. 不论采用哪种思路，在最后证明相等时，都可以参照上一小节的相等关系的证明方法. 下面分别使用这两种思路——截取法和拼接法, 对本题给予说明.

证法 1 (截取法)　在 AB 上"截取" AE 使得 $AE=AC$, 则 $\triangle AED\cong\triangle ACD$, 从而 $\angle AED=\angle ACD, DE=DC$, 但是 $\angle C=2\angle B$, 而 $\angle AED=\angle EDB+\angle B$, 所以 $\angle B=\angle EDB$, 故 $BE=ED=CD$.

证法 2 (拼接法)　延长 AC 至 E, 使得 $CE=CD$, 则 $AE=AC+CD$, 即把 AC,CD "拼接"成 AE, 因为 $CE=CD$, 所以 $\angle CDE=\angle CED$, 即 $\angle C=2\angle CED$, 但是 $\angle C=2\angle B$, 所以 $\angle B=\angle CED$, 由此可得 $\triangle ABD\cong\triangle AED$, 从而 $AB=AE$.

例 6.3.5　如图 6-25, $ABCD$ 是圆内接四边形, $\odot O$ 与 AD, DC,BC 相切, 且圆心 O 在 AB 上, 求证 $AB=BC+AD$.

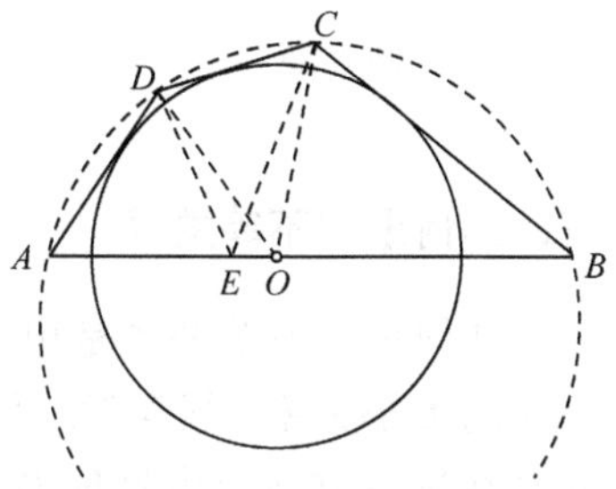

图 6-25

证明 (截取法)　在 AB 上"截取" AE 使得 $AE=AD$, 则 $\angle ADE=\angle AED$, 现证 $\triangle BCE$ 为等腰三角形.

注意到 DC,BC 与 $\odot O$ 相切, 故 OC 平分 $\angle DCB$, 但是 $\angle DCB+\angle DAB=180°$ (为什么?), 所以

$$\angle ADE=\angle AED=\angle BCO=\angle DCO,$$

这说明 D,E,O,C 四点共圆. 所以 $\angle BEC=\angle ODC$, 但是 $\angle CDA=2\angle ODC$, 而 $\angle CDA+\angle B=180°$, 因此 $\angle BEC=\angle BCE$, 命题得证.

根据对称的特点, 也可以在 AB 上"截取" BE 使得 $BE=BC$, 过程完全一样.

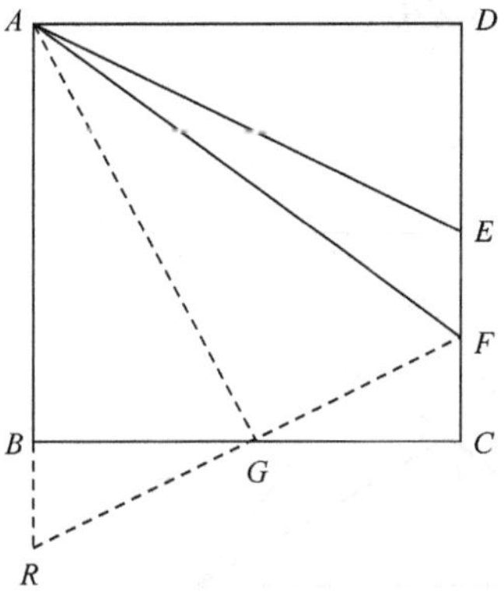

图 6-26

关于几何量的"差"的问题, 与"和"的问题类似, 只是程序相反, 也可以把"差"的问题转化为"和"的问题, 再加以解决. 而"倍分"的问题则只是"和差"问题的特殊情形, 在方法上也相同.

例 6.3.6　如图 6-26, E 是正方形 $ABCD$ 的边 CD 的中点, F 是 CE 的中点, 求证 $2\angle DAE=\angle BAF$.

证明 (截取法)　在 $\angle BAF$ 内"截取" $\angle BAG$, 使得 $\angle BAG=\angle DAE$, 则 G 为 BC 的中点, 现证 $\angle GAF=\angle DAE=\angle BAG$.

连接 FG 延长交 AB 的延长线于 R, 由条件: F 是 CE 的中点, 以及 G 为 BC 的中点, 易得 $\mathrm{Rt}\triangle AGR\cong\mathrm{Rt}\triangle AGF$, 得 $\angle GAF=\angle BAG$, 故命题得证.

例 6.3.7　如图 6-27, 设 O 为 $\triangle ABC$ 的外心, $OM\perp BC$, M 为垂足, H 为 $\triangle ABC$ 的垂心, 则 $AH=2OM$, 即任意三角形一顶点到其垂心的距离等于三角形的外心到其对边的距离的两倍.

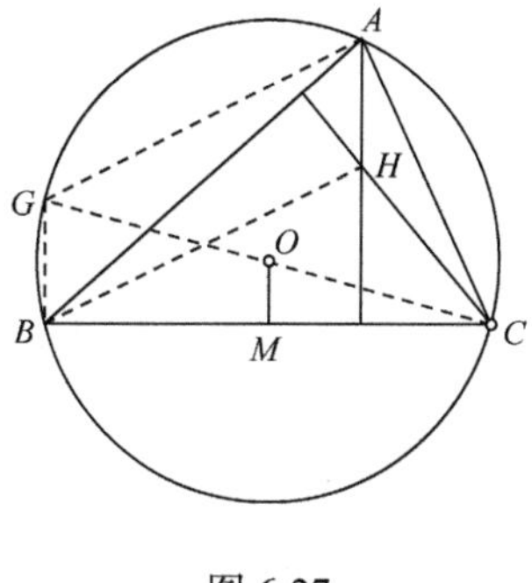

图 6-27

证明 (拼接法)　把 OM 放大一倍, 使得放大后的线段长与 AH 相等. 注意到 M 为 BC 的中点(为什么?), 而 O 为 CO 所在的直径 CG 的中点, 所以 $GB=2OM$.

现证 $GB=AH$.

然而 $GB\perp BC$ (为什么?), 同时 $AH\perp BC$ (为什么?), 故 $GB//AH$.

因此, 要证 $GB=AH$, 只要证四边形 $AGBH$ 为平行四边形. 事实上, 连接 GA,BH, 则 $GA\perp AC$, $BH\perp AC$, 故命题得证.

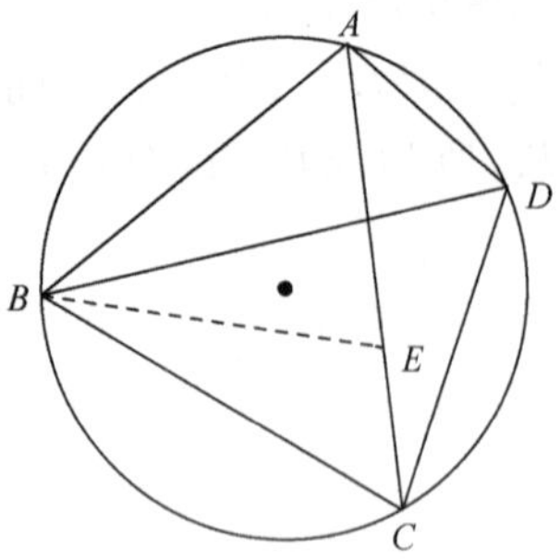

图 6-28

下面就其他度量关系问题举例说明.

例 6.3.8 (托勒密定理)　设 $ABCD$ 是圆内接四边形, AC, BD 是四边形的对角线, 求证: $AB\cdot CD+AD\cdot BC=AC\cdot BD$.

证明　如图 6-28, 过 B 作 BE, 使得 $\angle ABE=\angle DBC$, 交 AC 于 E, 则 $\triangle ABE\backsim\triangle DBC$, 同时 $\triangle BCE\backsim\triangle BDA$, 故

$$\frac{AB}{BD}=\frac{AE}{CD},\quad \frac{BC}{BD}=\frac{EC}{AD},$$

即 $AB\cdot CD=AE\cdot BD$, $AD\cdot BC=EC\cdot BD$, 两式相加得

$$AB\cdot CD+AD\cdot BC=(AE+EC)\cdot BD=AC\cdot BD.$$

上述使用的方法相当于采用截取法, 即在 AC 上“截取” AE.

三、几何量的不等关系

几何量的不等关系是相对于相等关系以及和差、倍分关系等其他度量关系而言的几何量之间的大小关系. 很自然, 不等关系在度量上的不确定性将会给此类问题在证明上带来困难, 同时在选择方法上也呈现出多样性的特点, 往往解题思路比较灵活, 其解题过程通常具备一定的跳跃性和发散性思维特点.

例 6.3.9　如图 6-29, 已知 P 是 $\triangle ABC$ 内的一点, 连 BP, CP, 求证: $\angle BPC>\angle BAC$.

证法 1　如图 6-30, 延长 BP 交 AC 于 E,

$$\angle BPC=\angle PEC+\angle ECP>\angle PEC=\angle BAC+\angle ABE>\angle BAC.$$

证法 2　如图 6-31, 过 A, B, C 作圆, 延长 BP 交圆于 E, 则

$$\angle BPC=\angle PEC+\angle ECP>\angle PEC=\angle BAC.$$

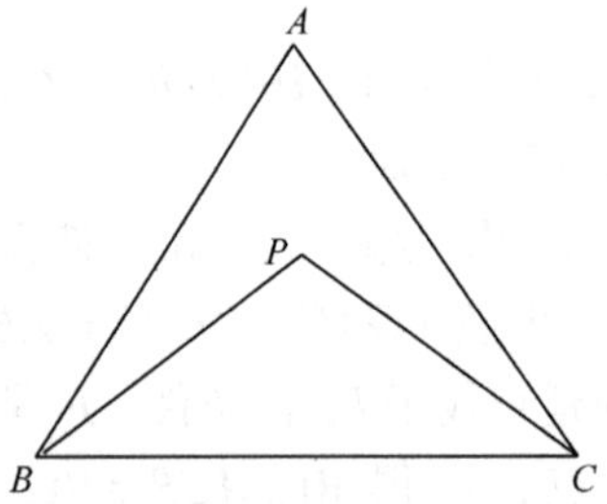

图 6-29

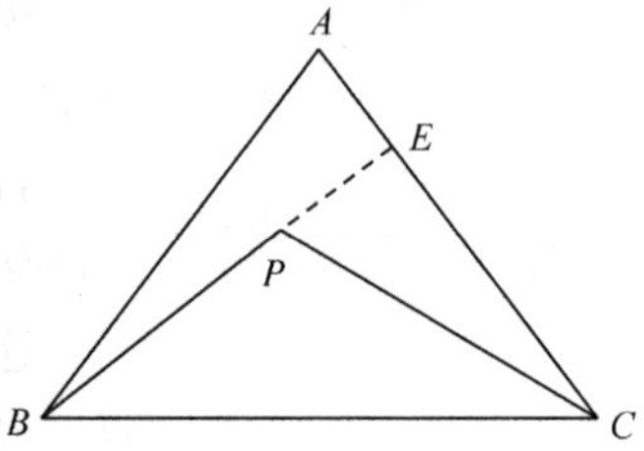

图 6-30

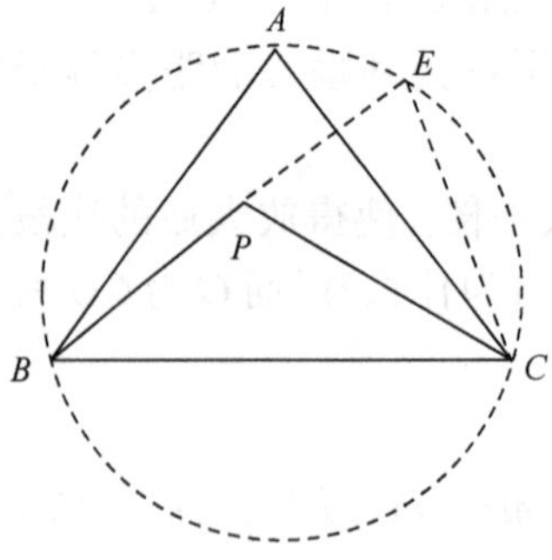

图 6-31

评析　两种方法的共同点都是构造出与此两角都有关系的第三角.

例 6.3.10　如图 6-32, 在$\triangle ABC$中, $AB=AC$, P为$\triangle ABC$内一点, 且$\angle APB>\angle APC$, 证明: $PC>PB$.

证明　如图 6-33, 在$\triangle ABC$外以AC为边作$\triangle AQC$, 使得$\triangle AQC\cong\triangle APB$, 连接$PQ$, 在$\triangle PQC$中, 因为$\angle AQC=\angle APB>\angle APC$, 而$\angle AQP=\angle APQ$, 故$\angle PQC>\angle QPC$, 所以$PC>QC=PB$.

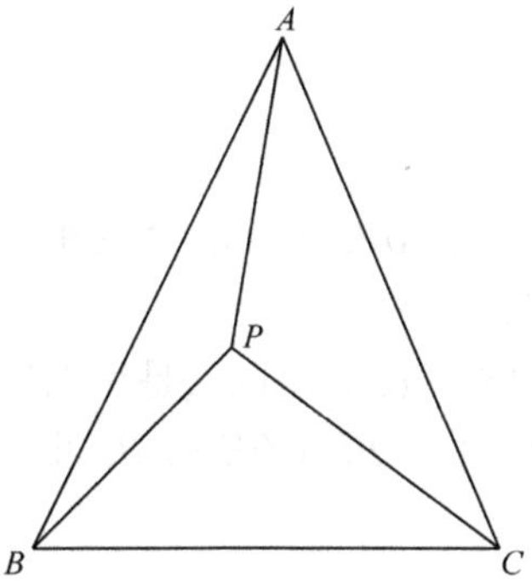

图 6-32

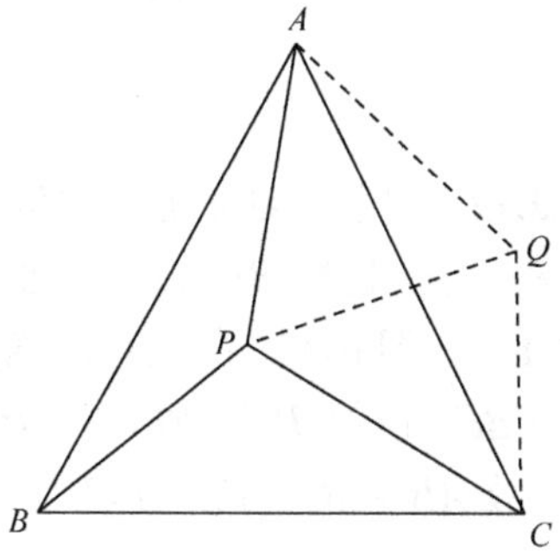

图 6-33

上述证明把$\triangle APB$转移到$\triangle ABC$外部, 对图形进行了重新组合, 因而显现出了图形的内在关系, 其想法独特, 具有发散性思维的特点.

例 6.3.11　若两个三角形两边对应相等, 则夹角大的所对的边也大.

证明　如图 6-34, 设$\triangle ABC$, $\triangle A_1B_1C_1$对应的两边$AC=A_1C_1$, $AB=A_1B_1$, 且$\angle BAC<\angle B_1A_1C_1$. 现以$AC$ (A_1C_1)为结合边, 把两三角形拼一起, 如图 6-35, 作$\angle B_1A_1B$的平分线A_1D, 则A_1D落在$\angle B_1A_1C_1$内(为什么?), 交B_1C_1于D点. 连接BD, 则$B_1D=BD$, 所以在$\triangle BDC_1$中, $B_1C_1=BD+DC_1>BC_1=BC$.

此题显示了三角形中余弦定理所表达的几何关系, 但是如果采用余弦定理来确认此命题的真实性, 不仅要介绍余弦定理, 而且还要引用余弦函数的单调性, 无论从几何逻辑结构的要求还是数学历史结构的发展顺序来看, 都是欠妥当的.

另外, 此题的上述证明同样是采用“图形变化”的方式, 通过或“拼”或“补”, 或“分”或“割”, 对图形进行重新组合, 以此来揭示图形的内在联系. 这种思想方法因其设想大胆, 思维开阔, 在几何证题中往往能发挥出意想不到的功效, 如果能针对具体问题灵活运用, 将对我们的思维启发甚大.

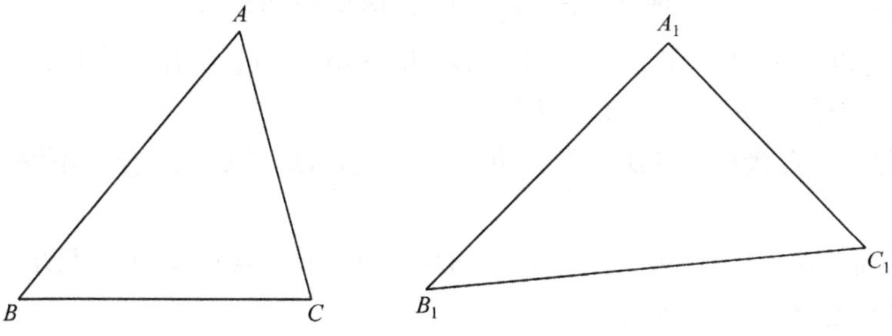

(a)　(b)

图 6-34

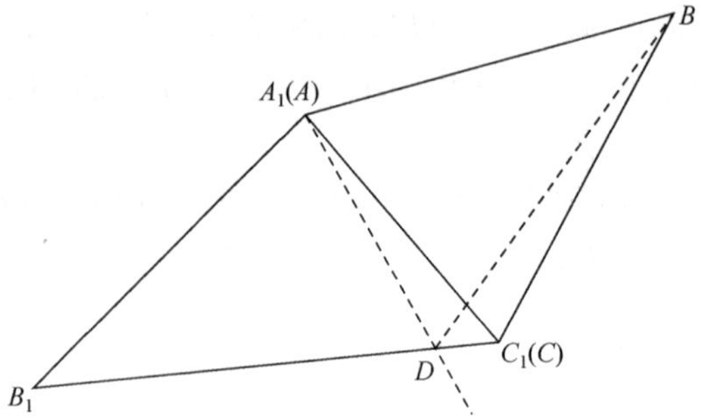

图 6-35

例 6.3.12 如图 6-36, 在 $\triangle ABC$ 中, $AB>AC$, AD 是 $\triangle ABC$ 中 $\angle BAC$ 的平分线, P 为 AD 上任意一点, 连接 BP, CP, 求证: $AB-AC>PB-PC$.

证法 1 如图 6-37, 在 AB 上"割取" $AE=AC$ (因为 $AB>AC$, 所以这是可以做到的), 则 $AB-AC=BE$, 连接 PE, 则 $PE=PC$ (为什么?)在 $\triangle BPE$ 中, $BE+PE>PB$, 即 $AB-AC+PC>PB$, 故 $AB-AC>PB-PC$.

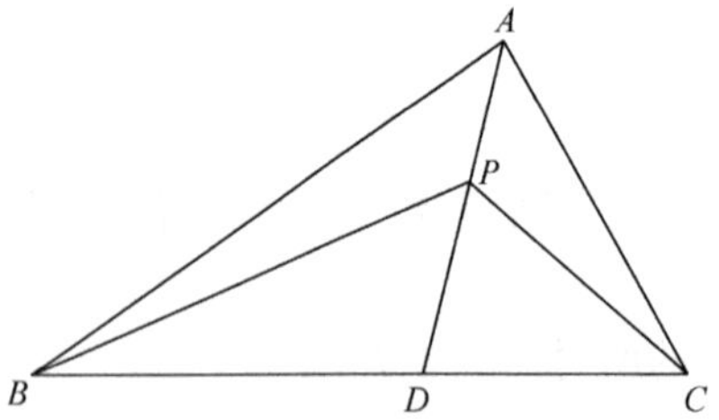

图 6-36

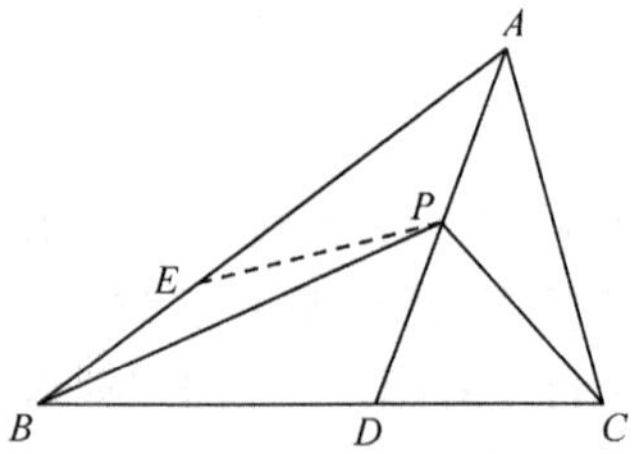

图 6-37

证法 2 如图 6-38, 在 AC 延长线上"扩展"到 AE, 使得 $AE=AB$, 则 $AB-AC=CE$, 连接 PE, 则 $PE=PB$ (为什么?), 在 $\triangle CPE$ 中, $CE+PC>PE=PB$, 即

$$AB-AC+PC>PB,$$

故 $AB-AC>PB-PC$.

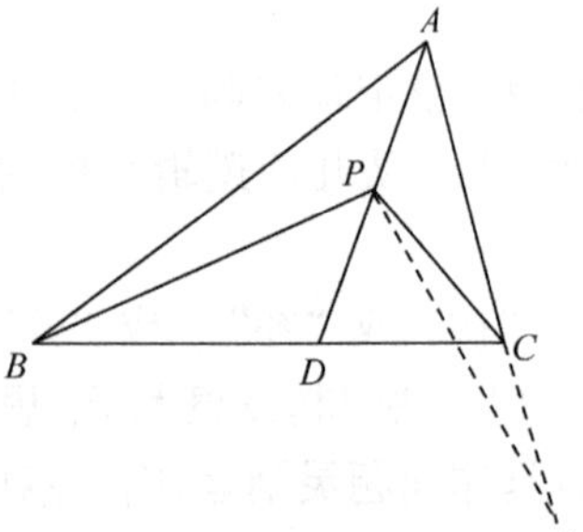

图 6-38

上述两种证明殊途同归, 但这一"割"一"补", 各具特色, 显现出早在中国古代就已广泛使用的"割补"原理的思想.

另外, 其中也包含"对称"思想. 注意到 AD 是角平分线, 因而整个图形最终关于 AD 对称. 可见"对称"思想与"割补"原理的巧妙结合, 将发挥更大的效用.

例 6.3.13 如图 6-39, 在 $\triangle ABC$ 中, 设 $AB>AC$, 过 B 作 $BE\perp AC$ 于 E, 过 C 作 $CF\perp AB$ 于 F, 求证: $AB+CF>AC+BE$.

证明 思路一: 直接证明 $AB+CF>AC+BE$, 但 AB 与 CF 结合性不够强, 因而证明无法继续;

思路二: 改证 $AB-AC>BE-CF$, 虽然 AB 与 AC 的结合性尚可, 但 BE 与 CF 的结合性非常差, 因而证明也无法继续下去;

思路三: 改证 $AB-BE>AC-CF$, 显然 AB 与 BE, AC 与 CF 都具有共同的端点, 结合性比较突出. 为此, 如图 6-40, 在 BA 上"割取" $BE'=BE$, 在 CA 上"割取" $CF'=CF$, 连接

EE' 及 FF'，则两等腰三角形 $\triangle CFF'$ 和 $\triangle BEE'$ 相似(为什么?)，故 E,F,E',F' 共圆，连接 $E'F'$，所以在 $\triangle AE'F'$ 中，$\angle AE'F' = \angle ABC$，$\angle AF'E' = \angle ACB$，但 $\angle ACB > \angle ABC$，因而 $AE' > AF'$，即结论成立.

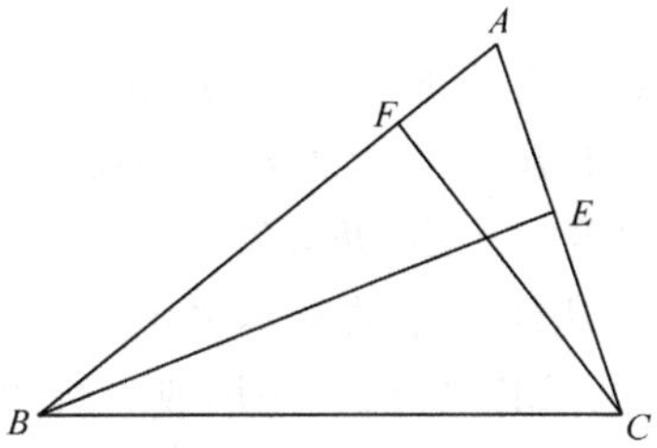

图 6-39

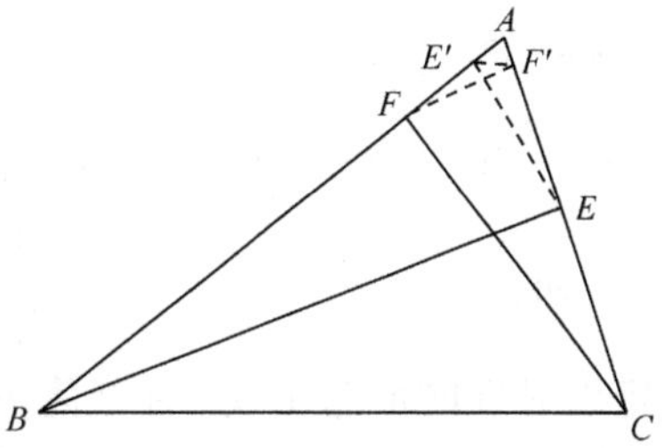

图 6-40

例 6.3.14　如图 6-41，G 是 $\triangle ABC$ 的重心，过 G 作直线分别与 AB, AC 交于 E,F，求证 $EG \leqslant 2GF$.

证明　如图 6-42，设 F' 为 AC 的中点，且 E 点在区域 BP 之间(其中 PR 过 G 点平行 BC)，由于 G 是 $\triangle ABC$ 的重心，故 $BG = 2GF'$. 过 B 作 AC 的平行线交 FE 的延长线于 B'，则 $B'G = 2GF$，但 $EG \leqslant B'G$，故结论成立，而且等号在 E 点与 B 点重合时成立.

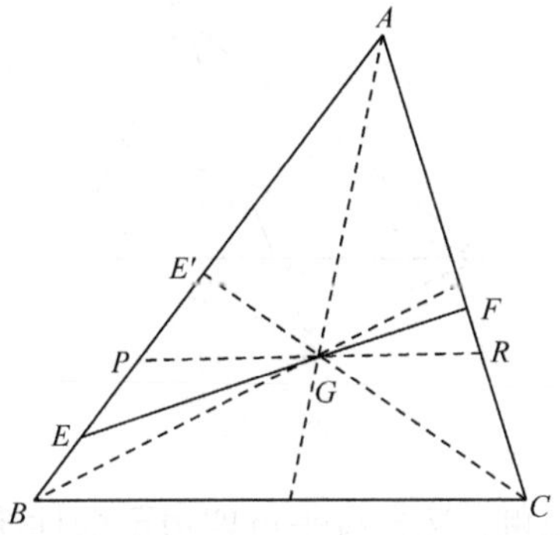

图 6-41

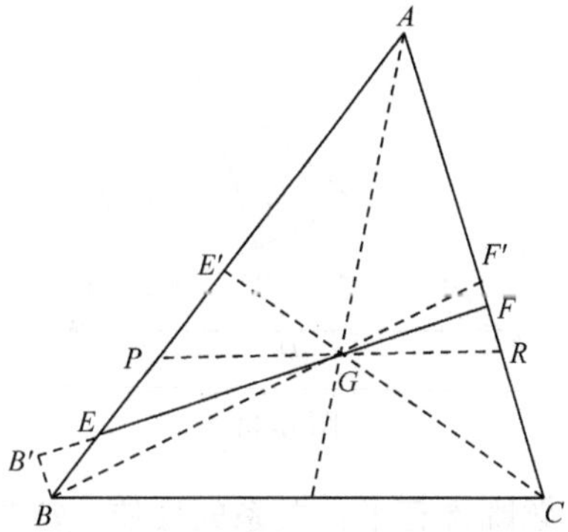

图 6-42

若 E 点在区域 PE' 之中，情况将会怎样呢? 留给读者思考.

四、几何量(几何形)的其他关系

几何量(几何形)的其他关系是指几何量之间、几何形之间或几何量与几何形之间的位置、度量或形状关系等，如两个三角形相似问题. 但在这里我们主要讨论几何量(几何形)的位置关系和结合关系.

(一) 几何量(几何形)的位置关系

主要包括线段(直线)的平行和垂直或者有关平行和垂直的问题.

1. 平行问题

平行问题是几何中的常见问题，在几何中随处可见，与其他几何要素关系密切，是几何证明的基本要素，许多复杂的问题往往最终很可能转化为简单的平行问题，因此我们在这里将对平行问题作一个专题的讨论，当然所涉及的平行基本知识(如两线平行则同位角相等)不再单独叙述，而是在具体的问题中给予解释.

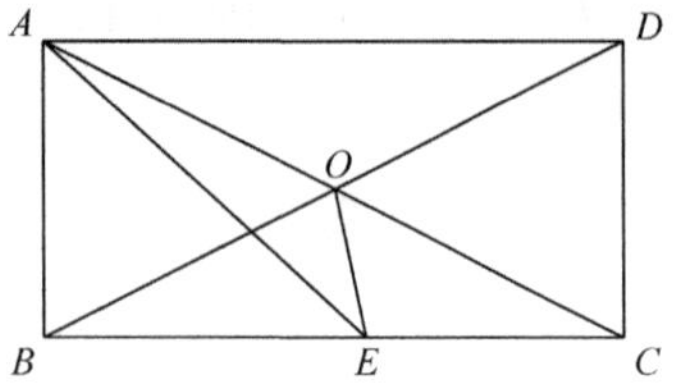

图 6-43

例 6.3.15　如图 6-43, 矩形 $ABCD$ 的对角线相交于 O, AE 平分 $\angle BAD$ 交 BC 于 E, 若 $\angle CAE=15°$, 则 $\angle BOE$ 等于多少度?

解　因四边形 $ABCD$ 为矩形, 故 $AD//BC$, AE 平分 $\angle BAD$, 所以 $\angle BAE=\angle AEB$, 即 $\angle BAE=\angle AEB=45°$, 但 $\angle CAE=15°$, 易证 $BO=BE$, 故 $\angle BOE=75°$.

本例说明平行关系是几何关系的基本关系, 当然平行关系不一定以显性的形态出现, 往往隐藏于一些几何形之中, 如正方形、矩形或平行四边形等, 因此在解题时需要注意发现隐藏的平行关系.

例 6.3.16　如图 6-44, 过 $\triangle ABC$ 的顶点 B, C 分别引直线交 AC 于 F, 交 AB 于 E, 且 CE, BF 相交于 O, 如果 $EF//BC$, 那么 AO (所在直线)为 BC 边上的中线.

证明　如图 6-45, 过 B 点作 $BG//CE$, 交 AO 的延长线于 G 点, 即 $BG//OC$, 如果能证明 $CG//OB$, 就可知 $BGCO$ 为平行四边形, 因而其对角线相互平分, 结论成立. 现证明 $CG//OB$, 因 $BG//OC$, 故 $\dfrac{AE}{AB}=\dfrac{AO}{AG}$, 但 $EF//BC$, 所以 $\dfrac{AE}{AB}=\dfrac{AF}{AC}$, 从而 $\dfrac{AO}{AG}=\dfrac{AF}{AC}$, 即 $CG//OB$.

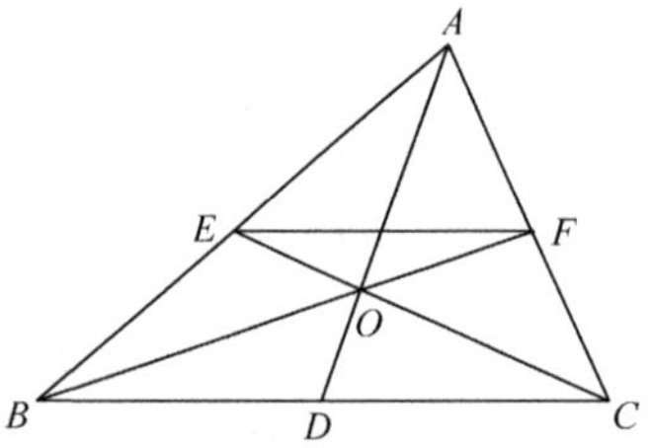

图 6-44

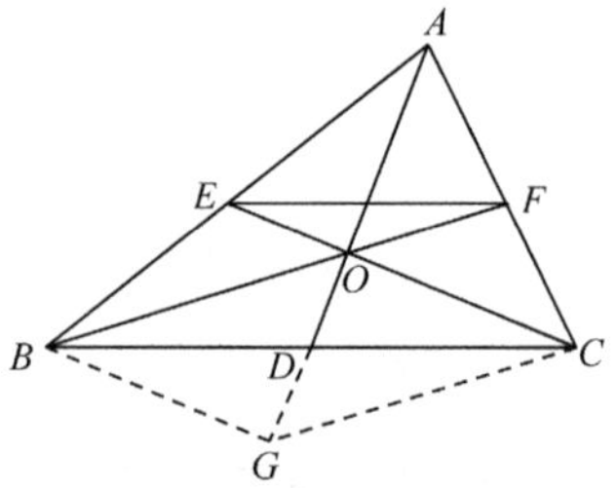

图 6-45

本题既含有平行关系的性质, 如平行线分线段成比例, 又含有平行四边形的性质, 如平行四边形对角线相互平分. 虽然这些性质非常简单, 但只要运用得当, 简单的性质一样能发挥巨大的作用.

例 6.3.17　如图 6-46, 设四边形 $ABCD, AEMN, BFGE$ 均为正方形, 则 $AF//NC$.

证明　注意到已知条件中出现较多的正方形, 同时 AF, NC 所在几何形可以构成一个四边形, 因此可以大胆作出设想: 是不是可以证明四边形 $ANCF$ 为平行四边形呢?

如图 6-47, 连接 ND 及 CF, 易证 $\triangle AND\cong\triangle AEB\cong\triangle CFB$, 由此可证得 $\triangle CDN\cong\triangle ABF$, 所以 $AN=CF, AF=NC$, 即四边形 $ANCF$ 为平行四边形.

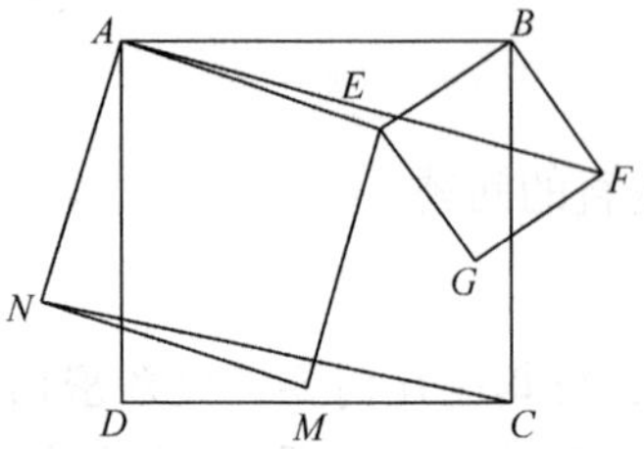

图 6-46

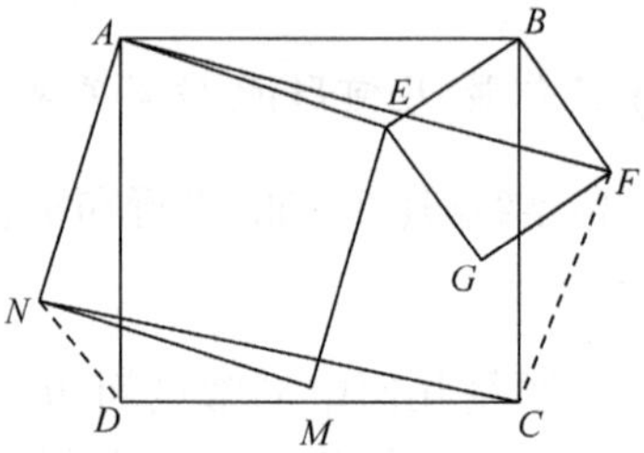

图 6-47

此题利用已知条件, 把几何量的位置关系(平行)问题转化为几何量(形)的相等问题, 从而使问题得以顺利解决.

例 6.3.18 如图 6-48, 设在$\triangle ABC$中, BC边的中垂线交AB于D, 且$\triangle ABC$的外接圆在A,C两点之切线交于E, 则$DE//BC$.

证明 考虑到DM是BC的中垂线, 而且$\triangle ACE$为等腰三角形, $\triangle BCD$自然也是等腰三角形, 故连接DC, 如图 6-49, 进一步注意到, 其实$\triangle ACE\backsim\triangle BCD$(为什么?). 现要证明$DE//BC$, 只要证$\angle CDE=\angle DCB$, 但$\angle CAE=\angle DCB$, 故只要证$\angle CDE=\angle CAE$, 即只要证$A$, D,C,E共圆, 而要证明这一点已经没什么困难了.

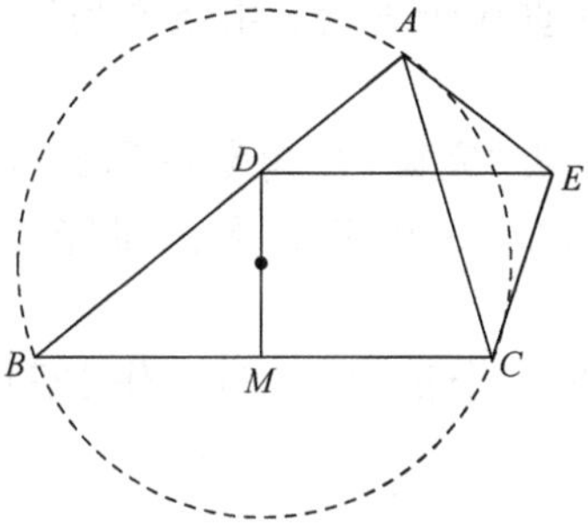

图 6-48

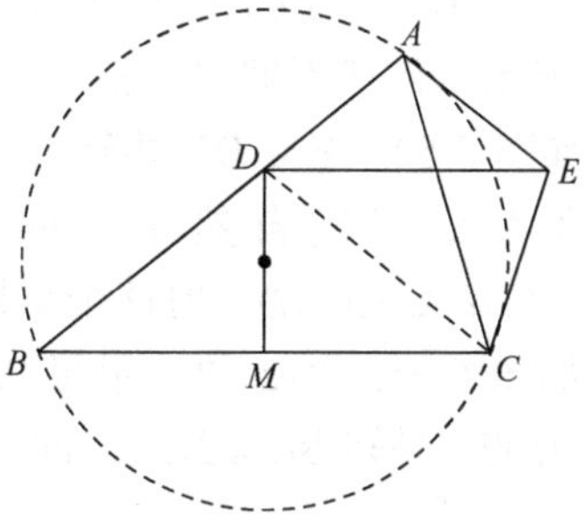

图 6-49

虽然在本题的证明过程中, 受到已知条件的启发作出了一些设想, 并且利用了许多几何基本知识, 但问题最终归结于平行关系的基本性质.

例 6.3.19 如图 6-50, 已知AP为$\triangle ABC$中$\angle BAC$的平分线, 过B点作AP的垂线交AP(延长线)于H, BC边上的中线AM交BH于Q, 连接PQ, 求证$PQ//AB$.

证明 注意到AP为$\angle BAC$的平分线, 同时$BH\perp AH$, 从对称角度考虑, 原图形是残缺的. 为此, 如图 6-51, 延长AC及BH, 交于R点, 此时, 图形关于AH对称, 故H是BR的中点, 又因为M是BC的中点, 所以HM是$\triangle BRC$的中位线, 自然HN也是$\triangle BRA$的中位线.

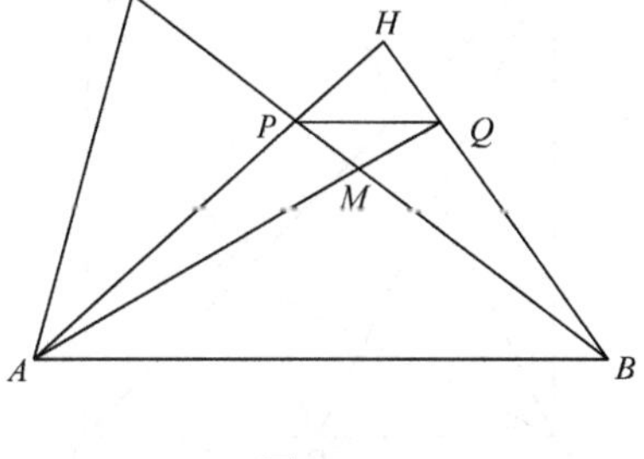

图 6-50

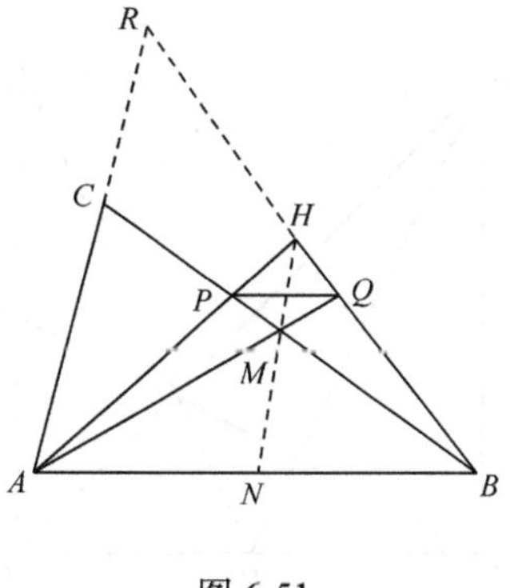

图 6-51

回想例 6.3.16, 要是例 6.3.16 的逆命题成立, 岂不就得到本例题的结论了吗? 事实上, 例 6.3.16 的逆命题也成立, 我们把例 6.3.16 逆命题的证明留给读者.

由本题的证明过程可以看出, "对称"思想在几何证明中能起到举足轻重的作用, 这一点, 在前述例子中亦有提及, 望大家细细品味.

与"对称"思想类似, 几何中的"完整"思想也是非常重要的. 在几何证题中, 所给图形通常是“残缺”的, 但人的意识中存有一种修复“残缺”的心理倾向, 这也许可以称作“完整”思想吧. 本例中的“对称”思想的产生和运用, 是基于感觉到所给图形的“残缺”, 因此我们也可以说, “完整”意识才是“对称”思想的前身. 为此, 下面再举一例就“完整”思想作出说明.

例 6.3.20　如图 6-52, 设 BD 为等腰直角三角形 ABC (A 为直角顶点)的 AC 边上的中线, 过 A 点引 BD 的垂线交 BC 于 E, 则 E 点三等分 BC.

证明　对于正方形来说, 等腰直角三角形是“残缺”的. 那么是不是可以在正方形中思考这样的问题呢? 下面的几点说明正是一个“补缺”的过程.

(1) 如图 6-53, 过 C 作 AC 的垂线, 并延长 AE 交此垂线于 F 点, 由条件易知 $\triangle ABD \cong \triangle CAF$, 但图形依然不够“完整”.

(2) 如图 6-54, 连接 DE 并延长交 CF (延长线)于 G, 从“完整”的角度来看(或者说是“对称”的角度), 我们自然希望四边形 $ABCG$ 能够构成一个正方形, 即能不能确认 $\triangle ABD \cong \triangle CAF \cong \triangle CGD$, 但这个结果由(1)不难得出.

(3) 如图 6-55, 由(2)的结果可知, 四边形 $ABGC$ 构成一个正方形, 过 A 作 DG 的平行线交 BG 于 H 点, 易知 $BE = 2EC$, 即结论成立.

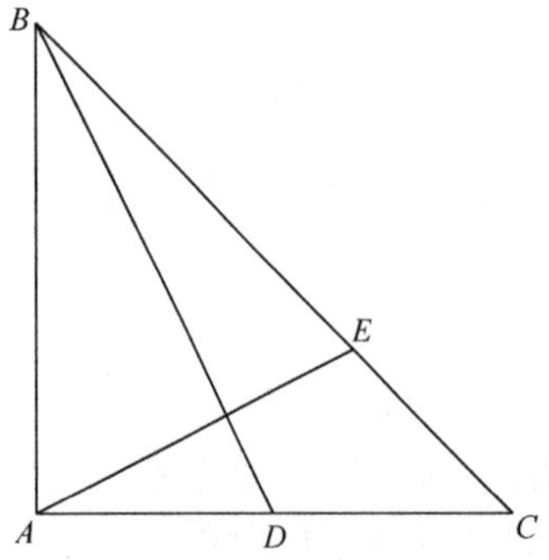

图 6-52

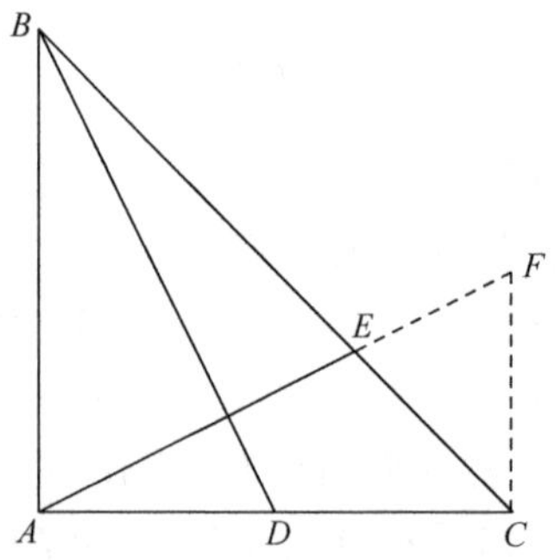

图 6-53

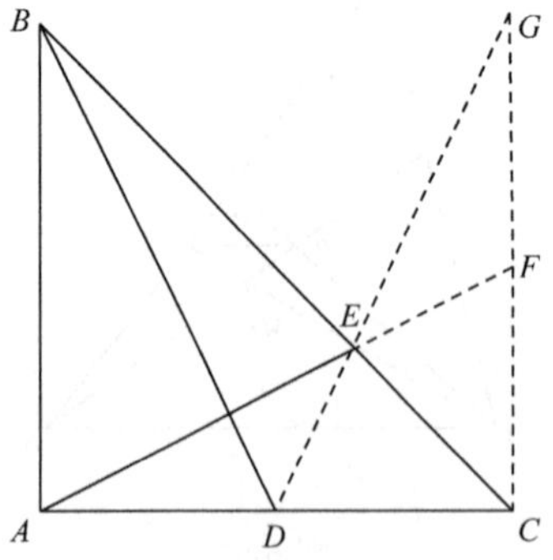

图 6-54

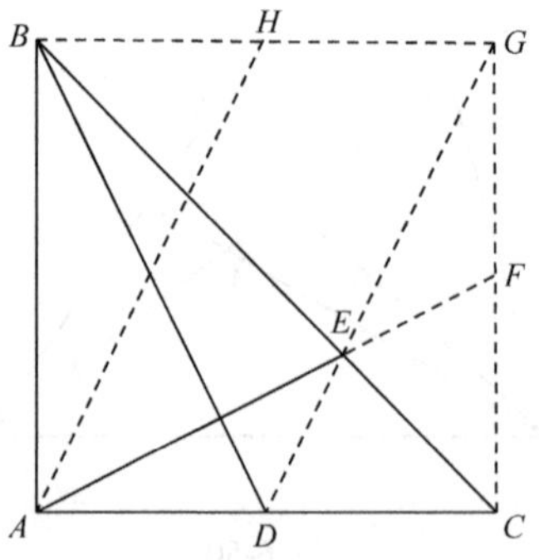

图 6-55

2. 垂直问题

与平行问题一样, 垂直问题也是几何中常见的问题, 虽然表述的是直线与直线的位置关系, 但可以看作是角的问题, 另外也可以纳入几何形(如矩形)的关系或性质之中. 特别地, 垂直问题与平行问题有着密切的联系，许多垂直问题可以转化为平行问题. 因此把垂直问题作为一个专题，在这里对其作单独的讨论同样是有必要的.

例 6.3.21　如图 6-56，设 P 点为正方形 $ABCD$ 的 CD 边上的一点，过 D 点作 AP 的垂线分别交 AP, BC 于 G, R，若 O 是正方形的中心，连接 OP, OR，则 $OP\perp OR$.

证明　如图 6-57，此题虽然是垂直问题，但注意到已知 $AP\perp DR$，那么问题就可以转化为证明 P, R, O, G 四点共圆.

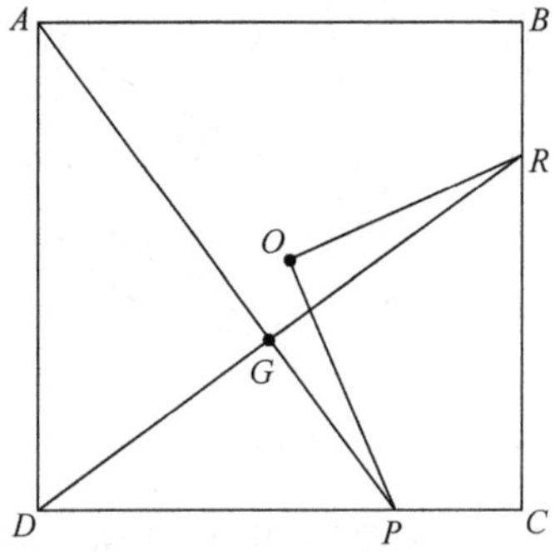

图 6-56

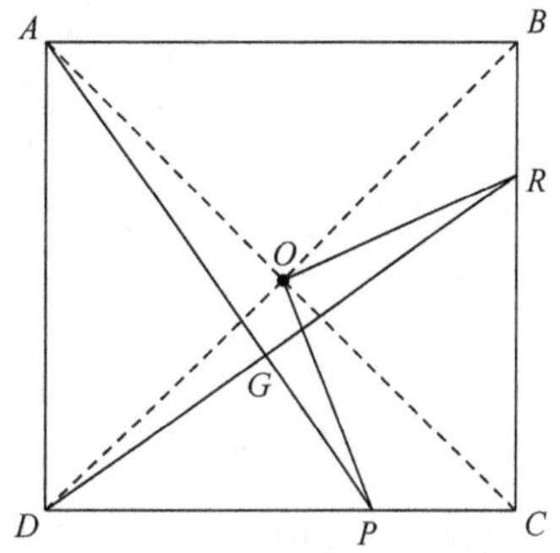

图 6-57

对于四点共圆，可以考虑"同弧所对圆周角相等"，从而我们试图证明 $\angle OPG=\angle ORG$，这是一个几何量的相等问题.

是否可以把几何量纳入在几何形之中呢？连接 DO, AO，只要证明 $\triangle APO\cong\triangle DRO$ 即可.

因 $DO=AO$，且 $DR=AP$ (为什么?)，要是进一步能确认 $\angle ODR=\angle OAP$，问题就解决了. 其实 $\angle ODR$ 和 $\angle OAP$ 是 $\triangle BDR$ 和 $\triangle CAP$ 的一组对应角，而且 $\triangle BDR\cong\triangle CAP$ (为什么?)，故结论成立.

例 6.3.22　如图 6-58，设 $\odot O_1$，$\odot O_2$ 相外切于 A，一直线割 $\odot O_1$ 于 P, Q，又切 $\odot O_2$ 于 C，设 B 为 $\overset{\frown}{PQ}$ 的中点，则 $AB\perp AC$.

证明　同样是垂直问题，处理的方式可以不一样. 如图 6-59，设 AB 与 PC 交于 D，这样我们就把垂直问题纳入几何形之中，即证明 $\triangle ACD$ 为直角三角形.

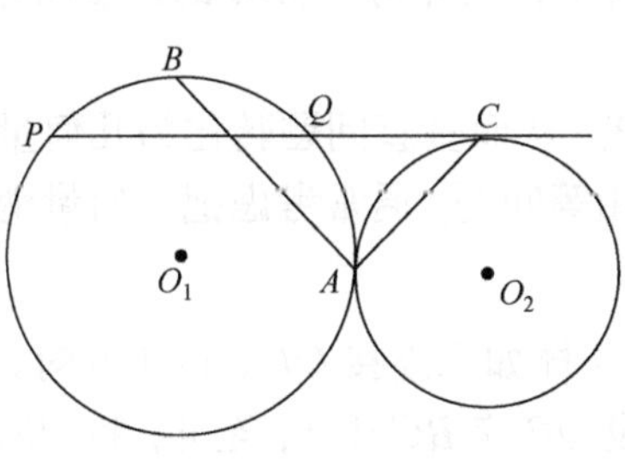

图 6-58

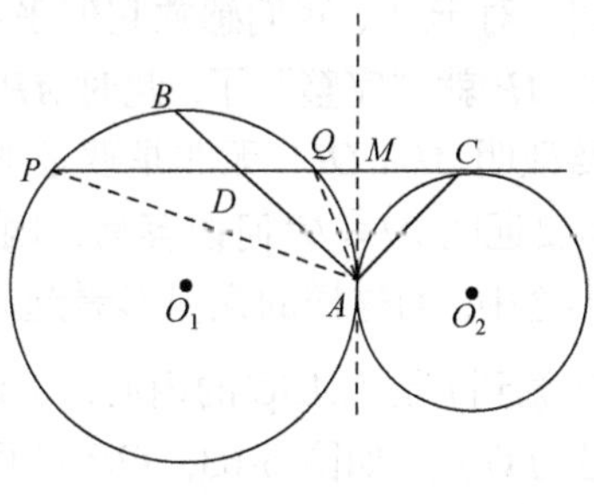

图 6-59

考虑到两圆相切，作它们的公切线交 PC 于 M. 由于 MC, MA 均为切线，所以 $MC=MA$，若是能证得 M 是 CD 的中点，则 $\triangle ACD$ 为直角三角形(为什么?).

要证 $MC=MD$，只要证明 $MD=MA$，即证 $\angle MDA=\angle MAD$. 注意到 B 为 $\overset{\frown}{PQ}$ 的中点，而且 MA 为切线，不难证明 $\angle MDA=\angle MAD$. 此点由读者完成.

例 6.3.23　如图 6-60, 圆内接四边形 $ABCD$ 与其内切圆依次切于 E, F, G, H, 则 $EG \perp FH$.

证明　如图 6-61, 设 EG 与 FH 交于 M, 考虑 $\triangle EMF$, 转而证明其为直角三角形, 即证明 $\angle MEF + \angle MFE = 90°$. (把垂直的问题转化为角的问题.)

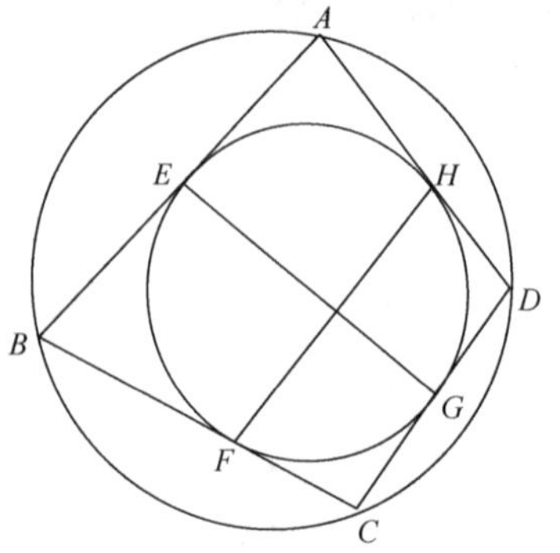

图 6-60

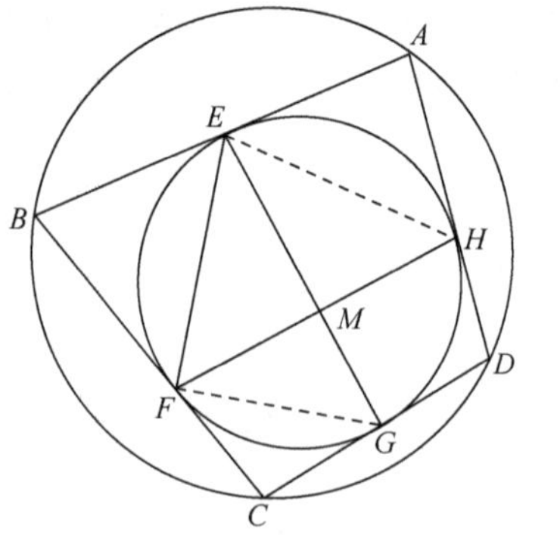

图 6-61

考察 $\angle MEF$, 发现其不仅是圆周角, 而且更为重要的, 它还是弦切角 $\angle FGC$ 所对的圆周角, 即 $\angle MEF = \angle FGC$.

但经观察后不难发现 $\triangle FGC$ 为等腰三角形(为什么?), 由此得

$$\angle MEF = \angle FGC = \frac{1}{2}(180° - \angle C).$$

通过"对称"的思考, 对于 $\angle MFE$ 也应该有类似的结果, 即

$$\angle MFE = \angle HEA = \frac{1}{2}(180° - \angle A),$$

所以 $\angle MEF + \angle MFE = \frac{1}{2}(180° - \angle C) + \frac{1}{2}(180° - \angle A) = \frac{1}{2}[360° - (\angle A + \angle C)]$, 因为 $\angle A + \angle C = 180°$ (为什么?), 故命题获证.

例 6.3.24　如图 6-62, 设 O, I 分别是 $\triangle ABC$ 的外心和内心, 且 $AB + AC = 2BC$, 连接 AI 及 OI, 则 $AI \perp OI$.

证明　对于 AI, 我们感觉它似乎不够"完整", 但若延长之并与 $\triangle ABC$ 的外接圆 $\odot O$ 交于 P 点而成 AP 就"完整"了, 此时 AP 成为 $\odot O$ 的弦.

现要证明 $AI \perp OI$, 无非是要证明 $AI = IP$ (为什么?), 从而垂直问题转化为几何量的相等问题. 但要证明 $AI = IP$ 何谈容易? 因为对于几何量的相等问题, 通常考虑把几何量纳入相应的几何形之中, 而这样的几何形看起来似乎不存在.

但注意到 I 是 $\triangle ABC$ 的内心, 所以 P 点平分 $\overset{\frown}{BC}$, 这样如果连接 OP, 过 I 点向 AC 作垂线, 垂足为 G 点, 如图 6-63, OP 将垂直并平分 BC, 设 OP 交 BC 于 R, 至此, 我们所要寻求的几何形看来已经慢慢地浮出水面了.

观察 $\text{Rt}\triangle BPR$ 和 $\text{Rt}\triangle AIG$, 直觉判断 $\text{Rt}\triangle BPR \cong \text{Rt}\triangle AIG$ 是非常有可能的. 事实上, $\angle CBP = \angle CAP$ (同弧所对圆周角相等), 而且 $BR = AG$ (注意已知条件 $AB + AC = 2BC$), 从而证实了我们的直觉判断, 并由此得到 $AI = BP$.

至此, 要证 $AI = IP$, 只要证 $BP = IP$, 即证 $\triangle BPI$ 为等腰三角形, 或即证明 $\angle PIB = \angle PBI$, 这一点通过图形不难证实.

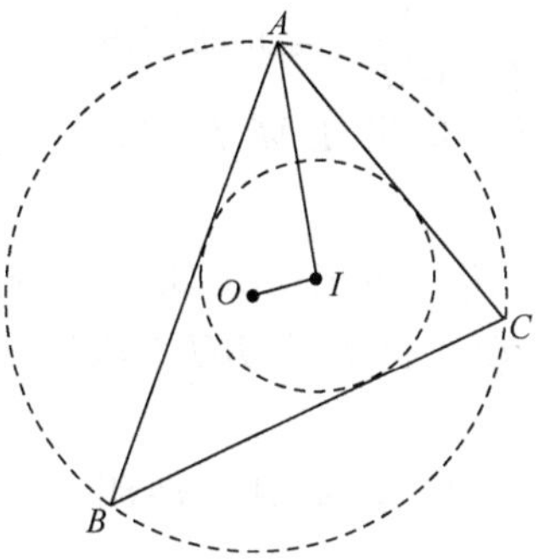

图 6-62

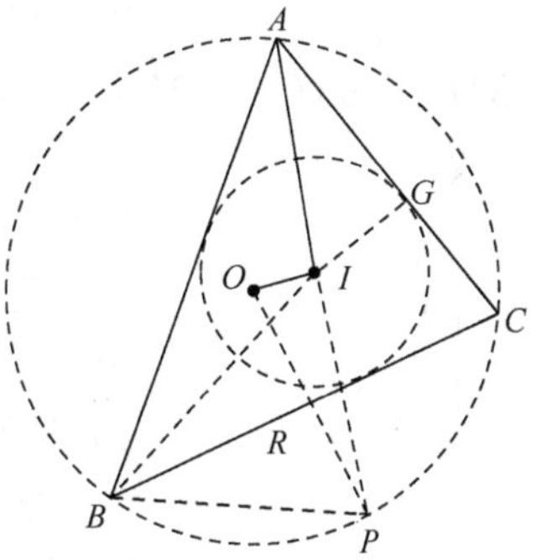

图 6-63

例 6.3.25　如图 6-64, 自矩形 $ABCD$ 的顶点 C 作 $CE \perp BD$, E 为垂足, 延长 EC 至 F, 使 $CF = BD$, 连接 AF, 求 $\angle BAF$ 的度数.

解　分析法思考: 如图 6-65, 设 AF 与 BC 交于 P 点, 要求 $\angle BAF$ 的度数, 只要求 $\angle BPA$ 的度数, 即求 $\angle CPF$ 的度数.

综合法思考: 虽然已知 $CF = BD$, 但两者似乎联系不上, 为此连接 AC, 则 $AC = BD = CF$, 故 $\triangle ACF$ 是等腰三角形. 因此可设 $\angle CAF = \angle CFA = \alpha$.

另外 $CE \perp BD$, 故 $\angle ECB = \angle CAB$. 因此

$$\angle CAB = \angle BAF + \angle CAF = \angle BAF + \alpha, \quad \angle ECB = \angle CPF + \angle CFA = \angle CPF + \alpha,$$

因此 $\angle BAF = \angle CPF = \angle BPA$, 即 $\angle BAF = 45^\circ$.

上述解法抓住题目条件中垂直的性质, 结合图形的"转移"法, 使问题得以顺利解决.

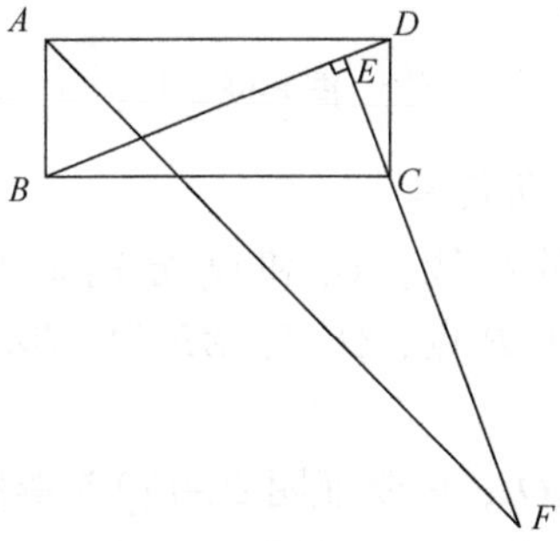

图 6-64

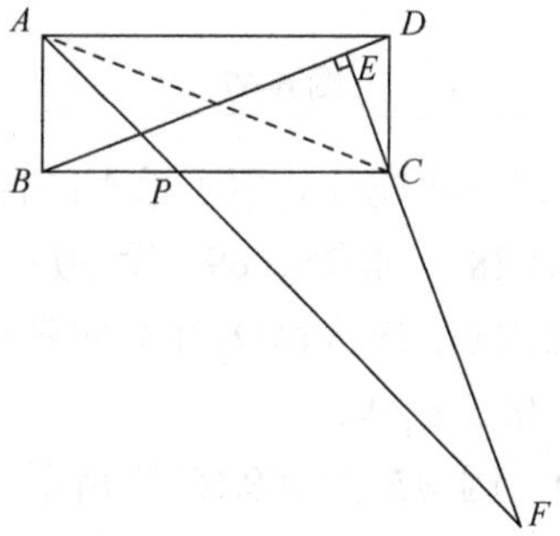

图 6-65

例 6.3.26　如图 6-66, 在等腰 $\triangle ABC$ 中, 过底边 AC 的中点 M 作 BC 的垂线于 H, 取 MH 的中点 P, 连接 BP 交 AH 于 D, 求证: $AH \perp BP$.

证明　因 $\angle BMA = 90^\circ$, 若结论成立, 则 $\angle MAD = \angle MBD$, 反之亦然.

现证明 $\angle MAD = \angle MBD$. 注意到 $\angle ACH = \angle BMP$, 若 $\angle HAC = \angle PBM$, 则 $\triangle HAC \backsim \triangle PBM$.

现证明 $\triangle HAC \backsim \triangle PBM$. 对于 $\triangle HAC$ 和 $\triangle PBM$, 因 $\angle ACH = \angle BMP$, 故只要证明两三角形所夹等角的两条对应边成比例, 即可知此两三角形相似. 事实上, $\dfrac{HC}{PM} = 2\dfrac{HC}{HM}$(因 P 为 MH

的中点), $\frac{AC}{BM}=2\frac{MC}{BM}$, 又 $\frac{HC}{HM}=\frac{MC}{BM}$ (为什么?), 所以 $\frac{HC}{PM}=\frac{AC}{BM}$, 至此命题得证.

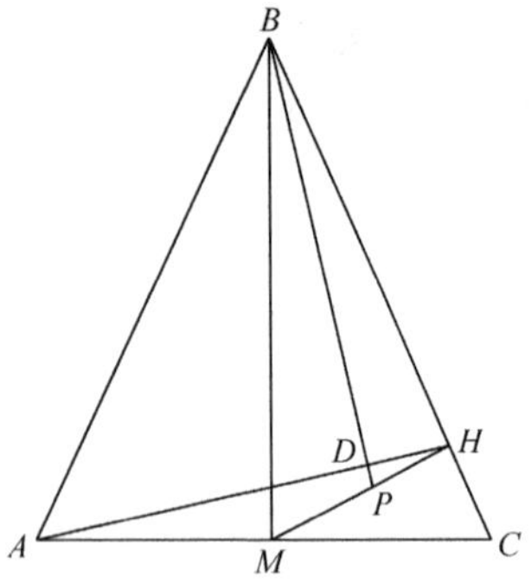

图 6-66

对本题的思考, 通常会转而证明 A, M, D, B 四点共圆, 但似乎走进了死胡同.

例 6.3.27　如图 6-67, 给定正方形 $ABCD$, P, Q 分别为 AB, BC 上的点, 且满足 $BP=BQ$, 自 B 作 $BH\perp PC$ 于 H, 求证 $\angle DHQ=90°$.

证明　要证明 $\angle DHQ=90°$, 其实只要证明 D, H, Q, C 共圆, 但证明此点似乎并不容易.

如图 6-68, 注意到已知条件 $BH\perp PC$, 故延长 BH 交 AD 于 E, 则 $\triangle BPC\cong\triangle AEB$ (为什么?), 然而 $BP=BQ$, 故连接 EQ, 则 $\triangle BPC\cong\triangle AEB\cong\triangle QBE$, 所以 $\angle HEQ=\angle HCQ$, 因而 E, H, Q, C 共圆, 又 D, E, H, C 共圆, 由此可得 D, H, Q, C 共圆.

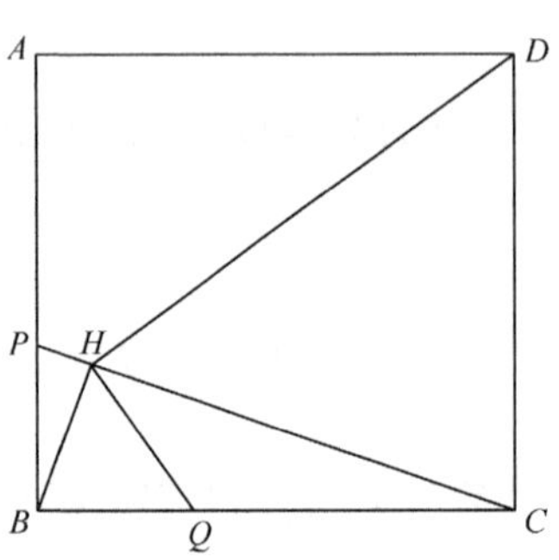

图 6-67

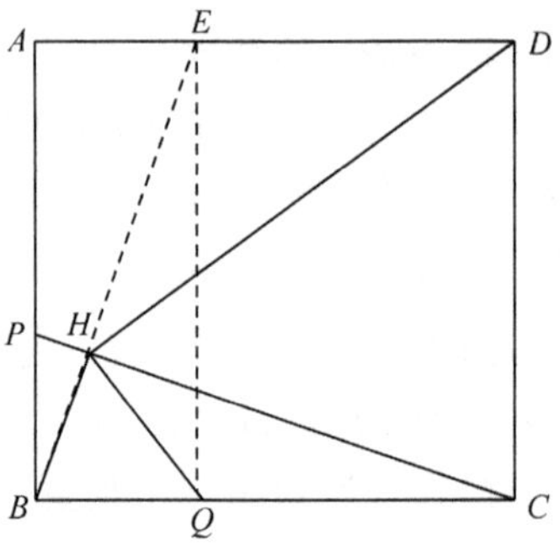

图 6-68

此题的证明充分利用了垂直的性质, 并通过四点共圆而获得.

例 6.3.28　如图 6-69, 设 AD 是 Rt$\triangle ABC$ 斜边上的高线, O_1 和 O_2 分别是 $\triangle ABD$ 及 $\triangle ACD$ 的内心, 连接 O_1O_2 并双向延长, 分别交 AB、AC 于 P 点、Q 点, AE 为 $\angle BAC$ 的角平分线, 则 $AE\perp O_1O_2$.

证明　因 AE 为 $\angle BAC$ 的角平分线, 要证明 $AE\perp O_1O_2$, 只要证明 $\triangle APQ$ 是等腰直角三角形, 即证明 $\angle APQ=45°$. 为此连接点 O_1D, O_2D, 如图 6-70, 因为很明显, $\angle BDO_1=45°$, 若是证得 P, B, D, O_1 四点共圆, 则问题已经解决. 类似地, 若能证得 Q, C, D, O_2 四点共圆, 则同样得到我们想要的结果. 但是, 至此证明陷入了困境.

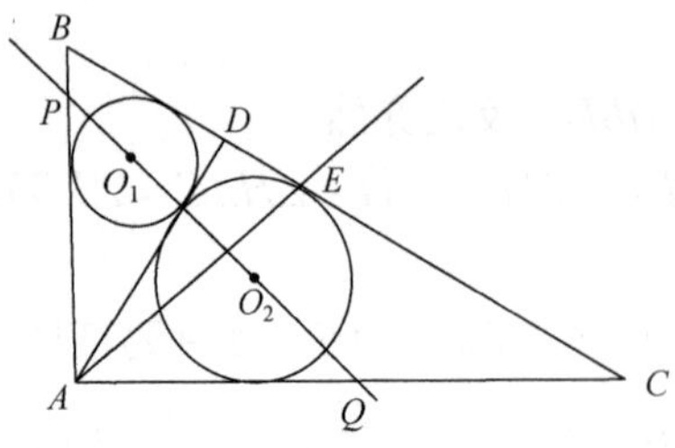

图 6-69

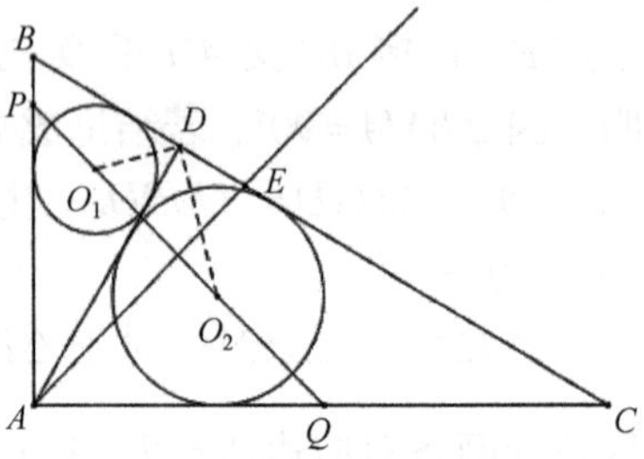

图 6-70

然而上述两个相同的想法(目标), 即 P, B, D, O_1 四点共圆和 Q, C, D, O_2 四点共圆, 却给我们带来了很大的启示.

注意如下的直角三角形: $\triangle ABC, \triangle ACD$ 及 $\triangle ABD$, 它们是相似的三个三角形, 具有同一个"本率"(即中国古代的勾股不失本率原理: 三个相似三角形比率相同), 若是 $\mathrm{Rt}\triangle DO_1O_2$ (为什么说 $\triangle DO_1O_2$ 为直角三角形?)也具有这样的"本率", 即与前三个三角形也相似, 那么 $\angle DO_1O_2 = \angle DBP$, 命题得证.

因 $\triangle ABD, \triangle ACD$ 具有同一个"本率", 且圆 O_1, 圆 O_2 分别是它们的内切圆, 故 $\dfrac{BD}{AD} = \dfrac{r_1}{r_2}$, 而 $\dfrac{DO_1}{DO_2} = \dfrac{\sqrt{2}r_1}{\sqrt{2}r_2} = \dfrac{r_1}{r_2}$, 所以 $\triangle DO_1O_2$ 也具有这样的"本率".

(二) 几何量(几何形)的结合关系

1. 几何量(几何形)的位置结合关系

几何量(几何形)的位置结合关系主要有三点(或三点以上)的共线问题、三线(或三线以上)的共点问题、四点(或四点以上)的共圆问题、三圆(或三圆以上)的共点问题及其他几何量(几何形)的位置结合关系. 其实, 我们在前面的章节中零散地提及了几何量(几何形)的位置结合关系, 在这里只是将这一问题作为一个专题, 对其进行集中讨论而已.

例 6.3.29　如图 6-71, 设 PB, PC 分别是 $\triangle ABC$ 的两个外角的角平分线, 且它们相交于点 P, 求证: P 在 $\angle A$ 的平分线上.

证明　此题要解决的是点与直线的位置结合关系问题, 它是几何量(几何形)的基本位置结合关系, 研究其他的结合关系, 可以从这个基本结合关系开始. 由于这种关系具有"唯一性"的特点, 因而"某点在直线上"和"直线经过某点"两者所表达的意思是相同的. 也就是说, 结合关系问题往往涉及同一性命题. 关于同一性命题的证明, 可以参考 6.1 节的内容.

就本题而言, 由于它也是同一性命题, 所以只要证明 AP 为 $\angle A$ 的平分线即可. 如图 6-72, 连接 AP, 过 P 点分别作 AB, BC, AC 的垂线于 E, D, F, 则 $PE = PD = PF$, 故 $\triangle APE \cong \triangle APF$, 即 AP 为 $\angle A$ 的平分线.

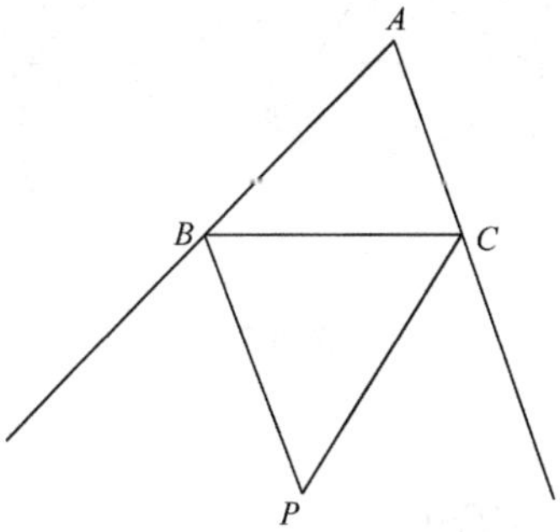

图 6-71

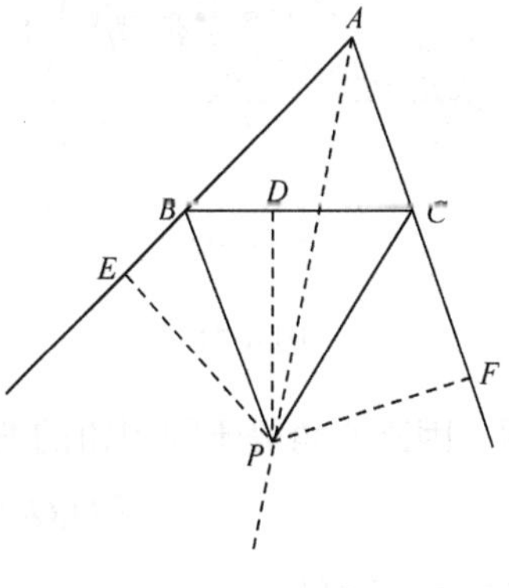

图 6-72

例 6.3.30　如图 6-73, 在线段 AB 上取一点 M, 在一侧分别以 AM, MB 为边作正方形 $ADCM, BEHM$, 设两正方形的外接圆交于另一点 N, 试证: (1) B, N, C 共线; (2) A, H, N 共

线; (3) D, N, E 共线.

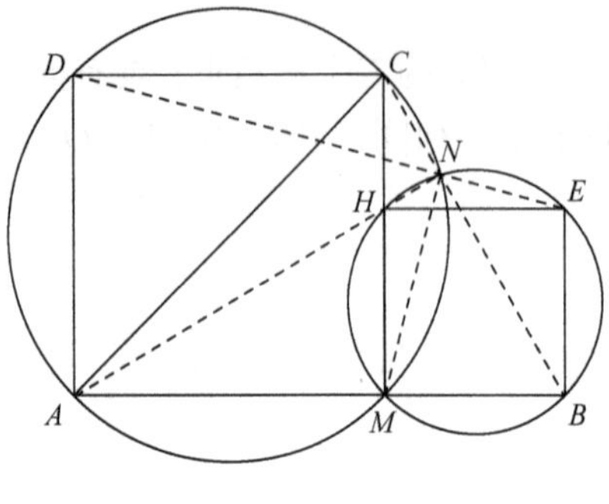

图 6-73

证明　(1) 连接 BN, NM, 则 $\angle BNM = 45^\circ$, 又因为 A, M, N, C 四点共圆, 所以

$$\angle MNC + \angle CAM = \angle MNC + 45^\circ = 180^\circ,$$

故 $\angle MNC + \angle BNM = 180^\circ$, 即 B, N, C 共线.

(2) 连接 HN, 则 $HN \perp BC$ (为什么?), 同样, 连接 AN, 则 $AN \perp BC$, 因而 AN 与 HN 重合, 即 A, H, N 共线.

(3) 连接 EN, 则 $\angle ENB = 45^\circ$ (为什么?), 同样, 连接 DN, 则 $\angle DNC = 45^\circ$, 因而 D, N, E 共线.

上述三个结论的证明代表了解决三点共线问题的三个基本方法, 其要点是把结合关系转化为(角的)度量关系. 由此可见结合关系与度量关系具有本质联系.

例 6.3.31　如图 6-74, 证明 $\triangle ABC$ 的外心 O、重心 G、垂心 H 及九点圆心 P 共线(被称为欧拉线).

证明　(1) 外心 O、重心 G、垂心 H 共线: 连接 OG, GH, 只要证明 $\angle OGM = \angle AGH$ 即可. 事实上, 易证 $\triangle OGM \backsim \triangle AGH$. 所以 O, G, H 共线.

(2) 外心 O、垂心 H、九点圆心 P 共线: 连接 OH, MN 交于 P 点(其中 M 为 BC 的中点, N 为 AH 的中点), 易证 $\triangle OPM \cong \triangle NPH$. 因而 P 是 MN 的中点, 即 P 是九点圆心, 因而外心 O、垂心 H 、九点圆心 P 共线.

由(1), (2)可知外心 O、重心 G、垂心 H 及九点圆心 P 共线.

例 6.3.32　如图 6-75, 设 P 为直线 ABC 外的一点, 若 $\triangle APB, \triangle BPC, \triangle CPA$ 的外心分别为 O_1, O_2, O_3, 则 O_1, O_2, O_3, P 四点共圆.

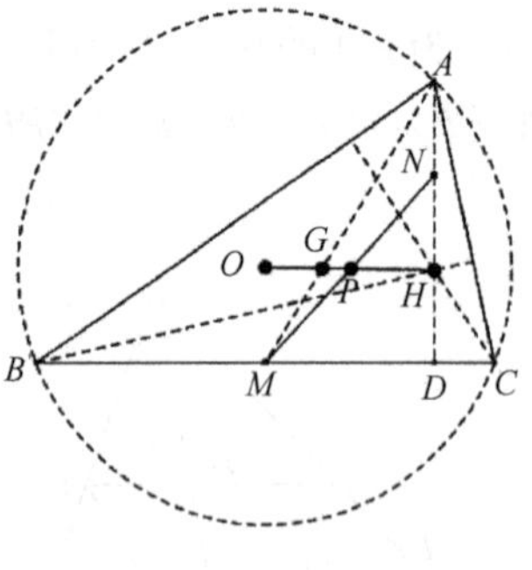

图 6-74

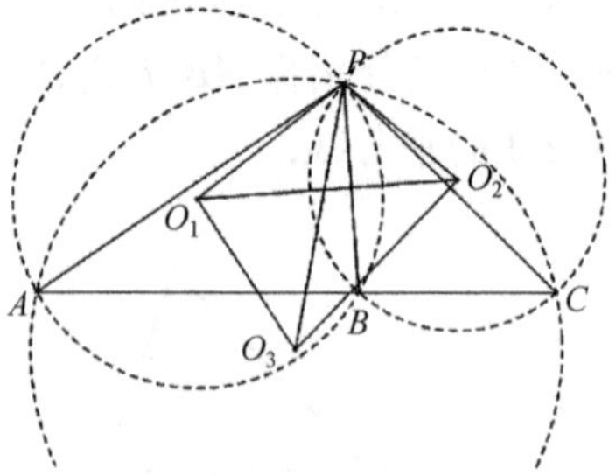

图 6-75

证明　因圆心角等于圆周角的两倍, 所以

$$\angle PO_3O_2 = \angle PAC, \quad \angle PO_1O_2 = \angle PAC,$$

故 $\angle PO_3O_2 = \angle PO_1O_2$.

同样, $\angle PO_3O_1 = \angle PCA = \angle PO_2O_1$.

从而 $\angle O_1O_3O_2 = \angle PO_3O_2 + \angle PO_3O_1 = \angle PO_1O_2 + \angle PO_2O_1 = \pi - \angle O_1PO_2$, 所以 O_1, O_2, O_3, P 四点共圆.

例 6.3.33　如图 6-76, 设 D 为半圆直径 AB 上的一点, 过 D 作 $DC\perp AB$ 交半圆于 C, 另一圆分别切 CD, BD 及半圆于 F, E, G, 求证 A, F, G 共线.

证明　如图 6-77, 各自连接 GF, GA, 注意到 O, O_1, G 共线(为什么?), 同时 $O_1F\perp CD$, 所以 $O_1F//OA$, 故 $\angle GO_1F=\angle GOA$, 但是 $\triangle GO_1F, \triangle GOA$ 均为等腰三角形, 因而 $\triangle GO_1F\backsim\triangle GOA$, 所以 $\angle GFO_1=\angle GAO$, 即 A, F, G 共线.

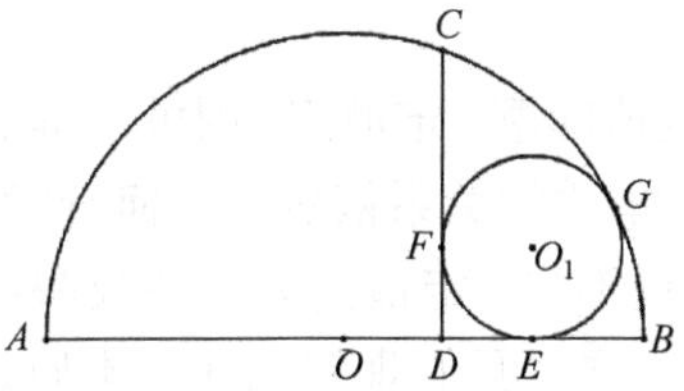

图 6-76

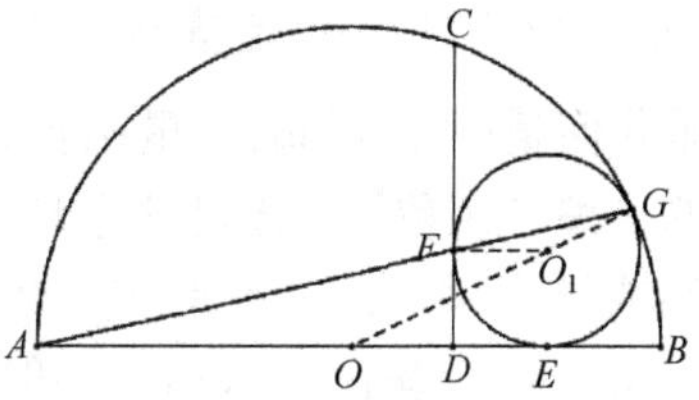

图 6-77

例 6.3.34　如图 6-78, 以 $\triangle ABC$ 的两边 AB, AC 为边分别向外作正方形 $ABEF$ 和正方形 $ACGH$, 过 A 作 BC 的垂线 AD 交 BC 于点 D, 求证 AD, BG, CE 三线共点.

证明　作平行四边形 $AHTF$, 则 T, A, D 共线(为什么?), 因而 $\triangle ACT\cong\triangle CGB$ (为什么?), 设 CT 交 BG 于 S, DT 交 BG 于 O, 则 T, S, D, B 共圆, 从而 $\angle TSB=90°$, 故 S, O, D, C 共圆.

现设 CE 交 BT 于 R, 则 T, R, D, C 也共圆, 从而 $\angle RCD=\angle RTD$. 但 S, O, D, C 共圆, 故 $\angle OCD=\angle OSD$. 而 $\angle OSD=\angle RTD$, 所以 $\angle RCD=\angle OCD$, 即 R (或 E), O, C 共线, 因而结论成立.

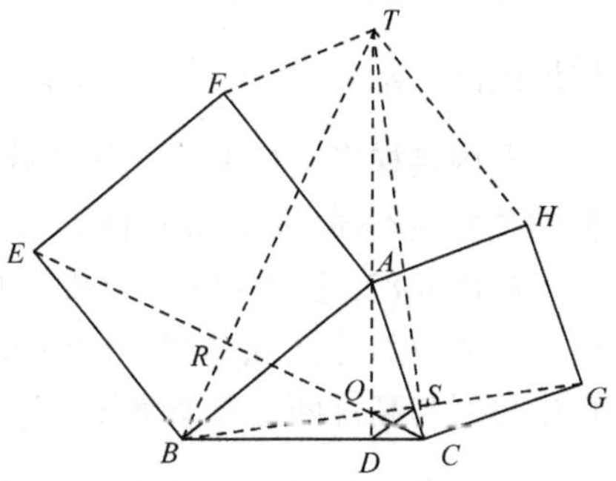

图 6-78

例 6.3.35　如图 6-79, 四边形 $ABCD$ 两组对边延长线分别交于 E, F, 求证 $\triangle ADE, \triangle ABF, \triangle BCE$ 及 $\triangle CDF$ 的外接圆共点.

证明　如图 6-80, 设 $\triangle BCE$ 和 $\triangle CDF$ 的外接圆交除 C 点外的另一点为 G 点, 原问题转化为 A, E, G, D 四点共圆问题及 A, F, G, B 四点共圆问题, 我们只证明前一个问题, 后一个问题类似可证.

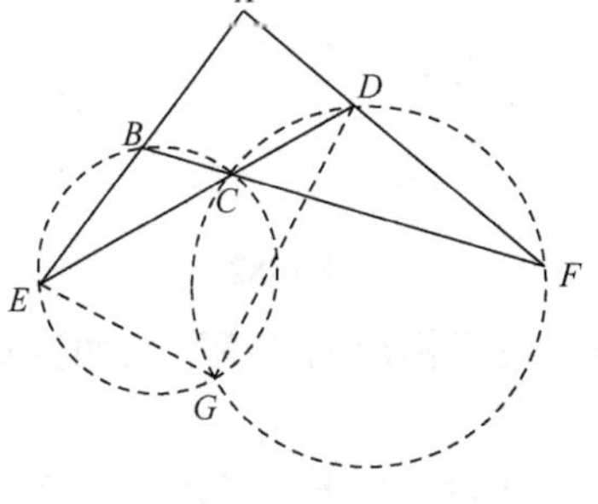

图 6-79

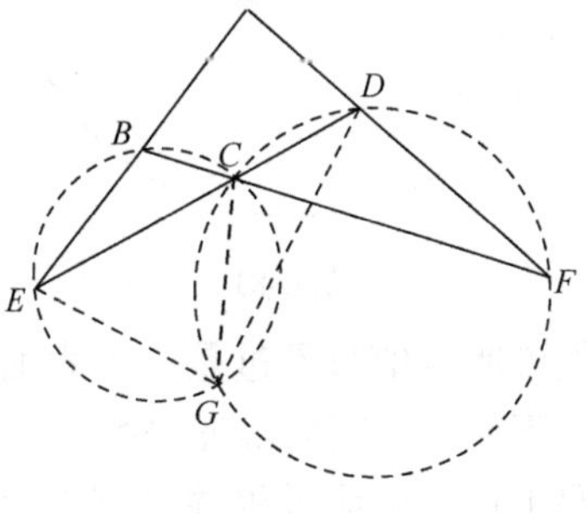

图 6-80

事实上, 四点共圆不仅是我们熟悉的问题, 而且解决共圆点这类问题, 可供选择使用的方法有许多. 对于本题而言不难得出如下结论: $\angle FDG=\angle FCG=\angle BEG$ (即 $\angle AEG$), 所以 A, E, G, D 四点共圆.

从本题可以看出, 共点圆问题通常转化为共圆点问题来加以求解, 而共圆点问题是初等几何中基本而广泛、重要而关键的几何证题工具, 这一点在其他的章节内容中已经有明显的展示, 相信大家能够体会得到.

2. 几何量(几何形)的度量结合关系

这里几何量(几何形)的度量结合关系是指几何中的定值问题. 定值问题中的"定值"只是几何中的一种"现象", 透过这个现象, 我们应该看到其本质的关系依然是几何量(几何形)的度量关系或结合关系, 这正是前面我们所谈论的内容. 只不过, 定值问题往往反映出几何关系中的变与不变、静止与运动、一般和特殊的辩证关系, 这对我们理解几何的本质是有意义的, 也可以提升我们对几何问题的认识水平, 从而发展我们对一般问题的认识能力. 因此在这里我们同样以专题的形式对此问题作一个集中讨论.

例 6.3.36 定圆的腰为定长的内接梯形的高与中位线之比为定值.

证明 如图 6-81, 设定圆直径长为 R (定值), 梯形的腰长为 n(定值), 梯形中位线长为 m, 梯形的高为 h. 虽然 m, h 的值不确定, 但我们的目标是确认 $\dfrac{h}{m}$ 为定值.

圆内接梯形自然是一个等腰梯形, 但我们的困难点在于目标中的中位线与高这两个几何量的关联性不强, 那么等腰梯形这个特殊条件能否为化解这一困难点提供一些什么呢?

如图 6-82, 注意到 F 为 DC 的中点, 而且 $\triangle DCH$ 是直角三角形, 所以 $FH=FC=EB$, 同时 $FH /\!/ EB$ (为什么?), 故四边形 $FHBE$ 是一个平行四边形, 因而 $FE=HB$, 这样我们就顺利地把中位线与高这两个看似毫无关联的几何量置于同一个 Rt$\triangle DHB$ 之中.

由于 Rt$\triangle DHB\backsim$ Rt$\triangle DCG$, 故 $\dfrac{h}{m}=\dfrac{DH}{HB}=\dfrac{DC}{CG}=\dfrac{n}{\sqrt{R^2-n^2}}$ (定值).

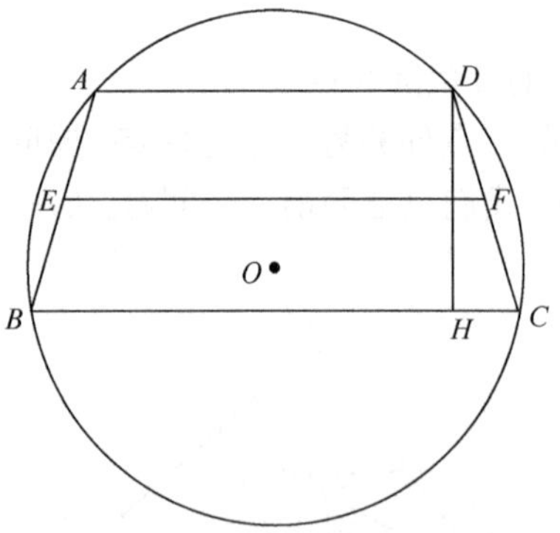

图 6-81

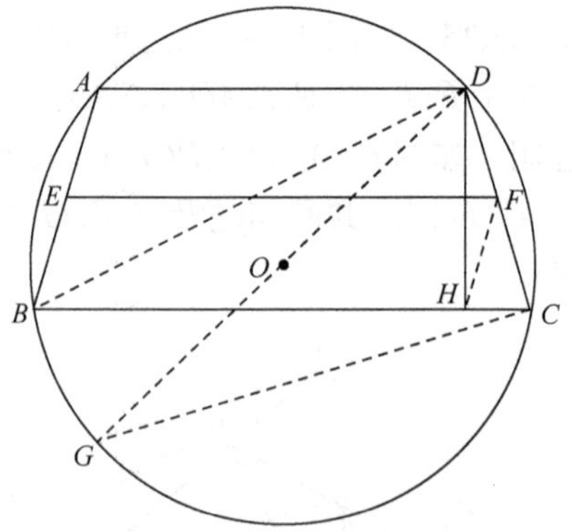

图 6-82

本例说明定值只不过是一个表面现象而已, 但它却反映了梯形的"变"与两直角三角形相似的"不变"之间的辩证关系.

但是上述的证明过程并没有告诉我们其思路是如何获得的, 或者说是不是存在一个解决问题思路的引发点呢. 就这个问题而言也许确实存在这样的引发点, 或许对于一般的定值问题也有普遍的启发性.

如图 6-83，显示的是符合问题条件的一个特殊的梯形——矩形，所以 $\frac{h}{m}=\frac{DC}{FE}=\frac{DC}{CB}=\frac{n}{\sqrt{R^2-n^2}}$(定值).

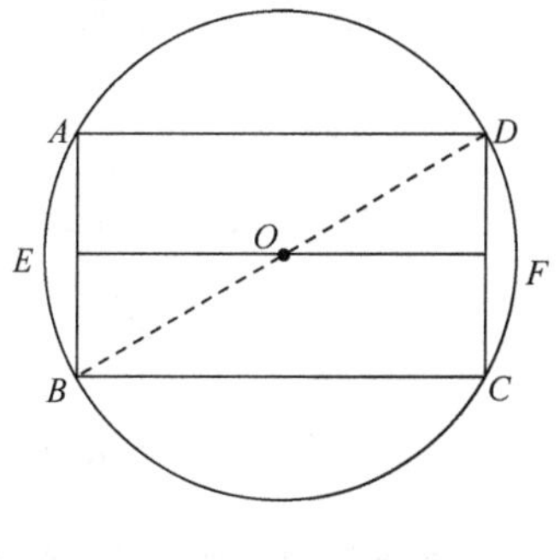

图 6-83

这个结果不仅让我们了解到定值 $\frac{h}{m}$ 的具体情况，而且给我们提供了"把中位线与高这两个几何量置于一个直角三角形中"这样的想法的最初萌发点.

这样看来，特殊情形的分析探讨对于解决定值问题是非常有意义的，我们也把这样的思想方法称为特殊化法.

特殊化法其实并不是数学中的奇特方法，在任何领域内都是人们所熟知和惯用的方法，关键是我们能不能从特例中发现一点什么，联想到一些什么，达到"一叶而知秋"的境界.

例 6.3.37　菱形 $ABCD$ 的对角线 AC 为定长，如图 6-84，任意作菱形 $ABCD$ 的内切圆的切线交 AB, BC 分别于 M, N，则 $AM\cdot CN$ 为定值.

证明　通过切线的特殊位置，如 MN 垂直于 BC 的情形，或者 MN 落在 BC 上(极限位置)，易得 $AM\cdot CN=\left(\frac{AC}{2}\right)^2$ (定值)，但这个结果给我们带来什么启示呢?

如图 6-85，设 AC 与 BD 交于 O 点，若结论成立，则 $AM\cdot CN=AO\cdot OC$，即 $\frac{AM}{AO}=\frac{OC}{CN}$，又注意到 $\angle MAO=\angle OCN$，故若 $\triangle MAO\backsim\triangle OCN$，则结论成立.

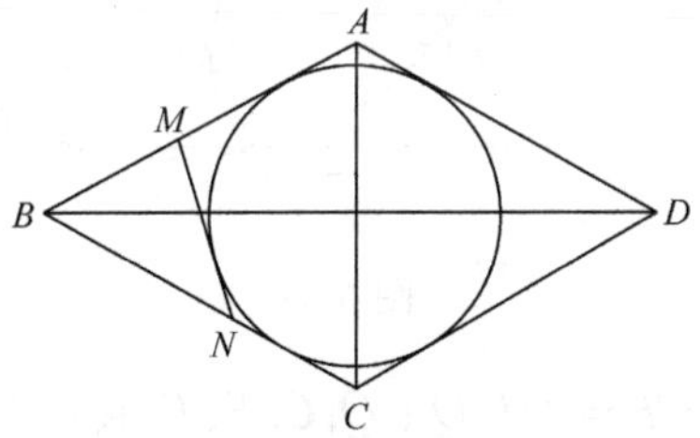

图 6-84

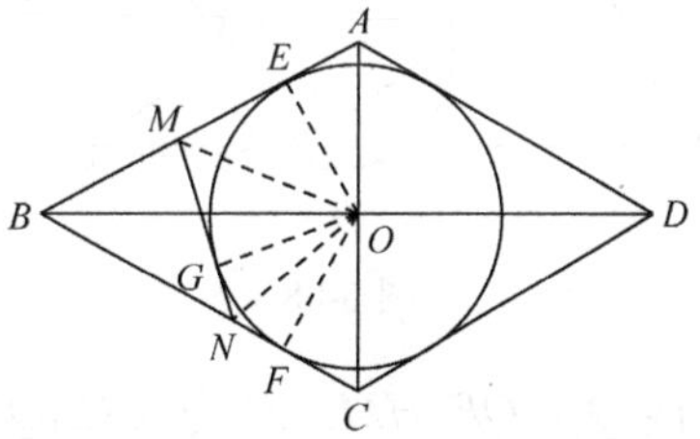

图 6-85

要证明 $\triangle MAO\backsim\triangle OCN$，只要证明 $\angle AMO=\angle CON$ 即可，为此连接圆心 O 与各切点 E, G, F，设 $\angle AOE=\angle COF=\alpha, \angle FON=\angle NOG=\beta, \angle AMO=\angle OMG=\gamma$，现只要证 $\gamma=\alpha+\beta$ 即可.

因为 $2\alpha+2\beta+\angle EOG=\pi$，又 $2\gamma+\angle EOG=\pi$，所以 $\gamma=\alpha+\beta$，至此命题得证.

例 6.3.38　如图 6-86，设 C 为定半圆直径 AB 上的一定点(不在圆心 O 上)，M, N 为半圆上的两动点，但 $\angle ACM=\angle BCN$，则 MN 与 AB 交于定点 G.

证明　当 M, N 重合于 D 点时(D 点为过 C 作 AB 的垂线与半圆的交点)，DG 切半圆于 D，交 AB 的延长线于 G, G 是一个定点.

现在的问题是：半圆上的 M, N 只要满足 $\angle ACM=\angle BCN$，其连线 MN 是否一定经过定

点 G 呢?

经考察这是一个同一性命题, 即如果能证明其逆命题成立, 上述问题即可获得解决. 其逆命题表述为: 过 G 点任作半圆割线交半圆于 M, N, 则 $\angle ACM = \angle BCN$.

如图 6-87, 连接 OD, 易得 $GD^2 = GC \cdot GO$, 又 $GD^2 = GN \cdot GM$, 所以 $GN \cdot GM = GC \cdot GO$, 这说明 M, O, C, N 共圆, 故 $\angle OCM = \angle MNO = \angle NMO = \angle BCN$, 即 $\angle ACM = \angle BCN$.

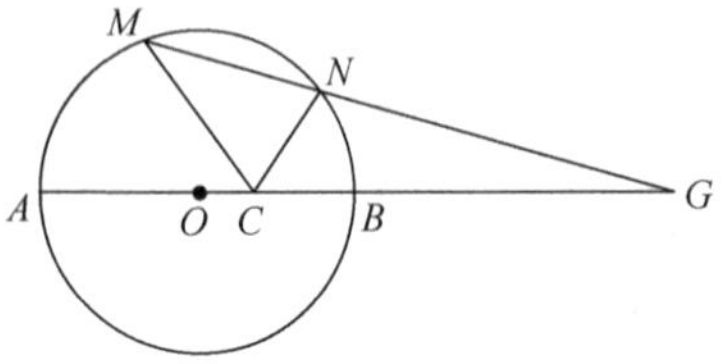

图 6-86

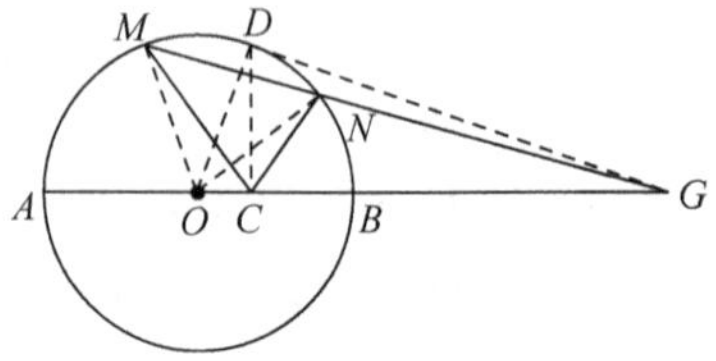

图 6-87

例 6.3.39　如图 6-88, 任作直线交平行四边形 $ABCD$ 各边 AB, BC, CD, DA (或延长线)分别于 E, F, G, H, 则 $\triangle CFE$ 和 $\triangle CGH$ 的外接圆除 C 点之外的另一交点在一定直线上.

证明　当 H, E 重合于 A 点时, $\triangle CFE$ 和 $\triangle CGH$ 的外接圆除 C 点之外的另一交点即为 A 点, 可见 $\triangle CFE$ 和 $\triangle CGH$ 的外接圆除 C 点之外的另一交点很可能落在定直线 AC 上.

现在证明上面的预测. 如图 6-89, 设 $\triangle CFE$ 和 $\triangle CGH$ 的外接圆除 C 点之外的另一交点为 Q 点, 连接 CQ 延长交 AB 于 M, 交 AD 于 N. 只要证明 M, N 重合于 A 点即可.

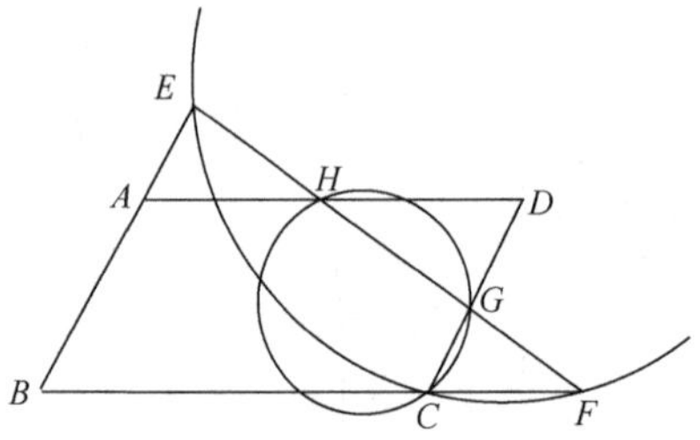

图 6-88

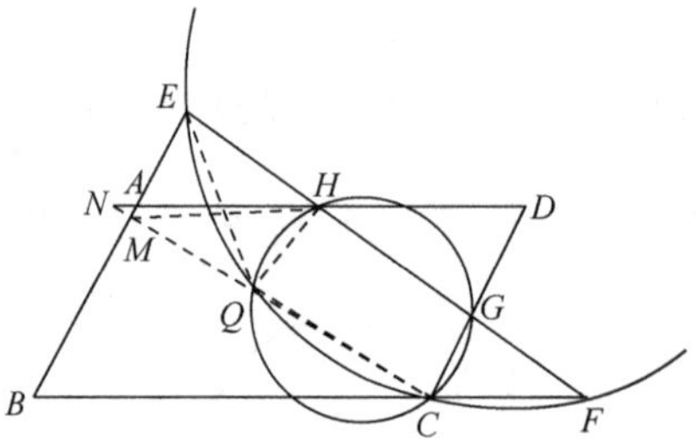

图 6-89

连接 QH, QE, HM, 因为 $\angle HNQ = \angle QCB$, 而 $\angle QCB = \angle HEQ$ (Q, C, F, E 共圆), 所以 $\angle HNQ = \angle HEQ$.

另一方面, 因为 $ME // CG$, 而 Q, C, G, H 共圆, 故 Q, H, E, M 共圆, 所以 $\angle HMQ = \angle HEQ$.

由此可得 $\angle HMQ = \angle HNQ$, 这说明 HM 与 HN 重合, 即 M 点不仅落在 AB 上也落在 AD 上, 因而落在 AB 与 AD 的交点上, 故 M 与 A 重合, 命题得证.

本题同样是通过特殊情形的考察而获得证明.

例 6.3.40　如图 6-90, 两定圆内切于 A, AD, AE 为两圆直径, 任作直径的垂线, 分别交两圆于 B, C (位于直径上方), 求证 $\triangle ABC$ 的外接圆半径为定值.

证明　首先考察特殊情形, 如图 6-91, 当所作垂线与小圆相切时, 则 B 点位于 G 点, C 点位于 E 点, 此时所求三角形外接圆的直径是 $AG = 2a$, 并设大、小圆半径分别为 R, r, 则 $AG^2 = AE \cdot AD$, 即 $a^2 = Rr$. 可见所求三角形外接圆的半径只与 R, r 有关, 并且它们具有乘积或比例的关系. 这给我们寻找相似形提供了"思路的引发点".

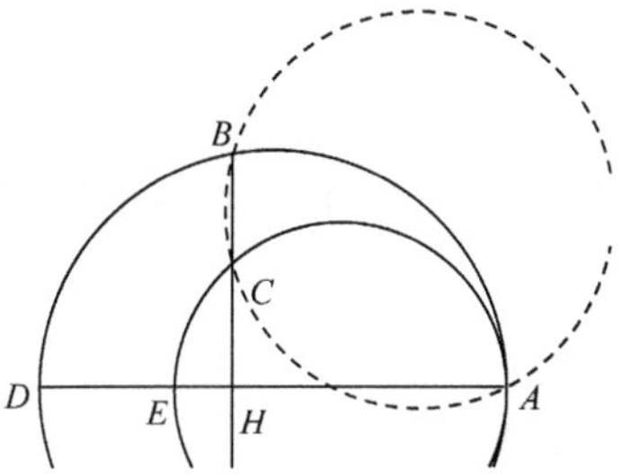

图 6-90

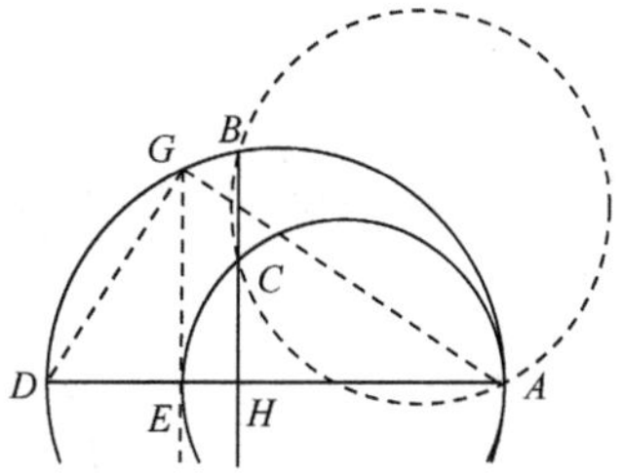

图 6-91

对于一般情形, 如图 6-92, 过 C 作三角形外接圆的直径 CF, 则 Rt$\triangle ABD$ 和 Rt$\triangle CAF$ 相似(为什么?), 故 $\dfrac{AD}{CF}=\dfrac{2R}{2a}=\dfrac{AB}{AC}$, 即 $\dfrac{R}{a}=\dfrac{AB}{AC}$.

而 $AB^2=AH\cdot AD, AC^2=AH\cdot AE$, 所以 $\dfrac{R^2}{a^2}=\dfrac{AB^2}{AC^2}=\dfrac{AH\cdot AD}{AH\cdot AE}=\dfrac{R}{r}$, 即 $a=\sqrt{Rr}$ (定值), 命题得证.

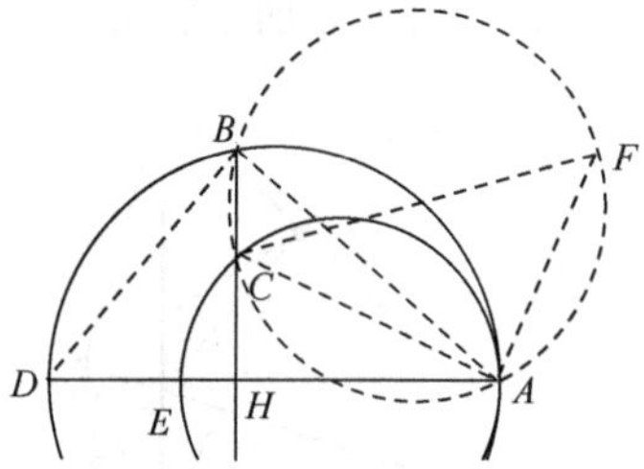

图 6-92

例 6.3.41　如图 6-93, 设正三角形 ABC 外一点 D 在 $\triangle ABC$ 的对称轴上, 且 $\angle BDC=120°$, 现以 D 为顶点任作 $\angle EDF$, 交 AB, AC 于 E, F, 使得 $\angle EDF=60°$, 则 $\triangle AEF$ 的周长为定值.

证明　设 $\triangle ABC$ 的边长为 a, 考察特殊情形, 如图 6-94, 当 $\triangle DEF$ 处于对称位置时, $\triangle AEF\cong\triangle DEF$, 易算得 $BE=BD\times\dfrac{\sqrt{3}}{3}=\dfrac{\sqrt{3}}{3}\times\dfrac{\frac{a}{2}}{\frac{\sqrt{3}}{2}}=\dfrac{a}{3}$, 故 $\triangle AEF$ 的周长为 $2a$.

从上述对特殊情形的分析, 我们不仅了解了定值的具体情况, 而且发现可以把 EF 转化为 BE 和 CF 的和, 那么对于一般情形是否也能做到这一点呢?

为此如图 6-95, 作 $\triangle DFH\cong$ Rt$\triangle DFC$, 则 $\angle EDH=\angle EDB$ (为什么?), 同时 $DB=DC=DH$, 故 $\triangle BDE\cong\triangle HDE$, 所以 $\angle EHD=90°$, 但 $\angle FHD=90°$, 故 E, H, F 三点共线, 因而 $EF=EH+HF=BE+CF$, 结论成立.

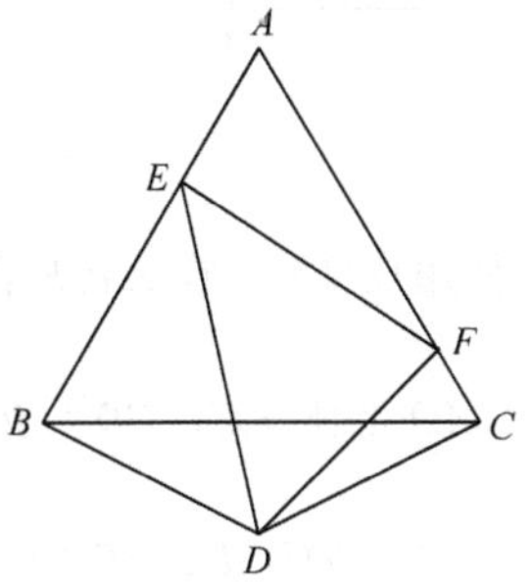

图 6-93

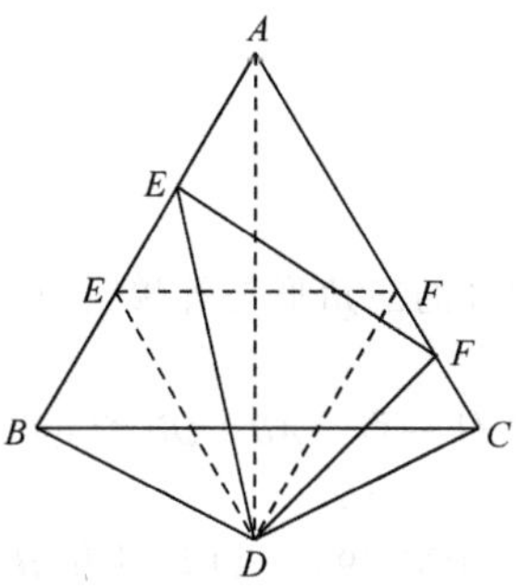

图 6-94

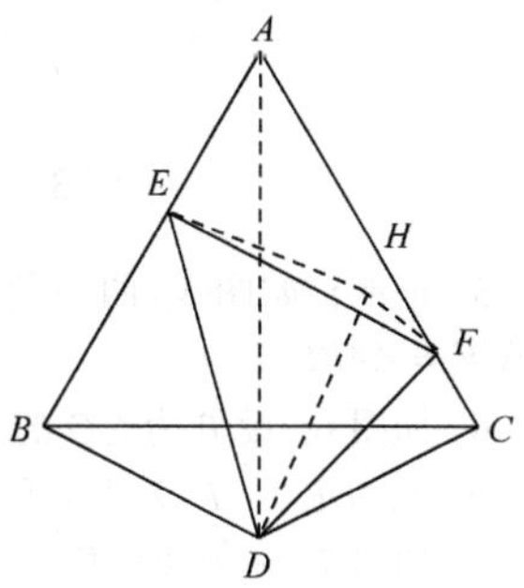

图 6-95

习 题 六

1. 如图 1, 设 $\odot E$ 与 $\odot F$ 相离, 过点 E 向 $\odot F$ 作切线交 $\odot E$ 于 A, B, 过 F 向 $\odot E$ 作切线交 $\odot F$ 于 C, D, 求证: $AB=CD$.

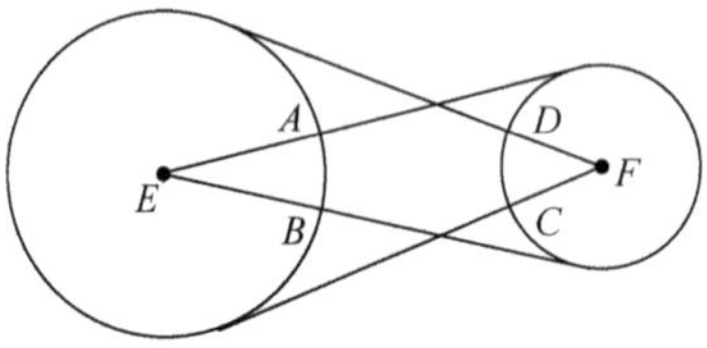

图 1

2. 如图 2, 证明三角形三边的中点、三高线的垂足、三顶点与垂心连线的中点, 九点共圆.

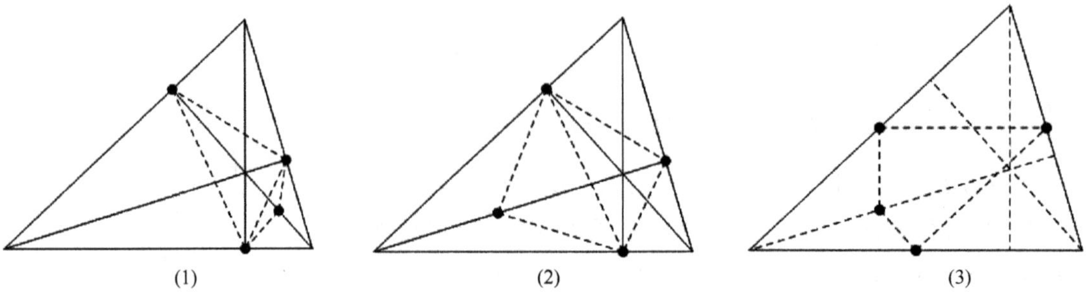

图 2

3. 如图 3, 证明圆内非直径的两条弦不能相互平分.

4. 如图 4, 在 $\triangle ABC$ 中, $AB=AC, P$ 为 $\triangle ABC$ 内一点, 且 $\angle APB>\angle APC$, 证明: $PC>PB$. (提示: 反证法. 假令 $PC<PB$, 则 $\angle PBC<\angle PCB$, 同时利用定理“若两个三角形两边对应相等, 则夹角大所对边也大”.)

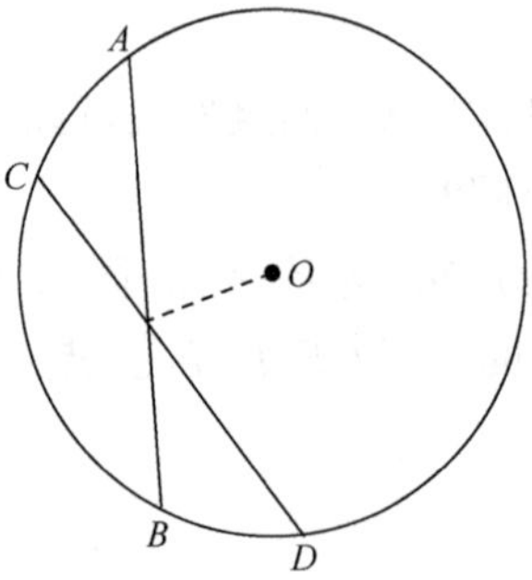

图 3

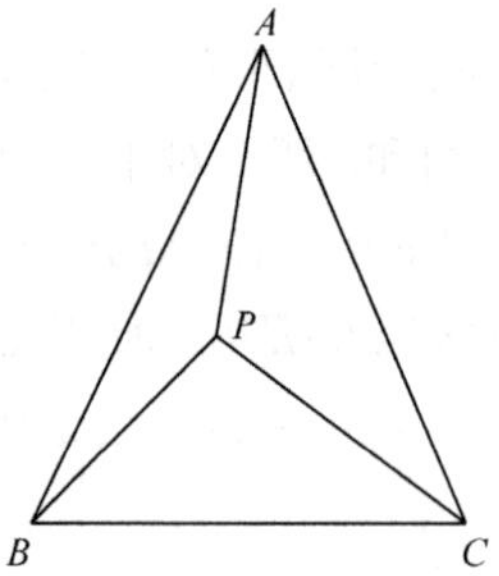

图 4

5. 证明: 如图 5, 两内角平分线相等的三角形是等腰三角形. (提示: 使用反证法. 在 $\angle ACF$ 内作 $\angle FCF_1=\angle ABE$.)

6. 如图 6, 设 B 为 $\odot O$ 的直径 PQ 上任一点, $AB\perp OB$ 交 $\odot O$ 于 A, C 为 AO 上任一点, $CD\perp AO$ 交 $\odot O$ 于 D, $DE\perp OE$ 交直径于 E, 求证: $CE=AB$.

7. 如图 7, 在等腰三角形 ABC 中, $\angle ACB=90°$, D 是斜边 AB 上任一点, $AE\perp CD$ 于 E, $BF\perp CD$ 交 CD 的延长线于 $F, CH\perp AB$ 于 H, 交 AE 于 G, 求证: $BD=CG$.

8. 如图 8, $\triangle ABC$ 中, O 是内角平分线 AD, BE, CF 的交点(称 O 为三角形的内心), 过 O 作 $OG\perp BC$ 于 G, 求证: $\angle DOB=\angle GOC$.

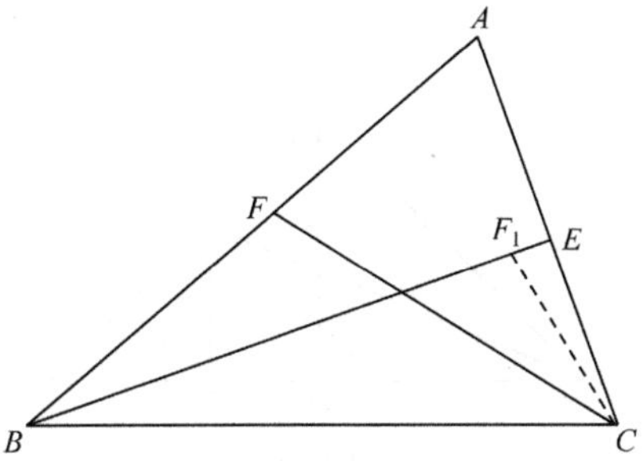

图 5

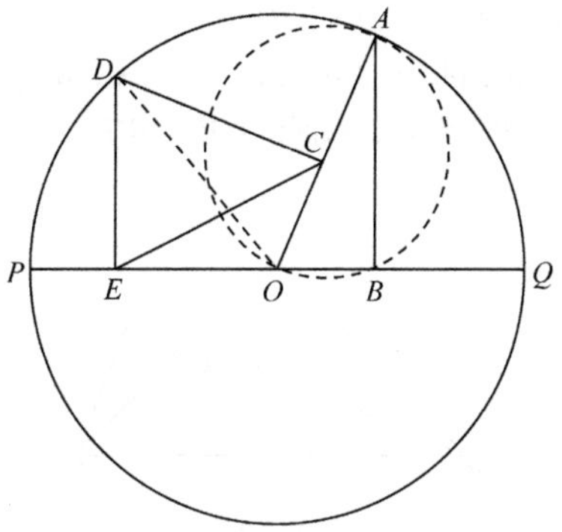

图 6

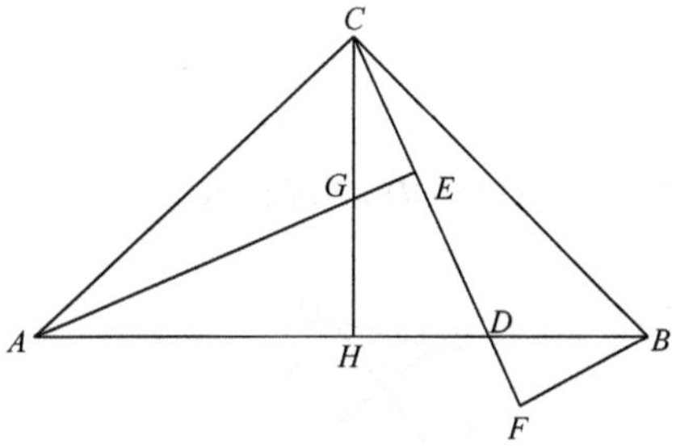

图 7

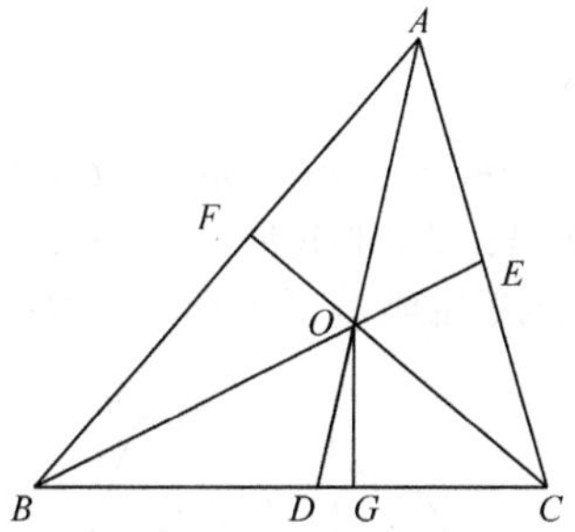

图 8

9. 如图 9，P,Q 分别为矩形 $ABCD$ 的边 BC 和 CD 的延长线上的点，AP 与 CQ 相交于点 E，且 $\angle PAD=\angle QAD$，求证：$S_{ABCD}=S_{\triangle APQ}$.

10. 如图 10，已知 $AD//BC$，$\angle 1=\angle 2$，$\angle 3=\angle 4$，直线 DC 过 E 点交 AD 于 D，交 BC 与 C，求证：$AD+BC=AB$.

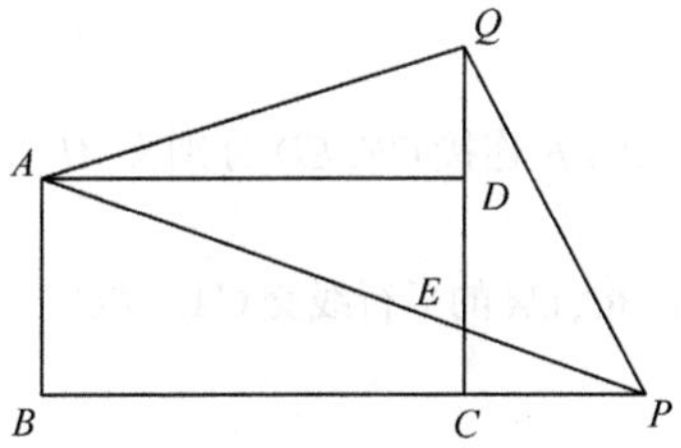

图 9

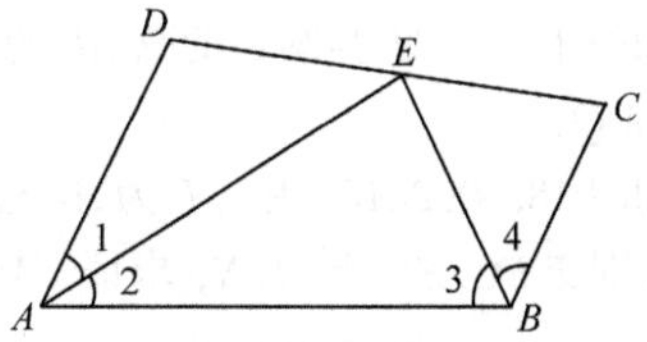

图 10

11. 如图 11，在等腰 $\triangle ABC$ 中，$\angle A=100°$，$\angle ABC$ 的平分线交 AC 于 E，求证：$AE+BE=BC$.

12. 如图 12，D 是 $\triangle ABC$ 的边 BC 上一点，且 $AB=CD$，$\angle BDA=\angle BAD$，AE 是 $\triangle ABD$ 中的一条中线，求证：$AC=2AE$.

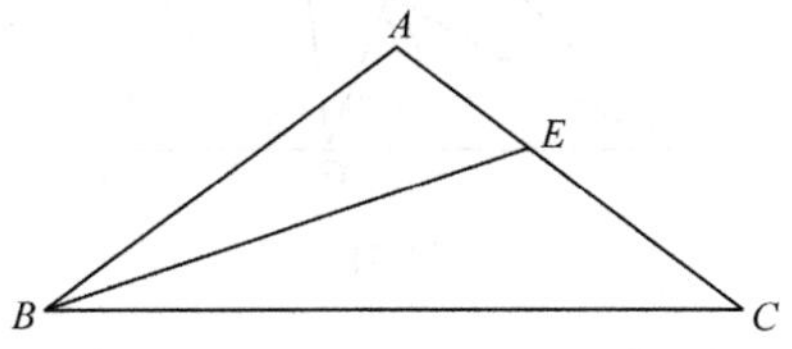

图 11

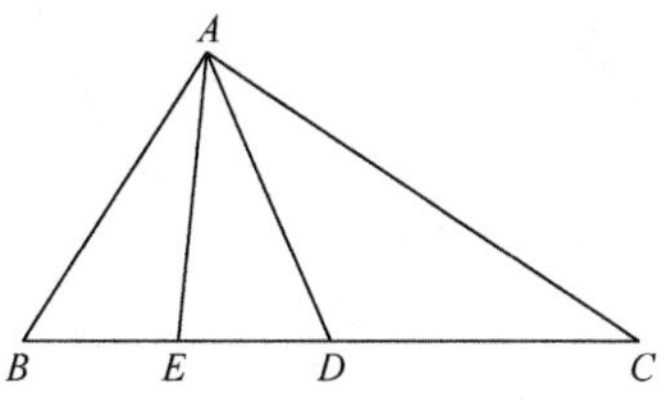

图 12

13. 如图 13，$\triangle ABC$ 是等腰直角三角形，$\angle A=90°$，过 C 向 $\angle ABC$ 的平分线 BD 的延长线作垂线 CE，

垂足为 E，求证：$BD=2EC$.

14. 如图 14，$\triangle ABC$ 中，$AB=AC, AD\perp BC$ 于 $D, \angle ABC$ 的角平分线 BE，交 AC 于 E，$EG\perp BE$ 交 BC 于 G，$EF\perp BC$ 于 F. 求证：$4DF=BG$.

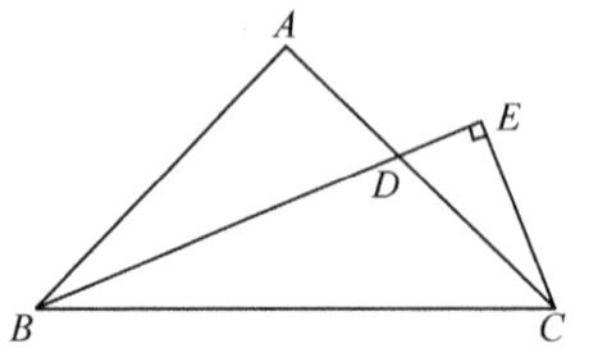

图 13

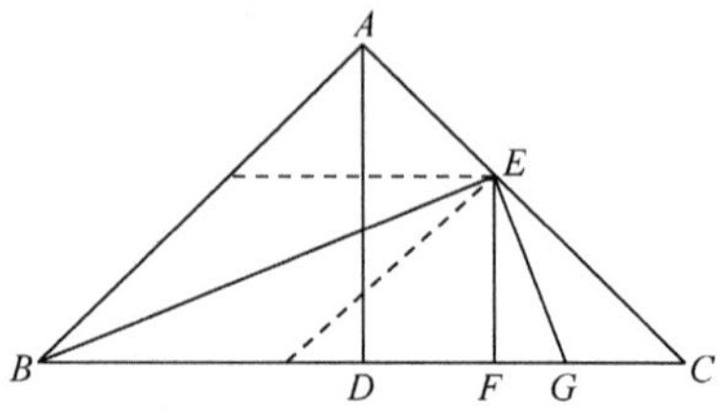

图 14

15. 如图 15，设 $ABCD$ 是任意四边形，E,F 将 AB 三等分，G,H 将 CD 三等分，连 EH，FG，求证：$S_{EFGH}=\dfrac{1}{3}S_{ABCD}$.

16. 在 $\triangle ABC$ 中，$\angle C=90^\circ$，$AC\geqslant 2BC$，求证：$\angle B>2\angle A$.

17. 如图 16，在凸四边形 $ABCD$ 中，$AC\perp BD$ 于 O，且 $OA>OC$，$OB>OD$，求证：$BC+AD>AB+CD$.（提示：利用勾股定理，转为证明 $BC\cdot AD>AB\cdot CD$.）

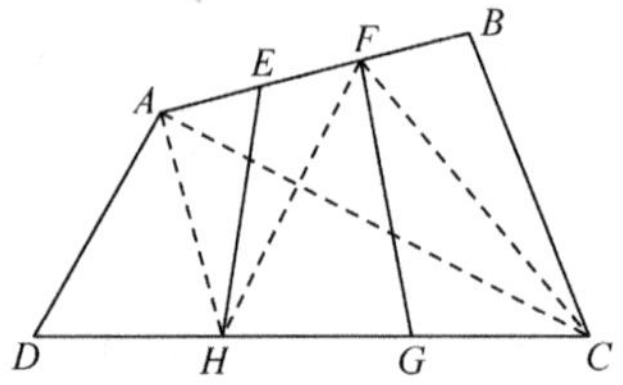

图 15

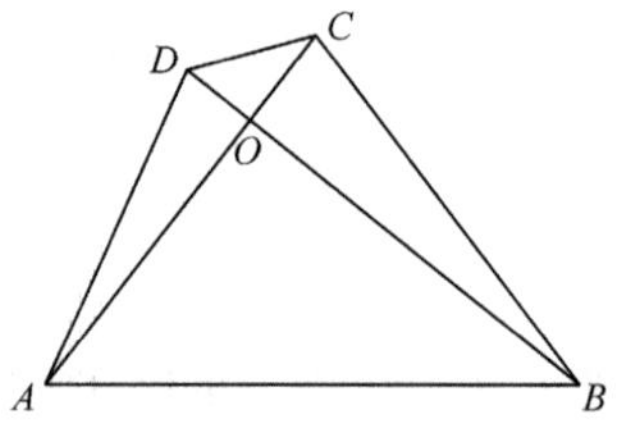

图 16

18. 设 AD 是 $\text{Rt}\triangle ABC$（$\angle B=90^\circ$）$\angle A$ 的角平分线，交 BC 于 D，求证：$AD^2<AB\cdot AC$.$\left(\text{提示：转为证明}\dfrac{AC}{AD}>\dfrac{AD}{AB}.\right)$

19. 如图 17，设 M 为圆 O 的弦 AB 的中点，过 M 任作两弦 CD, EF 连接 CF, ED 分别交 AB 于 P,Q，求证：$MP=MQ$.

20. 如图 18，在 $\triangle ABC$ 中，E 为 AB 边上的一点，过 E 分别作 BC, CA 的平行线交 CA，BC 于 F,G，连接 BF, AG 分别交 EG, EF 于 M,N，求证：$MN//AB$.

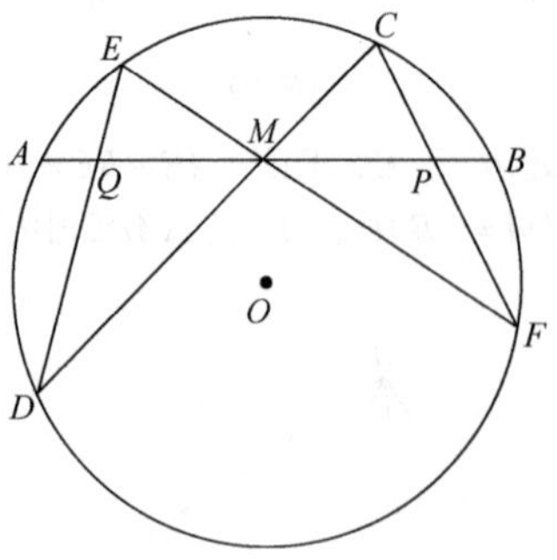

图 17

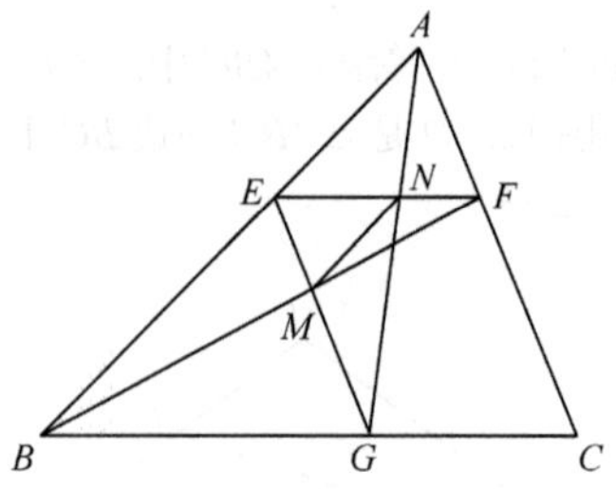

图 18

21. 如图 19，以平行四边形 $ABCD$ 的对角线 AC 为边在其两侧各作正三角形 ACP, ACQ，连接 BP、BQ、PD、QD，求证：四边形 $BPDQ$ 为平行四边形.

22. 如图 20，在 $\triangle ABC$ 中，D,Q,P 分别为三边 BC,CA,AB 的中点，证明 $\triangle ABC$ 的外接圆在 A 点的切线，

平行于$\triangle DQP$的外接圆在D点的切线.

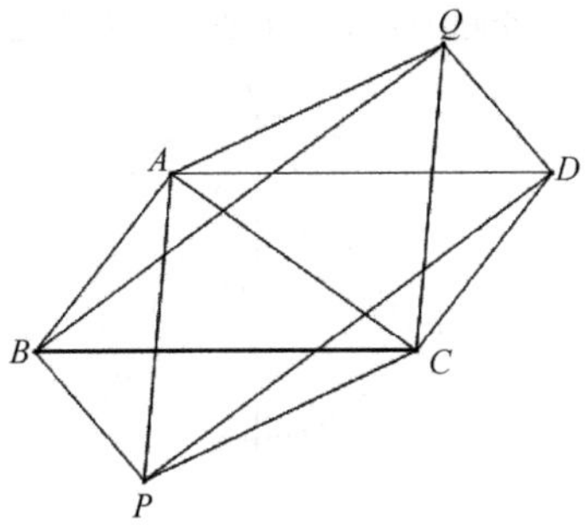

图 19

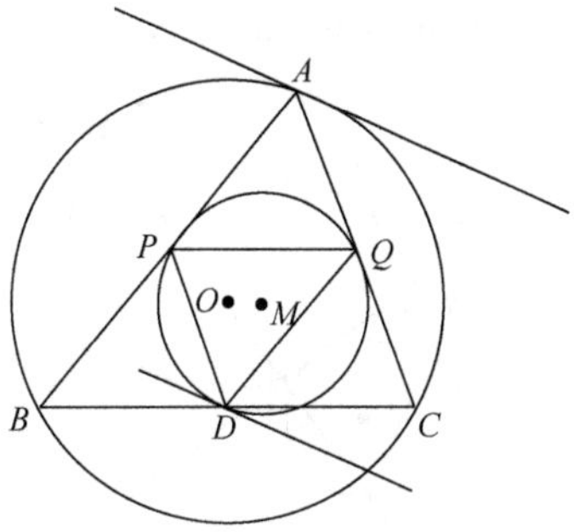

图 20

23. 如图 21, 设点O为$\triangle ABC$的内心, 过点B作AO的垂线, 交AO的延长线于D, 点M为BC的中点, 求证: $MD//AC$.

24. 如图 22, 设等腰三角形ABC中$\angle BAC$的平分线交其外接圆于F, 现延长AB至D, 在CA上取E, 使得$BD=CE$, 若连接DE交BC于G, 求证: $FG\perp DE$. (提示: 目标转为证明B,D,F,G共圆, 关键是如何利用条件$BD=CE$.)

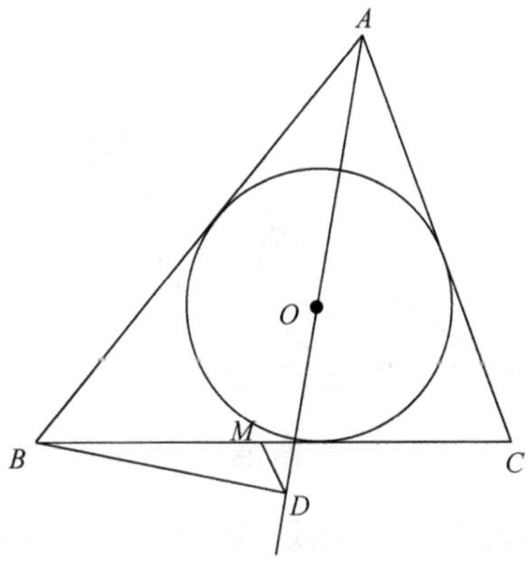

图 21

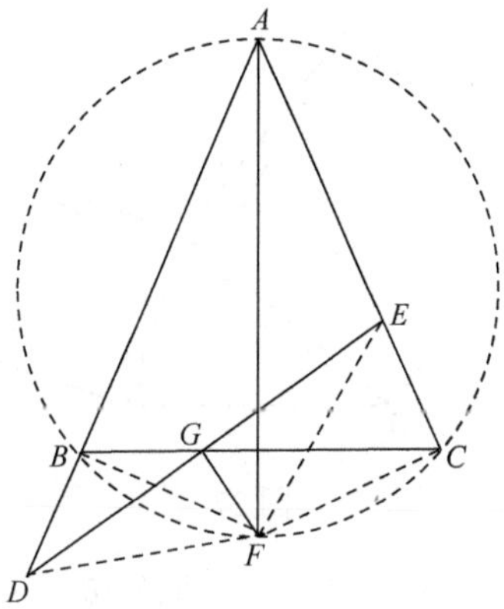

图 22

25. 如图 23, 设AM为$\triangle ABC$的BC边上的中线, 现分别以AB, AC为边向外各作正方形$ABDE$及$ACGH$, 若连接EH, 求证: $AM\perp EH$. (提示: 把$\triangle ABC$扩展为平行四边形$ABPC$.)

26. 如图 24, 四圆顺次外切, 求证四切点共圆.

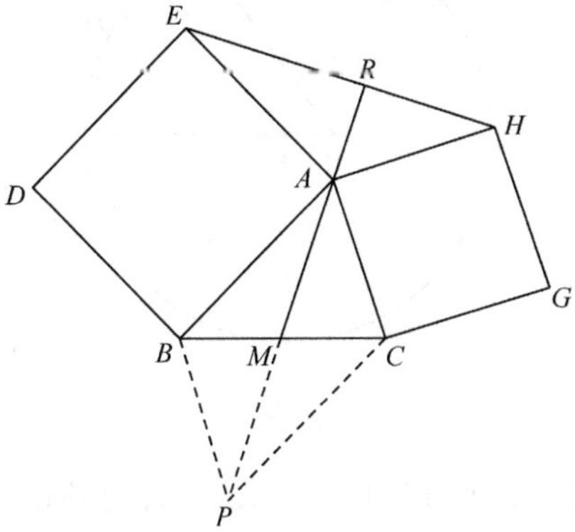

图 23

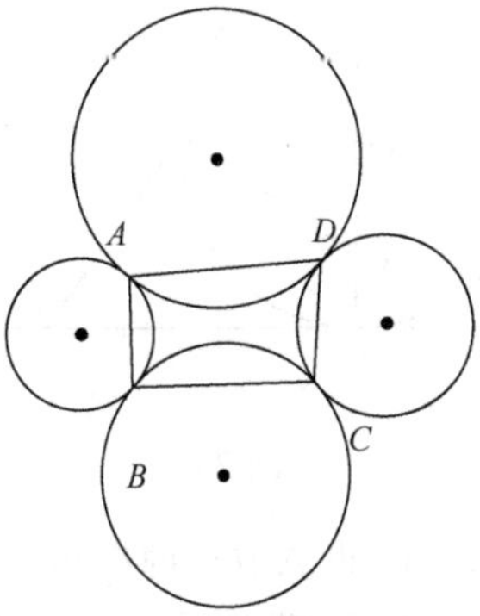

图 24

27. 如图 25, 两圆相切, 自其公切线上任一点引两直线分别与两圆交于A,B和C,D, 求证: A,B和

C, D 共圆.

28. 如图 26, AG 是 $\odot O$ 的直径, AG 垂直于 BC 于 D, 连接 AB, AC 交圆于 E, F, 求证: B, E, F, C 共圆.

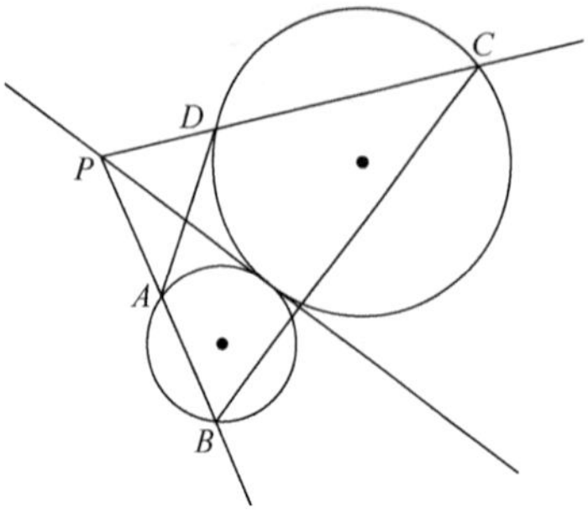

图 25

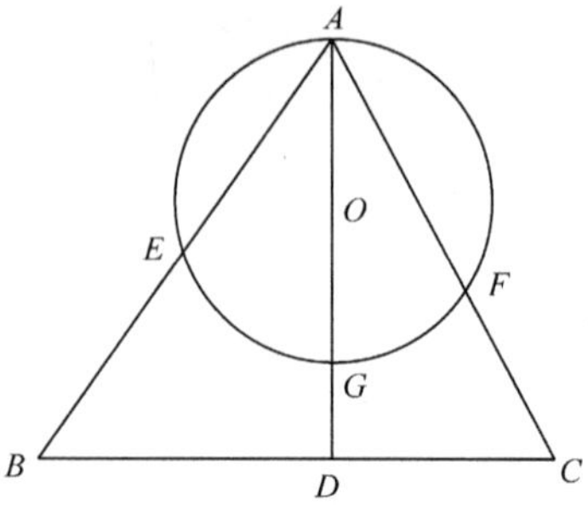

图 26

29. 如图 27, 以 $\triangle ABC$ 的两边 AB, AC 为边分别向外作正方形 $ABEF$ 和正方形 $ACGH$, 求证: EG, BH, CF 三线共点. (提示: 转化为三点共线的问题.)

30. 如图 28, 设 $\triangle ABC$ 中, $\angle BAC$, $\angle ABC$ 的内角平分线及 $\angle ACB$ 的外角平分线分别交对边(延长线)于 D, E, F, 求证: D, E, F 三点共线.

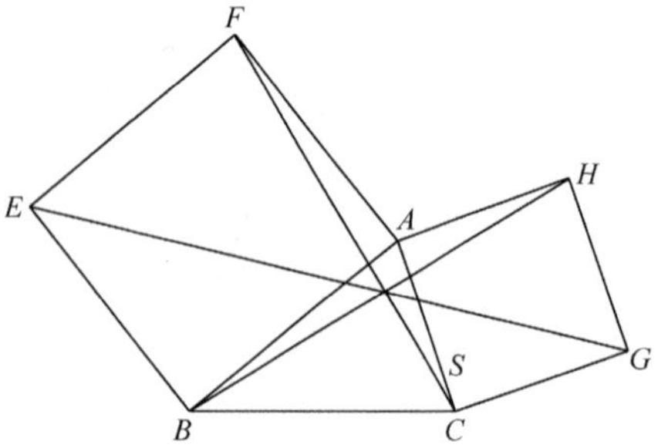

图 27

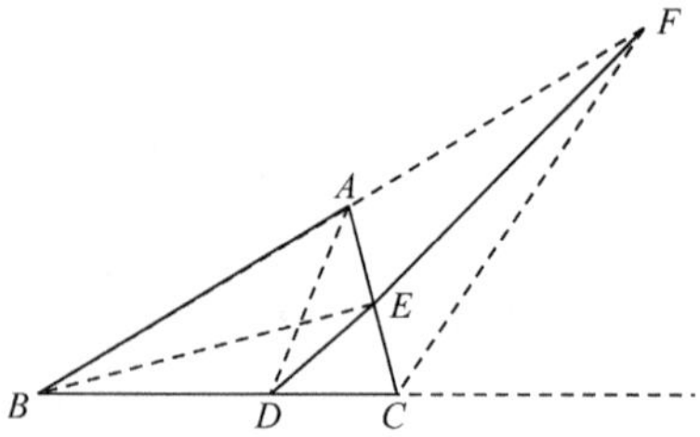

图 28

31. 如图 29, 设 C 为 $\odot O$ 直径 AB 上一定点, 过 $\odot O$ 直径 AB 的两端点作切线, M 为圆上任意一点, 连接 CM, 过 M 作 CM 的垂线交两切线分别 D, E, 求证: $AD与BE$ 之积为定值.

32. 如图 30, 设 CD 是定圆 O 上的动弦, 并且 CD 为定长, Q 点为 CD 的中点, 若过 C 向 $\odot O$ 的任意一条直径作垂线, 垂足为 M, 求证: $\angle CMQ$ 为定值.

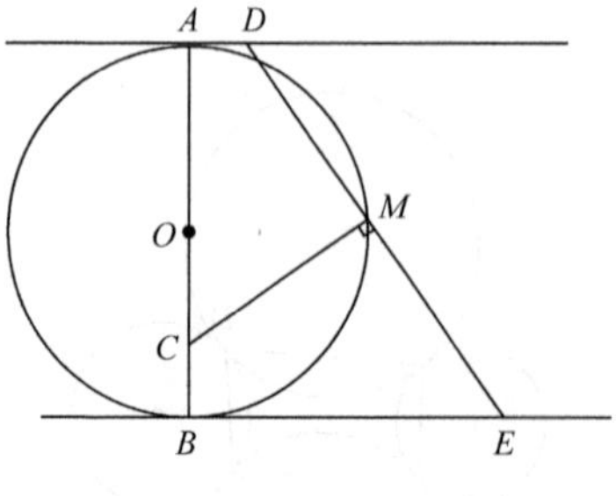

图 29

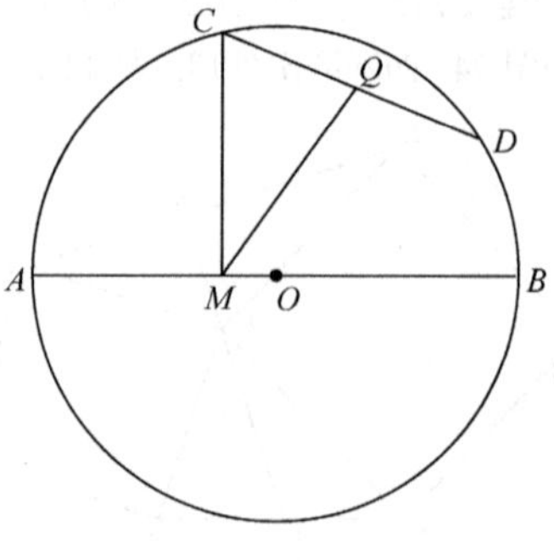

图 30

33. 如图 31, 设 $\triangle ABC$ 的底边 BC 固定, 顶点 A 是动点, 现分别以 AB, AC 为边向外作正方形 $ABDE, ACFG$, 连接 DF, 求证: DF 的中点 M 为定点.

34. 如图 32, 设线段 AB 固定, M 为 AB 上的动点, 现分别以 AM, BM 为边在 AB 的同侧作正方形

AMCD, BMEF，并分别作正方形 AMCD, BMEF 的外接圆，两圆除 M 点之外的另一交点为 N，连接 NM，求证 NM 经过一定点.（提示：采用特殊化法.）

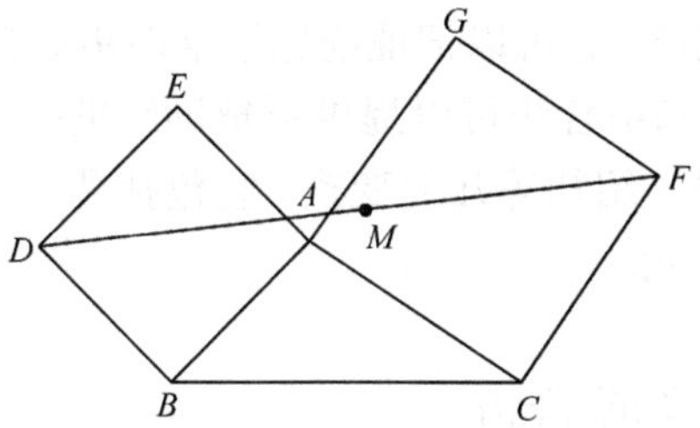

图 31

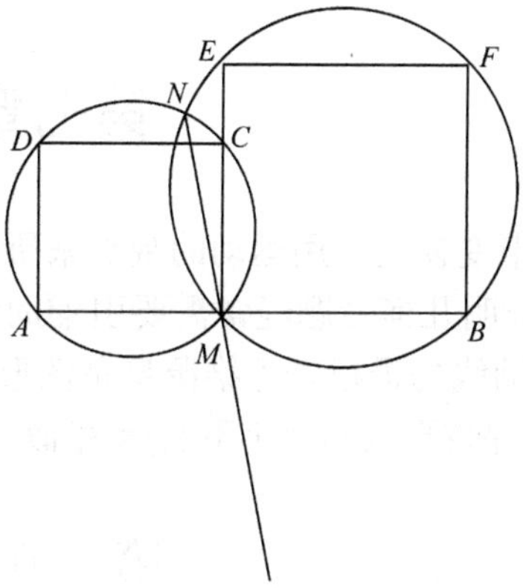

图 32

第七章　初等几何变换

第七章讲课视频

图形变换是采用运动的观点来研究几何图形的性质，它可以把证题思维推向更高的理性意境. 证明几何命题经常需要引辅助线，尽管分析法和综合法可以提供引辅助线的线索，然而引辅助线的最根本思维源泉是图形变换. 本章主要介绍初等几何变换，它包括两大类：合同变换(保持形状和大小不变)和相似变换(保持形状不变).

第一节　图形的相等或合同

设有两个点集合构成的两个图形 F 和 F'，它们的点之间能建立这样的一一对应，使 F 中任两点的连线段总等于 F' 中两个对应点的连线段，那么 F 和 F' 称为相等或合同.

合同的图形有如下的性质:

(1) 具有反身性、对称性和传递性;

(2) 对应角相等.

(3) 与共线点对应的是共线点.

证明　(2) 设 F 和 F' 是合同图形，$\angle BAC$ 是图形 F 内的角，而点 B', A', C' 是合同图形 F' 内分别与 B, A, C 对应的点，因为 $A'B' = AB$，$A'C' = AC$，$B'C' = BC$，所以 $\triangle A'B'C' \cong \triangle ABC$，所以 $\angle B'A'C' = \angle BAC$.

(3) 设合同图形 F 和 F' 中，A, B, C 是 F 内共直线的点，而 A', B', C' 为 F' 内与 A, B, C 对应的点，设 B 介于 A, C 之间. 因为 $A'B' = AB$，$A'C' = AC$，$B'C' = BC$，又 $AB + BC = AC$，所以 $A'B' + B'C' = A'C'$，所以 A', B', C' 共线.

图形的相等有两种情况. 在平面几何中，两个相等图形，若有两对对应点 A'，A和B'，B 重合，则任何第三对对应点重合或对称于重合直线 AB. 在前一场合，两图形 F 和 F' 转向相同，称 F 和 F' 为全相等；在后一场合，两图形 F 和 F' 转向相反，称 F 和 F' 为镜照相等. 两个全相等的平面图形，只要有两对对应点重合，便完全重合；两个镜照相等的平面图形，不将其中一个离开平面，是无法叠合的.

第二节　合 同 变 换

设有两个合同图形，我们可以利用“运动”从其中一个得出另一个. 换句话说，我们可以通过运动把两个合同图形叠合在一起. 用近代数学的观点看，运动可以用平面到自身的变换来实现，它把图形 F 的点变换为图形 F' 的点，使得 F 中的点与 F' 中的对应点完全重叠，这种变换称为合同变换. 由于合同图形的性质，我们知道合同变换保持任意两点间的距离(从而使角度)不变.

定义 7.2.1　一个平面到自身的变换，若保持任意两点间的距离不变，称这个变换为合同变换.

设 A 是所有平面上合同变换 R 的全体，则 A 关于变换的合成构成一个变换群. 即连续进行两次合同变换的结果(变换的合成)还是合同变换，恒等变换 I (把平面上的每一个点都变为自身)为单位元(幺变换)，由于每一个变换 R 的逆过程 R^{-1} 仍是合同变换，我们将逆过程 R^{-1} 称为 R 的逆元. 值得注意的是，变换的合成不满足交换律，故我们要注意变换合成的顺序.

平面上的合同变换由不共线的三对对应点完全确定.

证明　设 $A,A';B,B';C,C'$ 为合同变换下的三对对应点，且 A,B,C 不共线，下证对于平面上的任一点 M，总可找到它的对应点 M'.

如图 7-1 和图 7-2 在平面上任取一点 M，连接点 M 与 $\triangle ABC$ 的一个顶点(例如点 A)，使其与对边 BC (或其延长线)相交于 D 点. 根据合同图形性质(3)，点 D 的对应点 D' 在 BC (或其延长线)的对应直线 $B'C'$ 上，并且这个点是唯一的. 同样点 M 的对应点应该在直线 AD 的对应直线 $A'D'$ 上，并且是唯一的.

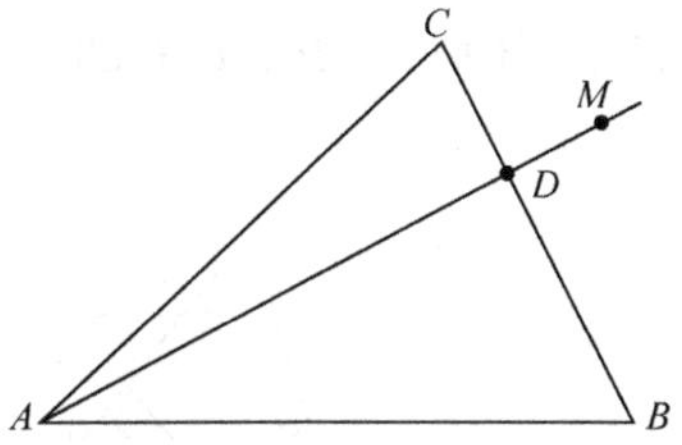

图 7-1

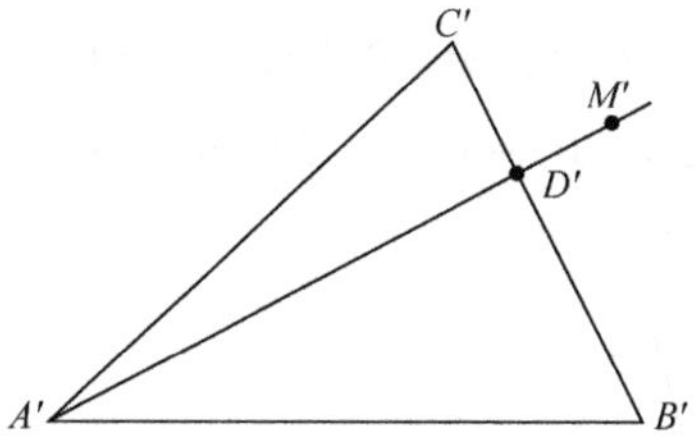

图 7-2

所以点 M' 由 $A,A';B,B';C,C'$ 三对对应点完全确定.

经过一个变换没有变更位置的点和直线，称为这个变换的二重点和二重线.

合同变换有两类：第一类对应三角形沿周界的环绕方向相同，第二类对应三角形沿周界的环绕方向相反.

合同变换主要有三种基本类型：平移、旋转、轴反射.

1. 平移变换

如图 7-3，将图形 F 上的所有的点都按一定的方向 $\boldsymbol{l}$ (平移方向)移动一个相同的距离 $|\boldsymbol{l}|$ (平移距离)，移动后的点构成图形 F'，图形 F 到图形 F' 的变换 T 称为平移变换，简称平移. 记为 $F\xrightarrow{T(\boldsymbol{l})}F'$.

平移变换的性质：

(1) 对应点的连线 $AA',BB',CC',\cdots$ 互相平行且相等.

(2) 对应线段 AB，$A'B'$ 相等且平行；对应角 $\angle ABC$，$\angle A'B'C'$ 相等且角的两边同向平行.

(3) 两平移的乘积是一个平移；平移的逆是平移，平移全体构成合同变换群 A 的子群.

(4) 在平移合同变换中，没有二重点，但平行于平移方向的所有直线都是二重线(除恒等变换).

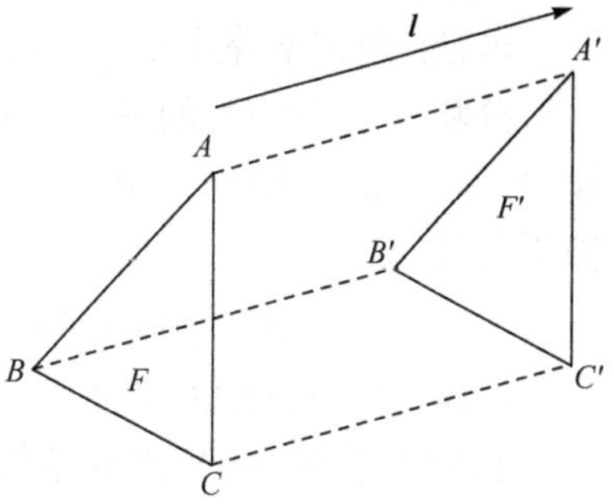

图 7-3

(5) 平移变换由一对对应点或由平移方向和平移距离完全确定.

(6) 平移变换是第一类合同变换.

平移变换在解几何题中的应用举例.

例 7.2.1　已知在▱$ABCD$ 中，P 是四边形内的一点，连接 PA，PB，PC，PD，如果 $\angle PAB=$

$\angle PCB$. 求证: $\angle PBA=\angle PDA$.

证明 (利用平移变换解题) 如图 7-4, 将$\triangle ABP \xrightarrow{T(\overrightarrow{AD})} \triangle DCP'$, 连接 DP', CP', PP'.

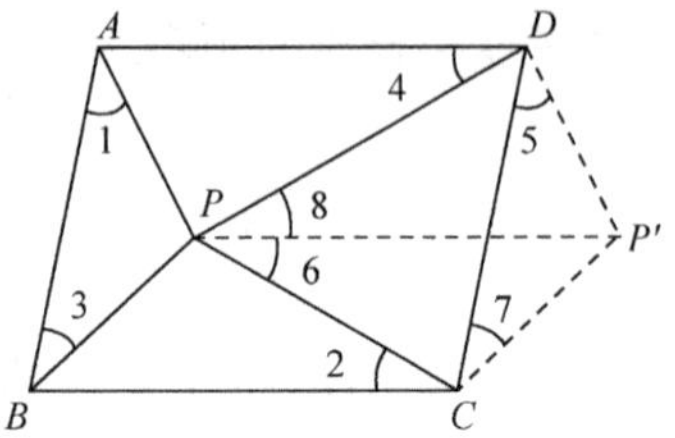

图 7-4

因为 $\angle 5=\angle 1, \angle 6=\angle 2$, 所以 $\angle 5=\angle 6$, 所以 D, P, C, P' 四点共圆, 所以 $\angle 7=\angle 8$. 又因为 $\angle 3=\angle 7, \angle 4=\angle 8$, 所以 $\angle 3=\angle 4$.

例 7.2.2 如图 7-5, 在两条对角线长度及其夹角一定的所有凸四边形中, 试求周长最小的四边形.

证明 如图 7-6, 取 AC, BD 的中点 E, F, 令 $AC \xrightarrow{T(\overrightarrow{EF})} A'C'$, 则 $A'BC'D$ 是一个符合条件的平行四边形. 下证这个平行四边形 $A'BC'D$ 的周长最小.

如图 7-7, 延长 AF, CC' 交于 G, 连接 BG, AA'.

因为 E 是 AC 的中点且 $EF // CC', FC' // EC$, 所以 F, C' 分别为 AG, CG 的中点, 所以 $AD+BC=BG+BC \geqslant 2BC'=A'D+BC'$.

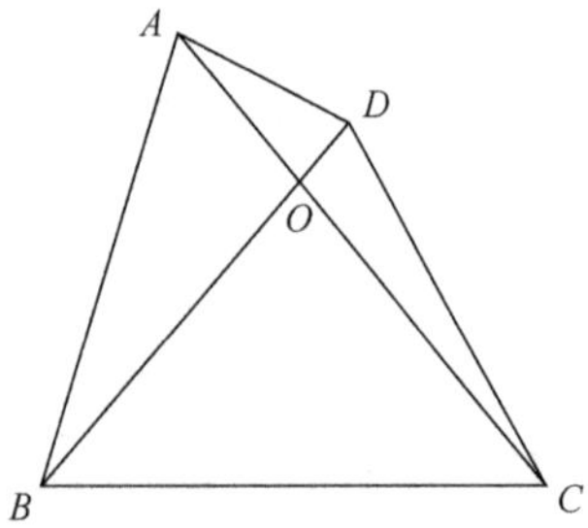

图 7-5

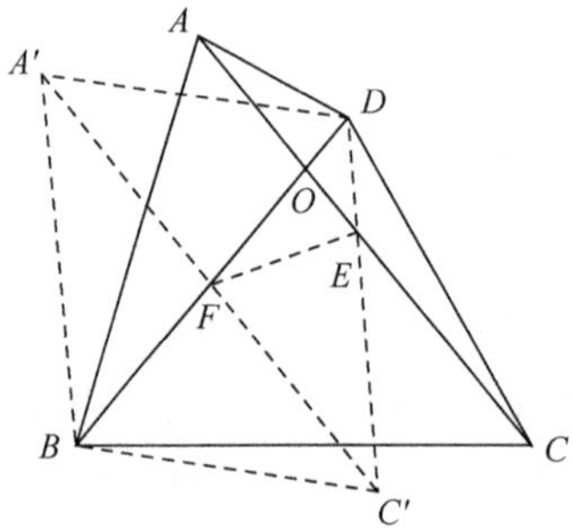

图 7-6

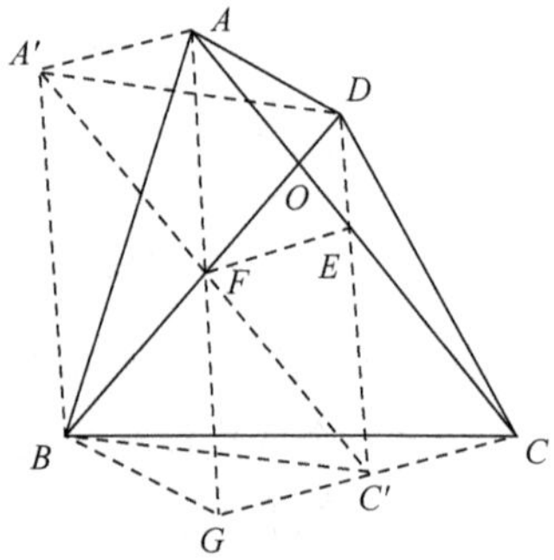

图 7-7

同理可得 $AB+DC \geqslant A'B+DC'$. 故当四边形为平行四边形时, 周长最小.

例 7.2.3 如图 7-8, 在"风车三角形"中, $AA'=BB'=CC'=2$, $\angle AOB'=\angle BOC'=\angle COA'=60°$.

求证: 面积不等式 $S_{\triangle AOB'}+S_{\triangle BOC'}+S_{\triangle COA'}<\sqrt{3}$.

分析 题中涉及的三个三角形位置分散, 若用代数方法, 设 $AO=x>0$, $BO=y>0$, $CO=z>0$, 则问题转化为证明代数不等式

$$x(2-y)+y(2-z)+z(2-x)<4,$$

但这样没有降低问题的难度.

我们用平移, 将分散的条件集中到关系明显的图形中, 结论就显然了.

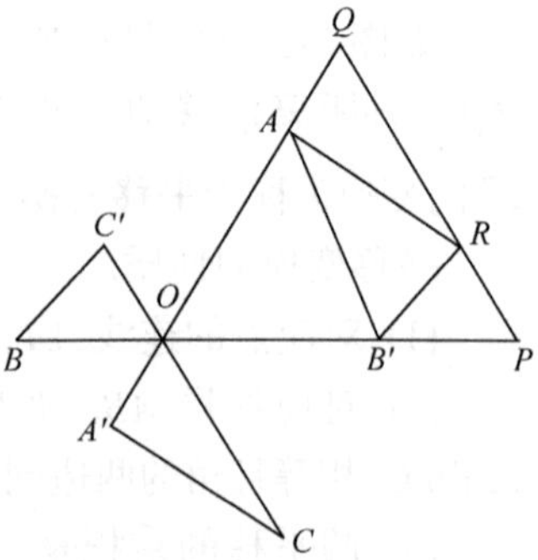

图 7-8

证明 将$\triangle A'OC \xrightarrow{T(\overrightarrow{A'A})} \triangle AQR$, $\triangle BOC' \xrightarrow{T(\overrightarrow{BB'})} \triangle B'PR$.

因为 $QR // OC$, $RP // C'O$, 所以 Q, R, P 三点共线.

又因为 $OQ=OP=2, \angle POQ=60°$, 所以 $\triangle QOP$ 是边长等于 2 的正三角形.

所以 $S_{\triangle AOB'}+S_{\triangle BOC'}+S_{\triangle COA'}=S_{\triangle AOB'}+S_{\triangle B'PR}+S_{\triangle RQA}<S_{\triangle QOP}=\frac{\sqrt{3}}{4}\times 2^2=\sqrt{3}$.

2. 旋转变换

如图 7-9, 将图形 F 上的所有的点都绕平面上的一个定点 O(旋转中心)旋转一个相同角度 θ(旋转角), 旋转后的点构成图形 F', 图形 F 到图形 F' 的变换 R 称为旋转变换, 简称旋转, 记为 $F \xrightarrow{R(O,\theta)} F'$. 逆时针旋转 θ 取正值, 顺时针旋转 θ 取负值.

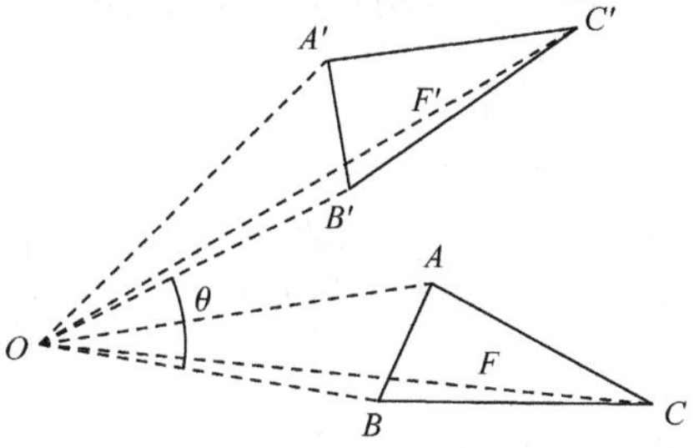

图 7-9

旋转变换的性质:

(1) 旋转中心 O 与每一对应点的连线段 OA, OA' 相等, 且夹角为 θ;

(2) 对应线段 $AB, A'B'$ 相等, 且夹角为 θ(有向角);

(3) 对应角 $\angle ABC, \angle A'B'C'$ 相等;

(4) 具有同一个中心的所有旋转变换构成一个可换群, 旋转全体构成合同变换群 A 的子群;

(5) 旋转中心是唯一的二重点, 没有二重线;

(6) 旋转由中心与一对对应点完全确定;

(7) 旋转变换是第一类合同变换.

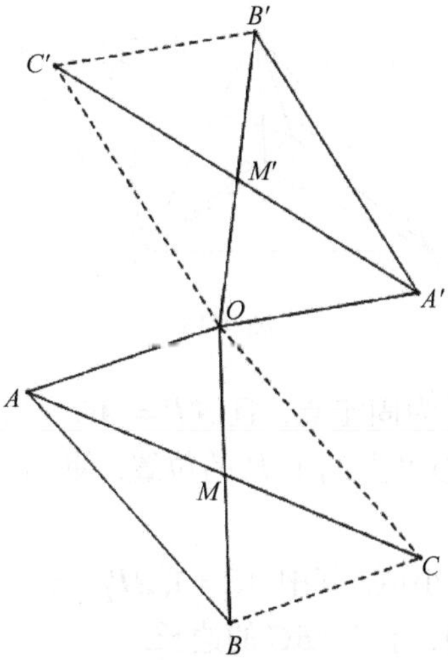

图 7-10

证明 仅证(2).

因为旋转变换是合同变换, 故对应线段 $AB, A'B'$ 相等. 下证 AB 与 $A'B'$ 的夹角为 θ.

1° 当线段 AB 过旋转中心 O 时, 对应线段 $A'B'$ 也过旋转中心 O, 显然 AB 与 $A'B'$ 的夹角为 θ.

2° 当线段 AB 不过旋转中心 O 时, 如图 7-10, 以 OA, AB 为边作平行四边形 $OABC$, 设 OB 与 AC 交于 M, $AB /\!/ OC$, M 平分 OB, AC. 令 $C \xrightarrow{R(O,\theta)} C'$, $M \xrightarrow{R(O,\theta)} M'$, 则 M' 应是 OB' 与 $A'C'$ 的中点. 所以 $OA'B'C'$ 是平行四边形, 所以 $A'B' /\!/ OC'$. 因为 OC 与 OC' 的夹角为 θ, 所以 AB 与 $A'B'$ 的夹角为 θ.

中心对称变换是一种特殊的旋转变换. 如图 7-11, 将图形 F 上的所有的点都变为关于平面上的一定点 O(对称中心)的对称点, 变换后的点构成图形 F', 图形 F 到图形 F' 的变换称为中心对称变换, 简称中心对称.

以点 O 为对称中心的中心对称变换相当于以点 O 为旋转中心, 旋转角为 $180°$ 的旋转变换.

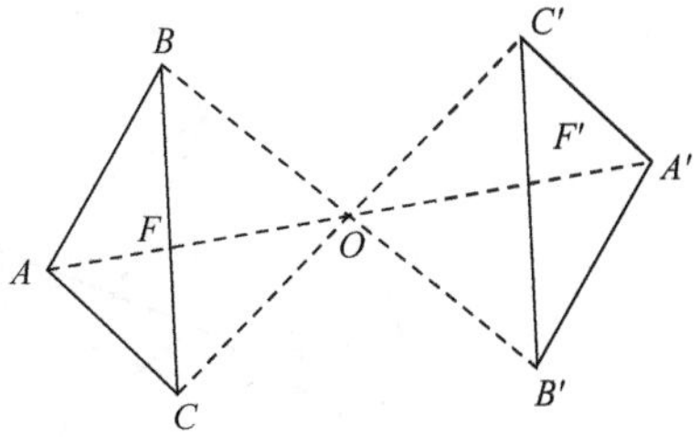

图 7-11

中心对称变换的性质:

(1) 对应点的连线 $AA', BB', CC', \cdots$ 都通过对称中心 O, 且被对称中心 O 平分;

(2) 对应线段 $AB, A'B'$ 相等, 且反向平行或共线;

(3) 对应角 $\angle ABC, \angle A'B'C'$ 相等, 且角的对应边 BA 与 $B'A'$ (BC 与 $B'C'$) 反向平行.

下面介绍旋转变换在解几何题中的应用举例.

例 7.2.4 如图 7-12, 设正六边形 $ABCDEF$ 的对角线 AC, CE 分别被内点 M, N 分成比为

$\frac{AM}{AC}=\frac{CN}{CE}=r$ 的两段，如果 B,M,N 三点共线，求 r .

解　连接 BD,ND，因为 $AC\xrightarrow{R(O,120°)}CE$，$\frac{AM}{AC}=\frac{CN}{CE}=r$，所以 $M\xrightarrow{R(O,120°)}N$，所以 $\triangle MBC\xrightarrow{R(O,120°)}\triangle NDE$.

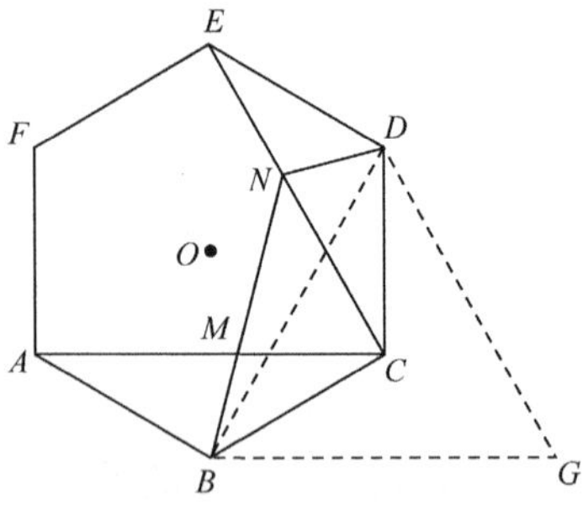

图 7-12

因为 B,M,N 三点共线，所以 $\angle BND=120°$. 以 BD 为边作正三角形 DBG，则 N,B,G,D 四点共圆，显然 C 是此圆的圆心，从而 $CN=CB$. 所以 $r=\frac{CN}{CE}=\frac{CB}{CE}=\frac{1}{\sqrt{3}}$.

例 7.2.5　已知 O 是 $\triangle ABC$ 内一点，$\angle AOB=\angle BOC=\angle COA=120°$，$P$ 是 $\triangle ABC$ 内任一点. 求证:

$$PA+PB+PC\geqslant OA+OB+OC .$$

证明　如图 7-13，将 $\triangle COB$ 绕点 B 顺时针旋转 60° 至 $\triangle C'O'B$，连接 OO'，CC' .

因为 $\triangle BOO'$ 是正三角形，$\angle AOB=\angle BOC=\angle COA=120°$，所以 A,O,O',C' 在一条直线上.

将 $\triangle CPB$ 绕点 B 顺时针旋转 60° 至 $\triangle C'P'B$，连接 PP' . 所以 $\triangle BPP'$ 是正三角形，$PP'=PB$. 所以

$$PA+PB+PC=AP+PP'+P'C'$$
$$\geqslant AC'=AO+OO'+O'C'=OA+OB+OC.$$

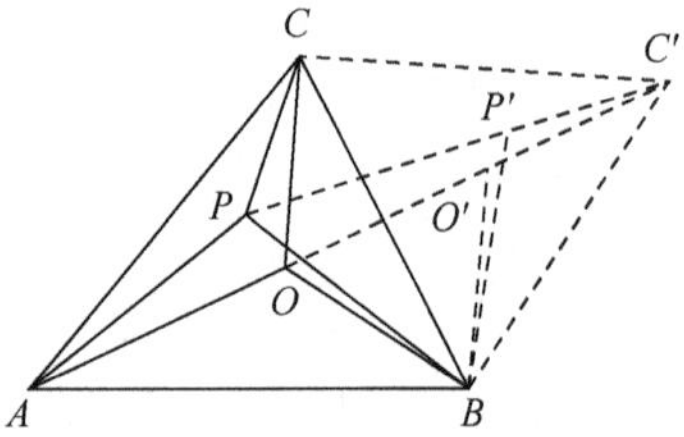

图 7-13

例 7.2.6　在 $\triangle ABC$ 中，A,B 为定点，C 为动点，$AB=3$，$AC=2$，$\triangle PBC$ 为正三角形(P,B,C 按顺时针方向走向)，求 AP 的最大值和最小值.

解　如图 7-14，$C\xrightarrow{R(B,-60°)}P$，令 $A\xrightarrow{R(B,-60°)}A'$，则 A' 为固定点，且 $A'P=AC=2$. 所以 P 点在以 A' 为圆心，半径为 2 的圆上. 于是问题转化为在 $\odot A'$ 上确定 P 的位置，使 AP 的值最大或最小.

连接 AA' 交 $\odot A'$ 于 P_1,P_2，则 AP_1,AP_2 即为所求的最大值和最小值，其中 $AP_1=1,AP_2=5$.

例 7.2.7　设 P 是正 $\triangle ABC$ 内的一点，$PA=6,PB=8,PC=10$. 求 $\triangle ABC$ 的边长.

解　如图 7-15，将 $\triangle ACP\xrightarrow{R(A,-60°)}\triangle ABP'$，得 $\triangle APP'$ 是正三角形.

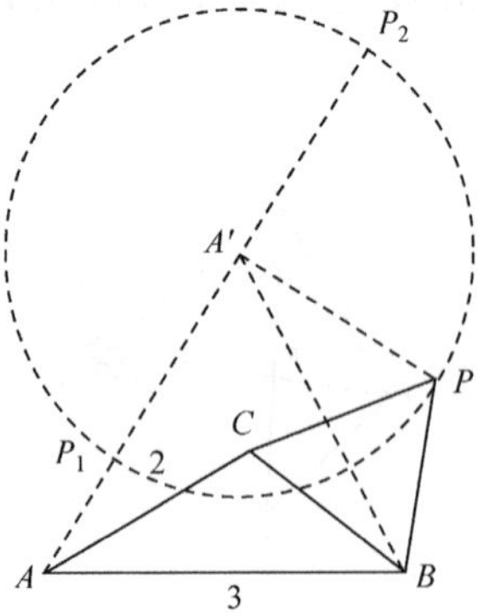

图 7-14

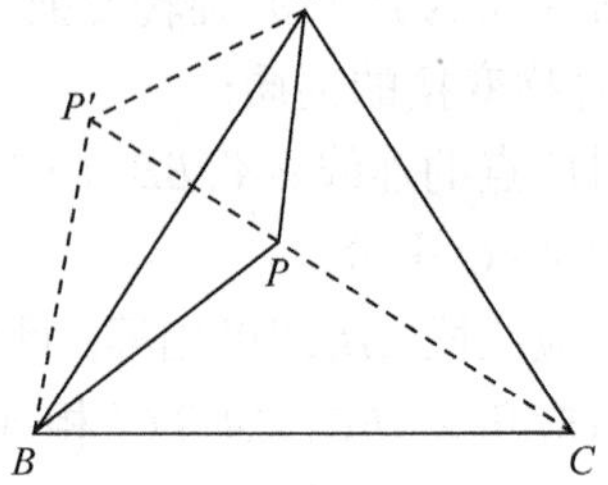

图 7-15

在$\triangle BPP'$中，$PP'=6, BP=8, BP'=10$，所以$\triangle BPP'$是直角三角形，$\angle BPP'=90°$，所以$\angle APB=90°+60°=150°$，

$$AB^2=PA^2+PB^2-2\cdot PA\cdot PB\cos150°=6^2+8^2+2\times6\times8\times\frac{\sqrt{3}}{2}=4(25+12\sqrt{3}),$$

所以$AB=2\sqrt{25+12\sqrt{3}}$.

例 7.2.8　如图 7-16，在$\text{Rt}\triangle ABC$中，$\angle C=90°$，M是斜边AB的中点，$MP\perp MQ$，P在AC上，Q在BC上．求证：$AP^2+BQ^2=PQ^2$.

证明　作$\triangle BQM$关于点M的中心对称图形$\triangle AQ'M$，连接PQ'.

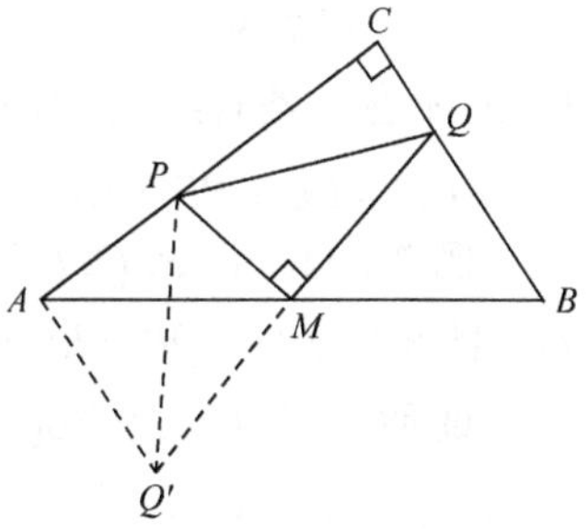

图 7-16

因为Q', M, Q在一直线上，$MQ'=MQ$(中心对称性质)，所以$\triangle PQQ'$是等腰三角形，$PQ'=PQ$.

又因为$AQ'=BQ, \angle MAQ'=\angle MBQ$(中心对称性质)，所以$\triangle APQ'$是直角三角形，所以

$$AP^2+BQ^2=AP^2+AQ'^2=PQ'^2=PQ^2.$$

3. 轴反射变换

如图 7-17，将图形F上的所有的点都变为关于平面上的一条定直线l(对称轴)的对称点，变换后的点构成图形F'，图形F到图形F'的变换S称为轴反射变换(或轴对称变换)，简称轴反射(或轴对称)，记为$F\xrightarrow{S(l)}F'$.

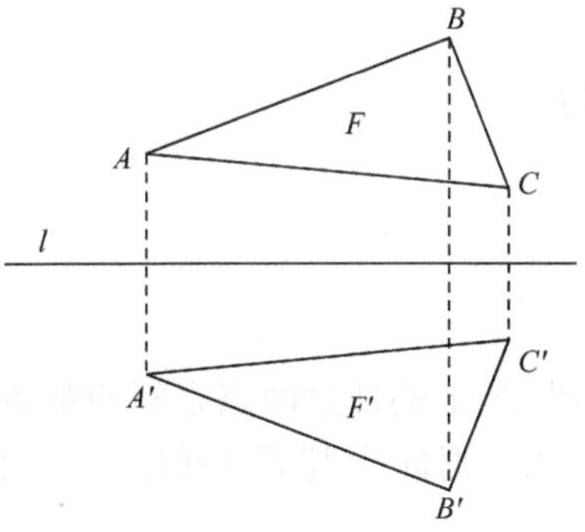

图 7-17

轴对称变换的性质：

(1) 对应点的连线$AA', BB', CC', \cdots$互相平行且都被对称轴l垂直平分.

(2) 对应线段$AB, A'B'$相等，且延长后交于对称轴l的同一点，两线形成的角被对称轴l平分；对应角$\angle ABC$, $\angle A'B'C'$相等.

(3) 若两反射轴$l_1//l_2$，则关于l_1与l_2的两个反射的乘积是一个平移；若l_1与l_2交于一点O，则关于l_1与l_2的两个反射的乘积是一个旋转.

(4) 反射轴上的点都为二重点，反射轴是二重线；与反射轴垂直的直线都是二重线.

(5) 轴反射由反射轴或由一对对应点完全确定.

(6) 轴对称变换是第二类合同变换.

轴反射变换在解几何题中的应用举例如下.

例 7.2.9　如图 7-18，在$\triangle ABC$中，$AB=AC, \angle BAC=80°$，P是三角形内一点，$\angle PBC=10°, \angle PCB=20°$．求$\angle PAB$的度数.

解　作$\triangle APC\xrightarrow{S(AC)}\triangle AP'C$，连接$PP', BP'$.

因为$\triangle CPP'$是正三角形($P'C=PC, \angle P'CP=60°$)，所以$\triangle BP'P\cong\triangle BCP$，所以$\angle P'BC=20°$.

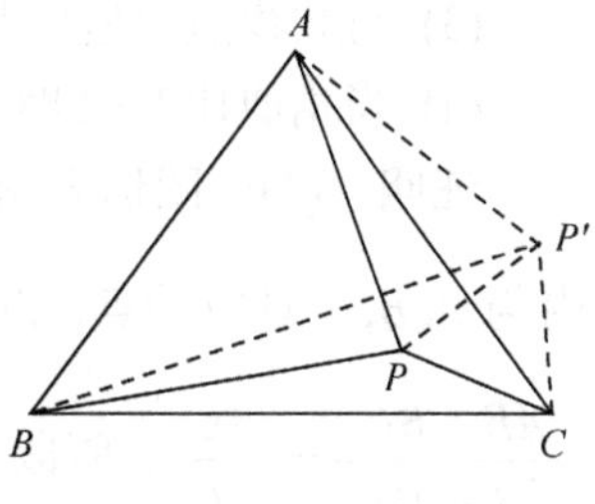

图 7-18

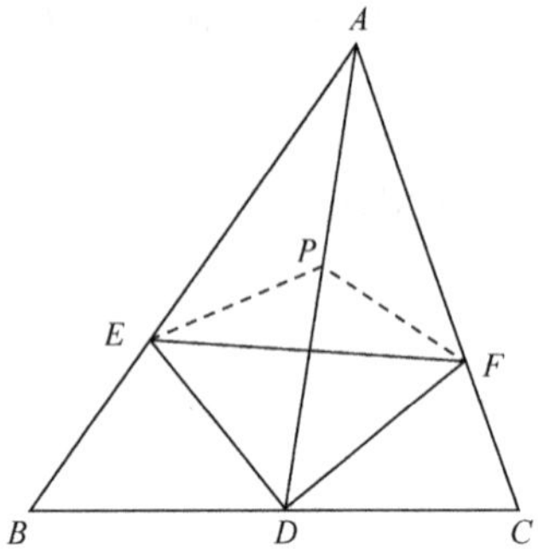

图 7-19

又因为 A, B, C, P' 四点共圆 ($\angle ABP' = \angle ACP' = 30°$)，所以 $\angle PAC = \angle P'AC = \angle P'BC = 20°$, $\angle PAB = 80° - 20° = 60°$.

例 7.2.10　在 $\triangle ABC$ 中, AD 为中线, DE 平分 $\angle ADB$, 交 AB 于 E, DF 平分 $\angle ADC$, 交 AC 于 F. 求证: $BE + CF > EF$.

证明　如图 7-19, 作 $\triangle BDE \xrightarrow{S(DE)} \triangle PDE$, $\triangle CDF \xrightarrow{S(DF)} \triangle PDF$.

因为 P 是 B 关于直线 DE 的对称点, 所以 $PE = BE$.

因为 P 是 C 关于直线 DF 的对称点, 所以 $PF = CF$.

又因为 $\angle EPF = \angle EPD + \angle FPD = \angle B + \angle C < 180°$, 所以 E, P, F 不在一条直线上, 所以 E, P, F 构成一个三角形, 所以 $BE + CF = PE + PF > EF$.

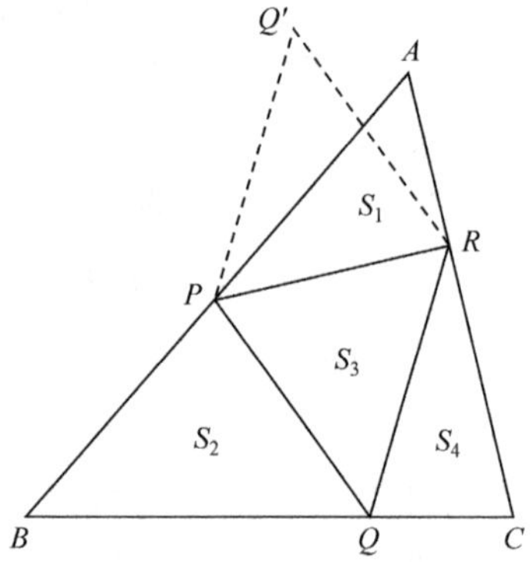

图 7-20

例 7.2.11　设 P, Q, R 分别是 $\triangle ABC$ 的边 AB, BC, CA 上的点, 且 $BP = PQ = QR = RC = 1$. 求证: $S_{\triangle ABC} \leqslant 2$.

证明　$\triangle APR, \triangle PBQ, \triangle PQR, \triangle RQC$ 的面积分别是 S_1, S_2, S_3, S_4, 则易知 $S_2 \leqslant \frac{1}{2}, S_3 \leqslant \frac{1}{2}, S_4 \leqslant \frac{1}{2}$, 下面证明 $S_1 \leqslant \frac{1}{2}$.

如图 7-20, 作 $\triangle PQR \xrightarrow{S(PR)} \triangle PQ'R$, 因为 $\angle Q' = \angle PQR = 180° - \angle PQB - \angle RQC = 180° - \angle B - \angle C = \angle A$, 所以 Q' 在以 PR 为弦、含内接角为 $\angle A$ 的弓形弧的最高点处(因为 $Q'P = Q'R$), 所以 $S_1 \leqslant S_3 \leqslant \frac{1}{2}$, 所以 $S_{\triangle ABC} \leqslant 2$.

第三节　相似和位似变换

一、相似图形和相似变换

1. 相似图形

如果图形 F 和 F' 的点与点之间有一一对应关系, 并且图形 F 上的任意两点之间的距离与图形 F' 上两对应点间的距离之比, 恒等于同一个常数 $k(k \neq 0)$, 则称 F 与 F' 相似, k 为相似比.

相似图形的性质:

(1) 相似图形具有反身性、对称性、传递性;

(2) 对应线段成比例, 对应角相等;

(3) 与共线点对应的是共线点;

(4) 当相似比 $k = 1$ 时, 图形 F 和图形 F' 合同, 合同是相似的特殊情形.

证明　(3)设图形 F 相似于图形 F', A, B, C 是 F 内同一直线上的三个点, A', B', C' 是 F' 内与 A, B, C 对应的点, 设 B 介于 A, C 之间, 则 $AB + BC = AC$. 因为 $\frac{AB}{A'B'} = \frac{BC}{B'C'} = \frac{AC}{A'C'}$, 所以 $\frac{AB + BC}{A'B' + B'C'} = \frac{AC}{A'C'}$, 所以 $A'B' + B'C' = A'C'$, 所以 A', B', C' 三点共线.

2. 相似变换

如果把图形 F' 看成由图形 F 经过上述那种对应关系变换而来的，那么称这种变换为相似变换. 我们给出如下严格定义.

定义 7.3.1 在平面到其自身的变换下，如果对于任意两点 A, B 以及它们的对应点 A', B'，总有

$$A'B' = kAB \quad (k > 0),$$

则称这个变换为相似变换，记为 $H(k)$.

相似变换的性质:

(1) 相似变换的合成仍是相似变换，相似比为 k_1k_2；

(2) 相似变换的逆仍是相似变换，相似比为 k^{-1}；

(3) 恒等变换是相似变换的单位元(每个图形是它自身的相似变换)；

由上可知，平面上的全体相似变换构成一个相似变换群，合同变换是它的一个子群.

(4) 相似变换由不共线的三对对应点完全确定.

二、位似变换

如果一个相似变换，它的任意一对对应点 A，A' 的连线都通过一个定点，则称这种相似变换为位似变换. 我们给出如下严格定义.

定义 7.3.2 平面到其自身的变换，若满足

(1) 连接任意两个对应点 A，A' 的直线都通过定点 S；

(2) $\overrightarrow{SA'} = k\overrightarrow{SA}$ $(k \neq 0)$，

则这种变换称为以 S 为位似中心，k 为位似比的位似变换，记为 $H(S,k)$. A' 称为 A 的位似点.

在位似变换下的两个对应图形称为位似图形.

位似图形因位似比 k 的不同而分为以下两类:

(1) 当 $k > 0$ 时，每对位似点 A 与 A' 处在位似中心 S 的同侧，此时把这两个位似图形称为正位似图形或外位似图形，点 S 称为正位似中心或外位似中心；

(2) 当 $k < 0$ 时，每对位似点 A 与 A' 处在位似中心 S 的两侧，此时把这两个位似图形称为反位似图形或内位似图形，点 S 称为反位似中心或内位似中心.

注: (1) 若对应点的连线互相平行，则认为它们交于无穷远处，由于要求对应线段平行，此时规定位似比 $k = 1$，无位似中心(平移)；

(2) $H(S,1)$ 为恒等变换，$H(S,-1)$ 为中心对称变换.

位似变换的性质:

(1) 位似变换是相似变换，且相似比为 $|k|$；

(2) 具有相同位似中心的所有位似变换构成一个变换群；

(3) 位似中心是二重点，过位似中心的直线都是二重线；

(4) 位似变换由位似中心与位似比确定，也可以由一对对应点及位似中心(或位似比)确定.

位似图形的性质:

(1) 位似图形一定是相似图形；

(2) 对应线段互相平行(正位似同向平行，反位似反向平行)；

(3) 对应图形的转向不变；

(4) 平面上任意两个不等的圆可以看成一对位似图形, 其中两圆心是一对对应点.

三、位似变换的应用举例

位似变换可以改变图形的位置与大小, 而不改变其形状, 这是应用位似变换来解题的理论依据. 当题设和结论所涉及的几何元素比较分散, 不易发现它们之间的关系时, 可以选用适当的位似变换, 把图形按所需的大小比例, 给予放大或缩小之后, 移到适当的位置上, 使已知条件与结论重新组合, 构成位似图, 从而使元素之间产生联系, 以便引用已知的定理去解题.

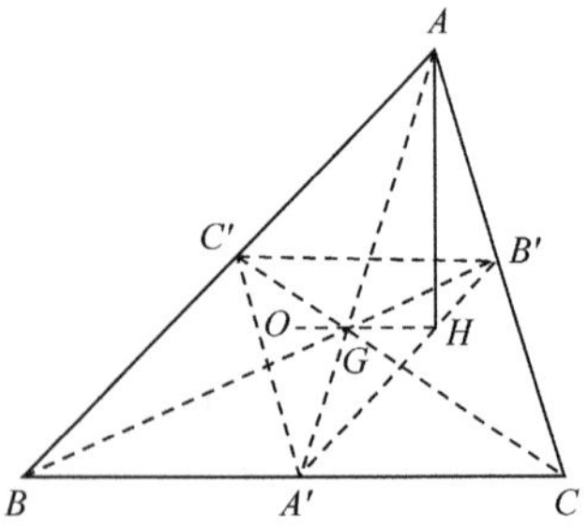

图 7-21

例 7.3.1　O 是 $\triangle ABC$ 的外心, G 是 $\triangle ABC$ 的重心, H 是 $\triangle ABC$ 的垂心. 求证: O,G,H 三点共线, 且 G 内分 OH 为 $1:2$ 两部分.

证明　如图 7-21, 设 A',B',C' 分别为 $\triangle ABC$ 的三边 BC,AC,AB 上的中点, 连接 AA',BB',CC', 则它们相交于 G 点, G 为重心, 且

$$\frac{GA'}{GA}=\frac{GB'}{GB}=\frac{GC'}{GC}=-\frac{1}{2},$$

所以 $\triangle ABC \xrightarrow{H\left(G,-\frac{1}{2}\right)} \triangle A'B'C'$.

因为 $B'C'//CB, C'A'//AC, A'B'//BA$, 所以 O 也为 $\triangle A'B'C'$ 的垂心, 所以 H,O 是 $H\left(G,-\frac{1}{2}\right)$ 变换下的一对对应点, 连接 HO, 则 HO 必过位似中心 G, 即 O,G,H 三点共线, 且 G 内分 OH 为 $1:2$ 两部分.

例 7.3.2　PT,PB 是 $\odot O$ 的切线, AB 为直径, H 为 T 在 AB 上的射影.

求证: PA 平分 TH.

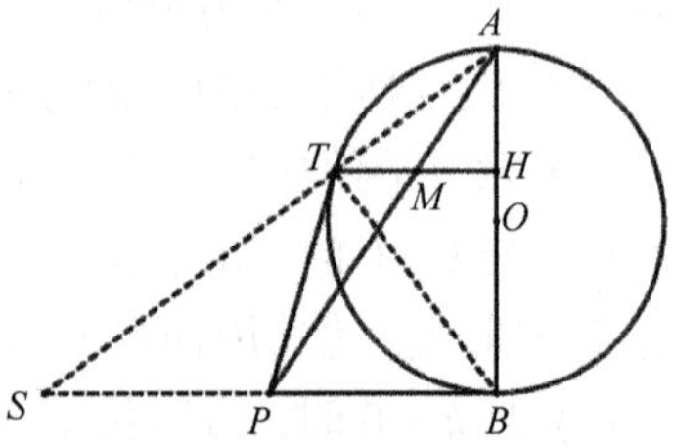

图 7-22

证明　如图 7-22, 设 PA 与 TH 交于 M, 因为 $TH\perp AB, PB\perp AB$, 所以 $TH//PB$, 所以 $M \xrightarrow{H\left(A,\frac{AB}{AH}\right)} P$.

连接 AT 并延长交 BP 的延长线于 S, 则 $T \xrightarrow{H\left(A,\frac{AB}{AH}\right)} S$.

要证 $TM=MH$, 只要证 $SP=PB$, 因为 $PB=PT$, 所以只要证 $SP=PT$.

因为 $\angle S=90°-\angle SAB, \angle STP=90°-\angle PTB=90°-\angle SAB$, 所以 $\angle S=\angle STP$, 所以 $SP=PT$, 所以 PA 平分 TH.

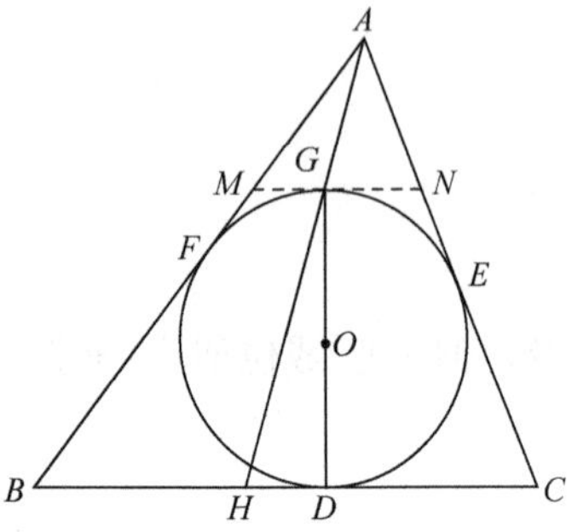

图 7-23

例 7.3.3　$\triangle ABC$ 的内切圆分别切三边 BC, CA, AB 于 D, E,F, DG 为直径, AG 的延长线交 BC 于 H.

求证: $BH=DC$.

证明　如图 7-23, 过 G 作 $\odot O$ 的切线 MN, 交 AB 与 M, 交 AC 与 N. 易知 $MN//BC$, 将 $\triangle AMN \xrightarrow{H\left(A,\frac{AM}{AB}\right)} \triangle ABC$,

则 $G\xrightarrow{H\left(A,\frac{AM}{AB}\right)}H$.

因为$\odot O$是$\triangle AMN$的旁切圆，G为$\odot O$在边MN上的切点，所以H为$\triangle ABC$的相应的旁切圆在边BC上的切点，又由于D为$\triangle ABC$的内切圆在BC边上的切点，所以$BH=DC$.

习　题　七

一、利用平移变换解题

1. 选择题

(1) 如图 1, 设长度为 1 的两条线段 AB 和 CD 相交于 O, 且 $\angle AOC=60°$, 那么正确的是(　　).

A. $AC+BD<1$　　　　B. $AC+BD>1$

C. $AC+BD\leqslant 1$　　　　D. $AC+BD\geqslant 1$

(2) 如图 2, 在$\triangle ABC$的边 BC 上 M, N, 使得 $BM=CN$, 那么正确的是(　　).

A. $AB+AC>AM+AN$

B. $AB+AC<AM+AN$

C. $AB+AN>AC+AM$

D. 不能确定

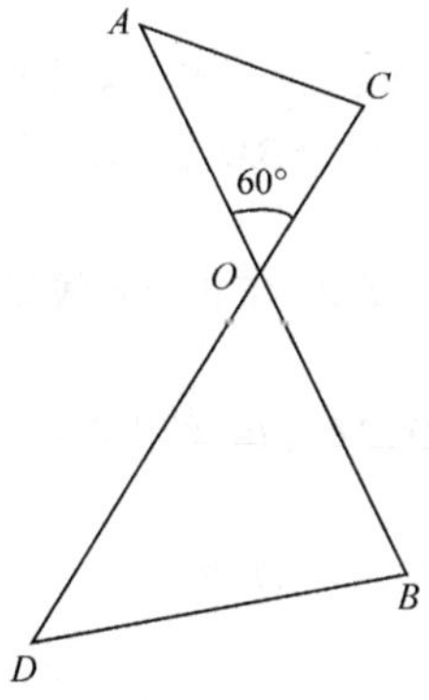

图 1

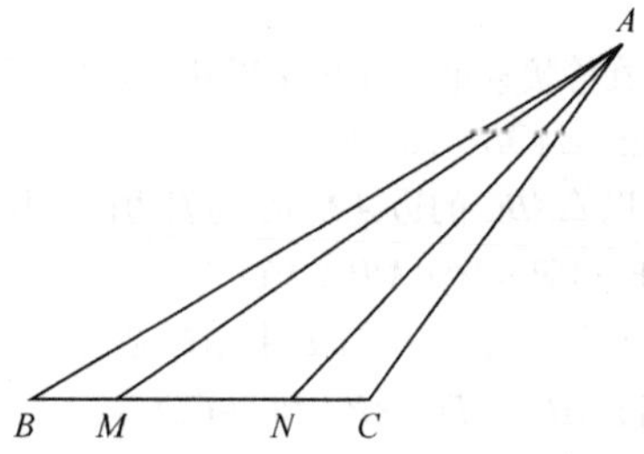

图 2

2. 在$\triangle ABC$内有一动点 M, 依次沿着平行于边 BC, AB, CA, BC, AB, … 移动, 与$\triangle ABC$的边依次相遇于 $A_1, B_1, B_2, C_2, C_3, A_3, A_4, B_4, \cdots$, 试说明 M 必在 A_3A_4 的途中再次经过出发点.

3. 设M为矩形$ABCD$内的任一点. 问: 是否存在一个四边形, 它的四条边分别等于 AM, BM, CM, DM, 对角线分别等于 AB, BC, 且对角线互相垂直.

4. 在$\triangle ABC$中, AT平分$\angle BAC$, $BE\perp AT$ 于 E, $CF\perp AT$ 于 F, M 是 BC 的中点.

求证: $ME=MF$.

5. 在六边形 $ABCDEF$ 中, $AB//DE, BC//EF, CD//AF$, $BC-EF=ED-AB=AF-CD$.

求证: 该六边形的各内角相等.

6. 如图 3, A_1A_2, B_1B_2, C_1C_2 是正三角形 ABC 三边上的长度相等的线段, 直线 A_2B_1, B_2C_1, C_2A_1 围成$\triangle A'B'C'$.

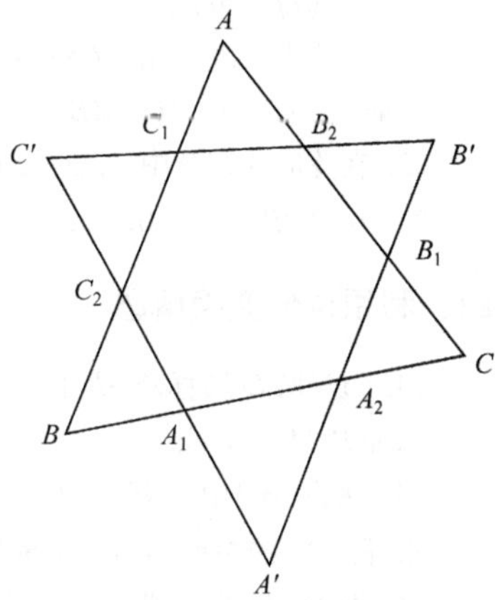

图 3

求证：$\frac{A_2B_1}{A'B'}=\frac{B_2C_1}{B'C'}=\frac{C_2A_1}{C'A'}$.

7. AT 为 $\triangle ABC$ 的角平分线，M 为 BC 的中点，$ME//AT$ 交 CA 于 E，交 AB 于 D．求证：$BD=CE$.

二、利用旋转变换解题

8. 设 P 是正方形 $ABCD$ 内的一点，且 $PA:PB:PC=1:2:3$，求 $\angle APB$ 的大小.

9. 定点 P 到等边三角形 ABC 的两顶点 A, B 的距离 $AP=2, BP=3$，当此三角形的边长和位置变动时，求 PC 的最大值.

10. D 是线段 AF 的中点，依次作正三角形 ABC, CDE, EFG.

求证：$\triangle BDG$ 是正三角形.

11. 在四边形 $ABCD$ 中，$AB=BC, \angle A=\angle C=90°, \angle B=135°$，$K, N$ 分别为 AB, BC 上的点 $\triangle BKN$ 的周长等于 $2AB$. 求 $\angle KDN$ 的度数.

12. 设 P 是正 $\triangle ABC$ 内的一点，$PA=6, PB=8, PC=10$．求 $\triangle ABC$ 的边长.

13. 在 $\triangle ABC$ 中，$\angle ABC \geqslant 120°$, P 是平面上不与 A 重合的一点.

求证：$PA+PB+PC>AB+AC$.

14. 设等腰三角形 $\triangle ABC$ 中，$AB=AC, \angle BAC=120°$，$\triangle ADE$ 是正三角形，点 D 在 BC 上，$BD:DC=2:3$，$\triangle ABC$ 的面积为 50cm^2．求 $\triangle ADE$ 的面积.

三、利用轴对称变换解题

15. 设 P 是 $\angle xOy$ 内的一点，求作 $\triangle ABP$，使得 A, B 分别在 $\angle xOy$ 的两边上，且 $S_{\triangle ABP}$ 最小.

16. 设 E, F 是 $\triangle ABC$ 的 BC 边上三等分点，BM 是 AC 边上的中线，AE, AF 分 BM 为 x, y, z 三部分．求 $x:y:z$ 的值.

17. 在等腰直角三角形 ABC 中，$\angle A=90°$, D 是腰 AC 的中点，$AE\perp BD$, AE 的延长线交 BC 于 F.

求证：$\angle ADB=\angle CDF$.

18. 以 $\triangle ABC$ 的边 AB, AC 为斜边向外作等腰直角三角形 ABP, ACQ, M 是 BC 的中点.

求证：$MP=MQ, MP\perp MQ$.

19. 在凸五边形 $ABCDE$ 中, AD 是一条对角线，$\angle EAD>\angle ADC, \angle EDA>\angle DAB$.

求证：$AE+ED>AB+BC+CD$.

20. 在 $\triangle ABC$ 中, D, E 分别在 AB, AC 上, BE 与 CD 交于 O, AO 通过 BC 边上的中点 M, 连接 DE 交 AO 于点 N.

求证：$\frac{AN}{NM}=\frac{AO}{2OM}$.

21. 在等边六边形 $ABCDEF$ 中，$\angle A+\angle C+\angle E=\angle B+\angle D+\angle F$.

求证：$\angle A=\angle D, \angle B=\angle E, \angle C=\angle F$.

22. 在菱形 $ABCD$ 中，$AB=2a, \angle BAD=120°$，动点 Q 在 BC 上, P 在 BD 上．求 $CP+PQ$ 的最小值.

23. 在 $\triangle ABC$ 中，$AB=6, AC=3, \angle BAC=60°$，$\angle BAC$ 的平分线交 BC 于 D, 求 AD 的长.

四、利用位似变换解题

24. 过半圆 O 的直径 AB 上一点 C 作 $CD\perp AB$，交半圆于 D．另一圆 O_1 内切半圆 O 于 P，切 CD 于 M．求证 P, M, A 共线.

25. 在 $\triangle ABC$ 中，$AB=AC$，圆 O_1 与 $\triangle ABC$ 的外接圆 O 内切于 D, 与 AB, AC 切于 P, Q.

求证：PQ 的中点 M 是 $\triangle ABC$ 的内心.

26. 圆 O_1, 圆 O_2, 圆 O_3 是三个等圆，它们相交于一点 K，并且都在 $\triangle ABC$ 内，每一个圆与 $\triangle ABC$ 的两边相切.

求证：$\triangle ABC$ 的内心 I、外心 O 与 K 共线.

27. 在四边形 $ABCD$ 中，AB, DC 延长后交于 E，AD, BC 延长后交于 F，延长 AC 交于 EF 于 M，若 $EF // BD$，求证 M 平分 EF.

28. 圆 O 与圆 O_1 相切于 T，过 T 任作一直线分别交两圆于 A, A'.

求证：A, A' 处的切线平行.

29. 将梯形 $ABCD$ 的两腰 AB, CD 延长交于 E.

求证：$\triangle ADE$ 和 $\triangle BCE$ 的外接圆内切于 E.

30. 圆 O_1 与圆 O_2 交于 B, C，A 为圆 O_1 上异于 B, C 的任一点，连接 AB, AC 分别交圆 O_2 于 B', C'，O 是 $\triangle AB'C'$ 的外接圆的圆心.

求证：AO_1O_2O 是平行四边形.

第八章　几 何 轨 迹

第八章讲课视频

本章主要讨论在平面几何中与轨迹相关的问题. 同第七章所讨论的几何变换类似, 也是希望从动态的角度来研究几何形(这里所说的几何是指在一个平面内发生的几何, 下同)内在的性质. 即把“形”看作点(这里是指动点, 或物理学意义上的质点)的运动而产生的结果, 以便更有效地揭示几何的内在联系, 从而使“形”的问题不再显得那么静态化和表面化.

第一节　几何轨迹与几何图形

关于轨迹我们不想在其概念上作过多的探究, 因为这并不是我们所特别关注的问题. 从我们的理解层面上可以将点的轨迹归为以下两点: 一是按某种规律运动而留下的痕迹; 二是所有符合某个条件的点的集合.

很显然, 前者的描述更具“动态”特征, 而后者因为是从集合的角度来描述, 所以在表述上显得相对准确和方便. 但是不论怎么表达, 要点都是其中的“规律”或“条件”, 而且两者都能展示出“过程性”的特征. 简言之, 轨迹是讲究动态的, 讲究“过程”的. 例如, 直线可以看作点沿着一个确定的方向运动而产生的轨迹或者看作所有符合某个条件(如与另一条直线等距离)的点的集合. 又如, 圆可以看作一线段绕其一个端点旋转一周后, 另一个端点所产生的轨迹, 也可以看作所有符合到定点的距离为定长这一条件的点的集合.

与轨迹相对应的是几何形, 即几何图形. 我们自然没必要对图形给出一个定义. 然而, 有时我们也把几何图形看作点的集合, 这样看起来似乎和我们对轨迹的描述是一样的, 但两者依然有着本质的区别. 最主要的不同点就是几何图形是静态的, 是“结果”的, 是最后呈现在我们面前的那一种形态. 而几何轨迹是动态的, 是“过程”的, 是能够展示其内在结构和性质的. 我们可以简单地说, 圆的轨迹是画图的过程, 而圆的图形是画图后的结果.

虽然我们研究的最终目的是几何图形, 但也应该充分利用几何轨迹这个手段, 以此来实现手段与目的统一. 简述之, 就是要解决如下两个问题: ①轨迹的图形将是什么? ②图形是怎么产生的? 这就是几何轨迹中的两个基本问题.

第二节　几何轨迹的证明与基本命题

如上所述, 就几何轨迹的第一个基本问题来说, 按某种规律(条件)产生的轨迹到底是什么图形? 我们是否认识这样的图形? 这个图形的范围如何界定? 这是一个探索性的问题. 对于第二个问题我们将要解决的是: 图形产生的过程是什么? 是否还有其他方式产生这个图形? 这是一个分析性的问题.

为了叙述上的便利, 我们规定用 L 表示轨迹(locus), 用 R 表示规律(rule)或约束条件(restricting condition), 用 F 表示图形(figure). 例如, 一边确定的矩形的对角线交点(或矩形的中心)的轨迹 L 是什么图形 F ? F 是一条直线? 一条线段? 抑或是一条射线?

一、几何轨迹的证明

就上面的例子而言，如果我们作出一个预测，如判断F是一条直线，这就需要确认这样的判断是否正确．这是有关轨迹的证明问题．为了确认判断的真实性，我们需要做以下两方面的工作．

(1) 轨迹L上的点(或者满足条件R的点)都在(所预测的)图形F上．这就是说，只要符合条件的点都不得遗漏，因而这一项通常被称为轨迹的完备性．如用集合的方式来表达的话就是$L\subseteq F$或$\forall P\in L, P\in F$，或$\forall P\notin F, P\notin L$．

(2) (所预测的)图形F上的点都在轨迹L上(或者都满足条件R)．即不得有不符合条件的点混入在(所预测的)图形F之中，因而这一项通常被称为轨迹的纯粹性．用集合表示为$F\subseteq L$，或$\forall P\in F$，$P\in L$，或$\forall P\notin L$，$P\notin F$．

如果既确认了完备性，又确认了纯粹性，那么所预测的图形F就是所求轨迹L，即$F=L$．

下面就刚才的例子作进一步的说明．

例 8.2.1　如图 8-1，一边确定的矩形的对角线交点(或矩形的中心)的轨迹L是什么图形F？F是一条直线？一条线段？抑或是一条射线？

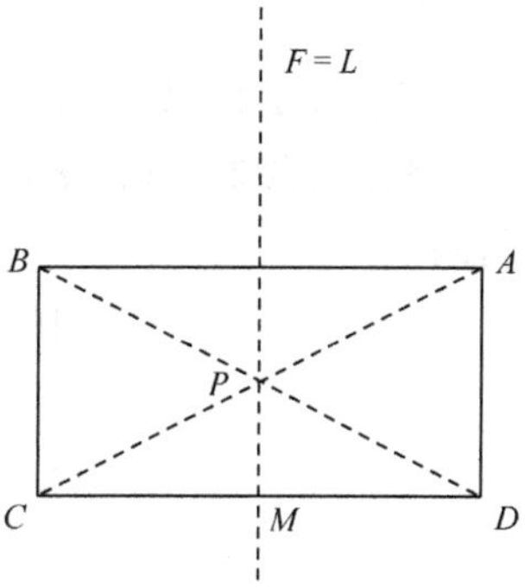

图 8-1

解　预测：F是此定边的中垂线．

完备性：设P为矩形的对角线交点，过P作定边CD的垂线于M，则易知M为CD的中点，即P在图形F上．

纯粹性：设P为定边CD的中垂线上任一点，则过C作CD的垂线，过D作CD的垂线分别与DP和CP的延长线交于B点和A点，易知$ABCD$为矩形，即P为矩形$ABCD$的对角线交点，所以P在轨迹L上．

但值得注意的是，若P点位于CD的中点M的位置，则此时矩形是无法构成的，因而$M\notin L$，即纯粹性不成立．

另外，对于定边CD的中垂线F，其两个方向上的无穷远点，也是构不成相应的矩形的，即也不是轨迹L上的点．但是，这些点具有特殊性，都处在一个极限的位置，如从极限的角度看待(即在其任意小的邻域内，都有符合条件的点)，CD的中点M以及无穷远点都可以包含在轨迹L中，我们把这些从一般情况看不符合条件的，但从极限角度看又符合条件的点称为极限点．在解决具体问题时，我们也可以把极限点纳入在轨迹之中，但必须得指明其为极限点．

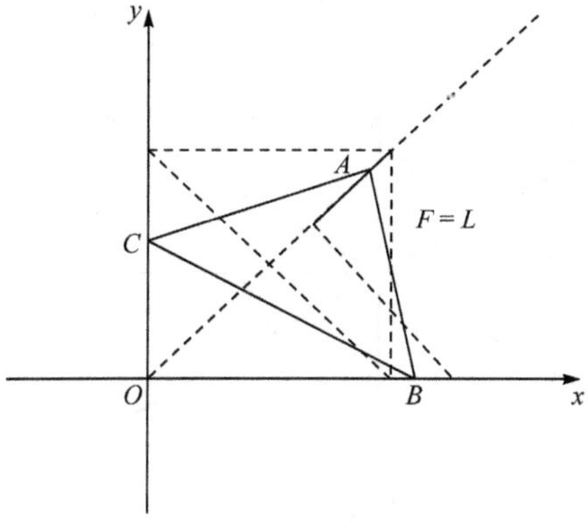

图 8-2

例 8.2.2　如图 8-2，设等腰直角三角形ABC (A为直角顶点)的顶点B，C分别在直角坐标系的x轴、y轴上移动，$\triangle ABC$的转向为顺时针，则顶点A的轨迹是一条线段．

解　预测：F为位于方向45°，距O点$\dfrac{\sqrt{2}}{2}a$和a的线段(其中a为等腰直角三角形$\triangle ABC$的斜边长)．

完备性：设A为满足条件的任意一点，连接OA，

则因 A,B,O,C 共圆，故 $\angle AOB=45^\circ$，即 A 点在图形 F 上.

纯粹性：设 A 为图形 F 上的任意一点，则以 A 为圆心，以 $\dfrac{\sqrt{2}}{2}a$ 为半径，画弧交 x 轴于 B，过 A 作 AB 的垂线交 y 轴于 C，则易证 $\triangle ABC$ 为等腰直角三角形，且斜边长为 a.

二、几何轨迹的基本命题

在长期的探索中，人们总结出一些有关轨迹的基本命题，这些命题已经经过人们的证实，但这些命题又可以用来解决其他有关轨迹的问题，当然这些命题没有确定的数量，在此列举其中我们认为较为常用的命题，以便在以后的轨迹探求中直接引用，但不再加以证明. 我们将其分为两类予以列举.

(一) 有关直线的轨迹基本命题

命题 8.2.1 如图 8-3，到一条线段两端点的距离相等的点的轨迹是该线段的中垂线.

命题 8.2.2 如图 8-4，到一条定直线距离相等的点的轨迹是与此直线距离相等的两条平行线.

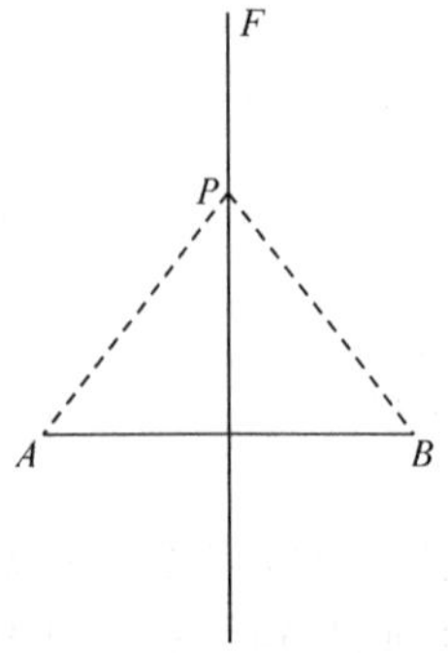

图 8-3

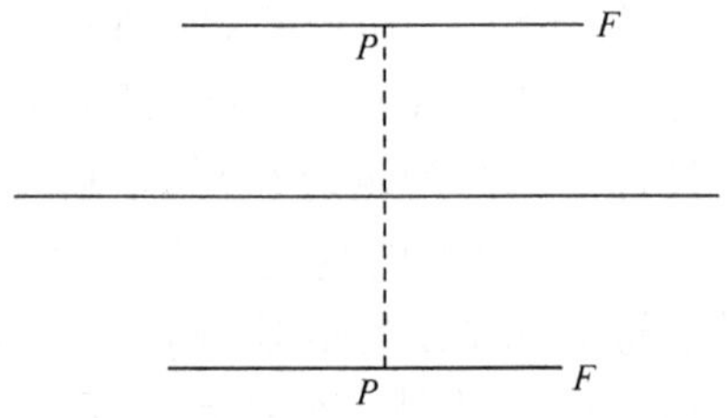

图 8-4

命题 8.2.3 如图 8-5，到两条平行直线距离相等的点的轨迹是到这两条直线距离相等的一条平行线.

命题 8.2.4 如图 8-6，到两条相交直线距离相等的点轨迹是分别平分此两直线夹角的两条直线(此两条直线自然是相互垂直的).

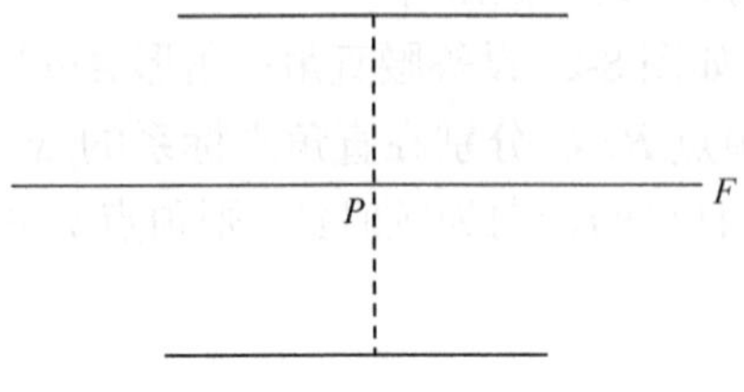

图 8-5

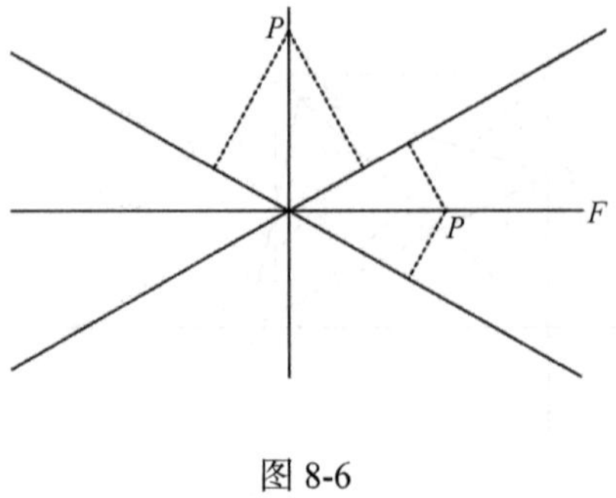

图 8-6

(二) 有关圆形的轨迹基本命题

命题 8.2.5　到定点的距离为定长的点的轨迹是以定点为圆心、定长为半径的圆.

命题 8.2.6　如图 8-7, 对定线段的视角为直角的点的轨迹是以线段为直径的圆.

命题 8.2.7　如图 8-8, 对定线段的视角为非直角的点的轨迹是以线段为弦的两段对称弓形弧.

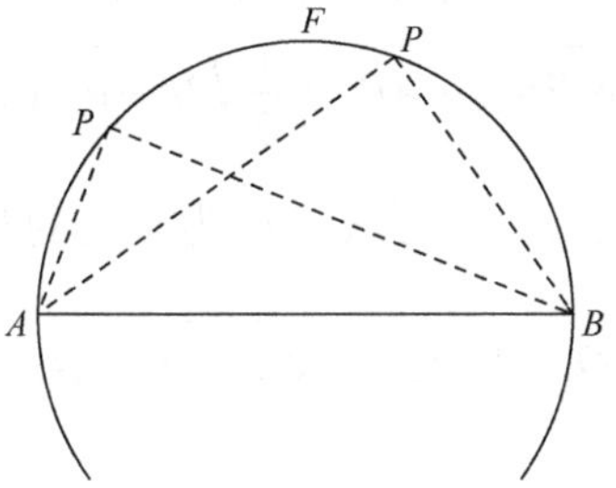

图 8-7

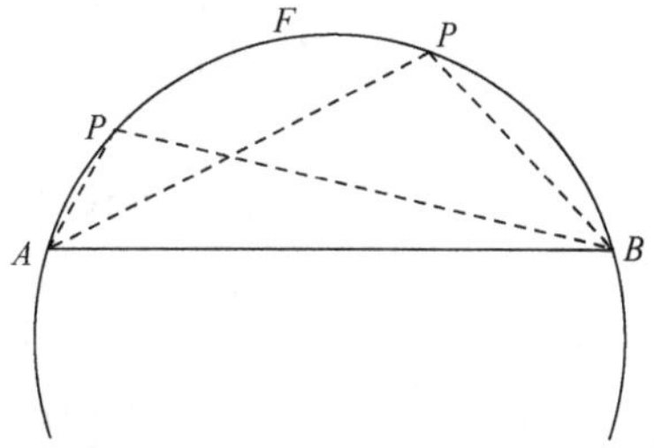

图 8-8

第三节　几何轨迹的探求

一、典型轨迹问题举例

人们在长期探索几何轨迹问题中, 发现一些较为典型的轨迹问题. 这些轨迹问题既在约束条件(R)类型上具有典型性, 也在轨迹L类型上具有典型性, 在此我们按约束条件(R)的类型给予列举.

例 8.3.1　求到两定点距离之比为定值的点的轨迹.

解　完备性: 如图 8-9, 图 8-10, 考察两定点A, B所在直线上的点, 显然, AB的内分点C, 以及外分点D都是符合条件的点, 当然动点P是可以离开AB所在直线的, 这样我们就有$\frac{PA}{PB}=\frac{CA}{CB}=k$ (k为定值), 即PC是$\angle APB$的平分线, 同样, $\frac{PA}{PB}=\frac{DA}{DB}=k$, 即$PD$是$\angle APB$的外角平分线, 故$\angle CPD=90°$, 由命题 8.2.6 可知$P$点的轨迹是以$CD$为直径的圆. 此圆被称为**阿波罗尼奥斯圆**.

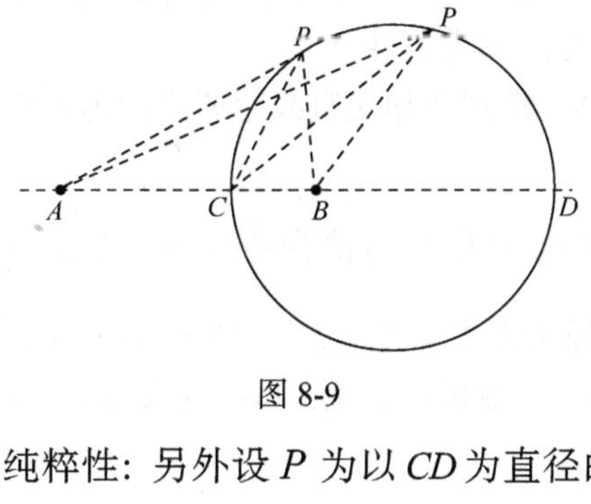

图 8-9

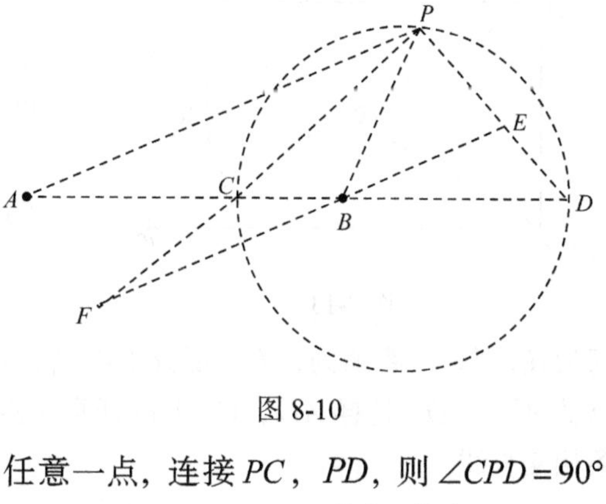

图 8-10

纯粹性: 另外设P为以CD为直径的圆上的任意一点, 连接PC, PD, 则$\angle CPD=90°$, 过B点作AP的平行线, 交PD于E, 交PC的延长线于F, 从而$\frac{PA}{EB}=\frac{DA}{DB}=k$, 同时

$\frac{PA}{FB}=\frac{CA}{CB}=k$，所以 $EB=FB$，即 B 是 $\mathrm{Rt}\triangle PEF$ 斜边上的中点，因而 $PB=FB$，即 $\frac{PA}{PB}=k$，这说明 P 点满足条件.

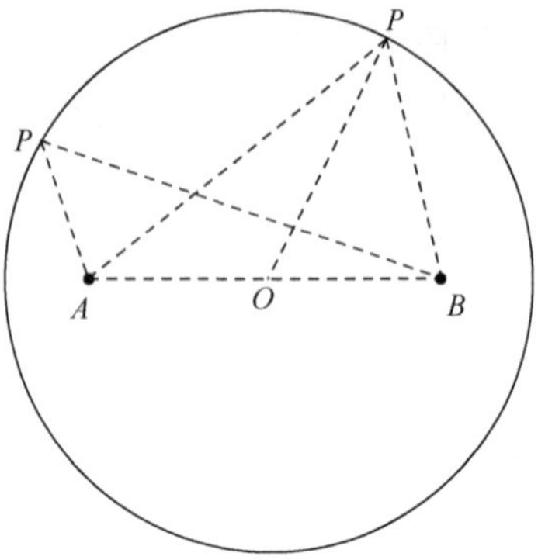

图 8-11

例 8.3.2 求到两定点距离平方之和为定值的点的轨迹.

解 如图 8-11，设 O 为 AB 的中点，且 $PA=a, PB=b$ 及 $AB=d$ (定值)，则 $a^2+b^2=k$ (定值)，容易计算得

$$OP=\frac{1}{2}\sqrt{2(PA^2+PB^2)-AB^2}=\frac{1}{2}\sqrt{2k-d^2}\ (定值),$$

故 P 点的轨迹是以 O 为圆心，$\frac{1}{2}\sqrt{2k-d^2}$ 为半径的圆.

纯粹性：设 P 为以 O 为圆心，$\frac{1}{2}\sqrt{2k-d^2}$ 为半径的圆上的任意一点，则

$$OP=\frac{1}{2}\sqrt{2(PA^2+PB^2)-AB^2}=\frac{1}{2}\sqrt{2(PA^2+PB^2)-d^2}=\frac{1}{2}\sqrt{2k-d^2},$$

故 $PA^2+PB^2=k$，这说明 P 点满足条件.

例 8.3.3 求到两定点距离平方之差为定值的点的轨迹.

解 如图 8-12，设 $PA=a, PB=b$ 及 $AB=d$ (定值)，则 $a^2-b^2=k$ (定值)，但过 P 点向 AB 所在直线作垂线 PM，可得

$$PA^2=PM^2+AM^2,\quad PB^2=PM^2+BM^2,$$

故

$$AM^2-BM^2=PA^2-PB^2=a^2-b^2=k\ (定值).$$

这说明 M 为定点，P 点的轨迹为垂直 AB 于定点 M 的一条直线.

纯粹性证明从略.

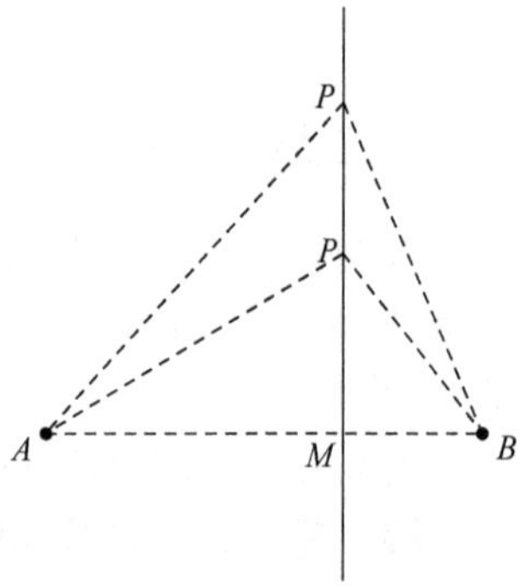

图 8-12

例 8.3.4 求到两相交直线距离之和为定值的点的轨迹.

解 如图 8-13，设定值为 d，则定直线 AC 上到另一定直线 BD 的距离为 d 的点满足条件，如图中 A,B,C,D 均满足条件，现考察 BC 上的点 P，易知 P 点满足条件，故预测此轨迹为矩形 $ABCD$.

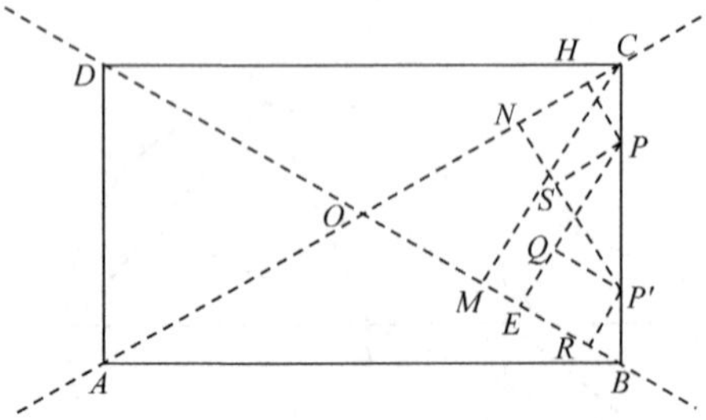

图 8-13

纯粹性：设 P' 是矩形 $ABCD$ 上的任意一点，过 P' 向 BD 作垂线，垂足为 R，同时过 P' 作 CA 的垂线，不难确认 P' 满足条件.

例 8.3.5 求到两相交直线距离之比为定值的点的轨迹.

解 如图 8-14，设定值为 $\frac{d_1}{d_2}=m$，并设定一距离为 d_1，则另一距离为 md_2，现分别以 d_1，md_2 为相隔距离作定直线 a，b 的平行线 AC，BD，以及 AB，CD，这样 AD，CB 上的任意一点都满足条件，故可以预测，其轨迹为 AD, CB 这两条相交直线.

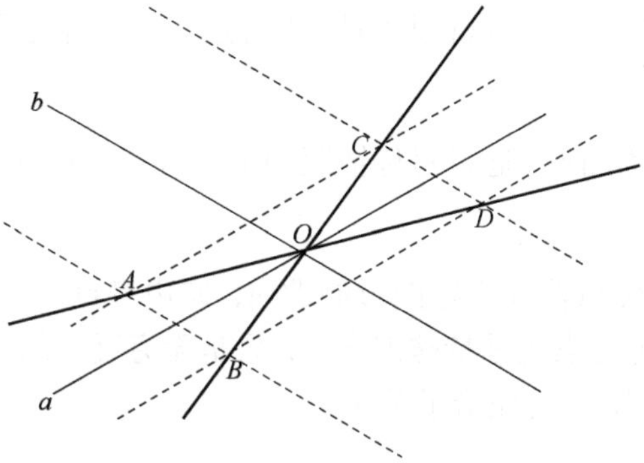

图 8-14

纯粹性的证明从略.

例 8.3.6 求和两定圆的幂相等的点的轨迹.

解 如图 8-15, 过 P 点作一直线与圆 O 交于 A, B 两点(若 A, B 重合, 则直线与圆相切), 则称 $PA \cdot PB$ 为 P 点关于圆 O 的幂. 现设两定圆为圆 O_1, 圆 O_2 (仅讨论两圆相离的情形, 其他情况从略)的半径分别为 r_1, r_2, 动点 P 关于两圆的幂相等, 如图 8-15, 由圆幂定理知 $PA^2 = PB^2$, 而 $PA^2 + r_1^2 = PO_1^2$, $PB^2 + r_2^2 = PO_2^2$, 故 $PO_1^2 - PO_2^2 = r_1^2 - r_2^2$ (定值), 至此, 情形与例 8.3.3 完全相同, 即轨迹为垂直 O_1O_2 于定点 M 的一条直线.

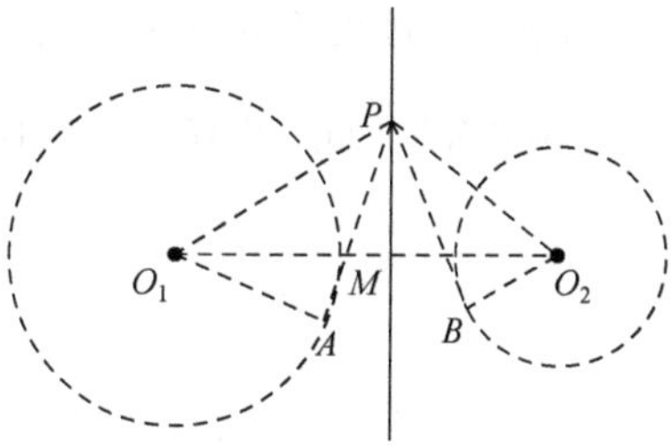

图 8-15

二、轨迹探求的一般思考

轨迹探求虽然没有普遍的方法, 但在长期的探索活动过程中, 人们也总结出一些具有规律性的解题要点, 现分述如下.

(一) 轨迹图形的基本要素

就一般情况而言, 我们并不清楚依照一定的规律所形成的轨迹到底是怎样的几何图形. 然而几何图形的确定无非需要三个要素: 形状、大小和位置. 对于具体的几何轨迹问题, 这三个要素的情况越清楚, 问题的解决就越容易. 如果三个要素都明确了, 那么只剩下证明(证明完备性和纯粹性)的问题了.

(二) 轨迹图形的基本构成

对于初等几何来说, 构成几何图形的基本形状并不复杂, 一般只有直线(包括线段、射线)、圆形(包括圆弧)以及它们的组合, 这给我们对轨迹的图形进行预测带来很大的方便. 也就是说, 在通常的情况下, 我们对轨迹的图形预先已经有一个大致的把握.

(三) 轨迹图形的探索要点

1. 无穷远点的判断

如果轨迹图形中含有直线(或射线), 则在给定的轨迹条件中一定具有“无穷”的因素, 这是不难发现的. 因此在对轨迹图形进行预测时, 无穷远点是否存在是首先要考虑的一项.

2. 对称情况的分析

初等轨迹图形多为对称图形, 通过对称情况的考察有利于把握轨迹图形.

3. 特殊点的考察

轨迹图形中的一些特殊点往往决定图形的性质, 如边界点、中心点、转折点、关键点和极限点等. 前面提及的无穷远点也是特殊点之一, 只是无穷远点的存在与否关系到图形的“无限”或“有限”, 故单独列出, 首先给予关注.

(四) 已知轨迹命题的利用

上述讨论的基本轨迹问题和典型轨迹问题可以作为已知轨迹命题(定理)使用. 这些命题既可以让我们探索其他轨迹问题时直接引用, 也能给我们提供启示性的思路.

(五) 轨迹图形的探求举例

例 8.3.7 如图 8-16, 在$\triangle ABC$中, $\angle BAC$为定角, $AB+AC$为定长, 求BC中点P的轨迹.

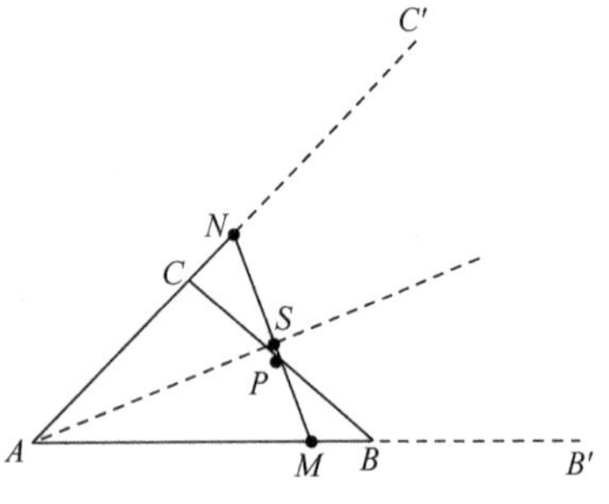

图 8-16

解 (1) 探求分析: 如图 8-16 所示.

① 无穷远点的判断: 本题中的条件“$AB+AC$为定长”, 决定了P点不可能到无穷远处, 因而其轨迹只是一个“有限”图形.

② 对称情况的分析: 对于$\triangle ABC$来说, B, C两点所处的地位相同, 故其轨迹具有“对称”的性质, 并且图形将关于$\angle BAC$的平分线对称.

③ 特殊点的考察: 现设$AB+AC=2a$, 构造$\triangle AMN$, 使$AM=AN=a$, 则MN的中点S是轨迹上的点, 且S将是图形的中心点. 同时M, N本身为轨迹的极限点. 且M, S, N三点共线.

(2) 预测判断: 由上述分析预测轨迹L的图形F是线段MN, 其中M, N为极限点.

(3) 完备性: 如图 8-17, 设P点为轨迹 L 上的点, 即P点符合条件(R), 则由条件$AB+AC=2a$得知$CN=BM$, 过C作直线平行MN交AB于D, 则$MD=MB$, 而P为BC的中点, 故$PM // CD // MN$, 即M, P, N共线, P点在图形F上.

纯粹性: 设P点为图形F上的任意一点, 在MN上取$PE=PM$(若P点在SN范围, 则取$PE=PN$), 过E作直线平行AB于C, 连接CP延长交AB于B, 则易知$\triangle ABC$为所求, 即P点符合条件(R).

(4) 结论: 轨迹L的图形F是线段MN, 其中$AM=AN=a$, 且M, N为极限点.

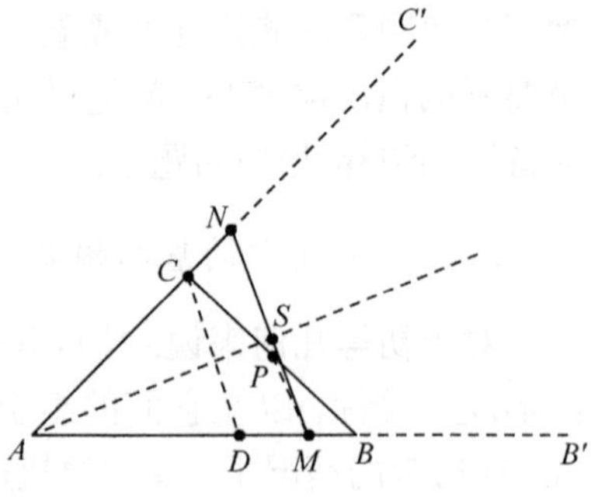

图 8-17

例 8.3.8 如图 8-18, 设P点在以AB为直径的半圆上, O为圆心, 过P作$PD \perp AB$于D, 连接OP, 在OP上截$OR=PD$, 当P点在半圆上移动时, 求R点的轨迹.

解 (1) 探求分析: 如图 8-18 所示.

① 无穷远点的判断: 根据本题的条件可判断其轨迹是一个“有限”图形.

② 对称情况的分析: 根据条件可知其轨迹具有“对称”的性质, 图形将关于 AB 的垂直平分线 OM 对称.

③ 特殊点的考察: 很自然, 当 P 点落在 AB 的垂直平分线上时, 即有 $PD=PO=OR$, 此时 P 点与 R 点重合于 M 点, 此为一个关键点. 另外, 当 P 点落在 A 点时(由对称性, 落在 B 点情况相同), R 点与 O 点重合, 即 O 点也是一个关键点, 由此看来其轨迹是以 OM 为对称轴, 且以 O, M 为特殊点的几何图形.

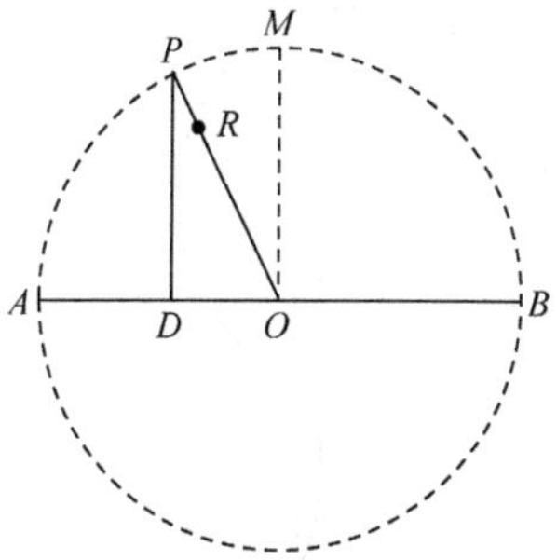

图 8-18

(2) 预测判断: 由上述分析预测轨迹 L 的图形 F 可能是以 OM 为直径(也可能是以 OM 为定弦)的一个圆(两段对称圆弧).

(3) 完备性: 设 R 点为轨迹 L 上的点, 即 R 点符合条件(R), 连接 MR, 易证得 $\triangle OPD \cong \triangle ROM$, 所以 $\angle MRO=90°$, 即 R 在以 OM 为直径的圆上.

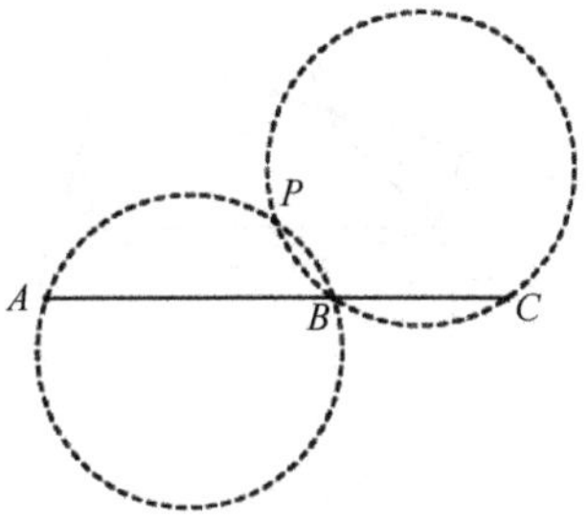

图 8-19

纯粹性的证明从略.

(4) 结论: 轨迹 L 的图形 F 是以 OM 为直径的圆.

例 8.3.9 如图 8-19, 一直线上的三点顺次为 A, B, C, 现分别以 AB, BC 为弦作等圆, 求此两圆的另一交点 P 的轨迹.

解 (1) 探求分析: 如图 8-19 所示.

① 无穷远点的判断: 根据本题的条件, 可以作半径为无穷大的等圆, 故判断其轨迹是一个“无限”图形.

② 对称情况的分析: 根据条件可知其轨迹具有“对称”的性质, 图形将关于 ABC 所在的直线对称, 因此我们只谈论轨迹在直线 ABC 上方的情形.

③ 特殊点的考察: 如图 8-20, 不妨设 $AB>AC$, 以 AB 为直径作等圆, 则为最小的等圆, 此时 PB 所对的圆周角 $\angle PAB=\angle PCB$, 即 P 点落在 AC 的中垂线上, 此为一个特殊点. 对于一般的情形, 如图 8-21, 可以在直线 ABC 上方和下方各作以 AB 为弦的圆, 与以 BC 为弦的圆交于 P_1 和 P_2 (根据对称性, 与以 BC 为弦的圆另一个交点, 可以省略), 同理, P_1 和 P_2 都在 AC 的中垂线上. 另外, 随着所作的等圆半径无限增大, P_2 将无限地靠近直线 ABC, 因而 AC 的中点是轨迹的极限点.

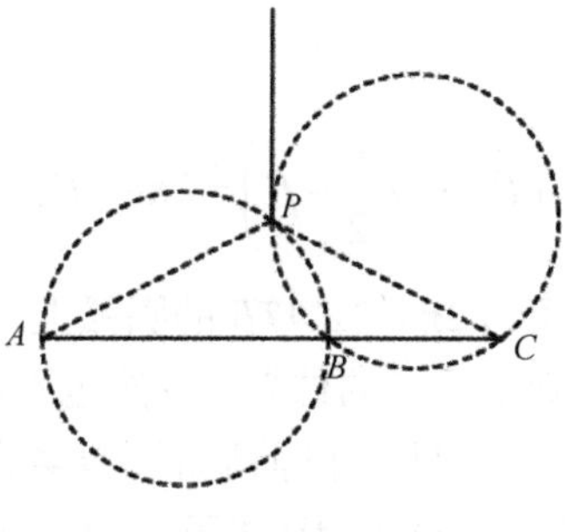

图 8-20

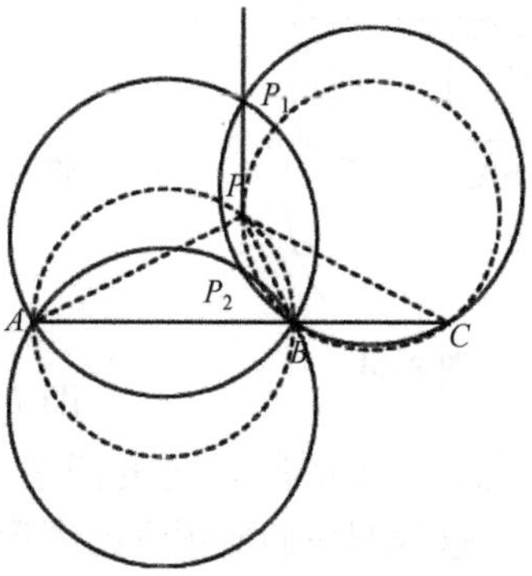

图 8-21

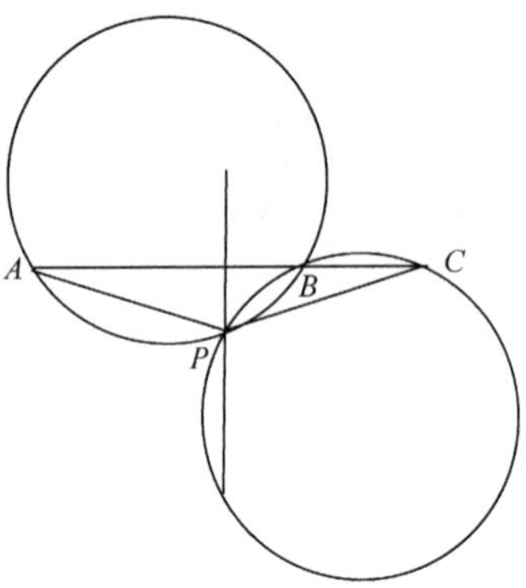

图 8-22

(2) 预测判断: 轨迹 L 的图形 F 可能是 AC 的中垂线(AC 的中点是轨迹的极限点).

(3) 完备性: 由上述分析得以确认.

纯粹性: 如图 8-22, 在 AC 的中垂线上任取一点, 作 $\triangle ABP$ 和 $\triangle BCP$ 的外接圆, 则易证两圆半径相等.

(4) 结论: 轨迹 L 的图形 F 是 AC 的中垂线(AC 的中点是极限点).

例 8.3.10　设 T 为弓形弧 AB 上的动点, 以 T 为切点作圆切线 MN, 过 A 作 MN 的垂线于 M, 过 B 作 MN 的垂线于 N, 并作 $\angle TAP=\angle TAM, \angle TBP=\angle TBN$, 试求 AP, BP 的交点 P 的轨迹.

解　(1) 探求分析: 如图 8-23 所示.

① 无穷远点的判断: 根据本题的条件可判断其轨迹是一个"有限"图形.

② 对称情况的分析: 根据条件可知其轨迹具有"对称"的性质, 图形将关于弓形弧的对称轴对称.

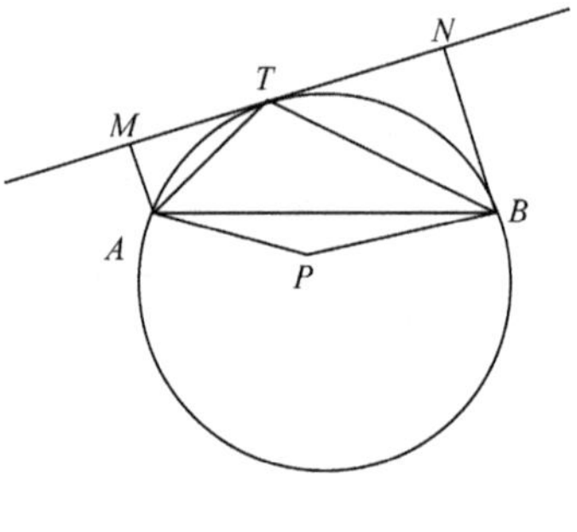

图 8-23

③ 特殊点的考察: 显然, 当 T 点落在弓形弧 AB 的中点时, P 点为一个特殊点, 此时, P 点也落在弓形弧的对称轴上. 另外, 当 T 点逐渐靠近 A 点时(由对称性, T 点逐渐靠近 B 点情况相同), AP 逐渐靠近 AB, 同时 P 点也将逐渐靠近 B 点, 当 T 点与 A 点重合时(以极限的角度看待), P 点与 B 点重合, 因此 B 点为轨迹的极限点, 同样 A 点也为轨迹的极限点.

(2) 预测判断: 进一步对特殊点 P_0 的考察, 如图 8-24, 易发现 P_0 正是弓形弧所在圆的圆心, 且 $\angle AP_0B=2\pi-2\angle ATB$ (定值), 故预测轨迹 L 的图形 F 可能是以 AB 为弦, 视角为 $2\pi-2\angle ATB$ 的一段圆弧.

(3) 完备性: 如图 8-25, 设 P 点为轨迹 L 上的点, 即 P 点符合条件(R), 过 T 作 $TM'\perp AP$ 于 M', 则由条件可设 $\angle ATM=\angle ATM'=\alpha$, 并设 $\angle BTN=\beta$, $\angle ATB=\theta$, 从而

$$\theta=\pi-\alpha-\beta,$$

$$\angle BTM'=\theta-\alpha,\quad \angle PBT=\frac{\pi}{2}-\beta,$$

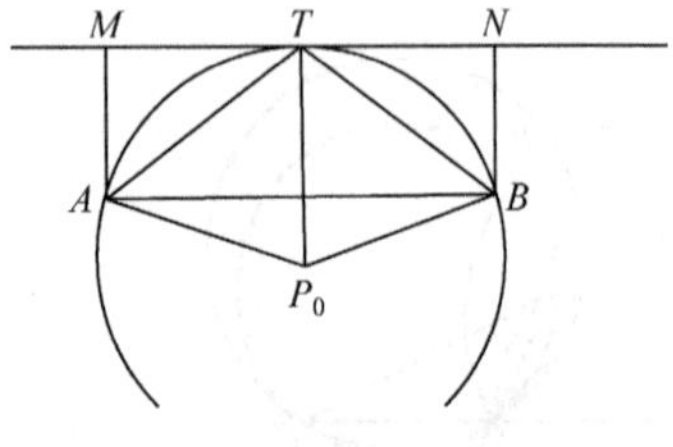

图 8-24

故

$$\angle APB=2-\left(\frac{\pi}{2}+\theta-\alpha+\frac{\pi}{2}-\beta\right)=2\pi-2\theta,$$

即 P 点在以 AB 为弦, 视角为 $2\pi-2\angle ATB$ 的圆弧上.

纯粹性: 对于图形 F 上的任意一点 P, 我们却无法确定 T 点的位置, 自然也不能证明纯粹性成立. 这说明我们所预测的图形 F 上有许多点并不符合条件, 亦即预测是错误的.

就本例而言, 如图 8-26, 我们只要作弓形弧所在的圆, 并延长 AP 交圆于 D, 延长 BP 交圆于 C, 则 AD 所对的圆周角

$$\angle ACD=\angle DCT+\angle ACT=\angle DAT+\angle ABT=\angle MAT+\angle MTA=\frac{\pi}{2}$$

(其中利用了弦切角定理), 因而 AD 是圆的直径. 同样 BC 所对的圆周角

$$\angle BTC=\pi-(\angle BCT+\angle CBT)=\pi-(\angle BTN+\angle NBT)=\pi-\frac{\pi}{2}=\frac{\pi}{2}.$$

因此 P 点是圆的两直径的交点.

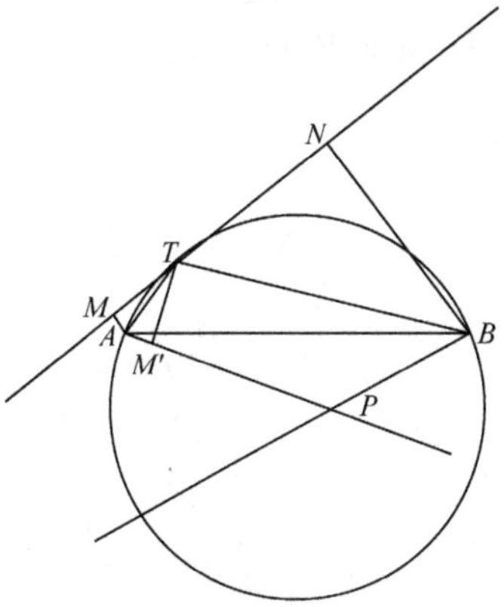

图 8-25

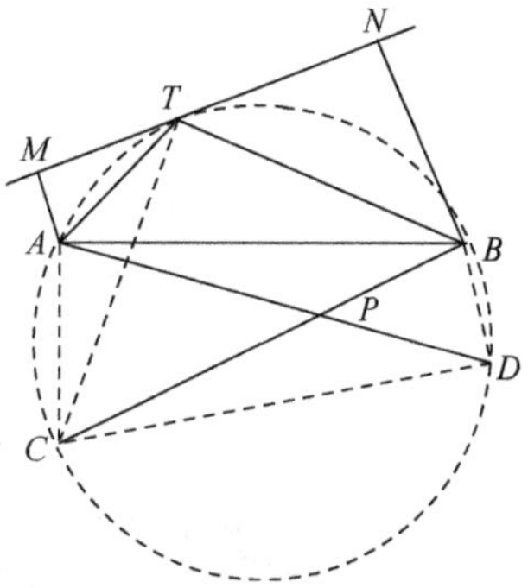

图 8-26

(4) 结论: 轨迹 L 的图形 F 是已知弓形弧所在圆的圆心, 只是一点.

从上面的例子中可以看出, 虽然我们对轨迹的图形只是作了预测, 预测错误自然是难免的, 但从另一个角度来说, 几何轨迹问题的证明显然是不可或缺的, 这也是提醒我们注意的一个典型例子. 为此, 再举一例说明类似的问题.

例 8.3.11 设 A 点是以 BC 为弦的定弧上的动点, 若延长 BA 至 P 点, 使得 $AP=AC$, 求 P 的轨迹.

解 (1) 探求分析: 如图 8-27 所示.

设 $\angle BAC=\alpha$ (定角), 由条件可知

$$\angle P=\frac{1}{2}\angle BAC=\frac{\alpha}{2}\text{ (定角)},$$

即动点对 BC 的视角为定值.

(2) 预测判断: 轨迹 L 的图形 F 可能是以对 BC 的视角为 $\frac{\alpha}{2}$ 的弓形弧.

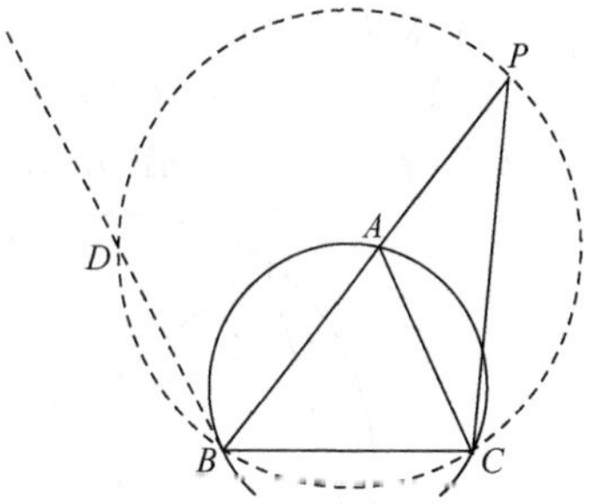

图 8-27

(3) 完备性: 由上述分析直接可得.

纯粹性: 在图形 F 上, 即以对 BC 的视角为 $\frac{\alpha}{2}$ 的弓形弧上任取一点 P, 连接 PB, PC, 过 C 作直线 CA 交 PB 于 A, 使得 $\angle PCA=\angle P=\frac{\alpha}{2}$, 则 $\angle BAC=\alpha$, 故 P 点符合条件, 即纯粹性成立.

(4) 结论: 轨迹 L 的图形 F 是以对 BC 的视角为 $\frac{\alpha}{2}$ 的弓形弧.

虽然上述解答过程似乎无懈可击, 但结论确是错误的. 若 DB 是圆弧 ABC 于 B 点的切线,

结论中所求的图形不包括弓形弧的 BD 段, 显然在 BD 弧上任取一点, 将不满足条件. 因此所求轨迹 L 的图形 F 应是弧 DPC 一段, 其中点 C, D 为边界点. (为什么不是极限点?)

习　题　八

1. 如图 1, 过圆 O 内一定点 A 任作直线交圆 O 于 B, C 两点, 求 BC 中点的轨迹.

2. 如图 2, 已知 $\triangle ABC$ 一边 BC 固定, AC 边上的中线 BD 为定长, 求顶点 A 的轨迹.

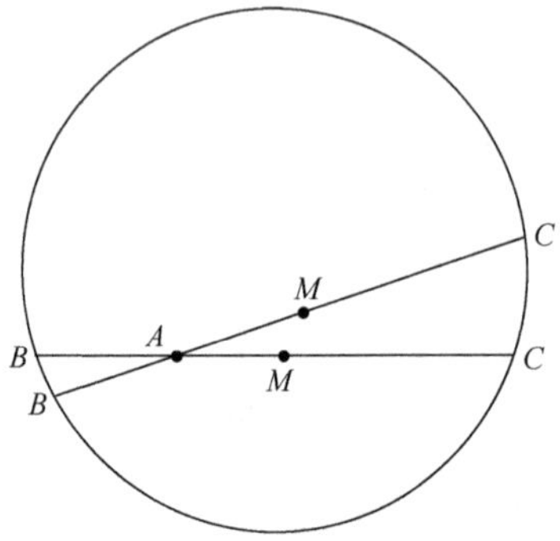

图 1

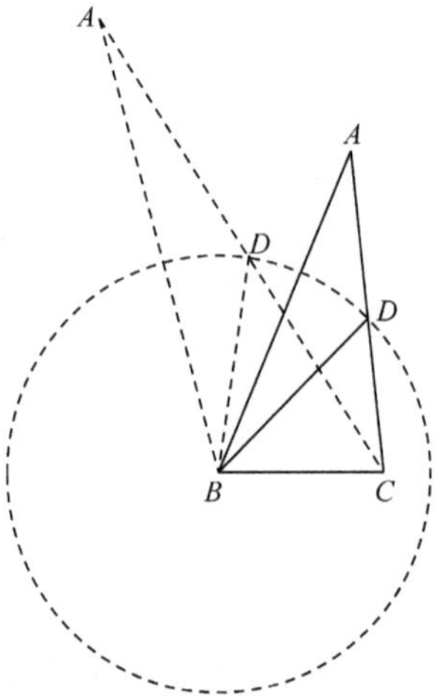

图 2

3. 如图 3, 设 A, B 为圆 O 上的两定点, M 为圆 O 上的动点, 现由 MB 之中点 S 向 MA 作垂线 SR, 垂足为 R.

(1) 证明 SR 过一定点.

(2) 求 S 点的轨迹.

4. 如图 4, 设 M 为在定线段 AB 上的动点, 分别以 AM, BM 为边在 AB 的同侧作正方形 $AMCD$ 和 $BMEF$, 若 O_1, O_2 为两正方形的中心, 求 $O_1 O_2$ 中点 P 的轨迹.

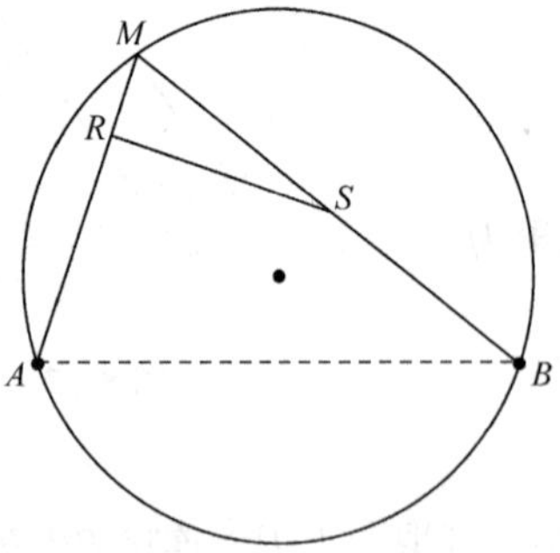

图 3

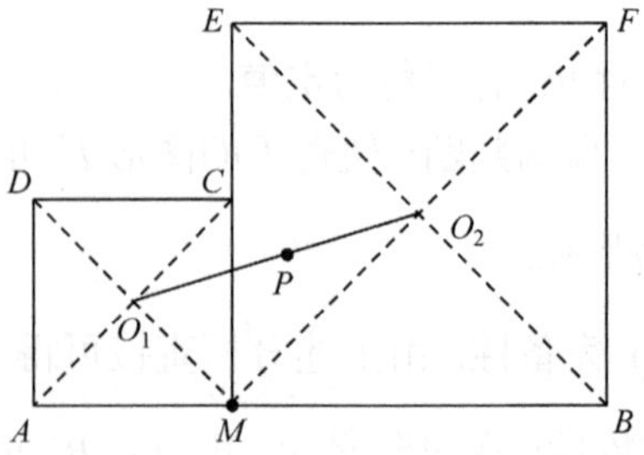

图 4

5. 如图 5, 设 M 是圆 O 的定直径 AB 的延长线上的动点, 过 M 作直线切圆 O 于 T, 过 O 作 $\angle OMT$ 平分线的垂线, 垂足为 P, 试求 P 点的轨迹.

6. 如图 6, 设 A, B 为圆 O 外的两定点, 现过 A 作直线交圆 O 于 C, D, 连接 BC、BD, 试求 $\triangle BCD$ 外心 S 的轨迹.

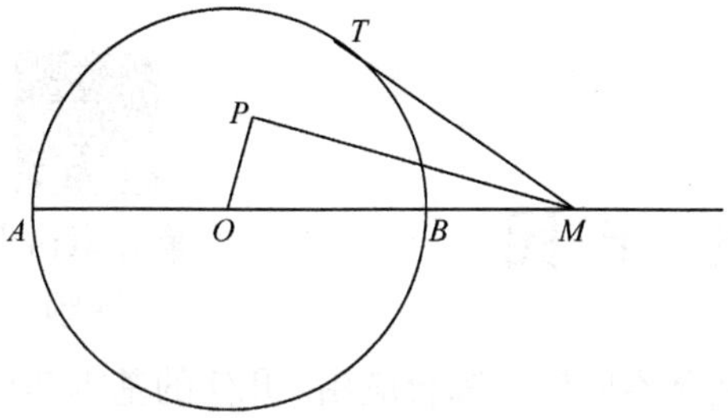

图 5

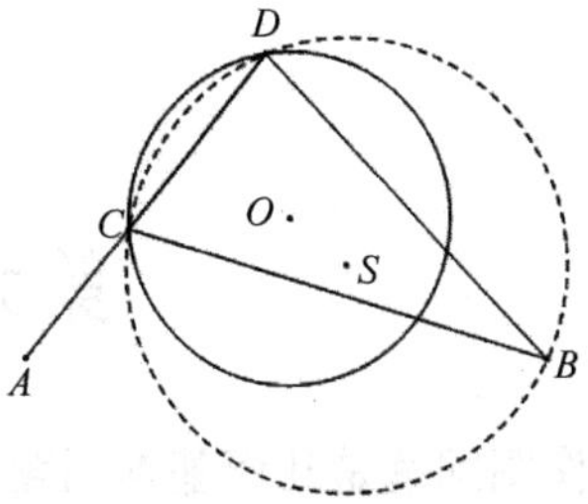

图 6

第九章　几 何 作 图

第九章讲课视频

几何作图问题是几何基本问题的延伸，也是几何基本问题的综合应用．几何的基本知识是几何作图的基础，几何变换法以及轨迹法都是几何作图不可或缺的重要方法．因此，本章所述内容既具有对前述内容的概括功能，同时也是几何广泛用于实际图形的设计的体现，如在机械工程的实际应用方面的体现等，应该说几何作图在几何中的地位是显而易见的．

事实上，几何作图是几何的古老问题．几何中的黄金分割、不可公度量的发现无不和几何作图有着密切的联系．后来在作图中不断发现问题，既是人们对几何内在问题不断探究的结果，也是几何作图问题研究不断深入的一个突出表现．

当然，早期(古希腊时期)几何作图的基本理念是使用最简单的工具作出尽可能复杂的图形，在使用工具和限制条件上达到了近乎苛刻的程度．虽然后来的几何作图在这方面做了相对宽松的处理，但这不足以成为我们放弃研究几何作图基本思想的理由．从某种意义上来说，研究几何作图是对早期几何朴素的作图思想的重新审视和发扬．

与其他研究几何的方法一样，几何作图的目的同样是为了研究几何形的内在结构和本质特征．只是几何作图的研究方式是通过几何构造来实现探索和发现几何形内在本质结构这一目的，此所谓殊途同归．

第一节　基本作图问题

一、工具问题

早期的几何作图也称尺规作图，因为所使用的作图工具只有无刻度的直尺和圆规，但这符合作图工具最简原则，与古希腊崇尚由简单原理出发演绎完整理论的哲学理念一脉相传，犹如泰勒斯“水”的哲学、毕达哥拉斯“数”的哲学．因而若从哲学的视角来看待几何作图也许对它的意图和思想能体会得更多一些．

二、条件问题

关于条件问题，首先是作图次数的有限性，即不能无限次地实施某个作图步骤．其次是所给作图命题的已知条件应具有相容性、独立性和恰当性，即所有条件之间互不矛盾，其中一个条件不得由其他条件逻辑推得，以及所有条件中既没有多余的条件也不得缺失某个条件．

这些制约条件是为了让作图更符合一定的规则而不是随心所欲，让整个作图过程显得严谨而有条理．因此，与其说早期的几何作图是为了获得最后的作图结果，还不如说其本身就是为了追求作图的过程，并在这个过程中获取对几何内部结构的考察和体验．

三、作图基本原理——作图公法

作图公法相当于几何公理，是指使用尺规作图时，所凭借的最基本的、默认的原理．反之，任何作图的结果图形最终可归结于这些基本原理．作图公法只有三种：一是关于直线的；二是关于圆的；三是关于(交)点的. 具体如下：

(1) 过两点作一条直线；

(2) 以某定点为圆心，定长为半径作一圆；

(3) 作两直线的交点，作直线与圆的交点，作两圆的交点.

四、作图基本问题——作图成法

作图成法相当于几何定理，是指已经被证明为正确的或可行的，且又可用来作为实施其他作图依据的作图法则. 作图成法没有具体的规定，但一般都是基本的又可方便使用的法则，下面列出常见的若干条，以供参考.

(1) 关于直线的作图成法：

① 过一点作已知直线的垂线；

② 过一点作已知直线的平行线；

③ 作已知线段的中垂线.

(2) 关于角的作图成法：

① 以已知射线为边作一角等于已知角；

② 平分一角.

(3) 关于三角形的作图成法：

① 已知三边作三角形；

② 已知两边和夹角作三角形；

③ 已知两角和夹边作三角形.

(4) 关于线段、角的度量关系的作图成法：

① 作线段、角的和或差；

② 作线段的n等分；

③ 已知两线段，作$x=\sqrt{a^2+b^2}$；

④ 已知两线段，作$x=\sqrt{a^2-b^2}$ ($a>b$).

(5) 关于弧的作图成法：

① 平分一弧；

② 已知弦长和内接角作弓形弧.

(6) 关于比例关系的作图成法：

① 内分或外分一线段成已知比；

② 作已知三线段的第四比例项($a:b=c:x$)；

③ 作已知两线段的第三比例项($a:b=b:x$)；

④ 作已知两线段的比例中项($a:x=x:b$).

第二节　几何作图的基本方法

一、轨迹交点法

从作图公法(作图成法)中可以看出，要作出规定条件的几何图形，主要是确定几何图形上的某些关键点. 如作圆, 确定圆心是一个关键; 又如作已知线段的中垂线, 确定中垂线上的两个相异的点就成为关键. 但是点的位置的确定通常是由两条相交的曲线或直线(轨迹)而确定的, 因而所谓轨迹交点法(有时简称交轨法)就是作出符合条件 C_1 的曲线或直线(轨迹) A, 同时作出符合条件 C_2 的曲线或直线(轨迹) B, 那么 A 与 B 的交点 P 既是符合条件 C_1 的点, 也是符合条件 C_2 的点, 而 P 点往往是符合条件 C_1, C_2 的图形 T 上的关键点, 从而达到作出图形 T 的目的.

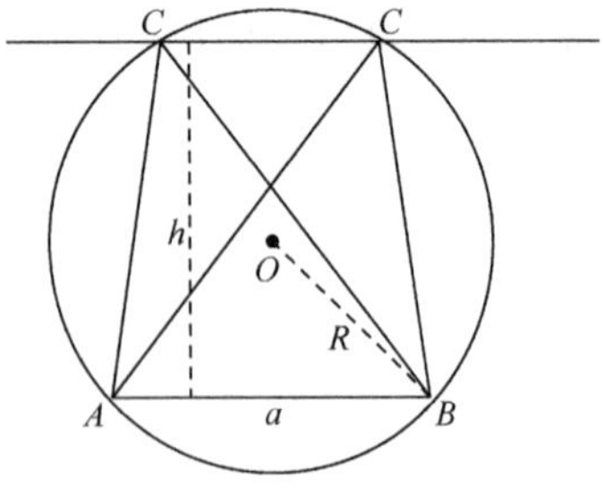

图 9-1

从上述分析可以看出, 轨迹交点法来源于作图的基本思想, 因而它也成为作图的基本方法, 具有普遍性和广泛性.

例 9.2.1　求作三角形, 使其一边长为 a, 此边上的高为 h, 且它的外接圆的半径为 R.

解　如图 9-1, 设 $\triangle ABC$ 的一边 AB 已经确定, 那么第三个顶点 C 则成为确定此三角形的一个关键点. 而 C 点的产生可看作是符合条件“以 AB 为弦, 以 R 为半径”的圆, 与符合条件“与 AB 相距为 h 且平行 AB”的直线的交点. 显然, 这两条曲线(直线)按作图公法(作图成法)不难作出.

例 9.2.2　如图 9-2, 经过已知圆内的定点 P, 求作一弦, 使得 P 点将该弦分成的两线段长度的差为给定的值 a.

解　要确定过 P 点且满足条件的弦 AB, A 点或 B 点(弦与圆的交点)似乎是关键点, 但确定它们并不容易.

但若能确定弦 AB 中点 M 的位置也同样可以确定弦 AB 的位置, 可见 M 点也是一个关键点.

现假设弦 AB 已经确定, 则 $OM \perp AB$, 所以 M 点在以 OP (OP 的长度是确定的)为直径的圆上. 同时 $PM = \dfrac{a}{2}$, 故 M 点又在以 P 点为圆心, $\dfrac{a}{2}$ 为半径的圆上, 因而关键点 M 是以 OP 为直径的圆和以 P 点为圆心, $\dfrac{a}{2}$ 为半径的圆的交点.

作法　如图 9-3, 连接 OP, 并以 OP 为直径作圆, 又以 P 点为圆心, $\dfrac{a}{2}$ 为半径作圆, 两圆交于 M 点, 连接 PM 交圆 O 于 A, B, 则 AB 为所求.

由对称性可知, 符合条件的弦 AB 有两条.

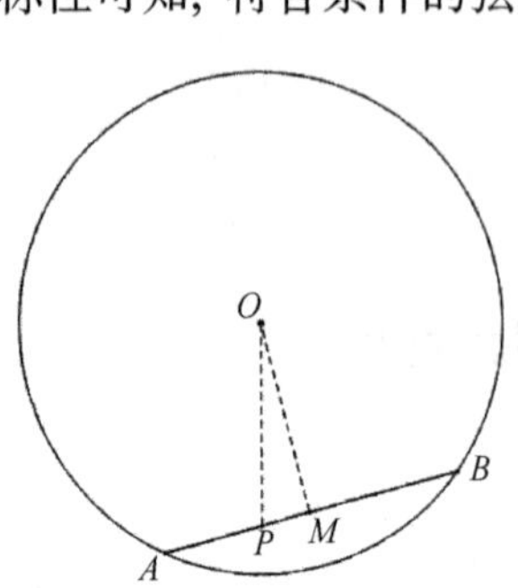

图 9-2

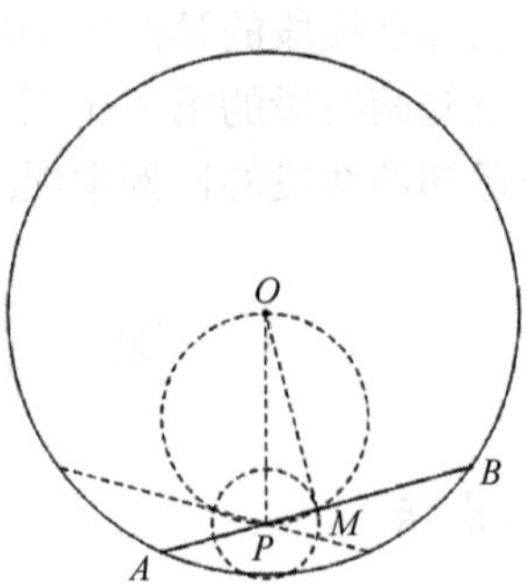

图 9-3

例 9.2.3　有一个圆与圆 O 外切于定点 P，并相切于已知直线 l，求作此圆.

解　要确定满足条件的圆 M，其圆心 M 是关键点.

假设圆 M 已经确定，则 M 点在直线 OP 上.

另一方面，作圆 M 与圆 O 的公切线 PA，交已知直线 l 于 A 点，点 B 在直线 l 上(与 A 点不重合)，则 M 点又在 $\angle PAB$ 的平分线上.

作法　如图 9-4，连接 OP，并以 P 点为切点作圆 O 的切线交直线 l 于 A 点，作 $\angle PAB$ 的平分线，此平分线与直线 OP 的交点为 M(或 N)，以 M(或 N)为圆心，MP(或 NP)为半径，所作圆即为所求.

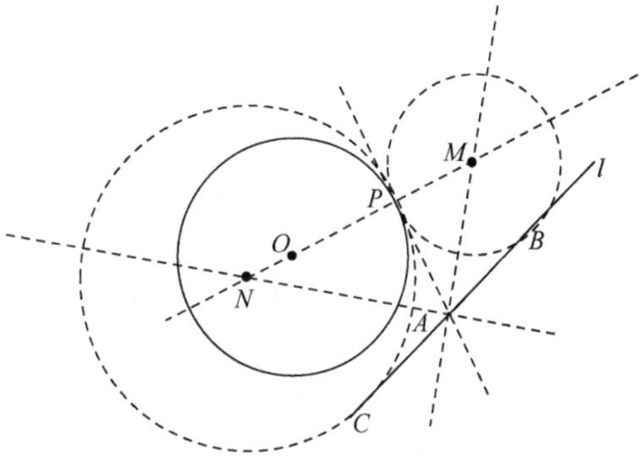

图 9-4

由上述例子我们可以概括“轨迹交点法”的一般步骤：

(1) 寻找能确定所作图形的关键点；

(2) 通过假设，发现能确定关键点位置的两条曲线或直线(轨迹)；

(3) 完成作法过程(注意情况的多重性，避免遗漏)；

(4) 证明：对上述的作法步骤予以必要的确认和理论的支持；

(5) 讨论：必要时，对所给条件加以讨论.

二、三角形奠基法

在轨迹交点法(交轨法)中，确定几何图形上的某些关键点成为作图的基础. 但是在某些作图问题中，这些关键点并不容易被发现，或者寻找交合的轨迹存在困难，因此需要采用其他手段解决作图问题.

三角形作为最基本的几何形，与许多几何形都相关，或者说三角形通常也能成为几何形的基础. 在作图中，如果一个三角形的位置确定了，相应的几何图形的位置也随之而定. 即此三角形奠定了目标几何图形的基础，这种情形是可能的，也是可行的. 将这样的想法用于几何作图中，就成为几何作图的另一个常用的方法——三角形奠基法(有时简称奠基法)，显然它是轨迹交点法的一种演化，只不过轨迹交点法是以点(几何量)为基础，而三角形奠基法是以三角形(几何形)为基础.

例 9.2.4　求作三角形，使其一边上的高为 h_1，中线为 m，另一边上的高为 h_2.

解　假设此三角形已经作出，如图 9-5，其中 $AM=m$，$AD=h_1$，$CE=h_2$，我们发现 $\mathrm{Rt}\triangle AMD$ 的两条边已经确定，因而可以作为一个“基础三角形”，但仅凭借它不足以确定目标图形 $\triangle ABC$.

另外 M 为 BC 的中点，故由 M 向 AB 作垂线交 AB 于 N，如图 9-6，则 $MN=\frac{1}{2}CE=\frac{1}{2}h_2$，所以 $\mathrm{Rt}\triangle AMN$ 也已确定，可作为另一个“基础三角形”，因此由 $\mathrm{Rt}\triangle AMD$ 和 $\mathrm{Rt}\triangle AMN$ 作为基础图形，不难确定目标图形 $\triangle ABC$.

作法　以 m 为斜边, 分别以 h_1, $\frac{1}{2}h_2$ 为直角边作 Rt△AMD 和 Rt△AMN, 如图 9-7 所示(所作 Rt△AMD 和 Rt△AMN 位于 AM 两侧, 若位于 AM 同侧, 则如图 9-8 所示)延长 AN 交 MD 所在的直线于 B 点, 以 M 为圆心, MB 为半径画圆交 MD 所在的直线于 C, 则△ABC 为所求.

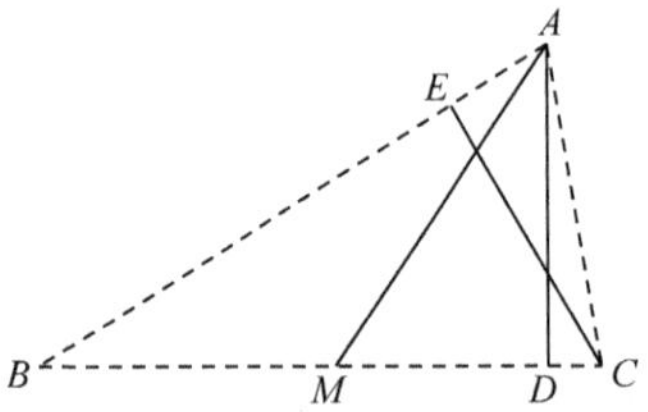

图 9-5

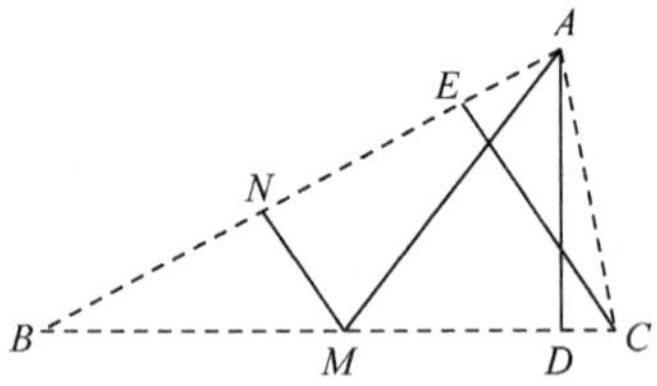

图 9-6

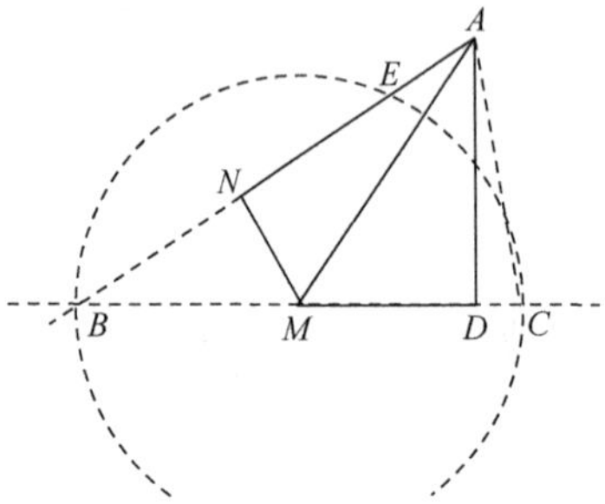

图 9-7

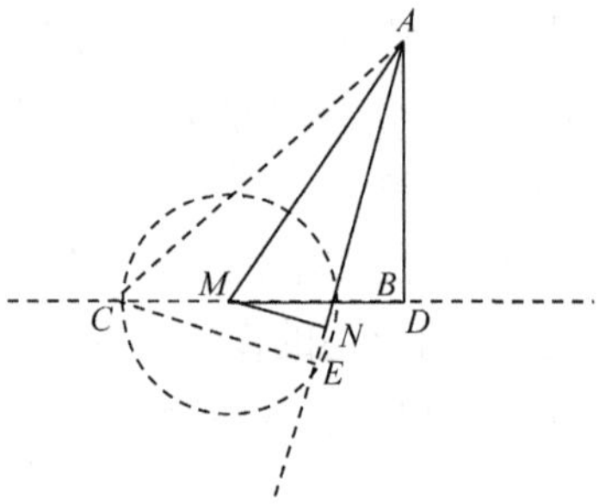

图 9-8

例 9.2.5　已知四边形相邻两内角(之和不等于 180°)及除夹边外的其他三边, 求作此四边形.

解　假设此四边形已经作出, 如图 9-9(或图 9-10), 其中 $\angle A$, $\angle B$ 为已知角, AD, DC, CB 为已知边. 过 D 作 BC 的平行线交 AB 于 E, 则 △ADE 因两角一边已知而唯一确定, 即 △ADE 是构成四边形 $ABCD$ 的基础三角形.

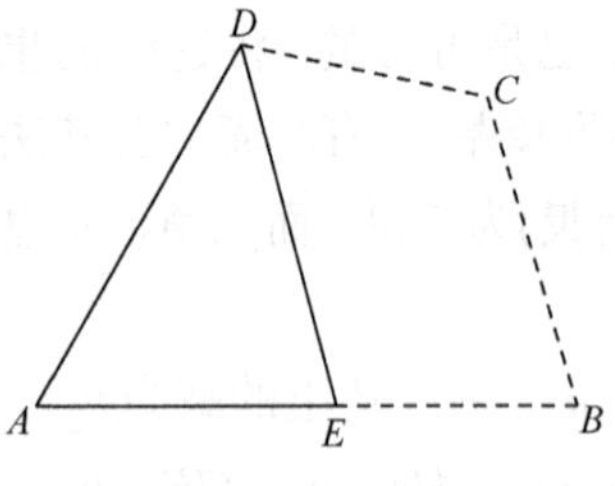

图 9-9

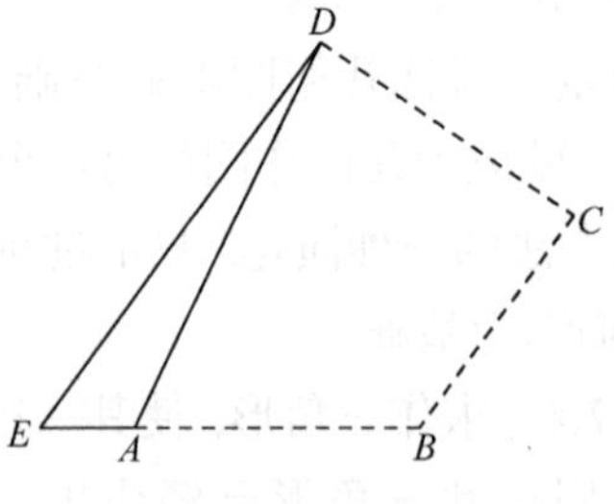

图 9-10

作法　如图 9-11, 以 $\angle A$, $\angle B$ 及已知边 AD 为条件作 △ADE (若 $\angle A+\angle B>\pi$, 则以 $\pi-\angle A$, $\pi-\angle B$ 为内角, 如图 9-12), 在 DE (或延长线)上截取 F 使得 $DF=CB$ (已知), 以 F 为圆心, DC (已知)为半径画弧交 AE 所在直线于 B, 过 B 点作 DF 的平行线, 过 D 点作 FB 的平行线, 交于 C 点, 则四边形 $ABCD$ 即为所求.

讨论　所给条件不同, 作法上稍有变化, 但基本的思想方法依然是三角形奠基法.

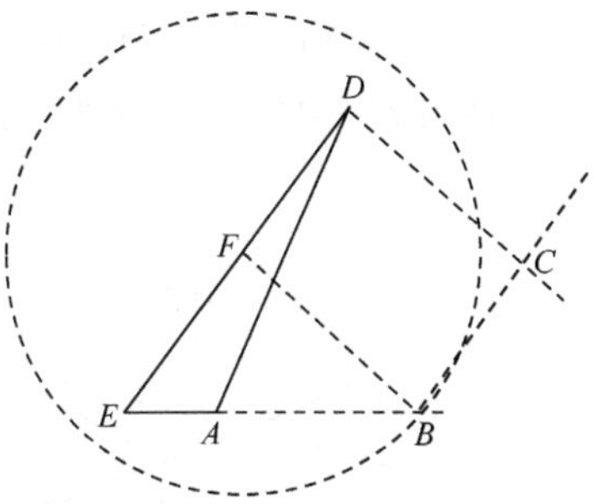

图 9-11

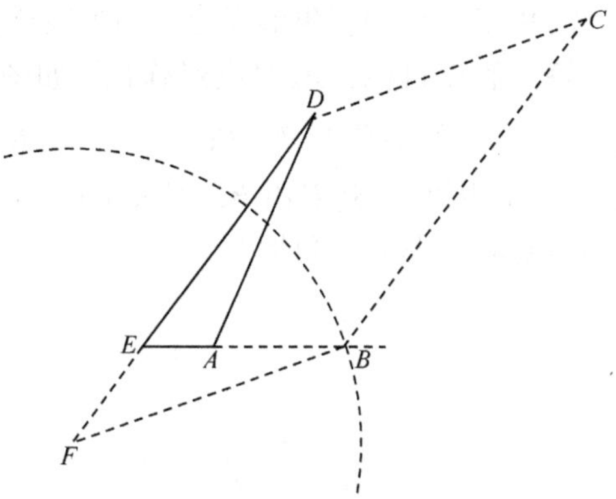

图 9-12

例 9.2.6　已知三角形的外接圆半径, 以及一角的角平分线长, 而且另两角的差等于 90°, 求作此三角形.

解　假设目标$\triangle ABC$已经作出, 如图 9-13, 其中$\angle C-\angle B=90°$, 外接圆半径$OA=R$, $\angle BAC$的平分线$AN=n$, 连接BO延长交外接圆于D, 则$\angle DCB=90°$, 从而$\angle DCA=\angle CBA$(为什么?), 即A为弧DC的中点.

又延长AN交外接圆于M, 则M为弧BC的中点(为什么?), 所以$OA\perp DC$, $OM\perp BC$, 从而$\triangle AOM$是等腰直角三角形, 即$\angle OAN=45°$, 故$\triangle OAN$因两边及夹角已知而唯一确定, 即$\triangle OAN$是构成目标$\triangle ABC$的基础三角形.

作法　以R, n为边, 夹角为 45°作$\triangle OAN$, 以O点为圆心, 以$OA(=R)$为半径画圆, 如图 9-14, 延长AN交圆于M, 过N作OM的垂线交圆于B, C, 则$\triangle ABC$即为目标三角形.

证明从略.

讨论　若$n\geqslant\sqrt{2}R$, 无解.

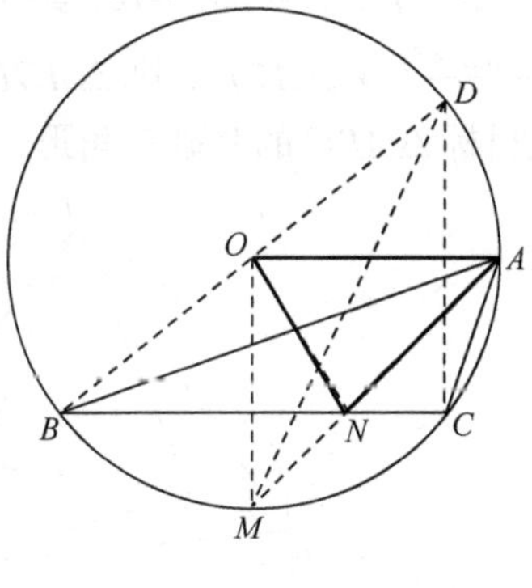

图 9-13

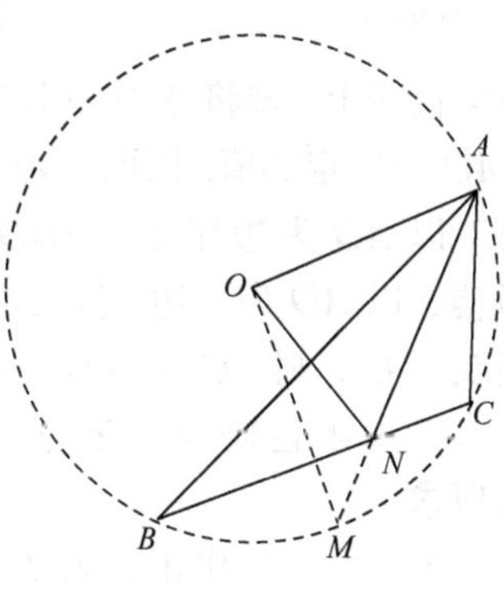

图 9-14

三、几何变换法

几何变换(平移变换、旋转变换、反射变换以及位似(相似)变换)在揭示几何形内在结构关系和本质特性上具有独特的效用. 同样在解决作图问题中, 几何变换也能起到意想不到的作用, 关键是善于洞察问题的特点, 恰当利用. 与轨迹交点法、三角形奠基法不同, 几何变换法并不是几何作图的基本思想方法, 只是一种手段而已. 下面通过例子加以说明.

例 9.2.7　已知三角形三边上的中线长，求作此三角形.

解　假设目标$\triangle ABC$已经作出，如图 9-15，其中AD, BE, CF分别是三角形三边上的中线. 现对FC作平移变换：$FC \xrightarrow{T(FB)} BG$，易证$EG$由$AD$平移而得，即$AD \xrightarrow{T(AE)} EG$，如图 9-16，因而$\triangle BGE$由$BE, EG, BG$组成，其中$BG, EG$分别由$FC, AD$平移得到，它是构成目标$\triangle ABC$的基础三角形.

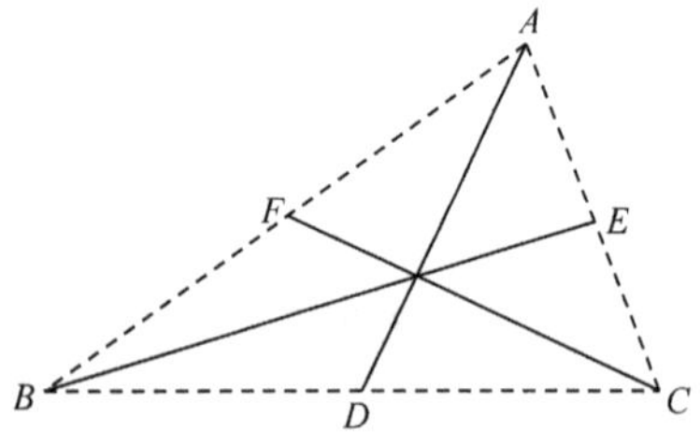

图 9-15

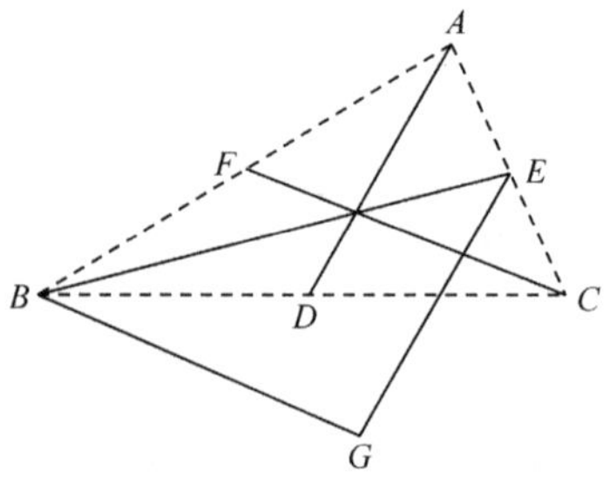

图 9-16

作法　以三角形三边上的中线长为边作$\triangle BGE$，如图 9-17 所示，作BE边上的中线GF，作GE边上的中线BD，过E作GF的平行线交BD(延长线)于C，在CE上截取$EA = CE$，则$\triangle ABC$为目标三角形.

证明从略.

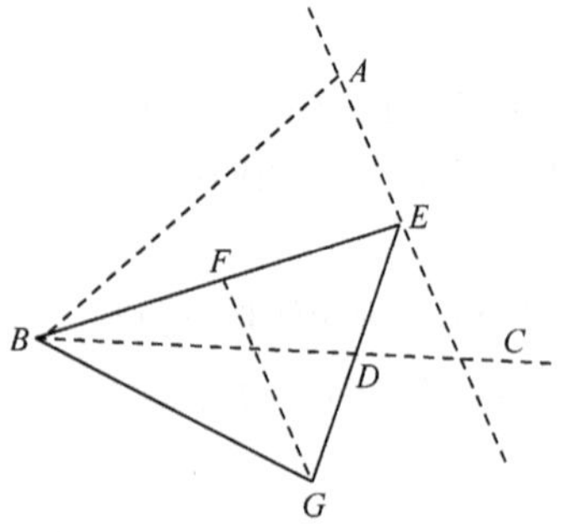

图 9-17

讨论　已知三中线长必须可构成三角形，否则无解.

本题利用平移变换顺利寻找到基础三角形，然后采用三角形奠基法予以解决.

例 9.2.8　求作正三角形ABC，使得A为已知定点，B, C分别在两条已知相交直线上.

解　假设目标$\triangle ABC$已经作出，如图 9-18，其中B, C分别在两条定直线上. 现将$\triangle ABO$作旋转变换：$\triangle ABO \xrightarrow{R(A,60^\circ)} \triangle ACD$，则$\triangle AOD$为正三角形，但$AO$为确定的值，因而$\triangle AOD$唯一确定，故构成目标$\triangle ABC$的基础三角形.

作法　以AO为边作正$\triangle AOD$，如图 9-19 所示，以D为顶点，以AD为一边，作$\angle ADC = \angle AOB$(定角)交一定直线于C，则AC是目标三角形的一边. 以C为圆心，AC为半径画弧，交另一定直线于B，则$\triangle ABC$为所求.

若在AO的另一侧作正$\triangle AOD$，如图 9-20 所示，则作$\angle ADB = \angle AOC$(定角)交一定直线于B，所作$\triangle ABC$与上述情况相同.

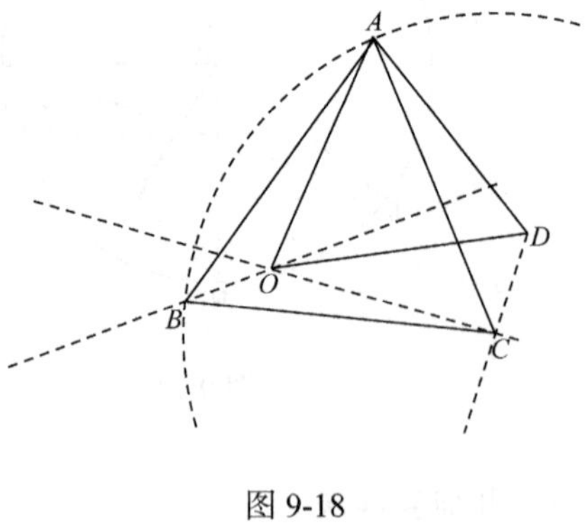

图 9-18

证明从略.

讨论从略.

本题同样是采用三角形奠基法，基础三角形的确定是通过旋转变换实现的，可见几何变换在解决作图问题中所显示的辅助作用是明显的.

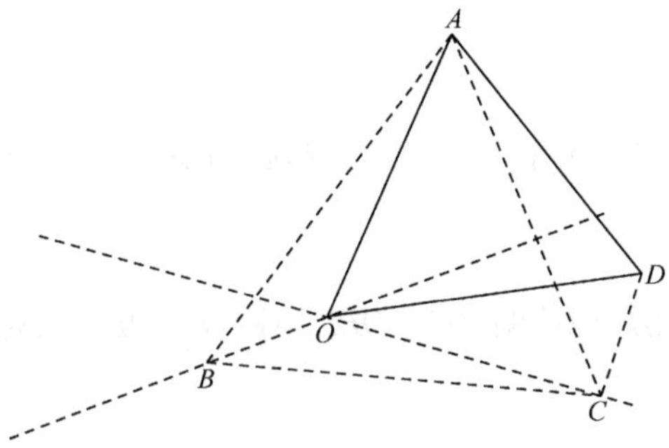

图 9-19

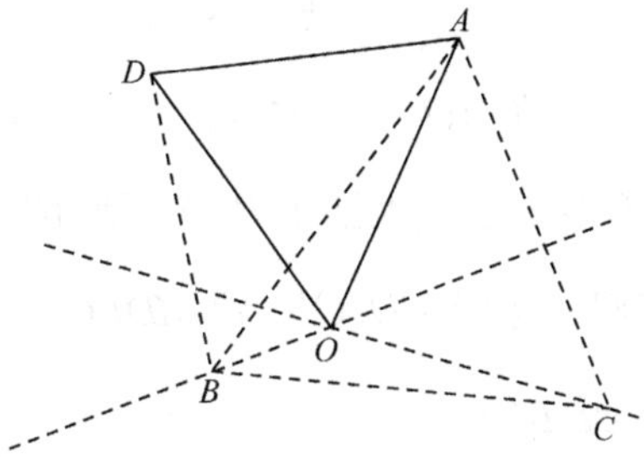

图 9-20

例 9.2.9 求作已知四边长的四边形, 使得一条对角线平分一角.

解 假设目标四边形 $ABCD$ 已经作出, 如图 9-21 所示, 其中 AC 平分 $\angle BAD$, 因而对 $\triangle ABC$ 作反射变换, 即 $\triangle ABC \xrightarrow{S(AC)} \triangle AEC$, 因 AC 平分 $\angle BAD$, 故 E 点落在 AD 之上, 即 $AB=AE$, $BC=EC$, 所以 $\triangle CED$ 因三边给定而唯一确定, 故 $\triangle CED$ 是构成目标四边形 $ABCD$ 的基础三角形.

作法 如图 9-22, 以边 BC, CD 及 $AD-AB$ 的长度为三角形三边的长度作 $\triangle CED$, 在 DE 的延长线上取 A, 使得 DA 为一已知边长(AB 大于 AD 则反作差), 分别以 A 点为圆心, AB 为半径, C 点为圆心, CB 为半径画弧交于 B 点(不同于 E 点), 则 $ABCD$ 为所作.

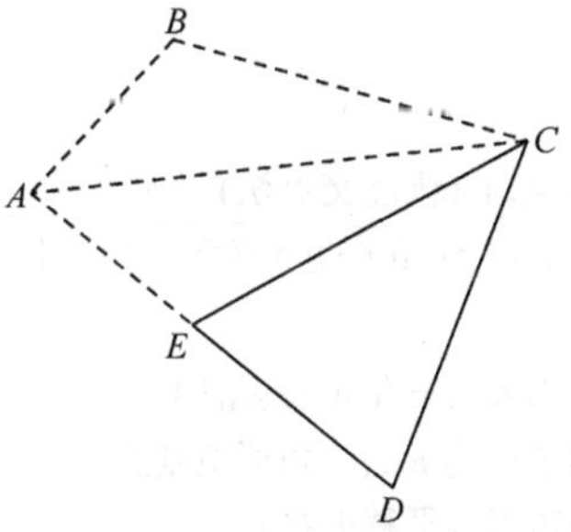

图 9-21

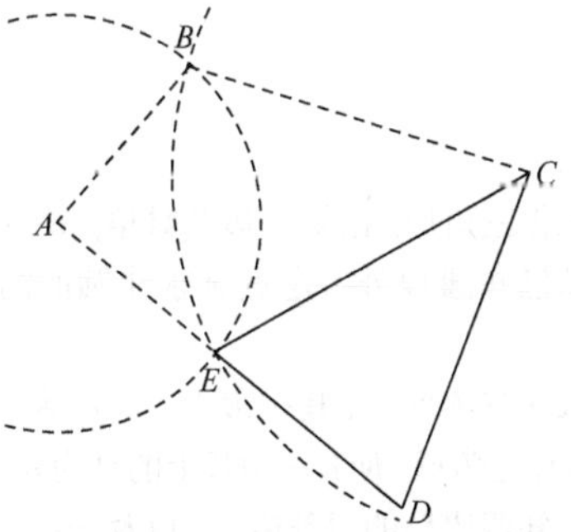

图 9-22

证明从略.

讨论从略.

本题通过反射变换使作图变得简单易行.

例 9.2.10 设已知两同心圆的半径分别为 R, r, 过大圆上一定点 A 作大圆的弦 AB, 使得弦 AB 被小圆三等分.

解 如图 9-23, 假设目标弦 AB 已经作出, 则 $AC=CD=DB$, 故 $AD=\dfrac{2}{3}AB$, 现对大圆 (O,R) 关于 A 点作位似变换:

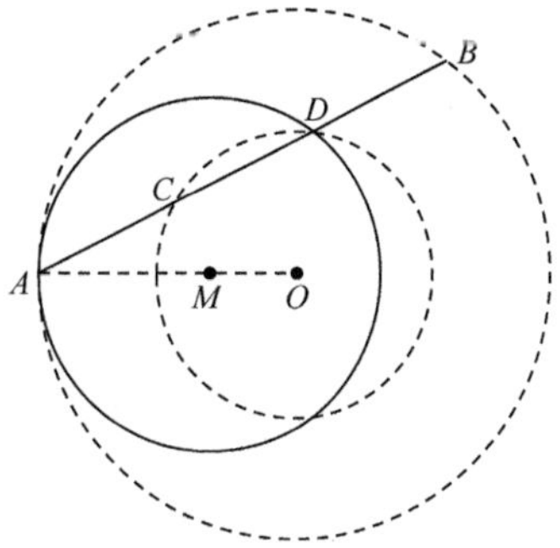

图 9-23

$$\odot(O,R) \xrightarrow{H\left(A,\frac{2}{3}\right)} \odot\left(M,\frac{2}{3}R\right),$$

其中 $AM=\frac{2}{3}AO$，则 $\odot\left(M,\frac{2}{3}R\right)$ 经过 D 点.

作法　在 AO 上取 M 点，使得 $AM=\frac{2}{3}AO$，以 M 为圆心、$\frac{2}{3}R$ 为半径画圆交小圆于 D 点，连接 AD 并延长交大圆于 B 点，则 AB 为所作.

证明　连接 MD, OB，则 $MD//OB$，故 $AD=\frac{2}{3}AB$. 现证明 $AC=DB$，连接 OC, OD，则易证 $\triangle AOC\cong\triangle BOD$.

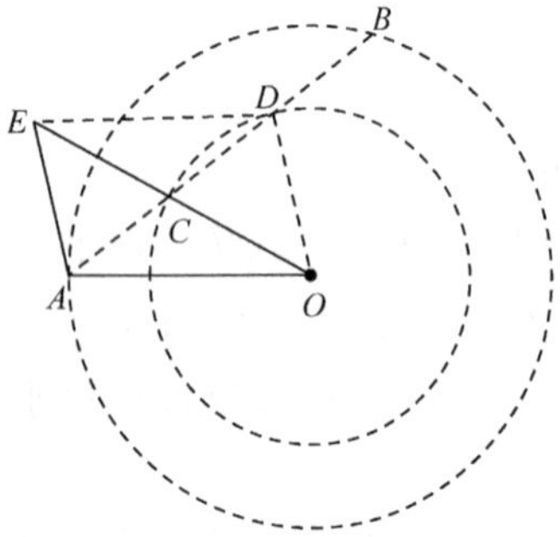

图 9-24

讨论从略.

另解（三角形奠基法）　如图 9-24，假设目标弦已经作出，则 $AC=CD=DB$，现连接 OD，连接 OC 并延长至 E，使得 $OC=CE$，则 $AEDO$ 为平行四边形，故 $\triangle AOE$ 的边长分别为 $R, r, 2r$，因而为一个确定三角形，所以 $\triangle AOE$ 为目标图形的基础三角形.

作法　以 $R, r, 2r$ 为边作 $\triangle AOE$，过 O 作 $OD//AE$，交小圆于 D，连 AD 并延长交大圆于 B，则 AB 为所求.

证明同上.

讨论从略.

习　题　九

1. 求作三角形，已知一边及对角，并且另两边之比为定值 k ($k\neq1$). (轨迹交点法)
2. 从已知圆 O 外一定点 A 求作圆的割线，使割线与圆的两个交点到 AO 的距离之和为定长 a. (轨迹交点法)
3. 求作三角形，使其一边长上的高为 h，中线为 m，另一边长为 a. (三角形奠基法)
4. 求作三角形，使其一边长上的高为 h，中线为 m，且其外接圆半径为 R. (三角形奠基法)
5. 已知四边形的四条边长，以及一组对边所成的角，求作此四边形. (平移变换)
6. 求作正三角形，使其三个顶点分别在已知的三条平行线上. (旋转变换)
7. 已知底边、底边上的高及两底角之差，求作此三角形. (反射变换)
8. 在已知半圆内求作内接矩形，使矩形一边在半圆直径上，并且相邻两边之比等于定比. (位似变换)

参考文献

曹才翰, 沈伯英. 1986. 初等代数教程[M]. 北京: 北京师范大学出版社.
党钧, 戴汝潜. 1981. 初等代数习题选[M]. 北京: 原子能出版社.
杜石然. 1961. 函数概念的历史发展[J]. 数学通报, (06): 36-40.
胡杞, 周春荔. 1989. 初等几何研究基础教程[M]. 北京: 北京师范大学出版社.
季素月, 朱家生, 陈鼎. 1994. 初等代数研究[M]. 上海: 上海科技教育出版社.
江苏省高师数学教育研究组. 1988. 初等几何研究[M]. 南京: 江苏教育出版社.
李忠海, 王家铧. 2006. 代数课程研究[M]. 北京: 科学出版社.
林国泰. 1996. 初等代数研究教程[M]. 广州: 暨南大学出版社.
柳书诰, 张鼎言. 1986. 初等代数方程的解法[M]. 天津: 天津科学技术出版社.
欧几里得. 2003. 欧几里得几何原本[M]. 兰纪正, 朱恩宽, 译. 西安: 陕西科学技术出版社.
孙长坡, 杨维新, 葛双宝, 等. 1988. 初等几何研究: 平面部分[M]. 长春: 吉林教育出版社.
席高文, 许梦日. 2007. 中学几何研究与教学[M]. 郑州: 郑州大学出版社.
扬州师范学院数学系. 1982. 中学数学教材教法: 第二分册　几何部分[M]. 扬州: 扬州师范学院数学系.
叶立军. 2008. 初等数学研究[M]. 上海: 华东师范大学出版社.
叶景梅. 1984. 初等代数解题方法指导: 上册[M]. 银川: 宁夏人民出版社.
余元希, 田万海, 毛宏德. 1988. 初等代数研究: 上册[M]. 北京: 高等教育出版社.
余元希, 田万海, 毛宏德. 1988. 初等代数研究: 下册[M]. 北京: 高等教育出版社.
张奠宙, 沈文选. 2006. 中学几何研究[M]. 北京: 高等教育出版社.
张奠宙, 张广祥. 2006. 中学代数研究[M]. 北京: 高等教育出版社.
赵振威, 章士藻. 1994. 中学数学教材教法: 第三分册　初等几何研究[M].修订版. 上海: 华东师范大学出版社.
赵振威, 章士藻. 1994. 中学数学教材教法: 第二分册　初等代数研究[M]. 修订版. 上海: 华东师范大学出版社.
钟善基, 孙瑞清. 1990. 初等几何教材教法[M]. 北京: 高等教育出版社.
朱德祥, 朱维宗. 2003. 初等几何研究[M]. 2 版. 北京: 高等教育出版社.
Klein F. 2005. 初等几何的著名问题[M]. 沈一兵, 译. 北京: 高等教育出版社.